五輪と戦後

上演としての東京オリンピック

YOSHIMI SHUNYA
吉見俊哉

河出書房新社

五輪と戦後

上演としての東京オリンピック

目次

図表作成：神保由香

五輪と戦後

上演としての東京オリンピック

序章　東京五輪という呪縛——シナリオが綻びるとき

東京、再びオリンピックに向かう

二一世紀の東京で、再びオリンピックを開催する。そんな計画に二〇〇〇年代初頭から突進していったのは、当時は東京都知事だった石原慎太郎である。二〇〇五年夏、石原は「日本に五輪を招致するならばキャパシティーとして東京しかない」と、一六年開催のオリンピックの東京誘致に乗り出した。知事指揮下で東京都は翌〇六年春までに、主会場は東京湾臨海部とし、施設は半径一〇キロ圏に集中させる計画案を練り上げた。開会式は陸上競技を行うスタジアムを晴海の都有地に新設し、そこまで大江戸線を延伸させる計画だった。しかし、当時から都民には「東京はオリンピックを招致しなくても十分にエネルギッシュであり、働く場もある」との疑問の声があった（『朝日新聞』二〇〇六年三月一日）。五輪開催で東京の都市基盤がさらに整備されると、東京一極集中をますます加速させるのではないかとの地方からの批判もあった。

だが、石原は聞く耳など持たない。そもそも東京をどんな都市にするべきなのかについての真剣な議論などなされないまま、ビッグイベント開催の提案が先行していった。前のめりのワンマン都知事には都庁職員からの疑問など出ようはずもなく、都が一丸となってすることに国の政治も引きずられ、マスコミも結局は事態を追認していく以上のことはできなかった。

石原は記者会見で、「周りの国に勝手なことを言われてだな、国会はバカなことをやってる。むしゃくしゃしてるときに、何かちょっとおもしろいことねえか、お祭り一丁やろうじゃないか、オリンピックだぞということでドンと花火を打ち上げればいい」と述べ、憂さ晴らしにオリンピック誘致を決めたとも説明していた（『朝日新聞』二〇〇六年九月一一日）。「周りの国」とは、もちろん中国を指したわけだから、この発言は石原の北京オリンピックへの敵愾心と読めなくもない。そして彼は、誘致決定の翌日、当時官房長官だった安倍晋三を訪れて協力を要請している。これに対して安倍は、東京誘致に「国家プロジェクトとして取り組みたい」と答えていた。

この石原都知事に先導された二〇一六年東京五輪の招致運動は、二〇〇九年一〇月に一旦は挫折する。この時の国際オリンピック委員会（ＩＯＣ）総会で、東京は、選ばれなかったのだ。総会の第二回投票で、東京の得票は二〇票と、リオデジャネイロ（四六票）の半分以下、マドリード（二九票）にも大きく差をつけられて惨敗した。東京の自惚れが世界にはまったく通用しないことが露わになった瞬間だった。当時、北京五輪が終わったばかりであり、同じ東アジアで、それも過去に開催地だった東京での二度目の開催に、国際的な支持が大きく広がる理由はなかった。

ところが翌月、石原知事はリオ五輪の四年後、二〇二〇年五輪の東京招致に再挑戦すると仄めかす。「せっかく機運が盛り上ってきた」ので、「東京の責任」を全うするとの話だった。前回は憂さ晴らしで始めたが、今度は最初から本気とのことか――。そして二〇一一年六月、東日本大震災から三ヵ月が過ぎた頃、石原知事の本気度は決定的となる。というのも、二〇二〇年の東京五輪は「東日本大震災から復興した日本を世界に見せる好機となる」と、彼は確信したのである。震災から九年後のオリンピック開催は、これを「復興のシンボル」とするのにぴったりのタイミングだと、早々と計算したのだ。もっともこの頃になると、元首相の森喜朗がラグビーのワールドカップと東京五輪の開催をセットで目論み、石原と手を組んでいたから、「復興五輪」には東京都以上に国レベルの政治家の思惑が絡まり始めていた。彼らの嗅覚、たしかに並々ならぬものがある。

　石原らの動きに対し、なぜ震災復興のためのオリンピックなら東北開催でないのだと、至極当然な疑問も生じていた。当時はまだ震災から三ヵ月余、膨大な数の人々が避難生活を送っていた。彼らの間では、「戦後と同じように、復興への道のりで五輪のような祭典があったほうが元気になる」と好意的な反応もあったが、石原は震災がなくても誘致の手を挙げたのだから、要するに「被災地が利用されている」と冷ややかに語る人もいた（『朝日新聞』二〇一一年七月一七日）。

　しかしその後、この「震災復興のシンボル」としての東京オリンピックという構想は、世界の諸外国に好意的に受けとめられ、支持拡大の基調をなしていくことになる。東日本大震災の衝撃は、日本を救おうという思いを全世界に広げた。たしかに震災による凄まじい破壊で、日本全土が危機に陥っているように見えた。オリンピックが単に速さや高さ、強さだけを競うものではなく、人類的な友愛を求めるものである以上、オリンピックを日本で開催し、世界の人々が再びこの列島を訪れる流れを作ることには正義があると感じられたのだ。

　こうした基調のなかで誘致活動が繰り広げられ、ついに二〇一三年九月、ブエノスアイレスで開かれたＩＯＣ総会で、第一回投票から東京はマドリード（二六票）、イスタンブール（二六票）を大きく引き離す四二票を獲得、第二回投票でもイスタンブールに大差をつけて開催権を獲得したのである。この時のプレゼンテーションで安倍首相は、福島原発事故で生じた諸問題はすでにコントロールされていると明言し、国内に大きな波紋を呼んだ。なぜなら放射能汚染の現場は、とても「コントロールされている」と言い切れるような状況にはなかったからである。

加えて言うなら、このときIOCが、イスタンブールではなく東京を選んだのは、本当にオリンピックの未来を見据えた正しい選択だったのか、大いに疑問が残る。もしも、二〇二〇年のオリンピックがイスタンブールで開催されることになっていれば、世界の眼がトルコに集まっていくことになり、かつてソウル五輪がそうであったように、トルコの民主化に多少なりとも貢献したかもしれないし、イスラム諸国で初のオリンピック開催は、オリンピックの歴史に新たな地平をもたらすことになったかもしれない。だが、石原慎太郎の思いつきから出発した東京五輪は、東日本大震災を口実としながらすでに堕落していたIOCの委員たちに取り入ることによって、ある意味でこのようなイスラム圏の未来にあり得たかもしれない可能性を奪ってしまったのである。

誰のため、何のためのオリンピックか

実は、このIOC総会のしばらく前まで、東京でのオリンピック開催は、必ずしも日本人の多数に支持されていたわけでもなかった。東京都民も少なくない人々が「何を今さらまた東京でオリンピックなのか」という疑問の念を抱いていた。二〇一二年にIOCが三つの候補都市で実施した世論調査でも、オリンピック開催への支持率が、マドリードは七八％、イスタンブールは七七％あったのに対し、東京は四七％と極端に低かった（その後は日本の招致委員会自身が頻繁に世論調査を実施し、なぜか支持率は上昇していく）。

つまり、二〇二〇年の東京オリンピックは、最初から幅広い国内での支持や都民の期待を受けて誘致活動が展開されたのではない。むしろ最初は、石原慎太郎の個人的なイニシアティブに引きず

られて誘致活動が進み、だんだん関係者は引っ込みがつかなくなり、そこに東日本大震災が起きたので「震災復興のシンボル」としてのオリンピックを前面に掲げることで、国内的には様々な疑問を残しながらも世界からの支持を得ていったのだ。このオリンピックの経緯は徹底してトップダウンであり、ショックを世界からの支持に反転させていくことで実現した構想である。

こうした当初からの経緯が、その後の準備過程での数々の躓《つまず》きの伏線をなしていく。開催権獲得後、計画が最初に大きく躓いたのは新国立競技場をめぐる騒動だった。それ以前、ＩＯＣ総会での勝利直後、石原から都政を受け継いでオリンピック推進の中心にいた猪瀬直樹都知事が、医療法人徳洲会から多額の資金提供を受けていたことが問題となり辞職した。これにより都トップが空席となり、石原が都知事として始め、リードしてきた流れの中心が空洞化した。都知事はその後、舛添要一、小池百合子と二転三転するが、いずれも石原とは距離がある。どちらにとっても石原の置き土産のオリンピック計画にどう対するかが試金石となった。

そして舛添知事時代に浮上したのが、ザハ・ハディド設計の新国立競技場計画をめぐる問題だった。神宮外苑の狭い敷地に巨大な構築物を建てることが、周囲の環境を大きく破壊すると市民団体や槇文彦をはじめとする建築家から痛烈に批判されただけでなく、総工費二五二〇億円、二〇〇四年のアテネの七倍、〇八年の北京や一二年のロンドンと比べても莫大な費用のかかる計画であることが問題となった。しかも、後付けの巨大屋根や椅子の常設化、毎年のしかかってくる維持費により、重い負の遺産を国や都が背負い込むことになると危惧された。世論調査では、八割以上の国民が計画を見直すべきと答えた。建設反対や疑問の声は、マラソンの有森裕子、ラグビーの平尾剛から大阪市長の橋下徹まで立場の違いを越え、橋下は「お金がない家庭がフェラーリ買うと言ったら

『アホか』と言われる」と快気炎を上げた（『産経新聞』二〇一五年七月一〇日）。

当初、政府は「国際公約」を理由に建設計画を押し通す構えを続けていた。しかし、二〇一五年七月、安保関連法案の強行採決に対する国民の強い反発で窮地に追い込まれていた安倍政権は、安保に比べれば優先度の低いこの競技場問題では反対世論と妥協する腹を固め、新国立競技場プランの白紙撤回を決定した。数年間の悶着の末、新国立競技場についての話は原点に戻ったわけで、この時間の空費は、東京五輪の計画にとって大きな躓きだった。

ところが今度は、エンブレムのデザイン剽窃問題が発生する。一九六四年の東京五輪での亀倉雄策を強く意識した佐野研二郎によるデザインが、ベルギーにある劇場のロゴと酷似していると訴えられ、並行して佐野の他のデザインに盗用の疑いがあることが明るみに出て、二〇一五年九月、大会組織委員会は佐野のデザインのエンブレムとしての使用中止を決定した。

この過程では、一方ではデザインの審査過程の公開性の欠如が問題とされた。他方、ネット社会の発達で膨大な情報が検索可能になり、イメージすら広く照合が容易になったことで、市民が専門家の「パクリ」を探すことに情熱を燃やし始めたことも話題になった。エンブレム問題では、多くの法律家は佐野のデザイン自体には著作権侵害、つまり盗用を認めてはいなかった。それにもかかわらず、ネットからの非難の声に佐野も大会組織委員会も抗しきれなくなっていったのである。佐野自身、「毎日、誹謗中傷のメールが送られ」、「家族や無関係の親族の写真もネット上にさらされる」ことに耐えられなくなり、自ら組織委員会に撤回を申し出たという。「問題がありそうな人」を「みんなで」バッシングして憂さを晴らす暗澹たる日本社会の今がここにも顔をのぞかせていた。そんな社会の先には、見せかけの「正義」と「萎縮」が蔓延するファシズムしか生まれない。

これらに加え、東京五輪を推進する意思決定主体の複雑さも露呈していった。日本オリンピック委員会（JOC）、日本スポーツ振興センター（JSC）、大会組織委員会、東京都と、すべて別組織である。JOCは国際オリンピック委員会（IOC）の日本窓口、JSCはスポーツ振興くじ等を扱う文科省所管法人、大会組織委員会は森喜朗元首相を会長とし、国と都、民間から寄せ集められた数百人が所属する組織だが、新国立競技場問題ではJSCの問題処理能力の欠如が露呈し、エンブレム問題では大会組織委員会が迅速な対応をできなかった。タテ割り体質の組織が並立し、これが責任の所在を曖昧にし、危機対応能力を低下させてきた。

総じていえば、二〇二〇年の東京五輪をめぐる諸問題の根本は、誰のため、何のために開催するのかが実ははっきりしていない点にある。日本政府はオリンピック招致に際し、震災復興との連帯を強調して世界の共感を得た。安倍首相は、福島原発事故での汚染はコントロールされていると断言した。だが、その後の東北復興と五輪開催との結びつきも、さらには福島原発事故からの汚染地域の復興も、真剣に考え抜かれてきたようには見えない。本当は、エンブレムにしても、オリンピックの諸施設や文化プログラムにしても、本来表現すべきだったのは、単なる「日本らしさ」ではなく、オリンピックで日本が未来に何を成そうとするのかの明確なメッセージである。

半世紀前、シンプルさの中に「力強さ」を表現した亀倉雄策のデザインは、歴史に残る名作となった。これに対し佐野作品は、その亀倉デザインを器用に再解釈しており、盗用疑惑が発生しなかったとしても、半世紀前の「古典」を乗り越える主張をできてはいなかったのではないか。かつて亀倉や国立代々木競技場を設計した丹下健三が表現して世界を圧倒したのは、戦後日本の復興の、つまりはこれから経済成長を成し遂げる発展途上の新生国家の単純で明快な「力強さ」であった。

それから半世紀、ヴィジュアル的にはソフィスティケートされた表現でありながら、佐野のデザインは、亀倉へのオマージュという面が強く、むしろそれを否定し、かつての「力強さ」に取って代わるものが何かを人々に訴えていこうという意欲を欠いていたように思えてならない。

未来の日本に必要なのは、「力強さ」を追求したかつての成功モデルの二番煎じではない。そうではなく必要なのは、価値軸の根本的な転換である。それはたとえば、一九六四年の東京五輪でスローガンだった「速く、高く、強く」から、むしろ「愉快に、しなやかに、末永く」への転換であろう。一九六四年とは異なり、人々が二〇二〇年に期待するのは、成長への夢ではなく、生活の質の充実や様々なリスクに対する回復力、そして末永い持続可能性への信頼である。大量生産と消費の社会から文化や知識を含めた循環型の社会への転換を通じ、私たちが愉快に、しなやかに、末永く文化や生活を維持していくこと、これである。そのためにスポーツが大きな役割を果たせることをもしも二〇二〇年の五輪が示せないのであれば、この五輪に開催の意義はない。

日本人を呪縛し続ける東京五輪神話

つまり問題の根本は、二〇二〇年と一九六四年の距離のとり方にある。多くの日本人には、一九六四年の東京五輪が、いまだに戦後の「成功体験」の「神話」として沁みついている。一九四〇年の東京五輪は、戦争拡大で断念せざるを得なくなった。戦後、平和を掲げて日本は再出発し、様々な苦難を乗り越えて一九六四年の東京五輪を成功させた。とりわけその聖火リレーと開会式、「東洋の魔女」とされた女子バレーボールチームの金メダル、男子体操の大活躍、マラソンでの円谷の銅メダル、そして閉会式の祝祭ムードは、戦後日本にとって忘れられない至福の時間であった。そしてこの東京五輪を通じ、日本国民は世界のなかで自信を取り戻し、高度経済成長を実現させ、やがて大阪万博開催に至る――というのが、この神話の平均的な中身であろう。

見過ごせないのは、このような東京五輪への神話的な思い入れが、繰り返される昭和回顧の報道番組から二〇一九年のNHK大河ドラマ『いだてん』に至るまで、テレビを中心とするメディアによって語られ続け、無数の視聴者の心のなかで再演され続けてきたことである。実際、メディア上でのこの東京五輪の再演は、オリンピックが終わった一九六四年末以降、時間とともに徐々に弱まっていったのではなく、一九七〇年代から八〇年代にかけて最も弱まった時期を経たのち、九〇年代から二〇〇〇年代にかけて再び頻繁になされるようになったことを確認できる。一面で、これはもちろん「昭和」回顧の流れと関係がある。一九八九年一月に「昭和」が終わり、「平成」の世となったことで、国内では「昭和」を回顧しようとする意識が広がった。オリンピックは、そのような多くの日本人が「昭和」を懐かしみ、自らのアイデンティティを再確認していく大衆的な語りにおいて、必ずや中盤のクライマックスをなす神話的場面として再演され続けたのである。

実際、たとえば**図0－1**のグラフは、朝日新聞と読売新聞の記事における「東京オリンピック」への言及回数の推移を、両紙のデータベースに基づいて集計したものである。両紙とも一九八〇年代末にデータベースの形式が変化しているので、その前後を連続的に比較することはできないが、おおよその流れは把握できる。グラフが示すように、一九六五年以降、東京五輪への言及は急速に減少し、七〇年代にはきわめて低調になっている。この傾向は八〇年代も続いており、たしかにロサンゼルス五輪のあった八四年とソウル五輪のあった八八年には言及が増えるが、翌年以降も増加が長続きしていくわけではない。ここまでならば、時間の経過とともに東京オリンピックについて

図0-1「東京オリンピック」に言及する新聞記事数の推移（朝日新聞・読売新聞）

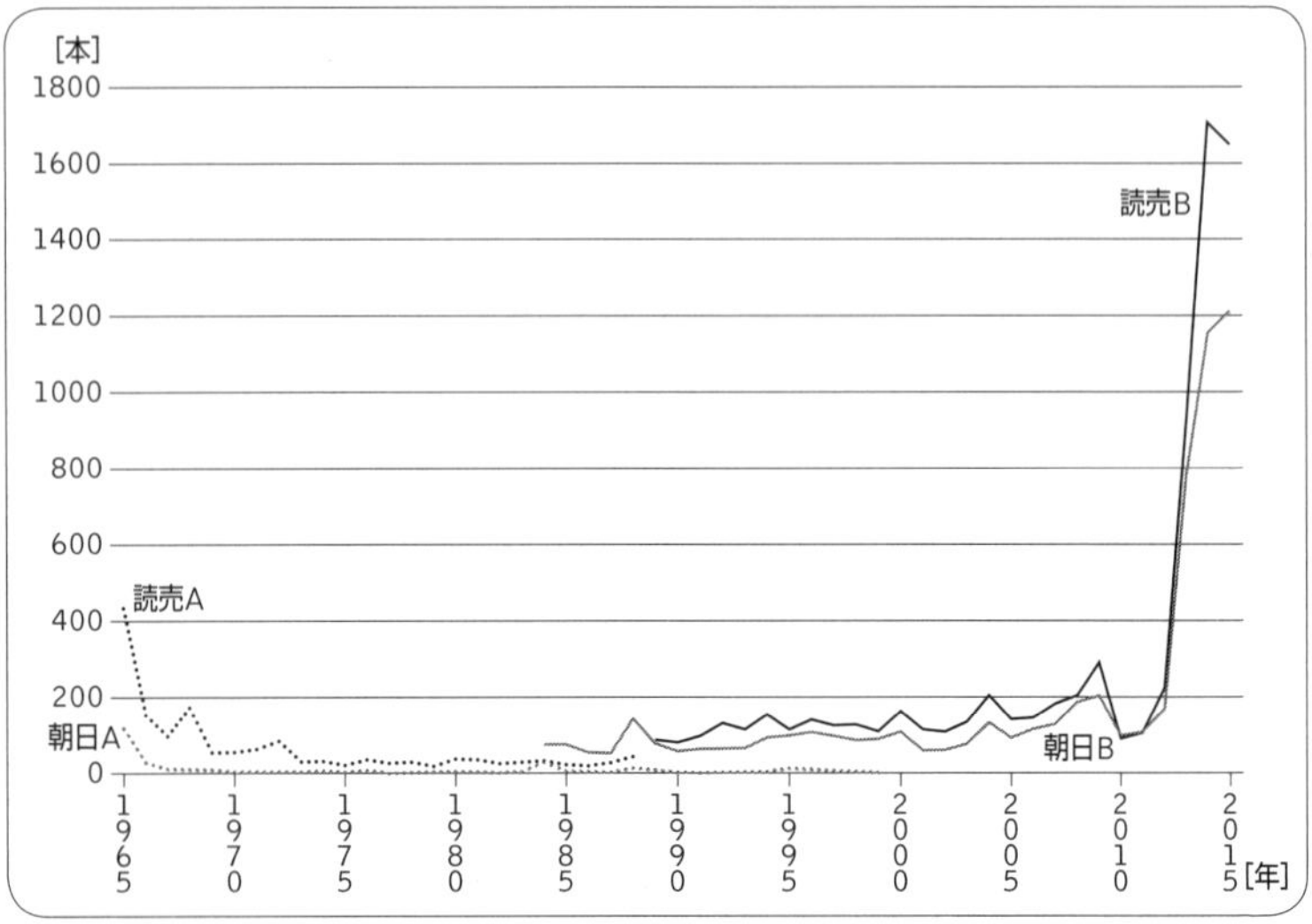

[朝日新聞、読売新聞それぞれのデータベースによる]

の記憶が薄れていき、時折、オリンピックイヤーに思い出される程度となるということだろう。ところが九〇年代半ばあたりから、「東京オリンピック」への言及が、実際の五輪から三〇年もの歳月がたったにもかかわらず、再び増加に転じているのである。

実際、オリンピックが開かれる年には、当然ながら「東京オリンピック」への言及回数も増えるわけだが、これをバルセロナ五輪の一九九二年、アトランタ五輪の九六年、シドニー五輪の二〇〇〇年、アテネ五輪の二〇〇四年、北京五輪の二〇〇八年というように並べてみると、朝日新聞の場合には、六四回、一〇七回、一〇八回、一三二回、一八六回と、読売新聞の場合には、一三一回、一四〇回、一六二回、二〇四回、二〇四回といずれも持続的に増えている。念のために述べておくと、これは「オリンピック」一般ではなく（当然、それはもっと多い）、「東京オリンピック」への言及回数である。つまり、これらの新聞記事共通の傾向から、東京五輪への関心は八〇年代までは薄かったのが、九〇年代に再び高まり始めていたと考えられる。石原慎太郎は、おそらくそうした大衆意識の変化を直観的に読み取っていたのであろう。もちろん、二〇二〇年の東京五輪開催が決まる一三年以降は、回数も激増するのだが、そこで言及される「東京オリンピック」が、一九六四年のものなのか、二〇二〇年のものなのかは、このグラフだけからではわからない。

　問われるべきは、なぜ「昭和」から「平成」に時代が転換するなかで、東京五輪に改めて人々の関心が向かい始め、それは時代と共にますます強まっていったのかである。この問いへの第一の答えが、「昭和」へのノスタルジーにあることはすでに述べた。一九六四年の東京五輪を二〇～三〇代で経験した人々は、二〇〇〇年代には相当数が定年後の六〇～七〇代となる。この世代にとって、六四年のオリンピックが人生のメルクマールとなる経験であったことは言を俟たない。彼らよりやや若い一九四〇年代後半生まれの世代はいわゆる団塊の世代で、人口のボリューム層をなす。一九九〇年代から二〇〇〇年代にかけての社会意識の変化を先導したのは、若い世代よりも人口的に最も厚い中高年世代であった可能性は高く、彼らにとって特別な経験だった東京五輪が、定年後に余暇時間が増えるなかで再び回顧的にクローズアップされてきた可能性はたしかにある。

　しかしながら、一九九〇年代から二〇〇〇年代にかけての東京五輪への関心の復活には、別の理由もあるように思えてならない。この時代、バブル崩壊後の日本経済の長期低迷のなかで、日本は社会としての目標と自信を失った。貧富の差が拡大し、多くの地方が消滅の危機に瀕し、少子高齢化はとどまるところを知らない。人々の意識も、階層や世代によって大きく分裂していった。もはや国民がテレビをみんなで見る経験は過去のものとなり、一人ひとりがパーソナルメディアの端末に没入するようになった。そして何よりも、日本経済は低迷から脱出できず、一人当たりの生産性も伸び悩むなかで、様々な分野で日本産業力が後退し、他のアジア諸国、香港や台湾、韓国、そして中国に追い抜かれていった。もはや、日本はアジアの近代化の中心国家ではなくなっていったのである。このように自信喪失を重ねていった九〇年代以降の日本にとって、伸び盛りの日本を象徴する一九六四年の東京五輪が再びまぶしく輝いてみえてきても不思議ではない。過去が、その過去を実際に経験していた時代以上に、栄光に満ちたものとして欲望され始めたのだ。

　このような後ろ向きの欲望は、一九六四年の東京五輪を呼び戻すことによって、あの輝かしい時代を再体験し、あわよくば再び輝かしい日本を呪術的に招来しようとする。二〇〇〇年代以降、平成の天皇と皇后の人気がうなぎ上りになっていったのは、夫妻自身の国民的困難や日本の過去に対する真摯な姿勢が、徐々に深い共感を呼ぶようになっていったからで、必ずしも単純な天皇制意識ではない。しかしそれでも、人々はしばしば天皇と皇后への共感を、一九五九年の皇太子成婚ブームの記憶と重ねてきた。東京オリンピックの場合、この時代の記憶への欲望はより顕著なものとなる。日本人は底力があり、日本経済はまだ元気で、この国には成長し続ける未来がある——安倍政権が語り続けるアベノミクスの神話に、人々もまたすがらずにはいられない不安な意識を抱えている。だから二〇二〇年の東京五輪は、一九六四年の五輪が池田政権の唱導した「所得倍増」の高度成長を祝福するスペクタクルであったのと同じように、安倍政権が唱導する神話的な成長主義を祝福する打ち上げ花火的なお祭りとなるであろう。そして、その後には何が残るのか——。

　ここには、やはり問題がある。現在が困難に満ちたものならば、なぜその理由を直視し、原因となっている過去からのしがらみを打破する方途を、現在への深い反省のなかから生み出していこうとしないのか。そもそも一九六四年の東京五輪とはいったいいかなる出来事だったのか――。
日本人の多くは、一九六四年の東京五輪を家庭のなかに置かれ始めた白黒テレビの画面を通じて経験した。第Ⅲ章で論じていくように、このテレビによる媒介は、六四年の東京五輪を戦後日本人が「想像の共同体」として経験していく決定的な条件であった。この条件、つまり日本の多くの世帯が一台は白黒テレビを持っているという状況は、東京五輪が開催される直前に成立したものだった。**図0-2**はテレビの一般家庭への普及率の変化を示すものだが、東京五輪直前には約九〇%に達していたのがわかる。このような条件は、まだ一九五九年の皇太子成婚では成立していなかった。だから多くの日本人は、皇太子成婚のパレードを自宅のテレビよりも近所の家や街頭のテレビで味わっていたのである。しかし、一九六四年までにテレビはほとんどの家庭に行き渡り、「東京オリンピック」を初の圧倒的な国民的テレビ経験として実現させていく。

図0-2 白黒テレビの世帯普及率の推移

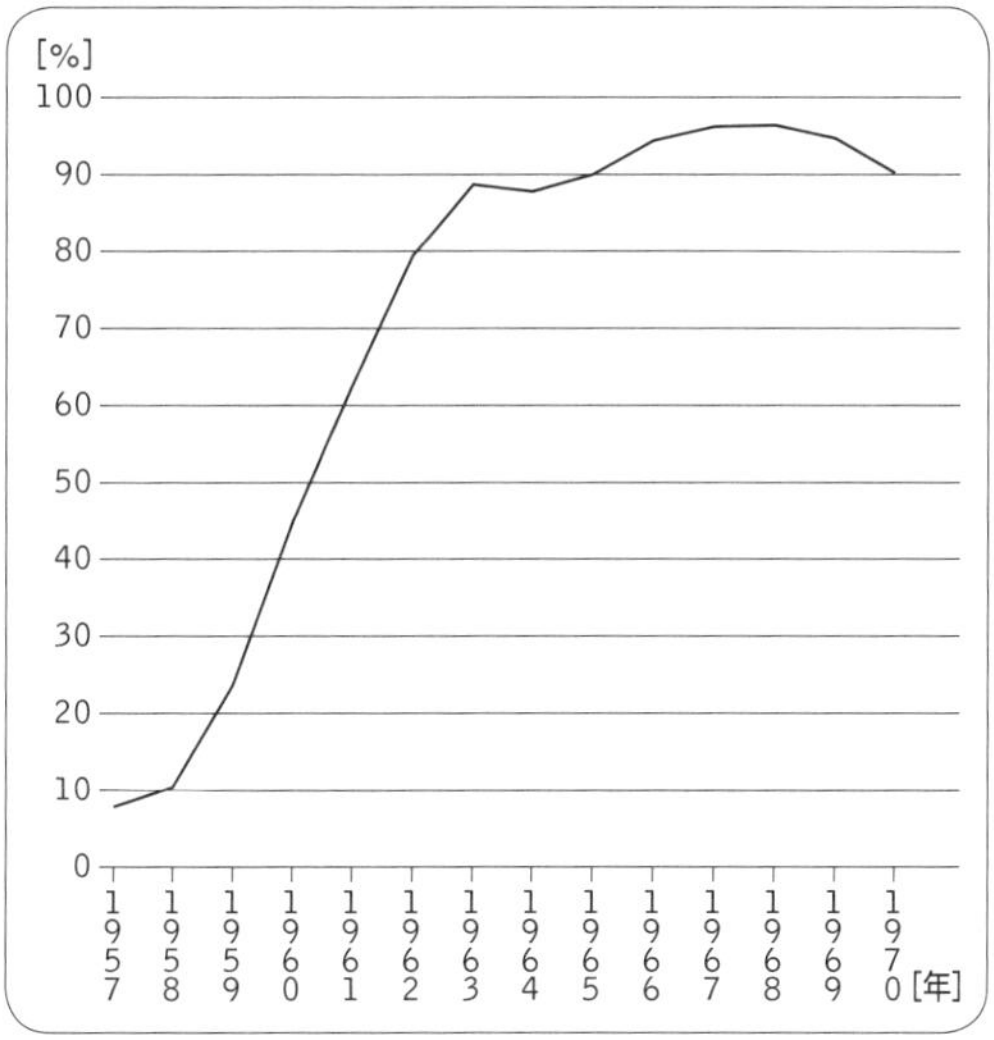

[出所:内閣府「消費動向調査」]

このことは、六四年の東京オリンピック中継に対する視聴率の高さに示されていた。オリンピック開催中の日本人の平均テレビ視聴時間は八時間一五分、通常の平均テレビ視聴時間の約一・四倍であった（日本放送協会放送世論調査所『東京オリンピック』）。とりわけ開会式の視聴率は九五％、女子バレーボールの決勝が八五％、男子体操が七九％と驚異的な視聴率を示していった。この高い視聴率は、ほぼすべての日本国民がまったく同時に列島全域で開会式を注視し、「東洋の魔女」の活躍に熱狂していたことを示す。このような条件は、一九六〇年代以前にも成立していなかったし、二〇〇〇年代以降は、インターネットの普及によって逆に失われていく。

確認しておくべきは、このテレビという二次的な劇場の成立が、一九六四年の東京オリンピック経験の付随物ではなく、オリンピック経験そのものだった点である。つまりこの「劇場」が成立していなければ、他のすべてのことが同じであったとしても、一九六四年という年は、実際とはまったく違う仕方で経験され、記憶されていったのである。人々は、オリンピックが開催されたから一九六四年大会を共通の国民的経験として記憶するようになったのではなく、まず何よりもテレビが国民的に所有されるようになったから、そこで最初に放送された「世紀の祭典」であるオリンピックを共通の国民的経験としていったのだ。もちろん、そのような「劇場」をそれぞれの家庭が購入していくことになるモメントとして、東京オリンピックの開催は大きかった。だからここでも、インフラの変化とパフォーマンスの上演は分かちがたく絡まりあっている。メディアが先か、国家的なイベントが先かを云々するよりも、それらを同時に把握できる分析的視座が必要である。

こうしたテレビ普及の決定的な重要性を示す傍証でしかないが、開催の二年前、一九六二年の秋頃までは、必ずしも日本人の多くが東京五輪の成功を確信していたわけではなかった。統計数理研

図0-3 東京オリンピックへの評価と新聞記事数（朝日新聞）

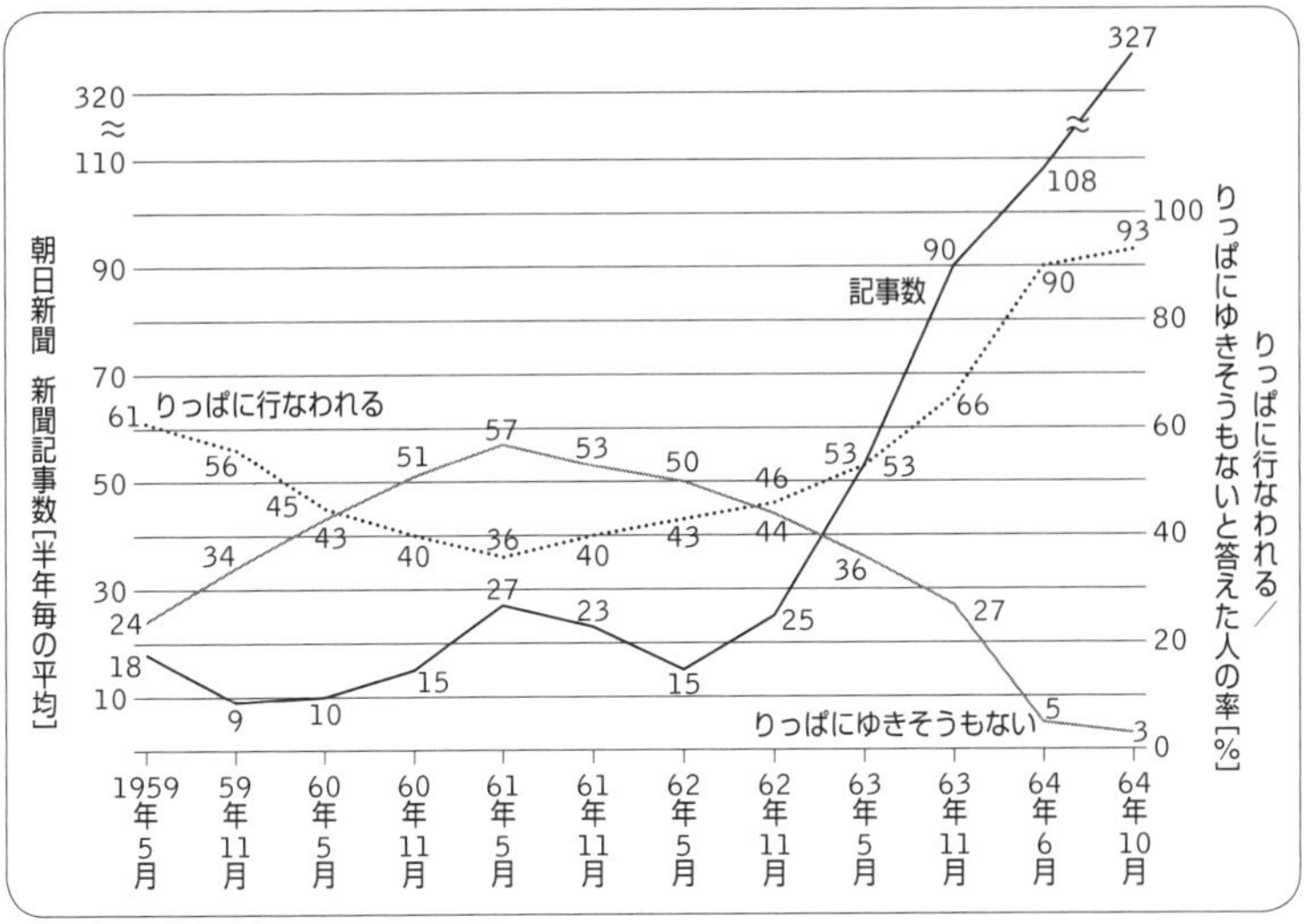

［日本放送協会放送世論調査所『東京オリンピック』p.38およびp.113の表をもとに作成］

究所の調査によれば、六二年五月までの調査では、東京五輪は失敗に終わると思っている人が成功すると思っている人を上回っていた。六二年一一月になっても、成功を予想する人は、失敗を予想する人をわずかに上回ったにすぎない。だが、この情勢は六三年春以降に変化し、やがて肯定的態度は否定的態度を圧倒していく。この世論の変化は、テレビの一般家庭への普及と並行していた。もちろん、この変化をもたらしたのはテレビだけではなく、当時は新聞の影響も大きかったであろう。**図0-3**は一九五九年から六四年にかけての五輪関連の朝日新聞での記事数の推移を示すものだが、この変化が東京五輪に対する人々の態度の変化と相関していたことを確認できる。単純なメディア効果説は禁物だが、こと一九六四年の東京五輪に関する限り、新聞とテレビを総動員した五輪成功に向けてのキャンペーンはかなりの効果を上げたと推察できる。

一九六四年東京五輪こそが問題なのだ

これまで東京五輪をめぐってなされてきた学術的研究は、決して少なくはない。そしてその多くは、一九四〇年の幻の東京五輪に焦点を当てたものである。研究面では、一九四〇年の東京五輪のほうが、六四年のそれよりも主役である。橋本一夫や池井優、中村哲夫らによって一九八〇年代から九〇年代にかけてなされた研究は、その比較的早い段階のものといえる。九〇年代以降も、古川隆久の『皇紀・万博・オリンピック』は、両大戦間期の発達するナショナリズムと大衆動員の体制を、一九四〇年の東京五輪、またそれと同時に開催されるはずの東京万博の分析を通じて浮かび上がらせたし、スポーツ・イベントのイデオロギー機能と大衆動員をめぐる諸問題は、坂上康博と高岡裕之がまとめた論集『幻の東京オリンピックとその時代』の多くの論考で考察されている。他方、浜田幸絵の『日本におけるメディア・オリンピックの誕生』は、メディア・イベント論の視座から一九四〇年東京五輪を精緻に分析した。私自身も、一九九〇年代に一九四〇年の五輪計画を論じたことがあるが（「幻の東京オリンピックをめぐって」）、すでにその地平は乗り越えられている。

他方、一九四〇年の東京五輪と六四年のそれとの比較も、すでに比較的多くなされてきた。片木篤の『オリンピック・シティ 東京 １９４０・１９６４』は、施設計画や建築デザインの面から一九四〇年と六四年の比較を明晰に行った代表的な論考で、本書でも繰り返し参照されることになる。同様の特定ジャンルに絞った一九四〇年と六四年の比較は、グラフィックデザインの分野で多くなされており、坂上らの論集に収められた竹内幸絵の「二つの東京オリンピック――広告グラフィズムの変容とプロパガンダ」は、視覚表象の面から比較を行っている。同じように建築デザインやグラフィックデザインに関する一九六四年と二〇二〇年の比較も、一九七〇年の大阪万博を視野に入れつつ様々になされており、加島卓の『オリンピック・デザイン・マーケティング』や暮沢剛巳の『オリンピックと万博』をそうした取り組みの意欲作として挙げておきたい。

　また、日本での五輪全体を近代オリンピックの歴史のなかに位置づけ、近代オリンピックを批判的に捉え返す試みもなされている。カルチュラル・スタディーズの流れをくむ研究者たちがまとめた清水諭編の『オリンピック・スタディーズ』は、その重要な試みと言えるだろう。他にも、スポーツ社会学の分野でそうした射程の長い研究が重ねられてきており、石坂友司の『現代オリンピックの発展と危機　１９４０—２０２０』は、近代オリンピックにおけるアマチュアリズムとコマーシャリズムの抗争、それに国家とスポーツの関係を軸に据えながら、日本におけるオリンピックの受容から二〇二〇年の東京五輪までを見渡している。同時に、東京五輪に関心が集中しがちななかで、むしろ一九九八年の長野五輪に焦点を当てた研究として、石坂友司と松林秀樹が編集した『〈オリンピックの遺産〉の社会学』も特筆しておくべきであろう。

　さらに、二〇二〇年の東京五輪に照準した多くの批判も、次々に発表されてきた。小笠原博毅と山本敦久が編集した『反東京オリンピック宣言』はそうした問題意識をストレートに表現したものといえる。この東京五輪の最大の躓きの石は、ザハ・ハディドがデザインした新国立競技場案をめぐるごたごただったわけだが、問題のプランに対する批判の論点は、槇文彦と大野秀敏の編による『新国立競技場、何が問題か』にまとめられている。同様の新国立競技場案への批判と反対運動の概要は、森まゆみの『森のなかのスタジアム』でも示された。さらに吉野次郎は『２０２０　狂騒の東京オリンピック』で、新国立競技場をめぐる問題が、今日のスポーツ界と自治体、国家の癒着構造を背景としていることを示した。過去数十年、「全国の自治体は、ずさんな計画で不必要なまでに立派なスタジアムを造り続けた」。新国立競技場のプランをめぐって生じた問題は、「それが国家レベルで起きたにすぎない。起こるべくして起きた『喜劇』だ」と吉野は言い切る。

他にも、二〇二〇年五輪の問題点を指摘する実に多くの発言がなされてきており、小川勝は『東京オリンピック』で、東京五輪はいまや不透明な経済効果幻想と選手への過剰なノルマ、日本の活力を世界に誇示していこうとする身勝手な中身しかなくなってしまったと批判している。小川によれば、そもそものオリンピック憲章の理念からすれば、オリンピックは開催国のために行うものではなく、経済効果を求めるべきものでもない。しかし二〇二〇年の東京五輪が向かったのは、そうした五輪憲章が謳ったのとはまるで異なる方向であった。

実は、オリンピックの「経済効果」なるものも、怪しい予測や試算に基づいているとの批判が頻出している。たとえばアンドリュー・ジンバリストは、「オリンピックの開催は経済発展を後押しするという毎年繰り返される主張には、実証的な裏付けはほとんどない」と断言する。オリンピックが観光客を増大させると当たり前のように思われている想定ですら本当は怪しく、二〇一二年のロンドン五輪に訪れたスポーツファンは、ロンドンの「劇場にも、コンサートホールにも、大英博物館にも、バッキンガム宮殿にも、ハイドパークにも行かなかった」割合がきわめて高い。要するに、趣味が違うのである。したがって、オリンピック開催が開催国の経済にごく短期的に好影響を与えることはあるかもしれないが、中長期的にはむしろマイナスのほうが大きく、場合によっては開催にかかった費用を返済するために、将来の公共サービスの縮小や増税を招くリスクすらないとは言えない（『オリンピック経済幻想論』）。このようなわけだから、天野恵一と鵜飼哲は、改めて『で、オリンピックをやめませんか?』と、多くの問題点を指摘しながら提案している。

　こうした世論の状況は、一九六四年五輪の直前とはまったく異なる。事務局の運営体制はしっかり固める日本のこと、本番での大失敗は未然に防いでいくだろうが、二〇二〇年東京五輪に対する辛辣な批判は今後も続くだろう。前述の小川も、失敗が重なるなかで、人々は「うんざりして、徐々に、東京五輪に対する興味そのものを失っていく。できる限り税金を使わないでやってもらいたい。ただそれだけだという気持ちになっていく」と論じていた。やがて将来、この五輪は二一世紀初頭の日本が犯したもう一つの「失敗」だったと記憶されていくことになるかもしれない。

　もっとも、二〇二〇年五輪の根本的な問題は、必ずしも「日本の失敗」というだけでは片づけられない面もある。谷口源太郎は『オリンピックの終わりの始まり』で、この五輪の困難を近代オリンピック史のなかに位置づけ、今、東京で起きていることは、近代オリンピック自体の「終わりの始まり」が行き着いた結末なのだと論じている。このプロセスが始まったのは、一九八〇年のモスクワ五輪と八四年のロサンゼルス五輪においてである。モスクワ五輪に対し、日本を含めた西側諸国はアメリカの呼びかけに応じてボイコットを決行した。このボイコットは、オリンピズムの根本原則だった「平和な社会の推進」や「政治的に中立」といった理念を打ち砕いた。そしてこれに続いたロサンゼルス五輪で、オリンピックは商業主義と結託し、長らくこだわってきたアマチュアリズムとも決別した。一九八〇年代以降、ＩＯＣ委員たちは底なしの拝金主義にまみれていった（アンドリュー・ジェニングス『オリンピックの汚れた貴族』）。こうして二〇〇二年のソルトレークシティ冬季五輪をめぐっては、大掛かりな贈収賄事件が発生したが、その芽はすでに二〇年近く前のロサンゼルス五輪で撒かれたものである。二〇二〇年の東京五輪でも、東京招致をめぐるIOC委員の買収疑惑は、竹田恒和会長の退任に発展した。こうして、もはや平和主義もアマチュアリズムもすっかり過去のものとしたオリンピックは、それでもうまくいかない困難に直面している。

それにしても、東京五輪をめぐりなされてきたこれまでの作業を総覧すると、やはりここにある重大な空白があるような気がしてならない。すなわち、一九六四年の東京オリンピックについての徹底した批判的考察である。もちろん、一九四〇年の東京五輪についての多くの実証研究は六四年との比較を視野に入れており、前述の片木篤のオリンピックシティ論も、一九六四年の東京に起きたことを、四半世紀前の構想との関係から浮かび上がらせている。浜田幸絵も、『〈東京オリンピック〉の誕生』で、聖火リレーに焦点を当てて一九四〇年と六四年の関係を示す。前述の竹内幸絵の関心も、グラフィックデザインの観点から一九四〇年と六四年を比較することにあった。だから一九四〇年の東京五輪に軸足を置きながら、一九六四年の東京五輪を考察する試みは少なくない。しかし、一九六四年の東京五輪をめぐる文化政治を、同時代の社会意識や国土開発、メディアや都市の文脈のなかで浮かび上がらせる本格的な作業は、まだなされていないのだ。

もちろん、この判断にも留保が必要で、そうした作業がまったくないわけではない。新雅史の『「東洋の魔女」論』は、一九六四年の東京五輪で核心的に機能していた文化政治に鋭く照準した研究で、大著にまとめられるべき視座を含む。同時代的文脈の読み解きでは、老川慶喜編の『東京オリンピックの社会経済史』が注目されるが、渋谷や湘南についての示唆に富む論考が含まれるものの、全体としては一九六四年の東京五輪自体の分析よりも、「東京五輪の時代」についての分析が主眼である。むしろ、本書に近い問題意識が垣間見えるのは、石坂友司と松林秀樹がまとめた『一九六四年東京オリンピックは何を生んだのか』であろう。この論集は、六四年五輪の「高度経済成長と一体になった強烈なまでの成功神話」と「それによって日本が世界に認められる第一歩を踏み出したとする自負の物語」の効力が、二〇二〇年の東京五輪でも持続していることを問題にしている。この「神話」や「物語」の生成と持続の仕組みを捉えるには、「はたして六四年大会は、成功に満ち溢れたものだったのか」という問い直しがなされなければならない。なぜならばこの問いは、意外にも過去の研究で、徹底して問われることが少なかったからだ。

　本書を通じて示していくつもりだが、一九六四年の東京五輪こそが改めて問い返されなければならない理由は少なくとも三つある。第一に、六四年東京五輪の「成功」物語は、同時代の高度成長の「成功」を象徴するものとして戦後日本のイメージを集約してきた。つまり、戦後とポスト戦後を通じ、この物語の神話的作用はかなり強力で、持続的だった。したがって、一九六四年の東京五輪のパフォーマンスが、個々の家庭に入り込んだ無数のテレビを通じて複製されることで、どのようにして強力な神話作用を帯びるに至ったかが明らかにされなければならない。

　第二に、第Ⅰ章で詳論していくことになるが、六四年の東京五輪が、東京という都市のどのような空間的変容のなかに位置づいていたのかが重要である。片木が示唆したように、一九六四年の東京五輪は東京をオリンピックシティに変えていく。しかし、東京は一九四〇年五輪構想の時点からオリンピックシティになろうとしていたわけではない。一九四五年まで、東京は大日本帝国の帝都であり、何よりも軍都であった。この軍都がいかにしてオリンピックシティになっていったのかの鍵が、一九六四年の東京五輪を考えることのなかにある。

　第三に、本書の第Ⅳ章で示すように、一九六四年の東京五輪は、八八年のソウル五輪や二〇〇八年の北京五輪の、つまりはその後に続く韓国や中国の五輪の前例をなしていく。つまりこれらの東アジアの首都で開かれていったオリンピックはシリーズをなしており、さらに冬季五輪まで入れれば、このシリーズのヴァリエーションは一九七二年の札幌、九八年の長野、二〇一八年の平昌、二二年の北京なども含む。東アジアのそれぞれの国がオリンピックを開くことは、その国家の開発主義的な欲望と結びついており、そうしたすべての展開の原点に一九六四年の東京五輪は位置づけられるのである。だから六四年大会は、欧米列強で再発明された近代オリンピックが、それらのオリンピック・エリート国家を越えて開催されていくようになったとき、どのようなポスト帝国主義やポスト植民地主義のモメントと結びついてきたのかを検証する特権的な位置にある。

シナリオが綻びるとき――上演としての東京オリンピック

理論的な観点から言うならば、オリンピックという対象は、その構造的な反復性と歴史的な変動が切り結ばれていく地点に成立している。オリンピックは、その基本構造がオリンピック憲章に書き込まれ、様々なルールや慣習によって制度化されてきた反復的なパフォーマンスである。この反復性は儀礼が共通に持つ特徴で、これだけならばオリンピックは伝統的な意味での人類学的な研究対象である。ところがこの国際儀礼は、数年ごとにその舞台を移動させ、それぞれの開催地決定をめぐる国際政治や経済の動き、そしてそれぞれの大会が現地の権力状況のなかで文脈化されていくプロセスとしてもあることで、人類学的という以上に政治学的な研究対象となる。

ポイントは、人類学か政治学かということではなく、ここにおいて反復性と歴史性が構造化された状況の中で節合（アーティキュレート）していることである。本書がやがて明らかにするように、一九四〇年と六四年、二〇二〇年の東京五輪の間に反復性があるだけでなく、一九六四年の東京五輪と一九八八年のソウル五輪や二〇〇八年の北京五輪、一九七二年の札幌五輪や九八年の長野五輪の間にも反復性がある。ところがこれらの間には、反復性だけでなく、歴史的な変動が、グローバルにもローカルにも内挿《ないそう》されてもいる。だから本書の関心は、二一世紀初頭、この東京五輪モデルを駆動してきた反復性がいかに変容しつつあるのかを考えることにも向けられる。

必要なのは、このような反復＝変動的なアプローチを可能にする理論的なフレイムである。すでに述べたように、そのフレイムはオリンピックを枠づけてきたインフラ次元の動きと、オリンピックというパフォーマンスそのものを同時に捉えるものでなければならない。人類学の分野から、オリンピック分析に最も影響力あるフレイムを提供してきたのは　ジョン・J・マカルーンの「スペクタクルとしてのオリンピック」論であろう。一九七七年、ヴィクター・ターナー、ナタリー・ゼーモン・デーヴィス、バーバラ・A・バブコックなどといった、人類学と記号論、カーニヴァル論が活発に交差していた当時の知的世界を代表した論者たちを集めて開かれたシンポジウムで、マカルーンは、「文化的パフォーマンス（cultural performance）」という概念を提起するとともに、オリンピックを重層的なパフォーマンス＝スペクタクルとして捉える理論的可能性を示した。

文化的パフォーマンスとはターナーの社会劇（social drama）を発展させた概念で、「一個の文化あるいは一個の社会としてわれわれが自らを鏡に映しだし、自らを定義し、その集合的神話と歴史を劇化し、さまざまな代替策を自らに提示し、結局、ある面では同じ姿のまま留まりながら、ある面で変身を遂げる場となるもの」のことである。ここには遊びや儀礼、物語、カーニヴァル、シャリヴァリ、祭典、スペクタクルなどの諸ジャンルが包摂される。これらは日常的現実に対する「鏡」

として、何がリアルであるのかを映し出し、人々の現実感覚を秩序づけている。文化的パフォーマンスと現実とのこうした関係は「再帰的（reflexive）」なものである。再帰性とは、おのれ自身に対して観客となり、距離をとることを意味する。日常的現実が社会の直説法なら、文化的パフォーマンスは社会の仮定法に属する。私たちの現実は、その鏡である文化的パフォーマンスとの再帰的な関係を通じて了解されていく。したがって、このような社会の仮定法を分析すれば、社会的現実自体の生成的な構造を捉えることができる（マカルーン編『世界を映す鏡』一一－三三頁）。

　こうした認識に基づいて、マカルーンは文化的パフォーマンスの一つのジャンルとしてオリンピックを把握する。彼は、オリンピックには、ゲーム、儀式（ritual）、祝祭（festival）、スペクタクルという四つのパフォーマンスの形式が多肢的に結びついていると主張する。まずゲームとは、形式的な構造としての公開のルールと定められた役割や自発的な活動性によって特徴づけられる。このゲームとしての楽しさは、オリンピック本来の核心そのものである。次に、儀式としてのオリンピックとは、聖火リレーや開会式、各国の国旗や国歌、表彰台やメダルなどの儀礼的要素による枠づけのことで、こうした儀式性の強調が、オリンピックを一般のスポーツ競技から隔ててきた。第三に、祝祭としてのオリンピックとは、お祭り的な雰囲気、陽気さ、浮かれ騒ぎや解放感によって特徴づけられる。「オリンピックのたびごとに、競技場や宿泊施設を取り囲む街路や広場は、広大な、そして一つのつながりを持った祝祭によって満たされる」。第四に、スペクタクルとしてのオリンピックは、見る人々に華やかで壮大な視覚体験を提供する。スペクタクルは、観客に離れた場所からの見物を要求し、驚きや畏敬の念を引き起こす。今世紀を通じ、オリンピックは地球規模のスペクタクルとして発展してきた。ゲームとして誕生し、儀式として聖化され、祝祭として享受されてきたオリンピックは、スペクタクルとして消費されるのである（同書、三八九-四四二頁）。

　マカルーンは、これら四つのパフォーマンスのジャンルを、アーヴィン・ゴッフマンが『フレイム・アナリシス』で論じた概念に基づいて階層化している。それらは、オリッピックという出来事を枠づける四つのフレイムとして作用しているのである。「個々のジャンルは、個別的な特性を保ちつつも対立-一致の関係という点で、他の諸ジャンルにより規定されている。論理的な階梯として、認識論的メタ・コミュニケーション的枠組として、意味論的な場として、通時-共時的に組織された時空単位として、歴史の産物として、行為者のオリンピックに対する多様な解釈を可能ならしめる経験のコンテクストとして、これらの示差的で相互に関連し合った諸ジャンルは、互いに他のジャンルを、考え方や行為において条件づけている」。オリンピックの分析は、各大会において、これら四つのフレイムがどのように連動し、各場面の進行を枠づけているのかを明らかにしていくことになる。あるときには儀式のフレイムが他を圧倒していくかもしれないし、祝祭のフレイムが増殖し、ゲームや儀式のフレイムを浸食していくかもしれない。またあるときにはスペクタクルとして、他のフレイムを減価させながら消費されていくかもしれない。

　このマカルーンの視座の価値は、オリンピックに包摂される様々な次元の要素を統合的に把握する可能性を示したことにある。個々の試合で起きたことから聖火リレーや開会式といった儀式性の強い諸場面、オリンピックの開催地となった都市の観光戦略から招致をめぐる駆け引き、そしてメディアの戦略までが統合的に把握される。そのため、試合そのものよりもオリンピックでの諸儀式や衣装、祝祭性に注目する研究が、彼のモデルの影響を受けてきたように見える。他方、マカルーン自身は、個々のオリンピックに関する研究をかなり書き、彼のピエール・クーベルタンをめぐる評伝は広く受容され、オリンピック聖火についてのまとまった著作も出しているが、人類学的対象としてのオリンピックという視座を超える作業はその後もしていないように見える。そして一九八〇年代半ば以降、オリンピック自体がより巨大化し、商業化していくなかで、オリンピックは人類学的アプローチの対象というよりも、たとえばジョセフ・ナイのソフトパワー論や、モーリス・ロチェのメガイベント論に基づいて論じられることのほうが多くなっていった。オリンピックの人類学よりもその政治学のほうが、分析の前面に出るようになったのである。

必要なのはこの反復と変動、ミクロとマクロ、人類学と政治学、個々の出来事の状況的な分析と大きな歴史的変動の構造分析を不可分に結びついたものとして把握していくことである。本書の以下の章においては、一九六四年の東京オリンピックを、マカルーンと同じように〈上演＝スペクタクル〉として捉えながらも、これを人類学的な意味での反復の儀礼というよりも、歴史社会学的ないしは文化政治学的な意味での継続と変容の抗争的プロセスとして把握する。

第Ⅰ章でまず焦点を当てるのは〈舞台〉としての東京五輪であり、そこでは軍用地から競技場への、つまりは軍都東京からオリンピックシティ東京への変容が論じられる。二〇二〇年の東京五輪が東日本大震災からの復興を国内外にアピールするドラマとして目論まれているのと同様、一九四〇年の東京五輪構想は、一九二三年の関東大震災からの復興を国内外に示すという役割を帯びていたし、一九六四年の東京五輪は明白に戦災からの復興のシンボルたらんとした。しかしながら、このプロセスは単なる過去の切断ではない。むしろ、六四年の東京五輪を仔細に眺めれば、過去からの断絶という以上に連続が深く刻印されていたことに気づく。そしてこの連続性が、最もはっきり示されていたのが、実は会場の配置や都市改造のプランなのである。これらは上演論的には、オリンピックというパフォーマンスが演じられる舞台である。この舞台としての東京に、いかに深く軍都東京からの連続性が刻印されていたかを明らかにするのが第Ⅰ章の課題となる。

　伝統的な村の祭りや都市でのカーニヴァルなどと異なり、オリンピックや万博にはいつも支配的権力の政治的思惑が作用してきた。一九世紀半ばから二〇世紀初頭に至るまで、万博を深く貫いていたのは帝国主義のイデオロギーである（吉見俊哉『博覧会の政治学』）。これに対し、一九三六年のベルリン五輪を経て初めて万博をも凌駕する国際イベントとなっていくオリンピックの場合、帝国主義という以上にナショナリズムのイデオロギーに貫かれてきた。一九六四年の東京五輪において、これを仕掛けていった側の演出意図が最も明瞭に表出されていたパフォーマンスは、何よりも聖火リレーであった。第Ⅱ章で詳論するように、このとき聖火リレーが沖縄からスタートしたことには特別な企図がある。当時、沖縄本島を一周した聖火リレーとそれに向けて振られた無数の日の丸の小旗は、沖縄の人々の意識が「本土復帰」に向けてうねりをなしていく大きなモメントとなった。そして、前述の軍用地から競技場への転換にしても、この聖火リレーのルート決定にしても、ここには文字通り日米の抱擁、アメリカ国務省と日本政府の意向の一致が投影されていた。聖火リレーの行程や歓迎の仕方、報道のされ方などを綿密に読み取っていくことにより、ここに働いていた〈演出〉が、どのような国際情勢や中央と地方、天皇制と平和主義、メディアの語りのなかで成り立っていたのかを浮かび上がらせていくことができる。

　しかし、オリンピックが熱狂的なパフォーマンスとして演じられていくその中心にあるのは、以上の意味での舞台でもなければ、演出でもない。このパフォーマンスの主役は、いうまでもなく選手たちの競技である。上演論的な視座からすれば、選手はオリンピックというパフォーマンスにおける舞台上の〈俳優〉であり、彼らの競技は〈演技〉である。一九六四年の東京五輪は、前述のようにテレビの爆発的な普及を経て最初に国民的に経験されたイベントであったから、選手たちが実際に競技をしていた舞台は東京各所の競技場だったとしても、彼らの競技が国民的に受容されていったのは、テレビのある無数のお茶の間という〈劇場〉だった。つまり、ここにおいて〈舞台〉と〈劇場〉の間には、ある技術‐装置的な二重性が差し挟まれていた。この二重性は、テレビカメラによってローカルな都市構造とマスメディアの情報環境が結ばれることで生じたもので、この〈劇場〉は映像的複製性のうちに膨大な数の観客を巻き込み、熱狂させていくのだった。

　そして一九六四年の東京五輪において、圧倒的な数の日本人観客がテレビを通じて目を向けていったのが、女子バレーボール決勝と男子マラソンという二つのドラマだった。一方で、前者のヒロインとなっていったのは、金メダルを獲得した日紡貝塚工場のバレーボールチームである。他方、後者のヒーローとなったのは、自衛隊の長距離選手だった円谷幸吉である。前者の背景にあったのは、それまで日本の産業化を支えてきた繊維産業の大量の女子労働力であり、後者の背景にあったのは、人口過剰な農村から吐き出されてくる貧しい農家の次男坊、三男坊だった。つまり、六四年の東京オリンピックのクライマックスをなしたパフォーマンスは、貧しさから脱出しつつあった日本社会で、その貧しさにおいて膨らんでいた人口学的圧力を繊維産業や自衛隊が吸収するという労働力市場の構造に支えられていたのである。彼ら、彼女らをオリンピックで主役を演じる存在とするために、繊維産業や自衛隊は彼らの身体をどのように調教していったのか。そうした身体技術論は、オリンピックの終了によっていかなる結末を迎えていったのか。第Ⅲ章ではそのような意味での東京五輪の演技論的な分析を進めていく。これらに加え、テレビとは異なる仕方でこのオリンピックについての劇場となった記録映画のまなざしについても論じていきたい。

最後に、第Ⅳ章では、一九六四年東京五輪モデルの反復と増殖について考える。すでに述べたように、一九六四年の東京五輪は、一九八八年のソウル五輪や二〇〇八年の北京五輪の原型をなしていった。これら三つの東アジアのオリンピックは、いずれも日本、韓国、中国が高度成長に向けて離陸していく瞬間に開かれ、ちょうどそれ以前に全国的に普及していたテレビを通じて熱狂的に受容され、各国の経済成長主義と結びついた新しいナショナリズムの決定的なモメントとなっていった点で共通している。この共通性によって、三つの東アジアのオリンピックは、それまで欧米で開かれてきたオリンピックとはかなり異なるタイプのものなのである。そして、これらのオリンピックの〈舞台〉の形成が、東京、ソウル、北京の三つの首都の大規模な都市改造と結びついていたという点でも共通性がある。さらに〈演出〉という面でも、東京五輪の聖火リレーが巧みに仕組まれた政治的スペクタクルであったのと同じように、中国共産党は北京五輪の聖火リレーで地球規模の壮大な政治的演出を試み、文字通りグローバルな反発を引き起こしていった。成功、不成功の違いはいろいろあろうが、聖火リレーが狡猾な政治的演出と大衆動員の仕掛けとなるという点は、一九三六年のベルリン五輪での軍事侵略を視野に入れたモニュメンタルな演出から二〇二〇年の東京五輪で準備されているボランティア参加型の演出まで、本質においては変化していない。

以上の作業は、私がこれまでしてきた仕事のなかでは、方法論的には一九八七年に出版した『都市のドラマトゥルギー』を、研究対象としては一九九二年に出版した『博覧会の政治学』を引き継ぐものである。先行する作業からすでに約三〇年が過ぎており、間隔が長すぎるとの批判は甘受したいが、この間に私はメディア論やカルチュラル・スタディーズ、大学にかかわる諸事をしてきたわけで、それぞれがそれぞれの状況のなかで必然的に選んだ道だった。ある意味で、およそ三〇年の歳月を経て、私の仕事は大きく螺旋を描きながら出発点に近いところに戻りつつある。大阪万博から愛知万博までの歴史の批判的考察は、すでに『万博幻想』（文庫版は『万博と戦後日本』と改題）にまとめており、同時代の東京五輪を上演論的に分析した本書によってミッシングリンクが埋まり、戦後日本の国家的ビッグイベントに関する分析はほぼ完結したことになる。

　そして今、私たちはこの繰り返しのビッグイベントの再演を通じて日本社会に染み込んだ「戦後日本的なるもの」が、ぼろぼろと崩壊していく只中にいる。本書で論じていく東京五輪の舞台と演出、そして演技を支えてきたシナリオは、すでに激しく綻びているのだ。二〇二〇年の東京五輪では、政府も財界もメディアも一体となって、この綻びを必死に繕い、まるで過去の再演が今後も続き得るかのような「レガシー」を上演していくかもしれない。多くの国民も、一時はそうした幻想に酔いしれるだろう。しかし、賞味期限の過ぎた酒を飲みすぎれば二日酔いは酷いものとなる。オリンピックの酔いから醒めるとき、やがて私たちは現実の二〇二〇年代の日本社会と向き合うことになるはずだ。そこに広がるのは、かなり暗澹たる未来への展望である。すでに『平成時代』で論じたように、「平成の三〇年」の失敗や苦境、不安と後退は、今後もあと二〇年程度は続くはずだ。この困難な時代を乗り越えていくのに必要なのは、過去のシナリオに閉じこもり、それを再演することではもちろんない。しかし、およそそうしたパフォーマンスへの欲望を捨て去ってしまうことが未来を拓くとも私は思わない。未来を拓く可能的地平は、過去を乗り越えるパフォーマティヴな想像力の中からしか生まれない。だからこそ、歴史の徹底した再検討が必要なのである。

第Ⅰ章　ポスト戦争としてのオリンピック――舞台

1　軍都からオリンピックシティへ

「戦後」としてのオリンピック

戦後日本においてオリンピックは、厳密な意味で「戦‐後」的なものとして再来した。それは単にオリンピックが「平和」の時代を体現するからということではまったくないし、「復興・経済成長」という戦後日本社会がたどった歴史を象徴するからというだけでもない。さらにそれは、一九四〇年に開催されるはずであった東京オリンピックの復活というだけでもない。むしろ、一九六四年の東京に舞い降りたオリンピックは、これから論じていく多くの点で、文字通り戦争それ自体、戦時体制の変容局面に位置づけられる特徴を多く含んでいたのである。それはとりわけ、数々のスペクタクルの舞台となる競技場、また前後して各地で開かれていく国民体育大会や各種の選手権の会場となるスポーツ施設が、しばしば「ポスト戦争」の産物、つまりは戦時期までの軍事施設からの転換により生み出されていったものだったことに顕著に示されていた。つまり、ここでの「戦‐後」は、まずは「軍事＝戦争」からの転換＝継承戦略という意味になる。

実際、一九六四年の東京オリンピックで主要な競技施設が建てられ、最も大きく街の風景が変容したのは渋谷から青山にかけての国道二四六号線の一帯であった。そして、この一帯に建てられていった競技施設の多くは、陸軍施設の跡地利用である。たとえば、陸上競技が行われた国立競技場や秩父宮ラグビー場がある神宮外苑は、かつての青山練兵場である。日露戦争の兵士たちはここから出陣したのであり、ここは明治天皇の大喪の会場ともなった。昭和になってもこの一帯には、陸軍大学校、第一師団司令部、近衛歩兵第四連隊、歩兵第一連隊、歩兵第三連隊などが集中し、戦争末期の学徒出陣でも神宮外苑競技場が壮行会場となった。

他方、この青山練兵場が移転した先の代々木練兵場も、やがてオリンピック施設となっていく。一九六四年の東京オリンピックで水泳競技などが行われた国立代々木競技場は、代々木練兵場が米軍に接収されてワシントンハイツとなっていたもので、その広大な敷地が返還されて競技場と選手村となった。さらにオリンピックで柔道会場となった日本武道館のある北の丸公園には、かつて近衛師団が置かれていた。そして、これらの軍用地をスポーツ施設に転換していこうという計画は、すでに一九四〇年の最初のオリンピック構想の時から浮上していたのである。つまり、日本軍の軍用地が戦前に競技場化したものと、米軍接収後に返還されて競技場化したものがあるにせよ、東京オリンピックの主要施設の多くがかつて軍事施設であったことは、日本におけるスポーツと軍事の特別の結びつきを示唆していて注目に値する。

吉田律人は渋谷に焦点を当て、この地域の軍事的空間がどのように形成されていったのかを跡づけている。「首都・東京は昭和二〇（一九四五）年の敗戦まで日本最大の衛戍地であった」とする吉田は、この首都で兵営が「現在の皇居北側（北の丸公園）や皇居南西部（六本木周辺）、大山街道沿線

図1-1 渋谷周辺における旧日本軍施設の位置

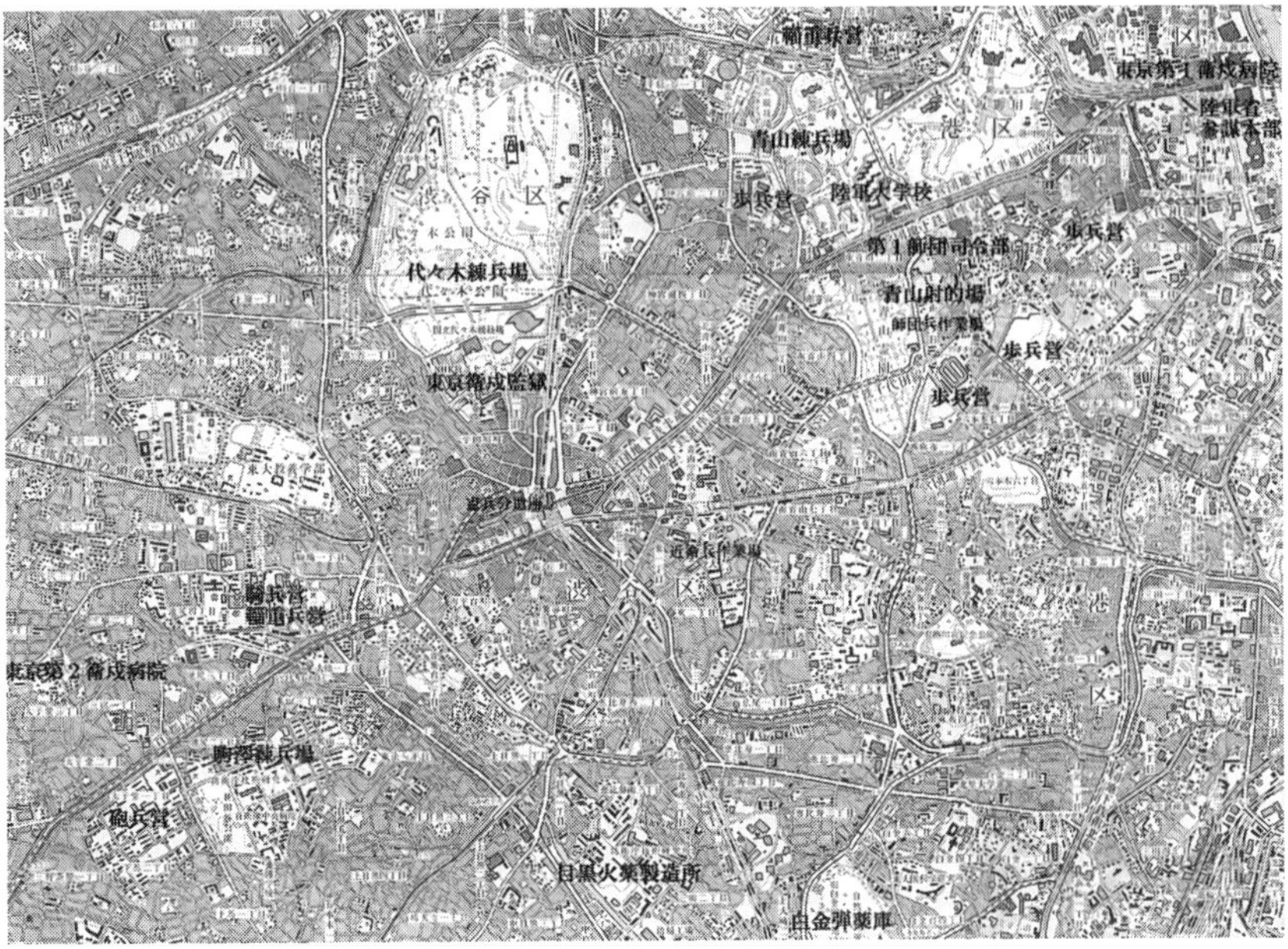

[上山和雄編著『歴史のなかの渋谷』雄山閣、p.245より]

(現・国道二四六号)、北豊島郡岩淵町などに集中し」ていたこと、すなわち「東京の軍事施設は相対的に東京市の西郊部に集中する傾向にあり、ちょうど大山街道の谷間に位置する渋谷は多くの軍事施設に取り囲まれる」配置となっていたことに注目している。渋谷から北には明治神宮の手前に代々木練兵場があり、さらに手前の宇田川町には東京衛戍監獄があった。西に隣接する駒場や駒沢には騎兵や砲兵の兵営が集中的に配置されていた。他方、南方向には目黒火薬製造所や白金弾薬庫、軍需工場や倉庫が散在していた。そして東方には、青山練兵場や陸軍大学校、第一師団司令部、近衛兵営や歩兵営など陸軍の中枢部が存在した。

青山練兵場における陸軍観兵式
[『東京風景』小川一真出版部、1911年(国立国会図書館蔵)より]

これらの軍事施設に囲まれた渋谷は、「軍人日夜此処を交通し、随って休憩飲宴し送迎往来する者多き」状態だった（吉田律人「渋谷周辺の軍事的空間の形成」、上山和雄編著『歴史のなかの渋谷』二四三－二四四頁）。

吉田によれば、渋谷の軍事空間化はすでに幕末、フランス人軍事顧問の下で軍制改革と軍事訓練を進める幕府が駒場野や代々木を演習場としていった頃まで遡れる。維新後、薩長軍はこれを引き継いで駒場野を練兵場とし、天覧演習も実施された。その後、明治政府は中枢兵力を皇居前広場から丸の内にかけての一帯に集中させ、練兵場も日比谷に移った。しかし西南戦争後、軍制が整うなかで、日比谷の練兵場は手狭となり、徐々に軍の訓練施設は東京南西部、青山や赤坂に向かった。この流れのなかで軍事的重要性を増していったのが大山街道である。現在の国道二四六号線に重なるこの路線に沿って、多くの軍事施設が配置されていく。青山から世田谷にかけての大山街道沿いに軍事拠点が集まっていった理由として、吉田は、①乾燥した高地を求める軍事衛生上の観念、②演習に好都合な広い農地、③買収の容易な旧武家屋敷、④都心と直結した大山街道の利便性、⑤既存軍事施設との接続性、⑥兵士の風紀を乱す懼れのある繁華街があまりないこと、などがあったと推察している（吉田　同論文、二五三頁）。

こうして日比谷練兵場が明治二〇（一八八七）年に青山に移転した後、主要な観兵式は悉くこの青山練兵場で行われていた。さらに、明治中期には皇居付近の兵営が次々に大山街道沿いに移転し、赤坂、麻布、青山周辺は日本陸軍の中枢地区となっていった。この流れは渋谷周辺まで及び、「駒場野を有する荏原郡目黒村には明治二二年に近衛騎兵大隊、明治二四年に騎兵第一大隊、明治二五年に近衛輜重兵大隊と次々に部隊が移転」していった。さらに日清戦争後、ロシアとの開戦が近づくと、明治三〇（一八九七）年に大山街道に沿って下馬、三宿、池尻、上目黒を結ぶ広大な土地に騎兵や砲兵のための駒沢練兵場が造営されていった。世田谷方面には、衛戍病院や関連機関、将兵の子弟たちのための学校も整っていくことになる。渋谷はこのような兵営、軍隊、軍人家族による消費を支える中心地として市街化し、発展していった街でもあったのだ。

吉田の議論を発展させて武田尚子は、明治中期以降、大山街道沿道の軍事施設をつなぐのに道路の大幅拡張が不可欠となったことに注目している。武田は狭隘さが問題となった渋谷・宮益坂付近でいかに道路拡幅がなされたのかを跡づけた（武田尚子「近代東京における軍用地と都市空間――渋谷・代々木周辺の都市基盤の形成」『武蔵大学総合研究所紀要』二一号）。渋谷川やその流域の宇田川、さらに目黒川などの川筋が細かく集中する渋谷付近は、地形からいえば大規模施設や軍事道路の配置に適する場所ではない。ところが皇居から青山へと都心西南方面に向けて施設を拡張してきた陸軍からすれば、その方向での発展は所与であり、軍道は農地も町家も谷も川も鉄道も押し退けて拡張を続けた。そしてこの拡張は、商店や学校、軍人とそれに関連する人々の居住地を周辺に呼び込み、青山・麻布地域から代々木・世田谷を経て厚木・相模原にまで及ぶ郊外住宅地域の基盤が形成されていくのである。

やがて、旧大山街道の赤坂、六本木付近は、戦後になると施設の多くが米軍に接収され、その米軍施設周辺にアメリカ文化が滲み出していったことにより、今日の六本木ヒルズや東京ミッドタウンにつながるファッショナブルな流行の街が形成されていった（吉見俊哉『親米と反米』一二五－一三六頁）。同じ傾向は、代々木練兵場からワシントンハイツに移行した原宿周辺にも見られたが、東京オリンピックを契機にこの地域はスポーツとの結びつきも強めていく。だから原宿・表参道に、神宮とオリンピック競技場とブティック街が共存していることは偶然ではない。この一帯は、まず明治天皇と特別な結びつきを持つ空間になり、それがゆえに練兵場や陸軍施設が集中する場所となり、さらに施設が米軍に接収されたことを通じてアメリカ文化に接する場所、それから先端的な若者の街となり、さらには、この地域のそうした軍事的性格がやがてオリンピック競技場の建設を可能にしていったのだ。これらは街の変化を貫通する連続的変化なのである。

軍事施設から競技場・公園へ

全国に目を向けても、戦後、かつて軍事施設が占めていた場所に大規模な競技場が建設されていった例は数知れない。たとえば原爆投下の爆心地に近い広島基町の旧軍用地には戦後、公園や体育施設、市民球場が建設されていった。しかし、この地はあの壊滅の日まで軍都広島の中心地で、陸軍病院や練兵場、多数の軍事関連施設が配置されていた（但し、平和記念公園が置かれる中島町はもともと市街地）。また、岡山練兵場も岡山県の総合運動場に転身している。他にも、仙台の宮城野原練兵場は宮城県総合運動公園に、大阪鎮台陸軍歩兵連隊の練兵場のあった皇子山は滋賀県の総合運動場に転換している。福岡では、平和台球場と平和台陸上競技場になった舞鶴公園は、かつて陸軍の練兵場だった。地方都市では旧藩の城址が軍事施設になった例も多かったが、その多くが戦後、公園施設に転換した。名古屋の名城公園、大阪の大阪城公園、熊本の熊本城公園などである。

これらのうち、福岡の舞鶴公園での旧練兵場から競技場や野球場への転換は典型的な事例であった。福岡・平和台競技場のある舞鶴公園は、戦中期まで陸軍歩兵第二四連隊の本営が設置されていたが、戦後は米軍に接収され、将校宿舎が建設される。しかし福岡市は、「平和のための健全なスポーツの振興」をスローガンに占領軍との交渉を重ね、用地が返還されることとなり、一九四八年には福岡で開催された第三回国民体育大会の会場となった。やがて陸上競技場とサッカー場に加え、野球場も併設され、戦後野球史に名を残した西鉄ライオンズの本拠地となっていった。

軍事施設から競技施設へのこうした転換は偶然の一致ではない。今村洋一は、戦後の都市における大規模公園緑地の形成が、旧軍用地の公園への転用で初めて可能だったことを実証している。それによれば、一九四五年一二月に閣議決定された「戦災地復興計画基本方針」では、市街地面積の一〇％以上を緑地として整備することになっていたが、区画整理事業だけでこれほどの緑地を捻出するのは不可能だった。そこで戦災復興院は、市街地域に残された旧軍用地を積極的に公園緑地に転用する方針を選択した。さらに復興院は大蔵省に働きかけ、地方自治体が旧軍用地を公園緑地に転用する場合、国は無償貸与できる条項を国有財産法に盛り込んだ。今村は、こうした制度的措置を基礎に、主要都市で実際に公園緑地が創出されていく際、どれほど旧軍用地の転用が不可欠であったかを実証したのである。彼は、陸軍師団司令部が置かれていたため多くの旧軍用地が残った一四都市のうち、戦災都市の指定を受けた九都市を選び、そのなかで占領軍による接収が長期化した東京を除く八都市について、戦災復興公園のなかで旧軍用地が占めた割合を数量的に解析した。

結果は明瞭で、仙台、広島、熊本、姫路などの都市では戦災復興公園のなかで旧軍用地を含む公園は全体の六割以上を占めていた。名古屋と大阪では割合はもっと低いが、それはこれらの都市の規模が他よりも大きいからである。実際、大阪や名古屋で軍用地から転換した公園緑地の面積は他の地方都市と比べ広大だった。全体として、名古屋、大阪、広島、熊本、姫路の五都市（調査対象都市では仙台、久留米、宇都宮以外）において、旧軍用地を含む公園の総面積は一〇〇ヘクタール以上、総面積のなかでのこれら旧軍用地を含む公園の面積割合は広島、熊本、姫路、仙台では五割以上を占めていた。しかも、これらの転換は、敗戦後の早い時期に行われている。たとえば、敗戦後の混乱もまだ続いていた時期に、「広島では一〇カ所、仙台では八カ所というように、数多くの公園が旧軍用地において決定されていたほか、姫路では旧軍用地のほぼ全ての区域を公園として決定されて」いたのである（今村洋一「戦災復興計画における旧軍用地の転用方針と公園・緑地整備について」『都市計画論文集』四四巻三号、八二〇－八二二頁）。

　今村はさらに、最大か二番目に相当する規模の公園は、多くが旧軍用地の転用で誕生したものだったという。区画整理事業から生み出すことのできる公園緑地が比較的規模の小さなものだったのに対し、まとまった用地の確保が可能な旧軍用地は、それぞれの都市の戦災復興計画で基幹的な公園地となったのである。たとえば、仙台でいえば、追廻練兵場や射撃場が転用された仙台総合運動場は約四二ヘクタール、宮城野原練兵場が転用された宮城野原運動公園は約二三ヘクタールの面積を有する。名古屋でいえば、猫ヶ洞演習場と射爆場を転用した東墓苑が一四六ヘクタール、第三師団司令部が置かれ、北練兵場や東練兵場のあった名城公園は八〇ヘクタールである。大阪では、かつて第四師団司令部が置かれ、大阪造兵廠などのあった大阪城公園が約一六五ヘクタール、広島では、第五師団司令部や各種連隊基地のあった一帯が中央公園となるが、その面積は約四四ヘクタールである。これらの転用で、多くの都市で新たに大規模な公園緑地が誕生し、そこにやがて各種の大規模競技場が建設されていった（同論文、八一八－八二〇頁）。

　敗戦の時点で、日本全国には軍用地が莫大な規模で存在した。維新を経て日本がサムライの国から軍人の国へと変身し、軍備拡張を続けていくなかで、軍は巨大な権益集団だった。その権益のなかでは国家予算や徴兵制、諸々の政治的影響力が大きかっただろうが、全国に配置された莫大な広さの軍用地もまた軍にとって重要な権益であった。実際、敗戦後に陸軍省や海軍省から大蔵省に引き継がれた旧軍用地は、総計で約三二七六平方キロメートル、大阪府はもちろん、東京都や神奈川県の総面積よりも広い規模であった。この広大な面積が、陸軍の駐屯地は七一都市、海軍の軍港は六都市に分かれ、それ以外にも多くの造兵廠や工廠、広大な敷地を要する飛行場や演習場、牧場などとして全国各地に散在していたのである。

　しかも、それらの施設の配置には偏りがあり、一方では中枢的な軍諸機関や駐屯地、工廠は、東京を含む関東に集中し、他方で広大な面積の演習場等は北海道に集中していた。それらの軍用地の四分の三が、敗戦後の一〇年間で処分されていったのである。農村部の軍用地が処分される場合、食糧増産と自作農創設のための開拓用地とされていくことが多かったが、都市部では多くの用地が公園や行政機関、学校になっていった。全体の傾向として、敗戦直後は開拓農地への転用が圧倒的に多く、五〇年代に入ると農地以外の用途への転用が増加し、やがて官公庁や学校、病院などの公共施設への転用や民間事業者への売却が全体の六割以上を占めるようになるという傾向があった（今村洋一・西村幸夫「旧軍用地の転用と戦後の都市施設整備との関係について」『都市計画論文集』四二巻三号、四二七－四三二頁）。

2 五輪開催と軍用地返還——もう一つの日米交渉

米軍施設返還と東京オリンピック開催

一九四〇年代後半から五〇年代を通じ、旧軍用地から公園緑地や公共施設への転用が広範囲に行われていた流れを踏まえるならば、一九六四年の東京オリンピック開催が構想され始めたとき、オリンピック実現のためにはさらなる旧軍用地の転用が不可欠であるとの認識があったとしても不思議ではない。しかし、一九五〇年代にはまだ首都圏の旧軍用地の相当部分が米軍駐留施設として接収されていた。だから東京オリンピックにとって旧軍用地の活用とは、主要な米軍基地のどれかを返還してもらうことを意味していた。逆に言えば、オリンピック開催を口実に、米軍施設の返還をアメリカ政府に迫っていこうとする発想も、日本側にはあったであろう。米軍基地の一部返還によってオリンピックを開催し、日米安保体制が有益なことを世界にアピールできるならば、日本にとってのみならず、米国にとっても悪くない話のはずだった。

ここで、一九五〇年代半ばの東京近辺で、旧日本軍の軍用地が米軍に接収されていた主な施設群を概観しておこう。戦後、米軍は占領開始とともに、民間施設も含めて首都

図1-2 東京の主な米軍接収地

［佐藤洋一『図説 占領下の東京』pp.34-35の地図を縮尺・範囲を調整して掲載］

司令部小銃射撃場
文化アパート
ヒルトップ・ハウス
YWCA
フィリピン大使館
野々宮アパート
主婦の友ビル
ミトリ・ホテル(旧:偕行社)
アーミー・ホール(旧:軍人会館)
学士会館
YMCA
リバービュー・ホテル
(野村ビル)
64地図工兵隊
ノートン・ホール
(旧:憲兵司令部)
如水会館
島津ビル
パーシング・ハイツ
TAEモータープール
エクスチェンジ・
ホテル
(東京証券取引所)
FEAFモータープール
国分ビル
八洲ホテル
ナイル・キニック・スタジアム
(旧:国立競技場)
パレス・ハイツ
コミッサリー
渋沢倉庫
リンカーン・センター
丸の内エリア
ジェファーソン・ハイツ
日本青年館
チャペル・センター
マツダビル
東京PX
(服部時計店)
海軍下士官クラブ
近藤商事ビル
ステート・サイド・パーク(神宮球場)
ファイナンス・ビル
(大蔵省)
富国生命ビル
山王ホテル
東京メインPX(松屋デパート)
華族会館
ニッポン・タイムズ
三会堂ビル
満鉄ビル
イチバン・クラブ
ハーディ・バラックス
(エリア3)
東京放送会館
東京陸軍病院(聖路加病院)
ワシントン・ハイツ
青山会館
大阪ホテル
東京陸軍病院付属施設
ハーディ・バラックス
(エリア1)
愛宕山
第一ホテル
キャンプ・バーネス
GHQランドリー
ネイビー・クラブ(旧:水交社)
レシーバー・アイランド
(月島4号埋立地)
大門ガレージ
三井クラブ

の大量の施設を接収したが、なかでもまとまった土地が無条件に接収されたのは旧日本軍の施設であった。日本軍施設から米軍施設への接収がまとまって生じたのは、東京都心では赤坂・六本木のハーディバラックスなどの施設、少し外縁になるとワシントンハイツが建設された代々木練兵場跡地、米軍の兵器製造や貯蔵が行われるＴＯＤ（Tokyo Ordnance Depot）となった十条・王子・赤羽の諸施設、グラントハイツが建設された陸軍成増飛行場跡地、キャンプドレイクがあった朝霞の陸軍被服廠跡地、立川基地のあった陸軍立川飛行場跡地、現在も横田基地のある陸軍横田飛行場跡地などである。

しかし、旧日本軍施設でも、近衛騎兵連隊や陸軍戸山学校、医学校、経理学校などのあった市ヶ谷・戸山の諸施設は、大本営や陸軍省のあった地区がパーシングハイツ（現・防衛省）として接収されたほかは、戸山学校の一部が小銃射撃場として接収された程度であったし、駒場練兵場や駒沢練兵場などのあった世田谷・駒沢の諸施設も接収はわずかだった。他方、国立霞ヶ丘競技場を含めた明治神宮外苑の諸施設はサンフランシスコ講和条約の直前、一九五二年に返還されていた。

つまり、東京オリンピック開催が構想された時点で、神宮外苑の諸施設は主要会場として使っていくのを前提として、さらにもしもオリンピック開催を錦の御旗として、五輪会場化のために米軍施設の返還を交渉していくのであれば、候補として考えられたのは六本木のハーディバラックス、代々木のワシントンハイツ、赤羽のＴＯＤ、成増のグラントハイツ、朝霞のキャンプドレイク、それに場合によっては立川基地や横田基地ということになる。このうち立川や横田は、距離的にやや遠すぎるのでオリンピック会場としての優先度は低い。すると消去法的に、交渉の候補は、六本木、代々木、赤羽、成増、朝霞の五つになる。この五つのなかで、赤羽のケースは、この地域の施設が武器製造や弾薬庫的な役割を担っていたので、米軍側が簡単には交渉に応じるとは考えられにくかったであろう。そうすると結局、候補は四つに絞られることになる。

東京近辺最大の米軍基地は朝霞

このなかで、東京都や日本政府がもっとも重視して交渉したのは朝霞の返還だった。オリンピック開催にとって選手村の建設は不可欠だから、キャンプドレイクの返還により選手村を建設していこうと考えたのである。赤羽は、施設の性格が他と異なるし、六本木も代々木も都心の一等地なので、米軍はそう簡単に返還交渉に応じないと考えたのかもしれない。もっともグラントハイツの成増でなく朝霞のほうを都や政府が交渉の候補としたのはなぜか――。

この疑問に対する当面の答えは二つある。第一は、面積の問題。成増のグラントハイツの総面積は約一・八平方キロ、代々木のワシントンハイツの総面積は約〇・九平方キロであったのに対し、朝霞のキャンプドレイクは約三・二平方キロ（周辺も含めると四・七平方キロ）の広さがあったとされる。つまり同じ米軍施設でも、二つの「ハイツ」に比べ、「キャンプ」のほうはかなり広い。ちなみに立川基地が約五・七平方キロ、横田基地が約七・一平方キロだから、朝霞はこれらの基地に次ぐ広さだったことになる。他方、六本木の米軍施設は、現在の東京ミッドタウンと新国立美術館、都営北青山アパートの一群がこれに当たるので、そのすべてを集めてもさしたる広さではない。二三区近辺では、明らかに朝霞が最大規模の基地だった。朝霞ならば競技施設も選手村を収容していくことができる余裕が十分にあると考えられた。

しかも第二に、交通の便からみても、現在でこそグラントハイツの跡地を利用した光が丘団地は、

朝霞ゴルフ場(3番ホール、1940年頃)
[写真提供:一般社団法人 東京ゴルフ倶楽部]

地下鉄大江戸線開通により便利な場所になったが、それ以前は交通面で難があった。他方、キャンプドレイクは東武東上線の朝霞駅から近く、少なくともグラントハイツよりは便利な場所だった。そして当時、東京都は朝霞にオリンピック主要施設が建設される場合、渋滞が問題な川越街道をバイパスさせる自動車道路の建設も計画していた。しかも、グラントハイツの成増とキャンプドレイクの朝霞は近接しているから、朝霞選手村により練馬区から朝霞市にかけての地域は、オリンピック都市・東京を象徴する一帯になるはずだったのである。

このように、東京都や日本政府がオリンピック開催に向け、都心の米軍の諸施設よりもまず朝霞基地返還を米軍と交渉していこうとしていたのにも、それなりの都市計画上の理由があった。遡ればすでに述べてきた地域と同様、朝霞も戦前は日本軍の軍事施設が集中していた地域である。しかしその軍都としての歴史は比較的新しく、それまでこの地域は朝香宮鳩彦親王が名誉総裁をしていた東京ゴルフ倶楽部のコースが広がっていた。もともと同倶楽部が置かれていたのは、後に東京オリンピック会場となる駒沢だったが、一九三二年、倶楽部は手狭になった駒沢から朝霞に移転した。約二〇万坪の広大な敷地に東洋一を誇るゴルフコースが造成され、町名も以前の「膝折」から皇族の名前を借りて「朝霞」となった。一九三〇年代には人口の二倍近いゴルフ客が訪れ、朝霞コースの名は海外まで知られていた。だからこの朝霞がオリンピック会場となることは、もとものこの地のゴルフの街としての延長線上に位置づけられることでもあった。

やがて一九四一年、戦争への流れのなかで「ゴルフの街」は「基地の街」に変貌する。戦争激化のなかで奢侈とされたゴルフコースは閉鎖され、代わりに市ヶ谷から陸軍予科士官学校が移転してきた。さらに陸軍病院や赤羽にあった被服廠もこの地に移った。さらに周辺には、諸々の軍需工場も建てられ、終戦の頃までに朝霞は一気に陸軍の街となっていた。そしてそこに占領軍がやって来て、東京近辺では最大規模の米軍基地が誕生するのである。こうして朝霞米軍基地は「キャンプドレイク」と呼ばれるようになり、地域は主力部隊の「サウスキャンプ」、補助部隊の「ノースキャンプ」、米軍住宅地の「モモテハイツ」、野外演習場の「根津パーク」などに分かれていった。そして、多くの米軍基地がそうであったように、基地内にはプールや映画館、ボウリング場、ゴルフ場などが建設され、周辺には米兵相手の歓楽街も形成されていった。一九六四年の東京オリンピックが計画されていたのは、まだ朝霞がそうした「基地の街」として活気づいていた最中であった。自治体はその「基地の街」を「スポーツの街」に変えたいと考えていたが、それが当該の地域住民に歓迎されたかどうかはわからない。

朝霞米軍基地をオリンピック選手村に

すでに競技施設の整っていた神宮外苑に加え、一九四〇年東京五輪の主会場とされていた駒沢と米軍基地から返還されるはずの朝霞、この三つのうち後二者は、いずれも当初は東京ゴルフ倶楽部のゴルフ場として開発された用地である。そのため地勢的にも似たところがあり、都心からの距離もほどよかった。駒沢への道は、国道二四六号線を整備すれば良かったし、これが都心から西南方面への幹線ルートとなった。同じように都心から西北方面への幹線ルートを整備すれば、朝霞周辺での緑あふれる住宅地開発が続くだろう。いずれの方面も、「ゴルフの街」から「基地の街」へ、そして「オリンピックの街」へと変身していくことが期待された。

　このシナリオからすれば、代々木のワシントンハイツの全面返還は、あまり想定も期待もされてはいなかった。一九六〇年、オリンピック組織委員会が発表した「施設基本計画」でも、「埼玉県朝霞町キャンプドレーク南地区にオリンピック村を建設する。ここに選手約八千人とその管理関係者のための宿舎及び共同施設の建設並びに各種練習場を整備する」と明記されていた。

　たしかにすでに一九六〇年頃から、朝霞よりも代々木のワシントンハイツに選手村を置くべきではないかとの意見も一部にはあったらしい。しかし、都市計画専門家からの発言は、「オリンピック村については、これをワシントンハイツにおこうという意見が最近一部で報道されている。ワシントンハイツは主会場から至近距離にあるという点できわめて有利な条件をもっているのであるが、しかし現在接収解除の見込みが全くないこと、米軍宿舎の移転を求めるにしても代替施設の建設に多大な経費を要すること、それに練習場等を十分にとれる程の面積がないこと等の点からここを選手村に使うことはまず不可能といわざるをえない」と冷たい（斎賀泉「オリンピック東京大会の施設計画について」『新都市』一四巻三号、一六頁）。どうやらこの発言では、ワシントンハイツにはすでに駐留軍家族用の住宅が多数林立しているので、それを改修して使ってしまえば、わざわざ新たに選手村を建設しなくてすむという利点は、視野に入っていないようだ。

　こうして東京オリンピック準備委員会が一九五八年一一月にＩＯＣに提出した計画では、キャン

図1-3 朝霞にあった旧キャンプドレイク地区（1974年撮影）

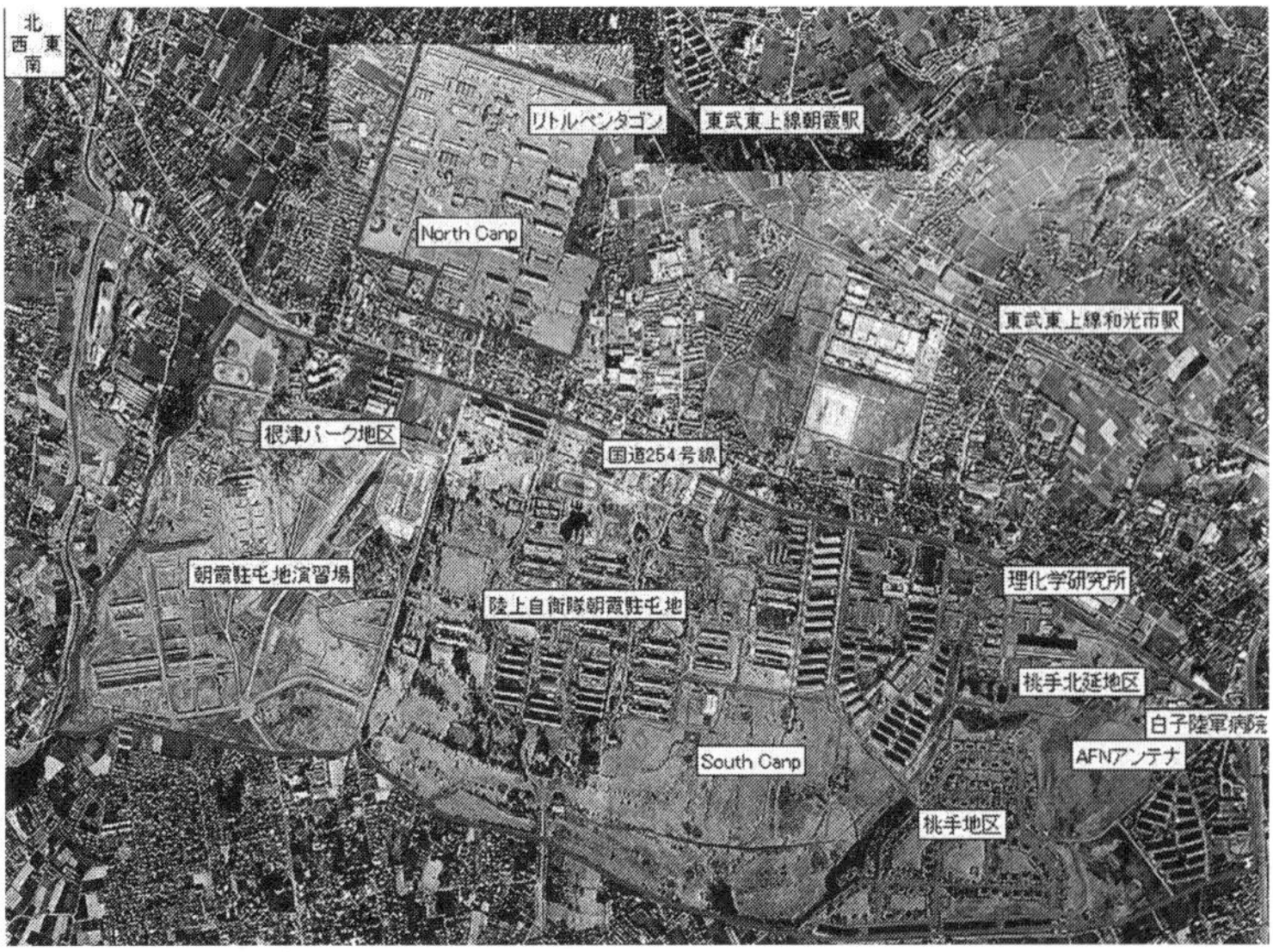

［© 国土画像情報（カラー空中写真）国土交通省］

プドレイクの南地区（キャンプサウス）全体を、選手約一万人を収容できるオリンピック選手村に改造することを計画していた。この選手村では、南地区の北側約三分の二に、中央広場を囲むように多数の住宅棟が建ち並び、南側には各種のグラウンドやプール、劇場、教会、体育館などが置かれていた。それから約二年の検討を経て、六一年二月のオリンピック組織委員会で承認した計画案では、南地区の北側部分とその西に広がっていた根津パーク地区を敷地とし、本部、食堂、店舗等が集められた中央広場から西の根津パークに道路が伸ばされ、根津パーク地区には陸上競技場やサッカー場、バレーボールコートなどが配置されている。

　さらに、同じ年の八月八日に承認された計画案では、南地区の東端にあった桃手地区を中心とした計画案に変わり、その南部に二二〇〇戸の住宅を建設、その北側部分に陸上競技場やサッカー場、バレーボールコートなどが建設されることになっていった。こうして選手村の配置案はキャンプドレイク南地区の中央と西から東部分に変化するが、一貫して相当数の住宅棟とスポーツ施設の建設が目論まれていた。組織委員会側に、選手村としての開発後、跡地をニュータウンとして売り出していこうとする思惑があったらしいことが窺われる。

驚きのワシントンハイツ全面返還案

実は、一九六一年八月の組織委員会で、計画案における選手村の配置がキャンプの中央及び西側から東側に移り、キャンプドレイク南地区全体を対象とするプランから桃手地区に限定したプランに変化したことは、その前の二月の委員会の時点からの半年で、オリンピックをめぐる外部条件に大きな変化があったことを示唆していた。というのも、日本政府は一月一七日、キャンプドレイクを中心とする返還案を、日米合同委員会で米国側に正式に提案していた。ところがその数カ月後、五月九日に米国側から示された回答は、それまでの日本側のシナリオからすれば驚くべきものだった。米国側は、キャンプドレイク南地区の返還に関しては実質的にこれを拒否し、桃手地区だけは、代替地があれば返還に応じると返答してきた。他方、ワシントンハイツについて、住宅棟についての代替地を日本政府が見つけ、新たに米軍用住宅を建設するならば、ワシントンハイツの全面返還に応じる用意があると逆に提案してきたのである。郊外の離れたキャンプドレイクではなく、都心に近い一等地のワシントンハイツを、条件次第で米国は自ら全面返還すると言うのだ。

このような回答は、東京都をはじめ東京オリンピックを現場で準備してきた面々には寝耳に水のことであった。今まで数年間をかけて議論し、検討してきたプランの前提がひっくり返ってしまったのだ。それまでの経緯からの意地もあり、また本命の道路計画に支障をきたされてはたまらないという思いもあり、都と組織委員会は、米国の提案に精一杯の抵抗を試みる。東京都は五月一五日、既定方針通り朝霞に選手村を建設する意見書を臨時都議会で可決、直ちに政府に提出した。これを受けて、五月二二日の政府のオリンピック東京大会準備対策協議会は、キャンプドレイク南地区二・四平方キロのうち桃手地区の〇・五平方キロの返還を求め、そこに必要な施設を設けていく妥協案を示すが、都と組織委員会はこれを拒否、あくまでキャンプドレイク南地区の全面返還を求めている。紆余曲折を経て六月、桃手地区の米軍住宅一六〇戸を移転すれば、同地区とそれに隣接する一・二平方キロを返還してもいいという米軍側の意向が伝えられたため、組織委員会も折れて桃手地区中心の修正案をしぶしぶ承認した。

　ところが、八月八日の小坂善太郎外務大臣とこの年の春に就任したばかりのエドウィン・O・ライシャワー駐日大使の会談では、米国側からあくまでワシントンハイツの全面返還が望ましいとの考えが再提示され、一部返還では米国側が拒否するとの答えに話はまた紛糾する。ライシャワー大使からは、東京都心に大規模な米軍施設があるのは米国にとっても望ましくないので、ワシントンハイツの全面返還を促進したいとの考えが繰り返された。東京都と組織委員会は、それでは朝霞の選手村計画と道路計画が水泡に帰してしまうため難色を示し続けるが、最後は米国側に押し切られて決着する。同年一〇月二一日の朝日新聞では、アメリカの意向に従わざるを得なかった東京都の山田正男首都整備局長が、聞き手に憤懣やるかたなき口調で答えている。

浦松　選手村問題などはっきり決まってから、オリンピックを招致すべきじゃなかったんですか。お客さんを呼びにいっていながら準備はまだ出来ていない。こんなお客さんの呼び方ってありゃしない。

山田　決まっておったようですね、朝霞と……。

浦松　しかしそれも、米軍が必ず返すといったわけじゃなかったんですよね。まるで子どもの使いさ……（笑い）私たち大東京の都民として全く情けない。

山田　東京都が呼んできたように思っている人も多いようだが、呼んできたのはオリンピック組織委――

浦松　そう、組織委が、朝霞は準備万端整っていて、あしたにも呼べるようなことをいってきた。まあ運動競技なんかやっている人は心臓が強いんですかね（笑い）。ライシャワー大使がワシントン・ハイツを返すといってからもずいぶんもめていたようだ。

山田　それはこういうことなんじゃないですか。つまりワシントン・ハイツの森林公園化はずっと前から計画されていた。ひとつワシントン・ハイツは全面返還してもらってそこに公園をつくる。選手村は朝霞にする、というわけだった。ところが、政府は余計に費用がかかるから、選手村もハイツにもってこいというわけで、ごたついたようだ。……

（中略）

山田　経費の点からいえば既定計画の方が安くあがります。それから接収解除という面からいえば朝霞もワシントン・ハイツも返してもらうという方がよい。

浦松　なるほど施設返還という問題からいえば、それは理想ですが、オリンピックのことだけ考えれば一カ所にまとまっていた方が運営はらくだ。……

山田　競技場も朝霞にもっていければ一番よい。都心部でやるなんてどこにそんな国があるんです。日常交通だって大変迷惑です。アジア・オリンピック大会のときから大議論だったんですが、あのときあそこ〔神宮外苑〕に競技場をつくっちゃったのがいけないんですね。

浦松　そう。それならよい。オリンピックも都市計画も、ということなら都民も大喜びですよ。ローマにもどこにも負けない競技場を――なんてりきむ必要はない。もっと小規模でよい。

山田　オリンピックのためだけに施設を作るなんて反対ですね。道路計画そのものは〔昭和〕三十二年に計画、四十年までに幹線道路だけは仕上げる予定でした。ところがむやみやたらと計画を変えられたんでは、「それは知りませんよ」といわざるをえない。

（『朝日新聞』一九六一年一〇月二一日）

明らかに、山田首都整備局長は怒っている。東京都の立場からすれば、一九六四年の東京オリンピックが朝霞を中心に展開するのは前提だったはずだ、と言いたげである。都市計画的な観点からいえば、オリンピック施設が都心にある理由は何もない。むしろ、朝霞のような郊外に、道路整備計画と一体で建設したほうが安上がりで、長期的にも意味がある。ところが、一九五八年にアジア競技大会を開催する際、戦前からあった明治神宮外苑競技場を壊して大規模な国立競技場を建設してしまった。これがボタンの掛け違いの始まりで、本来、東京の都市計画をまず立て、それに益する限りでオリンピックを利用すべきだった。ところが現在は、オリンピックまずありきですべてが進んでいる。これは本末転倒ではないか――というのが山田の主張であった。これはもちろん二〇二〇年の話ではない。一九六四年の話である。

ここに語られているように、東京都にワシントンハイツ返還の希望がなかったわけではないが、それは森林公園化のためで、オリンピックのためのものではなかった。一方は森林公園、他方はオリンピック施設で、代々木と朝霞を両方とも返してもらおうというのだから、虫がいいといえば虫がいい話ではあった。他方、この東京都の目論見とは異なり、周辺には朝霞返還に否定的な自治体も存在した――神奈川県である。神奈川県は、沖縄を別にすれば、当時も今も国内で最も米軍基地を多く抱える県の一つである。同県の立場からすれば、もし朝霞が全面返還されてしまうと、首都圏の米軍はますます神奈川県に集中することが危惧された。

そこで内山同県知事は、オリンピック組織委員会に「朝霞にオリンピック選手村を設けるとの決定を白紙に返し、ワシントン・ハイツの全面使用に踏み切るべきだ」との書簡を送っていた。もちろん米軍施設返還という点では朝霞も代々木も同じだが、後者は将校家族用住宅施設が中心で、東京都心の施設はいずれ返還されるというのが大方の見方だったから、神奈川県の米軍施設への影響はそれほど大きいとは思えなかった。そして理由はまったく異なるが、この方向はライシャワー駐日大使の意向とも一致しており、ライシャワーは内山知事と歓談した際、「この機会に日本の首都のまん中にある米軍施設をお返しするのは、日米友好のためにもいいことと思う。私としても返還実現に協力する」と語っていた（『朝日新聞』一九六一年九月二三日）。

周知のように、全面返還されたワシントンハイツには、丹下健三設計の代々木オリンピック競技場をはじめとする諸施設が建てられていき、それらは戦後日本の復興と高度成長を象徴するモニュメントになっていった。しかし以上の経緯は、このモニュメントが、オリンピック招致に奔走した

図1-4 1964年東京五輪関連施設の配置と交通

［『建設進むオリンピック関連街路』（東京都、1963年）等を参考に作成］

現場の専門家たちの思いが実ったというよりも、朝霞ではなく代々木を全面返還していくことに固執した米国側の意向の結果であったことを教えてくれる。現場の関係者たちは、多くが朝霞基地のオリンピック施設化に強い思いを持っていた。しかし、米国側にとっては、郊外のキャンプドレイク返還よりも都心のワシントンハイツ返還のほうが、よほど応じやすい提案だったのである。

一九五〇年代末、首都の大規模米軍施設返還によるオリンピック施設建設という大筋では暗黙の合意がありながらも、その具体的な見通しでは日米に大きな思惑の違いがあった。この違いがなぜ生じていたのかについては、首都圏における米軍施設の全体的な布置とそのなかでの朝霞をはじめとする丘陵部の米軍基地の役割、それに米国の冷戦戦略とそのなかでの日本の位置づけを理解してこそ、問題の片鱗をつかむことができる。

都心の米軍施設　西部外縁の米軍施設

佐藤洋一は、占領下の東京で米軍に接収された施設についての綿密な調査を進め、首都圏の占領施設についての詳細なリストを作成した。その作業のなかで佐藤が米軍による首都占領の特徴として指摘したのは、占領軍施設が、都心部から西部及び南部方面に広がる分布パターンをとっていたことである。米軍は、まず空路は厚木、海路は横須賀から首都に進駐してきたのであり、東京都心部への進駐より以前に、同じ首都圏でも相模原から多摩、埼玉の丘陵一帯への進駐があった。これらの地域は、すでに戦中期から、首都防衛のための軍事基地が多数配置されていたから、米軍としてはまずこれらの日本軍施設を押える必要があったのである。

やがて、これらの日本軍基地はそっくり米軍基地に移行していった。結果的に、横須賀、座間、相模原、立川、横田、入間、狭山、所沢といった米軍の主要基地が、東京の南から西方面を外縁からぐるりと囲むことになった（佐藤洋一『図説 占領下の東京』二七頁）。首都東京の占領は、一方では日比谷から赤坂・六本木にかけて中心部があり、他方では西東京の外縁部に配置された基地群があり、この中心と外縁の中間、とりわけ日比谷から西南方面に伸びるような形で住居施設や工場・倉庫的な施設が配置されていく形態をとったのである。

　概略的に述べるなら、前者の都心部で接収された施設は、多くが比較的早い段階で接収解除されていったのに対し、後者の西外縁部にある基地施設の場合、かなり後まで、というか現在においても、多くの接収が解除されていない。佐藤が作成したリストが具体的に証明するように、占領初期には千代田区の丸の内や霞が関、大手町、内幸町、有楽町、中央区の日本橋、京橋、銀座、明石町、港区の芝といった、文字通り東京の業務中枢地区で膨大な数の施設が接収を受けているが、その接収が一九六〇年代以後まで続いたケースはほとんどない。大多数、接収は一〇年前後で返還されている。東京二三区全体に広げてみても、ほとんどの施設で、接収は五〇年代末までに解除されている。わずかに例外的に、二三区内で六〇年代に入っても接収が続いていた大規模施設が、前述した代々木のワシントンハイツと練馬のグラントハイツ、それに赤羽付近のＴＯＤ施設の三つであった。ところが目を郡部、二三区の外側に転じると、事情はまったく異なっていた。武蔵野市や三鷹市、それに多摩地域にあった米軍施設が本格的に返還され始めるのは、ようやく七〇年代に入ってからである。米軍施設の返還に関しては、二三区内と区外で、その返還時期に明瞭な格差があった。

　このことは、一九六〇年前後を転換点として、首都圏における米軍駐留の重心が、二三区内から離れ、次第に神奈川や西東京の外縁部円弧を主軸としていくようになっていったことを意味している。最終的には、東京二三区内の米軍施設は数えるほどしかなくなり、大部分の米軍基地は、横須賀から磯子、相模原を経て、横田、立川、入間、狭山までを貫く国道一六号線沿いに並ぶことになる。この首都圏の米軍基地の分布の変化は、在日米軍の目的の根本的な変化に対応していた。

当初、都心部や二三区内の膨大な施設が米軍に接収されていた時代、米軍駐留の主目的は日本そのものの統治と社会全般にわたる改革にあった。しかしやがて、在日米軍は日本国内の基地を足がかりとしながらも、アジアにおける冷戦の遂行、五〇年代には朝鮮半島における、六〇年代以降はインドシナ半島における共産主義との戦争に向かっていく。その場合、日本の基地は米軍のアジア戦略にとって地政学的に有用な足がかりではあっても、日本国内の諸機関との結びつきは重要ではない。基地は地理的には日本本土や沖縄に位置しながらも、土着の社会との関係はかつてよりもずっと薄いものとなっていた。そのような軍事システムにとって、東京都心の市街地に大規模な施設がある必要はほとんどないのである。

オリンピックから基地を見えなくする

もう一つ、大多数の米軍施設が東京都心や二三区内から一九六〇年前後までに去っていった理由には、日本社会のいつ爆発するとも知れない反基地感情をできるだけ抑えたいという狙いもあったと考えられる。一九五〇年代から六〇年代にかけて、アジアでの冷戦遂行を最大の国家的目標としていた米国は、日本社会のなかで反基地運動を媒介に反米感情が広がっていくことを極度に恐れていた。それが、冷戦戦略の大きな障害となる可能性があったからだ。すでに五〇年代初頭には、石川県内灘で米軍射撃場のための接収に反対する県民感情が爆発し、大規模な反基地闘争に発展していた。「吉田内閣はソ連や中国が侵略してくるから基地が必要というが、国民の反対を押し切って七三三ヶ所の軍事基地を分捕っている国こそ、一種の強盗ではないか。強盗を祖国から追い払う」とは、当時の清水幾太郎の言葉である。五四年には、ビキニ環礁での水爆実験により日本漁船が被曝し、漁民に死者が出たばかりか、魚にも大きな被害が出て草の根的に原水爆禁止運動のうねりが広がった。その流れのなかで誕生した怪獣映画の傑作『ゴジラ』には、隠喩的ながら反米的なメッセージが込められている。そして五五年には、米軍と日本政府が推し進めようとした立川基地拡張に反対し、近隣農民たちを中心に砂川闘争が激しく高揚していた。これと同じ頃、沖縄では全島民を巻き込んだ島ぐるみの反基地闘争が展開していた。そしてもちろん、一九五九年から六〇年にかけての安保闘争である。五〇年代を通じ、「基地」は戦後日本に突き刺さった最大の棘であるとの認識が広がっていた。

砂川闘争のために集まった人々と上空の米軍機
[写真提供:共同通信社]

一九五〇年代末、共産主義化した国はもとより、インドやインドネシア、ラテンアメリカ諸国など世界中で米国の軍事政策に対する反発が広がっていた。もしも同盟国日本でも反米的な傾向が広がれば、米国は確実に孤立する。そんな恐怖心が米国の政府関係者には共有されていた。とりわけ一九六〇年の安保闘争とアイゼンハワー大統領訪日中止という決定を導いた一九六〇年六月の「ハガチー事件」（アイゼンハワー訪日の打ち合わせを日本政府とするために来日した報道官が、羽田空港周辺でデモ隊に取り囲まれて脱出した事件）の衝撃は大きく、日本の世論も反米に傾きつつあるとの心配はいっそう深刻なものとなった。

日本を懐柔して継続的に頼りになる反共の先兵であり続けさせるには、本土の基地負担をできるだけ軽くする必要がある。とりわけ大都市の都心部では、米軍の存在はできるかぎり目立たないようにすべきだとの戦略的判断が明白にあった。六本木や原宿が、アメリカン・カルチャーの消費地になることは好ましいが、それらの基地の前で沖縄と同様の反米デモが繰り広げられるのは悪夢だった。これが、そもそもケネディ政権下でライシャワー駐日大使を実現させた重要な背景であったし、ライシャワーによる、東京都心から米軍基地を消していくとの発言にもつながっていた。

こうした文化政治的文脈のなかで、米国政府は東京でもその存在がひときわ目立つワシントンハイツを一刻も早く返還したほうがよいと考えていた。表参道に面したワシントンハイツは、もちろんそこに住む米軍将校にとっては最高のロケーションだろうが、米軍の長期的な日本駐留戦略にとっては目立ちすぎである。こんな一等地に米軍が広大な場所を占拠し続けることが、日本人にいい印象を与えるはずはない。そして、同時代の日本政府が考えていた以上に、米国政府は自国の軍事力が国際世論にどうすれば受け入れられるかを、純粋に戦略的な意図から気にかけていた。東京都が都市計画的な観点から代々木よりも朝霞の返還を望んでいたのに対し、米国政府は国際政治的な観点から朝霞よりも代々木の返還を望んでいたのである。日本社会で米国の軍事力を受け入れられやすくするために、都心ほどは目立たない西東京外縁部の基地は残しつつ、将校には快適でも、戦略的な価値が特別に高いわけではない都心近くの大小の米軍施設を段階的に返還していく、とりわけそのなかで最も目立つ大規模施設であったワシントンハイツを返還し、日本人が願望する東京オリンピックの成功をアメリカが助けた形にすべきと考えるのは、きわめて合理的な判断だった。

だからこれは、J・F・ケネディ大統領の「静かなる外交」、やがてジョセフ・ナイがアメリカの「ソフトパワー」と呼ぶことになる外交の一部であった。ケネディは、アイゼンハワーの「平和のための原子力」のような、ある意味で軍事技術の社会活用を前面に出した政策とは異なり、文化や学術、スポーツなどの交流を重視し、アメリカの軍事的な顔はできるだけ表に出さない外交を目指した。だからこそ、ライシャワーをはじめ、ジョン・ケネス・ガルブレイス（駐インド大使）、ジョージ・ケナン（駐ユーゴスラビア大使）など、冷戦体制のなかで重要な地政学的意味を持つ地域に次々に名だたる学者を大使として派遣し、大統領府との緊密な連携を維持したのである。

他方、ライシャワーにとっても、ケネディの後ろ盾は決定的なもので、それと東京を知り尽くしていた彼の知識が選手村予定地の土壇場での転換にも影響を及ぼしたと考えられる。実際、東京・白金で生まれ、東京都心で少年時代を過ごしたライシャワーは、代々木・原宿がこの都市のなかで持つ場所性を完全に理解していた。代々木・原宿は都心であり、朝霞は郊外である。この都心に広大な米軍基地が残っていることは、東京のとりわけ山の手に住む人々に日々、占領が終わっていないことを実感させるはずだった。これは、日米関係にとってまったく好ましくない。ライシャワーは大使として着任する以前から、そのように考えていたはずである。ワシントンハイツの全面返還は、彼にとってあまりにも当然の選択だった。

3　東京復興としての万博・オリンピック

帝都復興の延長としての東京オリンピック

以上のことから、一九四〇年に開催されるはずであった幻の東京オリンピックと実際に開催された一九六四年大会の関係についても、単に戦争のために開催できなかった平和の祭典構想が、戦後、日本が経済成長に向かうなかで復活し、ようやく実現したというだけにとどまらない文脈が存在することが見えてくる。一方で、一九四〇年の東京オリンピック構想は、直接的には紀元二六〇〇年を記念して企画されたのだったが、より大きな流れとしては、二三年の関東大震災からの復興イベントの流れのなかに位置づけることができる。この構想を最初に主導したのは一九三〇年に東京市長に再び就任した永田秀次郎だが、彼は後藤新平市長の下で助役を務め、関東大震災時にも東京市長を務めていた。そして、後藤新平が帝都復興院総裁として帝都復興計画に邁進していた際、彼の下で復興計画の実現のために大きな役割を果たしもした。

後藤の壮大な復興構想は、大震災のショックが一段落すると長老政治家たちの反対にあって予算を大幅に縮小され、東京築港計画や多くの幹線道路建設を断念せざるを得なくなった。しかし、それでも帝都復興事業は、大きな柱だった区画整理事業で相当の成果を上げ、道路も昭和通りや靖国通り、晴海通りなど、東京都心部で多くの拡幅や建設が実現した。このように後藤の事業が「絵に描いた餅」に終わらなかった理由の一つは、事業主体が復興院から東京市に移り、後藤の腹心であった永田やその後を継いだ中村是公が東京市長として計画に全面的に協力したからでもある。今日の東京都心部の骨格形成で、震災復興は戦災復興よりもはるかに大きな成果をあげた。

この帝都復興事業が一段落した一九三〇年代、東京改造に多大の貢献をした永田秀次郎が再び東京市長となり、彼のイニシアティブで東京オリンピック開催が計画されていく。この重なりは、そもそもこのオリンピックが万博とともに、国威発揚だけでなく都市開発的な文脈にも置かれていたことを示唆する。実際、競技場の建設予定地として当初想定されていたのは深川埋立地だった。東京築港は明治以来の東京市の悲願で、後藤は帝都復興を機にこれを実現しようとしたが挫折した。しかし、それでも築港に向けて隅田川河口の改良がなされ、深川に大規模埋立地も造成されていたから、その活用方法が問題になっていたのである。一九三三年に永田を継いで東京市長となった牛塚虎太郎は、この埋立地のなかの辰巳地区に運動競技場と市庁舎を建設する案を提案していた。やがて、現在の晴海地区と新越中島埋立地で日本初の万博を開催する計画も浮上し、湾岸の埋立地と国家の祭典が結びつけられていくのである。

一九三五年、東京市はオスロで開催されるＩＯＣ総会に向けて「オリンピック総合競技場試案」を発表するが、そこで会場候補となったのは深川埋立地の辰巳地区で、この地区を南北に縦断する幹線道路を主軸に諸施設が配置されることになっていた。片木篤によれば、この会場は、南北の「主軸上にはスタヂアムが配され、その東側には馬術場、練習トラックとフィールド、二つの蹴球場が並べられ、反対の西側には水泳競技場と室内水泳場、野外劇場、相撲競技場と二つの少年用相撲競技場、体操場、弓道場、体育研究所が並べられている。……（南北軸と直交する）東西幹線道路に沿って、テニスコートとテニス競技場、武道館、中央事務室、男子体育館、女子体育館が立ち並び、武道館と中央事務室が南側の海に向かう眺望を枠づけている」という構想だった（片木『オリンピック・シティ 東京 1940・1964』六二－六三頁）。要するに、今日でいえば神宮外苑の競技場と代々木オリンピック競技場、北の丸の武道館、両国の国技館をすべて深川埋立地に集中させる壮大な計画だったわけだ。

しかし、この東京市による深川開催案は招致委員会でははなはだ不評で、早い計画段階で消えていく。埋立地は風速が強く競技に適さないと競技団体が強く反発したことが大きな理由らしいが、他にも埋立地へのアクセスの不備や埋立地での大規模施設建設の技術的困難などいくつかの理由があったようだ。いずれにせよ、翌一九三六年に委員会が検討していく候補地に深川は含まれず、代わりに埋立地では都心により近い芝浦が候補地に残った。その後も東京市は埋立地での開催にこだわっており、神宮外苑ではなく埋立地で巨大イベントを開催することで東京湾岸開発の流れを軌道に乗せたいとの都市開発的な思惑を抱き続けた。

神宮外苑から駒沢へ――湾岸・都心西南・郊外

招致委員会において東京オリンピックの会場候補地についての議論が白熱するのは一九三六年から三八年にかけてだが、三六年の時点で競技場の候補地に挙げられていたのは、芝浦埋立地以外に、神宮外苑、代々木、駒沢ゴルフ場、上高井戸、杉並、井荻、砧台、鷺宮で、他にも用賀、等々力、二子、石神井、井の頭、久我山などがオリンピック村の候補地に挙げられていた（片木篤　前掲書、一九頁）。神宮外苑と代々木以外の候補地は、現在の杉並区と世田谷区に集中している。たとえば、駒沢、砧、用賀、等々力、二子は駒沢公園から砧公園にかけての一帯、杉並、井荻、井の頭、久我山は現在の和田堀公園から井の頭公園にかけての一帯を指しており、大筋でオリンピック会場の候補地は、湾岸の埋立地でなければ都心の神宮外苑か代々木、そうでなければ杉並や世田谷などの郊外の緑地帯が想定されていたことになる。

もちろん、これらのなかで最有力候補は、神宮外苑を主競技会場とする案だった。というのも、オリンピック招致の時点で、国際的な大会に耐えるすでにあった競技施設といえば神宮外苑の陸上競技場と水泳場以外になく、既存施設の活用を考えるのならそもそも他に選択肢はなかった。そして実際、一九三六年から三七年にかけて組織委員会がまとめていくのは、既存の陸上競技場を一二万人収容の施設に拡張し、またこれも既存の水泳場を三万人収容の競技場に拡張する計画だった。これに加えて外苑の南に位置していた陸軍射撃場跡地に球技場と自転車競技場を新設し、さらに周辺にテニスコートや演舞場も新設しようとしていた。神宮外苑案の最大の強みは、主要な二つの施設である陸上競技場と水泳競技場が既存施設の拡張で対応できるため、予算的にも施設的にも見通しがつけやすいことだったのではないかと思われる。

ところが施設計画の中心にいた岸田日出刀が一九三六年、ベルリン大会会場の長期視察から帰国後に考えを大きく変え、神宮外苑案に反対を唱え始める。この岸田の動きについてはすでに片木や松隈洋など多くの建築史家が考察しており、ここではその要点のみを言及するにとどめたい。岸田が神宮外苑案に反対する決意をしたのは、ベルリン大会の強烈な印象を受けてのことだった。帰国後、彼は東京大会でもベルリン大会が実現したような巨大な競技場を目指すべきだが、神宮外苑の競技場をそのように改造するのは不可能だと判断した。なぜならば、外苑の狭隘な敷地のなかで既存の陸上競技場を一〇万人収容の競技場に改造しようとすれば、周囲には「猫額大の空地」が残されるにすぎなくなり、さらに競技場のスタンドの高さがこの外苑の風致美を著しく損ねるほどのものになってしまう。そのくらいであれば、このオリンピック開催を契機に、十分な敷地のとれる場所に総合競技場を新設するほうが長期的に見て有益である。

　岸田はそこで、代々木練兵場をオリンピック会場にできるのなら理想的だが、それは難しかろうから、駒沢ゴルフ場こそ次善の選択肢だと提案した。建築家槇文彦らが二〇二〇年の東京オリンピックの新国立競技場問題で指摘したように、その際にザハ・ハディド案をめぐって問題になった多くの難点が、すでにこの岸田の指摘で示されていたわけである。

　岸田が理想的としたように、当時、都心に近く広大な用地があったのは代々木練兵場で、早稲田大学理工学部建築学科の共同制作では代々木練兵場をオリンピック競技場に作り変える大胆な提案もなされていた。それによれば、「原宿及代々木八幡を結ぶ線を東西の縦軸とし、渋谷及参宮橋を結ぶ線を南北の横軸とし、現在の参宮道路はこれをオリンピック幹線道路として原宿の正面に達しせしめたる」案で、後に実現する代々木オリンピック競技場とオリンピック村の広がりにほぼ重なるが、その施設配置プランは正面口からまっすぐ巨大な広場の先にメインスタジアムが建ち、両翼に諸施設が配置される壮観なものだった（同書、七七－七八頁）。正式決定された駒沢案以上に、こちらはベルリン大会のモニュメンタリズムに対応している。

　さて、紆余曲折を経ながらも岸田の反対論が功を奏し、一九三八年四月のオリンピック組織委員会は、収容人員を六万人以上に改造することが不可能との理由から明治神宮外苑案を取り消し、駒沢ゴルフ場を正式の会場候補地とすることに決定する。水泳競技場やオリンピック村も併せて駒沢に新設されることとなった。駒沢は、都心か郊外かといえば、どちらかというと郊外の候補地の一

図1-5 1940年東京オリンピック会場案の変遷

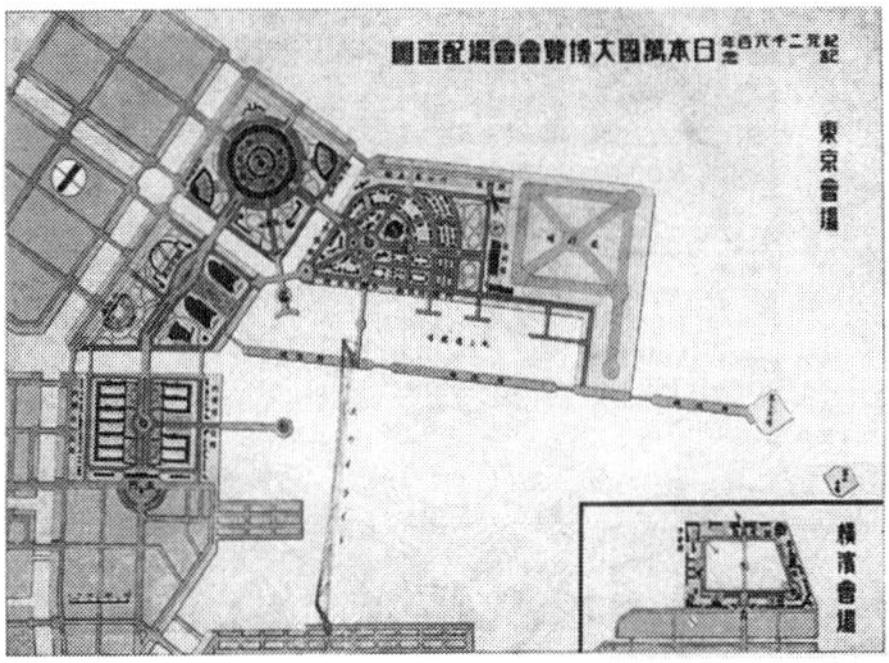

①東京湾岸　これは日本万国大博覧会会場配置図だが、画面左上に当たる敷地がオリンピック会場として想定された
[日本万国博覧会協会『紀元二千六百年記念日本万国大博覧会』1935年より]

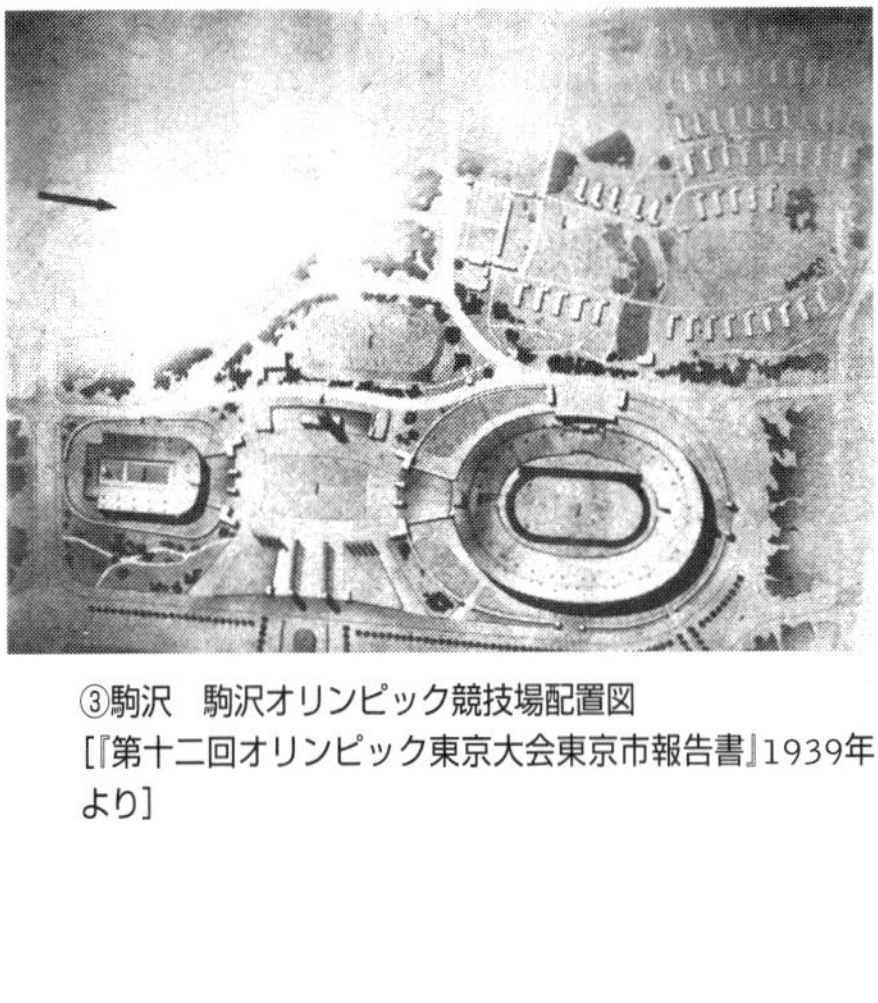

③駒沢　駒沢オリンピック競技場配置図
[『第十二回オリンピック東京大会東京市報告書』1939年より]

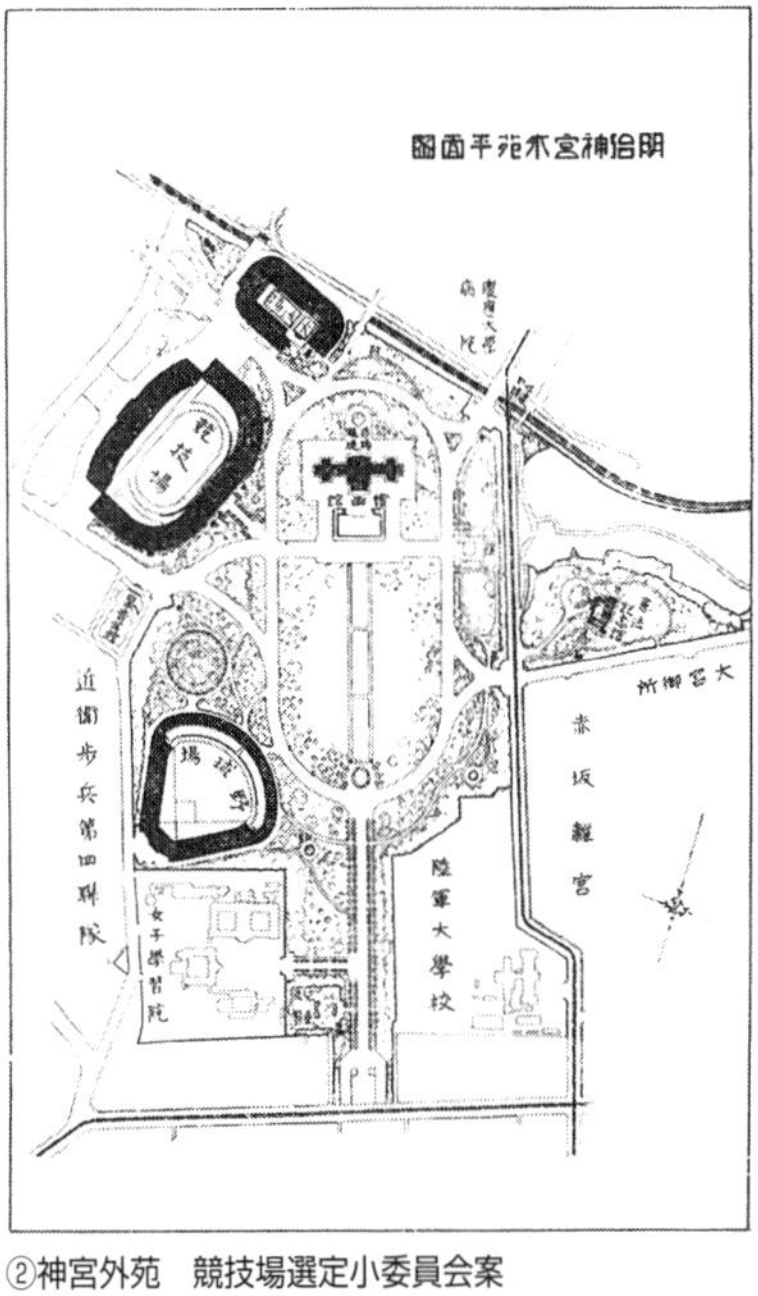

②神宮外苑　競技場選定小委員会案
[第十二回オリンピック東京大会組織委員会『報告書』1939年より]

つである。しかし、他の郊外候補地に比べて都心にずっと近い。しかも、競技施設がすでにある神宮外苑とは幹線道路でつながれている。すでに述べた軍事的な用途を持った麻布・青山から厚木に至る大山街道（国道二四六号）がここでも重要な意味を持った。都心からのアクセスが容易で、新しい競技場建設のためのスペースが確保できる駒沢案は、神宮外苑案が敷地の狭隘さから、代々木案が陸軍との関係で可能性として消えてしまえば、たしかに競技場を都心近くに確保し、なおかつ一〇万人収容の規模を確保したい競技団体とオリンピック開催に再開発的な意図も持たせたい東京市が折り合いをつけられる妥協点だった。

二つの東京——上野の博覧会と青山・原宿の博覧会

しかし、この前史をさらにたどるならば、神宮外苑会場案の起源は一九一二年に開催が予定されていた日本初の万博計画にまで遡ることができる。古川隆久が論じたように、「日本大博覧会」と名付けられたこの万博計画が浮上したのは、日露戦争が講和交渉に入る一九〇五年であった。計画はロシアからの賠償金を当てにして農商務省により発案されたもので、翌〇六年には民間や議会でも日露戦勝を記念した万博開催の建議が続く。

こうして同年夏から翌〇七年にかけて万博開催の準備が本格化していくのだが、注目すべきは会場である。古川によれば、会場案には明治からの内国勧業博の会場だった上野はもちろん、月島埋立地や品川沖の埋め立て、青山、荏原、向島、丸の内三菱原などが挙がっていた（古川『皇紀・万博・オリンピック』三三―三八頁）。東京市がすでにこの頃から東京湾岸の埋立地振興に関心を持っていたことがわかるが、丸の内がまだ広大な空き地だったことも含め、まだこの段階では今日私たちが知るような東京の骨格は形成されていなかった。常識的に考えれば、この種の大規模博覧会の会場は上野が定番だったから、次回も上野を中心に開催するのが順当なはずであった。しかし、設立された博覧会事務局は一九〇七年一一月、日本大博覧会の会場を青山と決定した。正確には、陸軍の青山練兵場と代々木御料地（現在の明治神宮敷地）が指定されたのである。

なぜ、博覧会場としてすでに伝統のあった上野ではなく、何も経験のない青山が選ばれたのか。最も大きな理由は、この博覧会が実質的に日露戦争の勝利を祝うものであり、青山や代々木は陸軍と最も関係の深い場所だったからである。前述のように、もともと青山に練兵場が開設されたのは一八八七年で、それまでの日比谷練兵場（現・日比谷公園）が手狭になり、青山練兵場は拡張期を迎える軍の最初の本格的な練兵場となった。その後、日清・日露戦争を通じ、青山は陸軍の東京での中枢拠点で、一連の観兵式もすべてここで行われてきた。戦争が終わり、その勝利を祝賀する大博覧会を開くとなれば、その会場は戊辰戦争の記憶を引きずる上野ではなく、日清・日露以降の帝国の発展と深く結びついた青山でなければならなかった。

そして同じように近衛師団をはじめ軍の拠点だった麻布（六本木）と青山、原宿（代々木）、渋谷から世田谷方面までをつなぐ大山街道沿いには、やがて代々木練兵場や駒沢練兵場をはじめ大日本帝国の軍の中枢をなす部隊や施設が集中していく。明治の上野で繰り返し開催された内国博が戊辰戦争後の文明開化を祝福し、徳川の世の記憶を抹殺する仕掛けであったとするならば、今や青山・代々木を会場に開かれるべき大博覧会は、過去ではなく未来に向けて、東アジアを征する軍事帝国に発展した国家の祝祭となっていかなければならなかった。

興味深いことに、この大博覧会計画で一等当選案に選ばれた吉武東里の会場プランは、明白に一八九三年のシカゴ万博の二つの会場、「ホワイトシティ」と「ミッドウェイプレザンス」の対比を踏襲していた（片木篤　前掲書、六六頁）。すでに拙著『博覧会の政治学』で論じたが、シカゴ万博はミシガン湖沿いの二つの会場のうち、前者に「文明」の秩序を、後者にそのような文明にまなざされた「未開」や「オリエント」の秩序を表現して見せることに成功した。今や東アジアの帝国となった日本が、欧米の帝国主義と同じように「未開」を従える「文明」の秩序であることを誇るためには、同様のコロニアルな対比が必要だったのであり、やがて明治神宮の参道が敷かれていくことになるまさにその場所は、その曲線的なルートに沿って、田園的な風景のなかに中国や東南アジア、インド、中近東の「未開」の文物やおそらく人間たちすら展示される猥雑で植民地主義的なまなざしの場となったに違いないのである。

　このように大いなる期待をもって始められた万博計画が、資金繰りの困難からどう延期に追い込まれていったのかについての経緯は古川の著書に詳しい。結局、万博会場として計画されていた代々木御料地は、その後に生じた明治天皇の死により、文明を祀る帝国の博覧会場から皇統を祀る帝国の祭祀場へと機能を転換させていく。明治神宮の誕生である。他方、主会場になるはずだった青山練兵場跡地では、陸上競技場や水泳場が配置されるスポーツの森に機能を変化させながらも、大枠で元々の会場計画の道路プランが維持されていった。

　実際、幻に終わった大博覧会会場設計図と実現した明治神宮の内苑や外苑の敷地図面を対比させると（**図1-6**）、外苑はもとより明治神宮の境内の参道や施設の配置すら、博覧会のパビリオンの配置と大きく重なっていることに驚かされる。京都にある平安神宮が、平安遷都一一〇〇年を記念して開かれた第四回内国勧業博覧会の第二会場的な意味合いを持っていたことは拙著で述べたが、

図1-6 日本大博覧会計画と明治神宮内苑・外苑

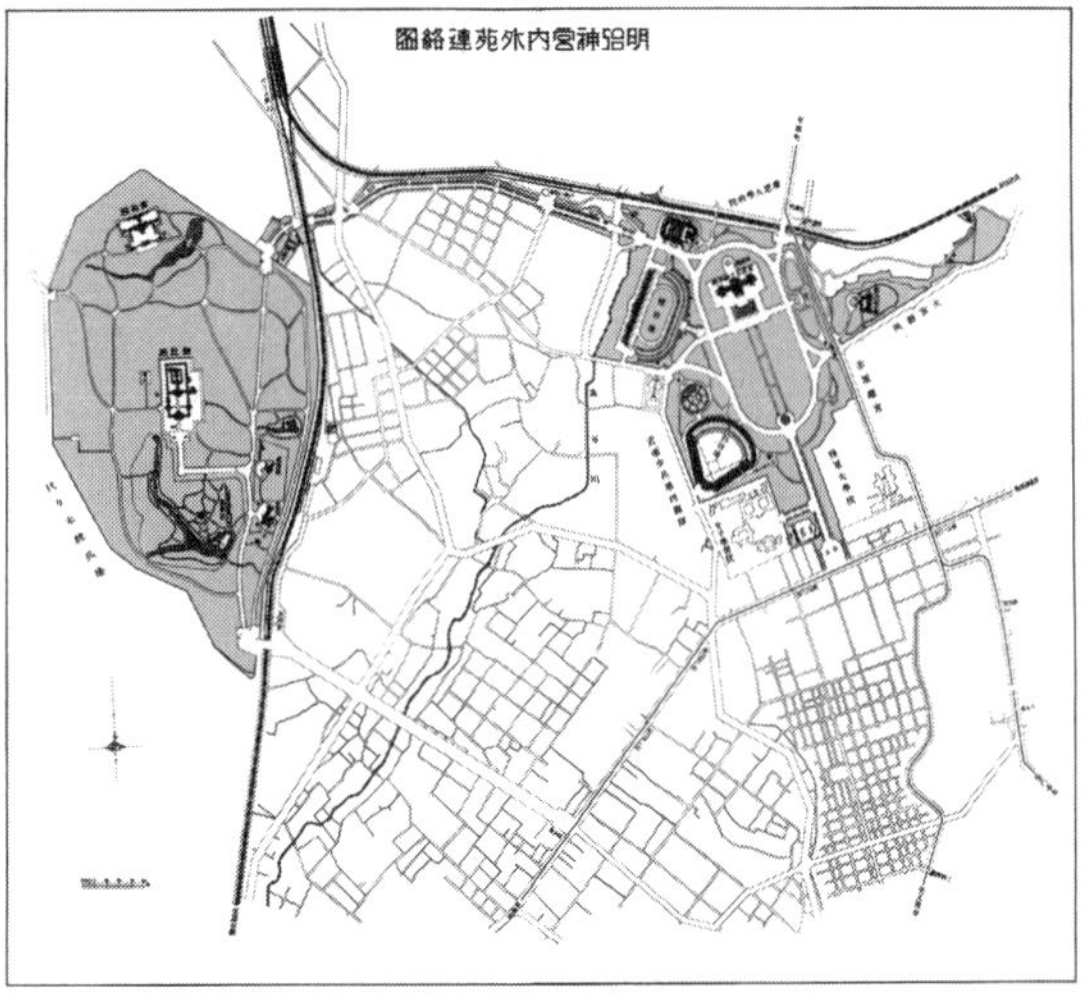

明治神宮内外苑連絡図［明治神宮奉賛会『明治神宮外苑志』1937年より］

日本大博覧会第一等当選設計図［吉武東里設計、『建築雑誌』第301号、1912年より］

明治神宮もまた、幻に終わった日本大博覧会の第二会場としての文脈を引きずっているのである。そして神宮外苑となると、日本大博覧会計画からの連続性はさらに顕著である。大博覧会では、青山通りに直交して導入路が伸び、その先は左右対称で楕円形の大きな街路が諸パビリオンをつなぐことになっていた。同じように、今日の明治神宮外苑は、青山通りと直交する大きな楕円形の道路が骨格をなし、その奥には聖徳記念絵画館が配置されている。外苑のシンボルとなる国立競技場も人気の高い神宮球場も実はこの空間の基軸をなしておらず、むしろその脇に置かれてきた施設なのだ。このねじれは、神宮外苑がもともと万博会場となるべく設計されたもので、それが幻となり、むしろオリンピック会場への可能性が後から求められていったという経緯による。

　このように、日露戦争の勝利を機に計画された日本初の万博の主会場が、上野ではなく青山だったことは、東京の文化地政学の大きな転換に対応していた。もともと徳川家の菩提寺であった寛永寺の広大な境内地が広がっていた上野は、戊辰戦争後、明治政府によって近代の博覧会場に作り変えられ、「徳川の世」の記憶を喪失した。この上野と浅草から神田、日本橋まで広がる都心東北部は、江戸期から明治末までの東京の文化的、商業的中心だった。これに対して新しい時代の万博会場として計画された青山・原宿は、日清・日露戦争後の軍用地で、日本軍がその侵略によって実現しようとしていた東アジアの帝国日本を象徴する空間となるはずだった。そしてこの青山・原宿を中核として赤坂・麻布から渋谷、世田谷方面までの一帯は、まさにそうした帝国陸軍の諸施設が集中的に配置された一帯だったわけである。したがって、ここには二つの東京、「開化の東京」と「軍都の東京」が存在していたと言えなくもない。関東大震災を契機とした東京の地政学的変容は、「開化の都」から「軍都」への転換であり、やがて占領期を経て「軍都」は「アメリカンシティ」

ないしは「オリンピックシティ」へと発展していくのである。

オリンピック都市から取り残される都心東北部

さて、以上の考察から理解されるのは、神宮外苑、代々木、駒沢、湾岸の埋立地、それに用賀や砧緑地までも含め、やがて一九六四年や二〇二〇年の東京オリンピック計画の骨格をなしていくことになる主要な施設群が、一九四〇年のオリンピック計画までにすでに浮上していたことである。未来が予見されていたというよりも、二〇世紀以降の東京の発展は、江戸からの連続性とはまったく異なる地平に築かれていったのであり、その骨格をなしたのは、一方では麻布・青山から原宿を経て渋谷、駒沢、世田谷方面に向かう大山街道（国道二四六号）の軸線沿いの一帯で、他方では月島から晴海、有明への東西軸と深川から芝浦までの南北軸が交差する湾岸の埋立地一帯だった。一九四〇年、六四年、二〇二〇年のすべてのオリンピック計画が、基本的にはこの二つの地域においてインフラ整備を進めることと一体で進められていったのは偶然の一致ではない。

逆に言えば、日本橋、神田、湯島、上野、浅草、両国といった都心から東北方面に向けての一帯は、震災と戦災からの復興過程で改造に改造を重ねる新しい東京からは取り残されていった。これらの地域が江戸以来の宗教や学問、商業の中心地だったことに鑑みれば、東京は生まれ変わったのである。かつて江戸では、上野から谷中にかけて寛永寺の大伽藍が聳え、多数の寺院が密集し、その宗教文化は湯島にまで広がっていた。江戸は参勤交代により「諸国」から武士や奉公人が集まり、諸地方の異文化が交流する多文化都市で、京橋、日本橋、神田、上野、浅草、両国といった地域では、町人文化とともに「諸国」に息づく多様な文化とつながり、俳諧や浮世絵、歌舞伎などの「都会」の文化が創造されていた。明治維新後、こうした伝統を継ぐ地域は、西洋文化を取り入れながらも独自の文化や芸術を醸成する一大拠点となる。日本を代表する博物館、美術館、動物園が集まり、東京藝大が立地する上野と、学術の拠点・東京帝国大学を中心とした本郷、それに多数の私立大学が集中し、学生や知識人を相手とする書店、出版社の街として発展する神田・神保町が、明治の東京で文化的求心力を維持していた。

関東大震災とその後の復興事業、そして一九四〇年の東京オリンピック開催計画、その後に起きる東京大空襲と戦災復興、そして一九六四年の東京オリンピック。ある意味でパラレルな二つの復興過程を通じて東京に生じたのは、このような江戸以来の都心文化の喪失である。東京は、震災と戦災による二度の廃墟化とそこからの復興を通じ、京橋、日本橋、神田、上野、浅草、両国といった都心東北部を中核とする都市から赤坂、六本木、虎ノ門、青山、原宿、渋谷、新宿といった都心西南部を中核とする都市へ位相的に転換していったのである。

かつてエドワード・サイデンステッカーが論じたように、明治末から「東京の膨張は、まず第一に四谷から新宿へ真直ぐに西に向かう動き、これに次いで強力だったのが、赤坂を抜けて渋谷へと南西に向かう動きだった」（『東京　下町　山の手』一二三頁）。このうち四谷から新宿への西向きの動きは、日本橋から浅草・両国へと続いていた川筋の町人文化が旧都心から逃れていった流れであり、赤坂から渋谷への南西向きの動きは、神田から北へ湯島・本郷・上野へと続いていた尾根筋の文人文化（書生と僧侶の東京）が力を失い、西南方面の軍人文化に取って代わられていった流れだった。この過程で、東京の「下町」の概念が曖昧化する。すなわち、今日の東京では、「南や西の裕福な区の住民は、北や東の貧乏な区はみな下町だと思っている。けれども彼らが下町と思っている地域の中には、昔は立派に山の手だった所も入っていて、例えば本郷や谷中などは、明治の芸術や学問の中心だった一帯であり、誰しも山の手と考えていた所だった。こうした誤解そのものが、今日、特に富裕な階層の人々の目から見れば、東京を二分する区別は昔の意味での山の手と下町ではなく、金のある半分と金のない半分という区別になっていることを物語っている」（同書、二二四頁）。

まさにこの点が、帝都復興から戦災復興、そして東京オリンピックへという東京の変貌のなかで生じた最も重要な転換なのだ。つまり、関東大震災以降に起きた東京の変容は、その中心の「下町」から「山の手」への移動ではない。そうではなく、「下町」も「山の手」も共に含んでいた都心東北部が中心だった東京から、四谷から新宿へ向かう西方面と赤坂・青山から原宿・渋谷に向かう西南方面の旧外縁地域が中心化していった東京への位相転位こそ、変容の核心にあった。

前者の東京は、江戸からの文化を多分に継承し、東北やアジアとのつながりが深かった。これに対して後者の東京は、維新を経て日本軍と新しい鉄道交通が創り上げていく東京であり、薩長やアメリカとのつながりが深い。このような前者から後者への移行は、すでに明治末に始まってはいたが、関東大震災とその復興過程はこれを決定的な動きとし、戦災復興と東京オリンピックはこの移行を完成させた。実際、東京オリンピックに向けて建設された高速道路が「いちばん目立ったのは渋谷区、それに港区だった。二十三区の中でももっとも裕福なこの地域に、オリンピックの恩恵がいちばん集中したのである」（サイデンステッカー『立ちあがる東京』一九四頁）。

ある意味で、この転換は日本列島全体の地政学的変化に対応していた。というのも都心東北部はその北に広がる東北地方との結びつきが強い地域だった。江戸から明治への変動で、徳川幕臣が薩長に敗れて逃れた先は、上野から会津、東北、函館というルートであった。これに対して「西洋」

は、いつも南ないし西から東京にやって来た。ペリーが来航したのは浦賀であり、薩長軍は箱根を越えて進軍してきた。戦後、マッカーサーが降り立ったのも厚木で、これらはすべて神奈川方面から東京に向かい、都心西南部を本拠とした。近世は都心東北部から東北へ逃れ、近代は東海道・神奈川から都心南部へと入ってきたのである。しかも日本の近代化を通じ、東京は膨大な人口を東北から吸い寄せてきたが、彼らの多くは鉄路で上野駅に降り立ち、上野から台東、墨田、江東などの下町一帯、あるいは池袋や新宿方面に散っていった。上野は圧倒的な数の東北出郷者にとって東京の玄関口だったのである。つまるところ、上野を中心とする都心東北部は、東京と東北地方とのコンタクトゾーンであり続けたのである。

繰り返されるカタストロフと復興五輪――一九二三年、一九四五年、二〇一一年

東京の近代とは、要するに江戸以来の豊かな文化資産を擁する都心東北部からこの都市を離脱させ、都心西南部から郊外に広がる一帯に都市の基盤を移動させていく過程であった。江戸時代から町人地が多かった都心東北部は、概して土地の区画が細かく、大規模開発には適さない地域であった。明治以降、東京築港はなかなか実現しなかったから、東京は海に面し、運河が張り巡らされた「水の都」から、鉄道で横浜港につながり、道路で内陸部につながる「陸の都」に変貌していった。そうしたなかで、関東大震災では旧下町、すなわち隅田川一帯のデルタ地帯が壊滅状態となり、その後の震災復興事業により帝都の重心は都心東北から都心西南へ不可逆的に移動していく。さらに、戦災で東京全体が焼け野原になった後、そこからの復興プロセスでは、一九六四年の東京オリンピックを機に都心部の川や運河の上に首都高速道路が次々に建設され、地下鉄の整備とともに都心交

通を支えていた路面電車も街から消えた。

他方、もともと大名下屋敷が多かった都心西南部は、概して土地の区画が大きいことから大規模開発に適していた。これらの地域には戦前、旧日本陸軍施設が多く散在し、それらが戦後に米軍に接収された後、やがて大規模な公園整備や都市開発の基盤となった。加えてオリンピック開催を機に進んだ道路や地下鉄の建設で、この方面の交通は劇的に便利になっていった。たとえば訪日する選手団や外国人のため、羽田空港と競技場をつなぐ交通の高速化は至上命題だった。こうして羽田から湾岸を経て都心へ、さらに初台に抜ける首都高速道路が最優先で建設された。同時に国道二四六号線と環状七号線の整備も進んだ。強調されたのは、自動車社会への対応であった。オリンピックがスピードの争いであるのと同様、東京は高速道や高速鉄道で縦横に結ばれなければならないとされたのだ。そこで路面電車を廃絶し、歩道を縮小し、都心の新築ビルの一階は駐車場にすべきだと真面目に主張されたのである。車が高速で行き来できる都市こそ「理想の都市」だった。一九六四年の東京五輪は、この東京の交通網の高速化・高架化・地下化を決定づけた。

こうした構図のなかに置いてみるなら、関東大震災と戦災という二回のカタストロフ、それから幻に終わったものも含めて三回の東京オリンピックが近代の東京、さらには日本列島の地政学的転換のなかで持った意味も明らかとなる。というのも、これらのオリンピック開催計画は、いずれも一九二三年の関東大震災、一九四五年の東京大空襲をはじめとする戦災、そして二〇一一年の東日本大震災という三回にわたるカタストロフからの復興過程で具体化していった。「復興」と「オリンピック」の結びつきは、二〇一一年の東日本大震災と二〇二〇年の東京オリンピックの間だけにとどまらないのである。一九四〇年の東京五輪構想は、一九二三年の関東大震災からの復興の流れのなかで浮上し、一九六四年の東京五輪は、戦災からの復興のシンボルとしての意味を帯びていた。近代日本人にとって「オリンピック」や「万博」が持つ特別な意味合いは、まさしくこの「戦後」や「災後」の「復興」との特有の結びつきにある。

　したがって東京オリンピックには、日本社会のなかでの成り立ちそのものにおいて戦前の構想からの連続性があり、この連続性は、すでに述べた会場配置の同一性、それに軍事施設からの同型的な移行に顕著に示される。日本の近代が欧米列強に伍して国家発展に邁進する直線的な発展のプロセスであったとするなら、博覧会と競技大会はその象徴的表現であり、万博とオリンピックはその頂点に位置づけられてきた。これに対し、巨大災害による都市の壊滅や戦争による国土の焦土化は、そんなあるべき発展からの著しい逸脱であった。日本人は、そのように著しく逸脱すると、何が何でも既定の路線に自分たちを復帰させようと必死になる。そうした集団的熱狂は国家的な祭典と結びつけられ、国家はその祭典を開催することで、大震災という過去や敗戦という過去からの離脱を国民的な規模で成し遂げようとしてきたのである。繰り返された東京オリンピックや大阪万博は、それ自体は日本の経済を高度成長させてはいない。しかし、多数の日本人が、あたかもそれらが成長を実現させたかのように思い込む呪文としては有効に機能した。それはいわば、かつて鶴見俊輔が鋭敏に指摘した「言葉のお守り的使用法」の国家イベント版にほかならなかった。

第Ⅱ章　聖火リレーと祭典の舞台——演出

1　聖火、沖縄を走る——「祖国復帰」への象徴演技

聖火リレーを沖縄から始める

東京オリンピックを聖火リレーに始まり閉会式に終わる一連のパフォーマンスとして捉えるなら、一九六四年、このパフォーマンスが始まった場所が返還前の沖縄であったことは注目に値する。聖火リレーのルートに本土だけでなく沖縄を含めてほしいという要望は、沖縄では一九五九年、東京大会開催が決定された直後から沸き上がっていた。四六年に再建された沖縄体育協会は、五三年に日本体育協会支部という立場を得て、この要望を実現させるための交渉主体となった。一九六一年から六二年にかけて様々な水面下の働きかけがなされたと考えられ、ついに六二年六月二〇日、同協会会長の当間重剛（前琉球政府行政府主席）が東京オリンピック組織委員会事務総長を訪ね、申し入れを正式に行っている。すでにこの時点で、沖縄側では聖火が一泊二日の日程で沖縄に留まり、本島一五〇キロのリレーをする計画を立てていた。この申し入れを受けた組織委員会聖火リレー特別委員会は、同年七月四日、聖火リレーのコースに沖縄も含めることを決定する。

しかし、当時の沖縄は、一九六一年二月に第三代高等弁務官となったポール・W・キャラウェイの時代であり、その統治は沖縄の人々に対して徹底して弾圧的なものであった。キャラウェイは米軍人としての立場から、日本本土の影響が沖縄に伸びてくることを嫌っていた。彼は沖縄返還への動きにも警戒的で、琉球諸島におけるアメリカの権益を優先させるべきとの発言を重ね、沖縄の自治権を根底から否定することすら躊躇しなかった。「キャラウェイ旋風」と呼ばれたそのあまりに強権的な統治に、沖縄の人々の不満は鬱積し、それまで親米的な姿勢を示していた保守層にもアメリカの支配に対する反発が広まった。キャラウェイの意図とは正反対に、沖縄世論は急速に「祖国復帰」路線へと向かっていくことになったのである。

このように一九六四年の東京五輪開催準備とその聖火リレーのルートの決定は、沖縄の世論がアメリカの統治への反発から祖国復帰の願いへとうねりをなしていくなかで進んだ。だから沖縄の人々にとって、東京オリンピックの最初の一幕を飾る日本での聖火リレーが、他ならぬ沖縄から始まることは、「聖火リレー」の先には「祖国復帰」があるはずだという特別な思いを持たせることにもなった。当然、キャラウェイの立場からするならば、東京オリンピックの聖火リレーが沖縄から始まるのは、まったく望ましいことではなかったはずだ。それにもかかわらず、おそらく高等弁務官の意志に反しこの決定はなされたのであり、背後に琉球行政府や沖縄財界の強い思いと日本政府の思惑、それに沖縄の日本復帰を推進すべきと確信していたライシャワー駐日大使を中心とする国務省側との微妙なせめぎあいがあったと想像される。

聖火リレーの沖縄からのスタートという、象徴的かつ政治的な演技が、どのような舞台裏の動きのなかで実現していったのかを考えるため、まずは沖縄体育協会と当間重剛について、次にライシャワーとケネディ＝国務省ルートの思惑についてもう少し検討をしておきたい。というのも、この決定が実現するには、一方では沖縄側の働きかけが本土のオリンピック組織委員会や日本政府に説得的な仕方で届く必要があったろうし、他方では、それをアメリカ側が、高等弁務官が反対できないほどに望ましい方針として認める必要があったはずである。

一方で、沖縄体育協会が自信をもって聖火リレーの沖縄からの開始を要望できたのは、彼らにはすでにその実績があったからでもある。というのも、沖縄が日本で開催される国際的な競技大会で聖火ルートの開始地点となったのは、一九六四年の東京オリンピックが最初ではなかった。その六年前、五八年に東京・国立競技場で開催されたアジア競技大会でも、フィリピンのマニラで採火された聖火が沖縄に運ばれ、二日間にわたって沖縄本島を一周するリレーが実施された。沖縄側からすれば、アジア大会でいわばリハーサルをしているのだから、オリンピックは本番ということになる。アジア大会にしろ、オリンピックにしろ、聖火リレーは沖縄の人々にとって、本土の戦後復興の歴史に自分たちをつなぎとめる象徴的な儀礼だった。

アジア競技大会からオリンピックまでの流れにおいて、沖縄から日本本土への働きかけの中心を担ったのは当間重剛である。当間は大正期、那覇から京都帝大に進み、裁判官としてキャリアを積んだ後、一九三九年に那覇市長となっている。戦後は再び那覇市長を経て五六年、琉球行政府主席に任命され、五九年まで沖縄政界のトップにいた。その当間が並行して注力したのが沖縄体育協会の育成で、一九二四年に彼が中心になって協会を設立した後、四六年に再建、同協会会長として当間は戦後沖縄のスポーツ界をリードした。五二年から沖縄は本土の国体にオブザーバー参加し、翌五三年から正式参加を始めていた。アジア大会での聖火リレーの実績もあり、当間は沖縄テレビの社長でもあったので、東京オリンピックの開催が決まると、テレビの本土‐沖縄間のマイクロ回線敷設についての打ち合わせで「上京する度ごとに日本体育協会に、聖火リレーの沖縄通過を希望」していったという。彼の根回しで、「沖縄体協や琉球政府からも陳情書を出し、根気強く要請した」ことが、前述の決定に結びついていったのである（『当間重剛回想録』四八一‐四八二頁）。

他方、キャラウェイの沖縄住民に対する強圧的な姿勢は、米本国のケネディ政権が求めていたのとは真逆の方向だった。当然、このねじれは一九六一年四月に日本大使に就任したライシャワーの心配するところだった。彼は大使就任から四ヵ月後に沖縄を訪問してキャラウェイとも面談しているが、その時のことを日記に次のように書いている。

> 三日間の沖縄訪問の目的は、米軍関係者や現地の人々から沖縄の現状について聞き、軍の責任者である高等弁務官ポール・キャラウェー中将と良好な関係を築くことにあった。現地の人々の正当な要求を汲みつつ、日本の対沖縄支援の拡大を歓迎するというワシントンの意向にも沿った形で、これからのわが国の沖縄行政についての共同提案を作成する必要もあった（沖縄は紛争の火種になりかねない、非常に微妙な問題だ。日本政府は沖縄への関心を表明し経済援助を強めるに違いないが、アメリカは軍事上の理由から、自国が沖縄に及ぼす支配力の減退を防がなければならない）。さらには、沖縄の人々を疎外することなく、アメリカに対する友好的な態度を損なうことなく、アメリカ政府高官の発言や私の大使就任によってふくらみ過ぎた彼らの希望をしぼませることも必要だ。どれもこれも、細心の注意を要する問題ばかり。もともと軍部は国務省の考え方に警戒心を抱いているし、いつ高等弁務官が私の動きを不当な干渉と見なして腹を立て

（『ライシャワー大使日録』三九頁）

るかわからない。

ライシャワーは慎重である。しかし言外に、彼と米国務省の意向に対し、米軍部、とりわけキャラウェイが抵抗するのではないかと心配している様子が窺える。実際、ライシャワーとキャラウェイの考え方の違いは明白だった。ライシャワーは、沖縄の米軍基地を安定化させるためには、沖縄の日本復帰は必須の未来だと考えていた。米軍が沖縄統治の前面に立ち続けることは、長期的な日米関係にとって最悪の結果を招く。米軍の姿はできるだけ背景化し、本土復帰のナショナリズムが経済発展のモメントとなることで、アメリカの覇権体制のなかに日本全体が自らの意志で組み込まれていくはずだった。そう確信する彼からすれば、「キャラウェイ旋風」は愚の骨頂だったが、沖縄統治の頂点に立つ米軍人を怒らせるわけにはいかなかった。彼は慎重に、アメリカの沖縄統治を米軍中心の体制から国務省の意向を反映する方向に転換させていく必要があった。だから彼にとって、ケネディとの連携は決定的に重要だった。

実際、東京オリンピック開催に先立つ一九六二年三月一九日、ケネディは琉球諸島が日本本土の一部であることを容認し、沖縄の本土復帰に前向きな姿勢を見せていた。この姿勢表明の背後にはライシャワーの考え方も作用していたのではないかと察せられるが、このような日米協調を重視する方針に対し、キャラウェイは「沖縄におけるアメリカの軍事的利益を損なう」と強く反発していた。彼にとって沖縄は、米軍の軍事要塞以上のものではなく、日米安保体制のなかでの沖縄の日本復帰すら、軍事的に邪魔なものとしか見えなかったのである。結局、この強面の高等弁務官は、聖火が沖縄に到着する約二カ月前の一九六四年七月、暗殺されたケネディの後を継いだジョンソン大統領によって解任されている。適当なタイミングでのキャラウェイ解任はケネディ時代からの既定路線だったと思われ、沖縄統治をめぐる国務省と米軍の確執は、国務省＝ライシャワー側の方針に沿ってその後の沖縄返還までの道筋が用意されていくことになる。その方針からするならば、沖縄本島を聖火が走り、祖国復帰の熱情が燃え上がっていくことは、アメリカの対日政策にとっても決して悪いこととは言えなかった。

　無論、ライシャワー自身が沖縄での聖火リレー実現に関与したかどうかわからない。少なくとも彼は、ワシントンハイツ返還に関与した時のような明白な動きはしていない。もっとも、そんな動きをしていれば、キャラウェイの怒りを爆発させていただろうから、慎重な外交官たる彼がそんな危ない橋を渡るはずもなかった。だが少なくとも、東京オリンピックを日本本土とともに沖縄の人々が祝うこと、そのための象徴的演技として日本縦断の聖火リレーを沖縄から始めることは、日本政府のみならず、アメリカ国務省にとっても望ましいことだった。

　こうして一九六四年三月には、沖縄での聖火リレー実行委員会が組織され、委員長に当間と米国民政府のレイリー副民政官が就任している。この時点では、もうキャラウェイと国務省の確執に勝負がついていたのであろう。そしてこの実行委員会が中核となり、リレー実施の準備が進められていくのだが、本番を一ヵ月後に控えたリハーサルでも、「不参加者が多い、落後する随走者が目立つ、予定の時間で区間を走ることができない、服装が不徹底で革靴をはいて走る者もいる」といったふうで、不手際が目立ったという（豊見山和美「オリンピック東京大会沖縄聖火リレー」『沖縄県公文書館研究紀要』第九号、三〇頁）。

聖火を「日の丸一色」で迎える

他方、リレーされるべきその聖火だが、予定では一九六四年九月六日の正午に香港から台北を経て空路で那覇に到着するはずだった。この到着に向け、沖縄全島が歓迎ムードで盛り上がっていた。たとえば那覇の国際大通りには、九月四日から万国旗や歓迎の横断幕と共に一斉に「日の丸」が掲げられ、「聖火歓迎ムードもいよいよ最高潮。万国旗や横断幕、広告塔も勢ぞろいすれば、『オリンピック音頭』の曲も歩道に流れてすっかり聖火一色」となった。すでに沖縄本島の各地で「聖火リレーのリハーサルが行なわれ、全住民が『日の丸で聖火を迎える』準備を進めて」いた（『琉球新報』一九六四年九月五日）。この「日の丸一色」のムードは、とりわけ小中学校において教職員により推進され、ある小学校では「六年生全員が休み時間を利用して『日の丸』づくりに一生懸命」だった。彼らは「学校からくばられたガリバン刷りの日の丸のマークにていねいに赤い色を塗りこめ、つぎつぎに小旗をつくっていた」（『沖縄タイムス』九月四日）。

後に復帰後の初代知事となる屋良朝苗は、沖縄諸島祖国復帰期成会の代表として一〇年以上にわたり祖国復帰運動の旗振り役だった。沖縄教職員会の会長もしていたその彼が、「住民一人一人が聖火を盛大に迎えましょう」と「日の丸」による歓迎を提唱していた。オリンピック聖火という「主役」を、全島の小中高校、そして家庭が「日の丸一色」で迎えるというパフォーマンスが、沖縄の保守・革新の両勢力によって準備され、人々の感情を包摂していた。

この沖縄の熱気は、かつて天皇の戦後巡幸を迎えた本土各地によく似ていた。そもそも沖縄の植民地化は薩摩から明治日本へと引き継がれ、日本が強行した戦争によって、一九四五年の沖縄戦では民間人九万四〇〇〇人を含む一二万二〇〇〇人の沖縄の人々の命が失われていた。さらに戦後、沖縄は日本から切り離されて米軍統治を経験し、復帰後も県内の広大な米軍基地は縮小されていない。その沖縄の人々が、一九六四年、東京五輪の聖火を「日の丸」で熱烈に歓迎したのである。そこで熱烈に願望されていたのは何だったのか。人々が心から望んでいたのは、本当に日本復帰だったのか。むしろ米軍基地の大幅な縮小ではなかったのか――。

それでも一九六四年九月初旬、沖縄の人々が熱烈に東京オリンピックの聖火を迎えようとしていたのは事実である。ところがここで番狂わせが起きる。聖火は香港まで予定通りに到着したのだが、台風の香港接近で飛行機が飛べなくなり、沖縄到着は予定よりも一日遅い七日となってしまった。そのため、沖縄の聖火リレーの予定全体が一日ずれるのならば問題はなかったのだが、本土側からは本土での予定はそのままにして、沖縄の日程を一日短縮してほしいとの要求がなされた。

沖縄側は、本土の聖火リレーは予備日を使い、沖縄での聖火リレーはなんとか予定日程を確保してほしいと強く申し入れたが、本土側も譲らず、最後は沖縄側が折れて実質的に沖縄での聖火リレーは一日短縮されることとなった。妥協策として、聖火は東海岸北部の久志村嘉陽で分火され、一方は那覇空港から本土に飛び、他方は沖縄を回り続けることになったが、これではどちらが「本当の」聖火なのかわからない。そもそも「聖火」自体がフィクションなのだから、そんなことはどうでもよかったとも言える。

だが、沖縄の一般住民にとっては、これは必ずしも「どうでもいい」ことではなかった。沖縄側の聖火リレー実行委員会では、聖火の分火に反対し、「七日の到着と同時にリレーして、夜もリレーを続けるべきだ」との意見も出されていたが、採用されなかった。人々からは、「やっぱり沖縄

図2-1 沖縄本島の聖火リレールート

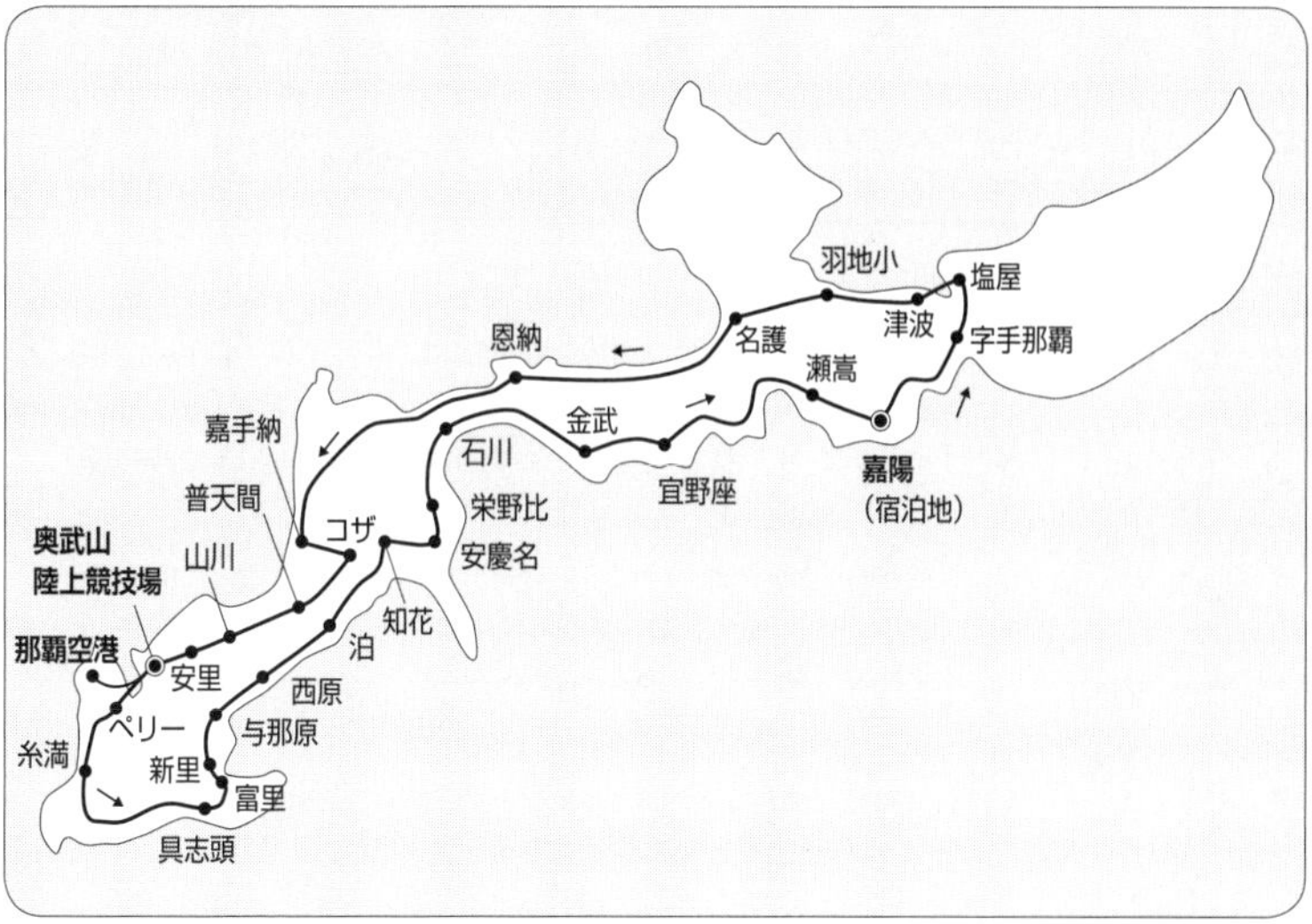

［1964年当時の新聞等に掲載された図や表を参考に作成］

が犠牲をはらわなければならないのか。沖縄はいつも本土の犠牲だ」との不満が噴出し、コザ市長も「聖火が沖縄を一周するというのは精神的な国民感情だ。しかし分火を持って走ることによって、国民感情がぶちこわされてしまうだろう」と語っていた。決着は、「すべて本土側の計画に合せて決定し、沖縄の住民感情を計算に入れなかった」。つまり、本土が沖縄の人々の心情を軽く見た結果であり、沖縄の人々は、自分たちが「軽く見られた」ことを「寂しく」、ショックとして受けとめざるを得なかった（『琉球新報』一九六四年九月六日）。

こうして台風による延着は、沖縄での聖火リレーに想定外の影響を及ぼしたが、それでも九月七日には無事、聖火が那覇空港に着陸した。飛行機が着陸すると、歓迎に詰めかけた人々は「一瞬、空港じゅうにはりつめる緊張感。空港上空を舞い、警護する米軍ヘリコプター二機」。やがて、搭乗口から聖火が現れ、「どっとわき起こる歓迎陣のどよめき。『聖火晴れの国土入り』を——とつめかけた百数十人にのぼる内外報道陣のカメラの放列。ターミナルのベランダから、あるいは屋上から、歓迎の小中高生らが歓迎の日の丸の小旗をうち振る。——感動と興奮のウズ。——ターミナル屋上には、五輪旗がひるがえり、日章旗が二本、星条旗と並んではためいている」と新聞は興奮気味に伝えた（『琉球新報』九月七日）。

やがて聖火は「白煙を長くひきながら、空港を出、学童、生徒、一般の観衆がギッシリ沿道を埋めたアスファルト道路を奥武山《おうのやま》競技場へ向けてひた走る。どっとわき起こり、鳴りやまぬ観衆の歓呼のあらし。日の丸の小旗の波。そして、どこまでも続く観衆の列。その中を『世紀の火』は、走る。感激と興奮のあまり泣き出す娘さんがいる。バンザイを叫ぶサラリーマン風の中年の男の人がある。ガンバレと声をはりあげる少年たちがある」（同前）。そう新聞は報道するが、道路がアスファルトなのは、それが米軍の軍用道路だからである。聖火が到着した奥武山競技場でも、詰めかけた三万人の観衆が見守るなか、聖火台に火が点火されると、日の丸掲揚と共に君が代が吹奏され、これに続いて星条旗が掲揚され、米国国歌が演奏された。

それから聖火は沖縄本島を一周していくのだが、町村には無数の日の丸がはためき、ランナーが近づくと観衆が沿道に溢れた。ある主婦は、「トーチが到着した時の模様は、家でテレビで見ていたのですが、じっとしていられなくなって、子どもたちを連れて来」たとのこと（『沖縄タイムス』九月八日）。那覇などの都市の商店街やデパート、会社は一斉に日の丸や歓迎のたれ幕をかかげ、目抜き通りには「聖火歓迎」のアーチや横断幕が取り付けられ、オリンピックへのムードを盛り上げた。聖火が那覇を後にして最初の訪問地であった糸満では、聖火が来ると「二階の窓、屋根の上にも人、人、人だ。町内の沿道は縄を張りめぐらし、消防隊員まで出勤して人波の整理に大わらわだった。中継点のロータリーでは、人垣がコースいっぱいに押しよせ、随行の役員車や報道陣の車はひやひや。小学生の鼓笛隊も人ごみにもまれながら、ほおを紅潮させて一生けん命に演奏」していた（『沖縄タイムス』九月八日）。

沖縄・糸満ロータリーを走り抜ける聖火リレー
［1964年9月8日撮影、写真提供：朝日新聞社］

さらに聖火の宿泊地となった本島北部東海岸、名護に近い久志村嘉陽は、村の人口が三〇〇人余りにすぎないのに、全島から三〇〇〇人を超える人々が集まりごった返した。歓迎会場では「民家の屋根の上まで人がすずなり」、聖火台に聖火が灯ると、「どっとわきあがる拍手と歓声で先導のパトカーのサイレンの音もかき消された」。小さな村に多数の報道陣や関係者が泊まることになり、小中学校の教室や校庭に俄かごしらえの宿泊所となった。村はキャンプ・シュワブの米海兵隊に応援を依頼し、海兵隊の手で大型テントが建てられていった。しかも海兵隊は、膨れ上がった来訪者のための水の補給から炊事の世話までを引き受けていた（『沖縄タイムス』九月九日）。さらに彼らは、歓迎式典後に催されたエキジビションにも出演し、バンド演奏を披露していた。まさに軍民一体

聖火リレー、沖縄・ひめゆりの塔前で
［1964年9月8日撮影、写真提供：毎日新聞社］

の聖火歓迎体制が作り上げられていたのである。

　しかもこの聖火リレーでは、様々な仕方で戦場の記憶が日本復帰の希望に結びつけられていた。実際、聖火が奥武山競技場から向かったのは本島南部の沖縄戦激戦地である。聖火はまずひめゆりの塔に到着し、周囲を付近の住民や遺族、本土から来た報道陣が埋め尽くすなか、その塔の前で次の走者へと渡された。この日、このひめゆりの塔付近には、聖火到着の二時間前から付近の小中学校生徒約五〇〇人が日の丸の小旗を持って待機しただけでなく、各地からひめゆり同窓会や沖縄戦の遺族が集まっていた。聖火が渡されると、観衆から「オオ」との唸るような声があがり、やがて「そのざわめきが静まったころ塔の前にいた十数人の歌声が流れはじめた」。その歌声の主は、ひめゆり部隊で生き残った女性たちで、母校の校歌を歌う彼女たちの声は、「涙にむせんでとぎれがち」だった（『西日本新聞』九月八日）。

　加えて聖火を持つ走者には、その父親が戦死した場所の近くを走ることになっていた者もいた。だから、「摩文仁の丘を走るのは、そこで戦死した者の遺児であり、トーチを持った晴れがましい姿は、かつて日の丸のために戦った『草葉の陰で眠る』死者への何よりの供養」とされていた（豊

見山和美　前掲論文）。そして、この激戦の記憶と聖火の希望を媒介したのが、無数にはためく日の丸だった。実際、聖火コースの沿道では、「広いキビ畑の周囲にも日の丸が立ちならび、緑一色の中を聖火の白い煙が長く尾を引いて」いた（『沖縄タイムス』九月八日）。

「祖国復帰」の上演と反復帰意識の擡頭

もともと近代オリンピックの聖火リレーは、オリンピックにナチスのプロパガンダ装置としての価値を見出したヒットラーが発明した上演の形式である。すでに聖火そのものは、一九二八年のアムステルダム大会から登場していたが、ギリシャからリレーされてくるものではなかった。しかし三六年のベルリン大会を荘厳化し、壮大なプロパガンダ装置とするために、カール・ディーム率いるベルリン大会事務局は、ギリシャのオリンピアで太陽光を凹面鏡に反射させて採火し、その火を多数の走者のリレーで大会スタジアムまで運ぶという魅力的なスタイルを思いついた。

そして実際、オリンピアからベルリンまで、三四二二人のランナーに聖火を持たせて一キロずつ走らせるリレーを実現したのである。これは、ギリシャとドイツを目に見える仕方で結びつけ、ゲルマン民族こそがギリシャ文明の正統な後継者であるというナチスのイデオロギーを地理的に上演していくものだった。このイデオロギーは、ヒットラーのアーリア人種至上主義と表裏をなし、ユダヤ人虐殺を正当化する作用を内包していた。だからそもそも聖火リレーは、アルベルト・シュペーア設計のオリンピック競技場やレニ・リーフェンシュタール監督の映画『オリンピア』（『民族の祭典』『美の祭典』）と共に、ナチズムの神話作用を内包した政治の営みだった。

しかも、このベルリン大会でのギリシャからブルガリア、ユーゴスラビア、ハンガリー、オーストリア、チェコスロバキア、そしてドイツに至る聖火リレーのルートは、そのままそれから三年後、逆方向にナチスがこれらの国々に軍事侵攻していくルートにもなった。ドイツ政府はベルリン大会に際し、聖火リレー実施のためにルートを綿密に調査したという。そしてその調査結果が、第二次大戦勃発後にドイツ軍が電撃的にこれらの国々を占領していくために使われたとされるのである。聖火リレーで行われた現地調査が、その後の軍事侵攻に本当に役に立ったかについては諸説ありそうだが、少なくとも聖火リレーが、「平和」の祭典だけのために始められたものではなく、そもそも地政学的な戦略を内包していたことは銘記したい。

　そして、このベルリン大会での聖火リレーのルートが秘めていた地政学的含意にある意味では通じる政治性を、一九六四年の東京大会での聖火リレーのルートも、とりわけ沖縄と本土の関係において内包していたのである。もちろん、ここで上演されたのは、「祖国復帰」というイデオロギーである。聖火リレーを迎えたすべての沿道で繰り広げられた「日の丸一色」の風景は、この「祖国復帰」の願望をはっきりと表現していた。聖火リレーを報道する『琉球新報』や『沖縄タイムス』の記事には、「精神的に祖国復帰」「日本人の誇りかみしめ」「本土との結びつき実感」「祖国との一体感」といった見出しが並んだ。そして本土の新聞でも、沖縄が「祖国復帰したような喜びにわきかえっていること」が大々的に報道されていた。

　その一つ、『西日本新聞』は、「沖縄がこんなに日の丸で埋まったのははじめて」であり、「中年のタクシーの運転手までが『なんだか、もう日本に復帰したような気持ちです』とはしゃいでいた。沖縄の〝聖火と日の丸〟は、長い間住民の心の底にくすぶっていたあいまいな沖縄の立場をいっきょに吹き飛ばしたようだ」と述べていた（『西日本新聞』一九六四年九月八日）。紛れもなく聖火リレーは、沖縄の人々にとって「祖国復帰」の前兆であり、「聖火と日の丸」は、沖縄と本土の連続性、つまりは「日本民族」の一体性を象徴するシンボルとして受け止められていたのである。

　このうち日の丸に関しては、これをめぐる文脈が本土とまったく異なっていたことを付言しておく必要がある。日の丸は、聖火リレー以前の沖縄では決して公然の存在ではなかった。一九四五年六月、沖縄全土を制した米軍は日の丸の掲揚と君が代の演奏を禁止した。日米講和条約が発効した一九五二年以降、私的な会合での日の丸掲揚が認められ、六一年以降は公的な場でも祝祭日に限り掲揚が認めるようになるが、沖縄米軍には日の丸は危険な兆候と見なされていた。すでに述べたように、米軍はオリンピック直前まで沖縄の日本復帰に賛成ではなかったから、直截に「祖国復帰」を含意する日の丸を警戒していたのである。

　ところが全世界が注目するオリンピックの聖火リレーで、とりわけ沖縄の教職員組合など祖国復帰運動の熱心な働きかけもあり、日の丸は沖縄の至るところに溢れていった。これは決して国粋主義的なナショナリズム感情の表明ではなく、むしろ米軍の支配に抵抗し、そこからの解放を求める人々の熱情の表れだった。沖縄の人々は、オリンピックの聖火リレーを大義名分に、あえて星条旗ではなく日の丸で全島を埋め尽くすことにより、「祖国復帰」、すなわち米軍統治からの離脱を象徴的に実現して見せたのである。当時、人々のこの行為が何を含意するかは米軍当局にも十分に理解されており、だからこそ聖火リレーの熱狂の影で、コザのセンター通りでは、街頭柱に掲揚された日の丸を米兵三人が引きずり降ろし、破って踏みつける事件も起きていた。

　さらに他方で、聖火が沖縄にやって来ようとしていた一九六四年、沖縄のすべての人々の感情が祖国復帰の流れに向かっていたわけでもなかった。たとえば、同年七月二七日の『琉球新報』には、

「日本は祖国か」と厳しく問いかける投書が載り、大きな波紋を広げていった。高校生によって書かれたと思われるこの投書は、「日本帝国の教育をうけたおとなは平気で日本のことを祖国とよんでいる。そして、再び日本の領土になることを望んでいる。そして信じている。その思想を、敗戦後生まれた僕らにさえたたきこもうとしている。しかし、僕らはその祖国日本論を信ずるわけにはいかない」と、祖国復帰論を正面から批判していた。前年の六三年に日本の文部大臣が沖縄を訪れた際、教師は生徒に「全員必ず、日の丸の小はたをふらなければならない」と強制した。これには生徒の間から反発の声が上がったが、「教師は教職員会の決定だからといい意思のない人も、旗をふりにいけと命じた」。数名の生徒がそれでも「旗ふり」に参加しなかったが、彼らは教師に「補導室でバットでなぐられ三日間休んだのち学校に出てきたが、まだ少々びっこをひいていた」という（『琉球新報』一九六四年七月二七日）。

だから「祖国復帰」の流れに対し、「新聞報道は、さも、本心から、（沖縄の）生徒がはたをふったというふうにかいて」いるが、それにはこうした裏の強制があったのだと、投書者は批判していた。若者たちは祖国復帰を本心から認めているわけではない。沖縄の若者たちが「今日成長するまで、日本の恩恵を経済的、あるいは精神的にうけたであろうか」。日本はこれまで沖縄を搾取してきただけであり、そんな日本には「祖国という、資格も義理もない」のである。こう述べる投書者は、「僕らがおとなになるころは、日本祖国論など、きけないだろう」と、世代交代とともに沖縄から祖国復帰願望が消えていくことを予測していた（同前）。

沖縄における反復帰論の最も早い声ともいえるこの投書には、すぐさま厳しい反論が次々に寄せられた。数日後、「日本は祖国である」と題された投書が同紙に載り、「島国根性の持ち主である一部のおとなたちとその影響を受けた子供たち」が「日本祖国論を否定」することへの強い反発が表明された。それによれば、戦後沖縄が日本の恩恵を受けてこなかったのは、「米軍に占領され、完全にその支配下に置かれ」てきたためで、「われわれにとって最も大切なことは、できるだけ早く家族のもとに帰り、軍事基地下の異常経済に決別し、爆音の聞こえない青い空の下で、平和でささやかな生活を営むこと」である。つまり、「祖国復帰」は沖縄を「米軍基地の支配」から解放する唯一の道なのだ、とのことだった（『琉球新報』一九六四年八月二日）。他方、「日の丸」は「祖国民族の誇り」との立場から、沖縄は日本民族の一員だから、「経済的にはさておき、精神的には議論の余地はないほどの影響を受けて」きたとの反論もなされていた（同前）。

　七月二七日の反祖国復帰論は大きな反響を呼び、その後もこれを批判する投書が続いた。二週間後、今度は学校教師らしき人物から、沖縄は日本から精神的のみならず経済的にも恩恵も受けているとの指摘がなされていく。彼によれば、沖縄経済は日本からの援助によっても支えられており、さらに日本は沖縄の農産物の主要な市場である。仮に将来、沖縄が独立したとしても、「米国は極東において、自由かつ他国から干渉されない不沈の空母をほしがっている」から、この島が「主権を掌握することは不可能」だろう。沖縄が米国の支配から離れることのできる唯一の道は、「独立」ではなく、むしろ「復帰」なのだ、と（『琉球新報』一九六四年八月一三日）。これらの投書において、「祖国」日本は、脱米国支配を可能にする存在として幻視されていた。これが幻想に過ぎないことを、前述の投書は突いていたのだが、まさにそうであるが故に沖縄の世論はこぞってこの小さな、根本的な問題提起を否定していったのである。

聖火リレーは反復帰論を封じ込めたのか

この論争、というか反復帰論の封じ込めはその後も続いたらしい。それからさらに一ヵ月後の新聞は、沖縄の教育関係者が、投書を「長い間の米軍施政下で青少年の意識構造が変化しつつある」表れとして反応し、そのような疑問を抱く新世代に不安を募らせたとする。この動きは、小中高の教員が団結して進めてきた祖国復帰運動への根源的な批判となり得る。そう彼らが困っていたところで聖火が沖縄に到着し、生じつつあった疑問を圧倒したのだった。当時、高校協会長をしていた宮島長純は、「最近一高校生の〝日本は祖国か〟という投書が新聞をにぎわしたが、千万言を費やす説明よりも、こんどの聖火リレーの感激が、その子を含む一部の人々に、具体的に答えてくれたと思う。特殊な社会環境の中で、日本人としての誇りを持てる教育に努力はしても、ハダで感じる〝何もの〟かが欠けていた。……（しかし）生徒たちは、聖火が点火され、日の丸の掲揚を見て、これまで味わったことのない感激に泣いたといっており、また人類は平和をめざして努力しなければならないということも、身にしみて考えさせられたともいっている。これは百年かかっても達成できない教育的効果である」と語っていた（『琉球新報』一九六四年九月一〇日）。

実際、聖火通過を間近に見た人々の多くは、自分がそれまでに経験したことのない忘我的な恍惚状態となったことを告白していた。ある小学六年生は、「聖火が目の前を通って見えなくなったとき、夢みたいな心地だった。手にしっかりにぎられた日の丸を知ったとき、わたしも日本人だという実感と何だか泣きたくなった」と話し、別の中学三年生は、「いままで本土と関係ないみたいに思っていたが、聖火を日の丸で迎えてジーンと胸がしめつけられる思いがした」と語っていた。さらに奥武山競技場の式典を観たある主婦は、はためく日の丸と奏でられる君が代に、「泣きたいような、バンザイと大声で叫びたいような感動」を覚えていた（『琉球新報』九月八日）。

これは一種のクレイズ、つまり集団的熱狂で、ル・ボンからスメルサーまでの古典的な集合行動論で何度も論じられてきた現象である。社会学史を本書で繰り返す気はまるでないが、自己は集団的熱狂のなかで溶融し、マックス・ウェーバー的な意味でのカリスマ的支配が生じやすくなる。「聖火」も「日の丸」もヒトではないが、人々を忘我的状況に向かわせるアイコンと言える。ヒットラーの「天才」的な発明品である聖火リレーは、「キャラウェイ旋風」の抑圧で鬱積していた沖縄の集合意識を、一気に「祖国復帰」へと収斂させる決定的な媒介となったのである。この歴史的な瞬間について、ある中年男性は次のように述べていた。

「日の丸と君が代という日本ムードに終始した三日間でしたが、かつて、これほど日本国民というのを意識したことはなかった。またいまほど本土と沖縄が血肉を分けた兄弟という一体感を味わったこともありますまい。そういう意味で、聖火の沖縄リレーは、私たちに『日本国民』としてのはっきりしたバックボーンを与えてくれました。いままでの沖縄住民には何かしら、そういう日本国民としての心の〝支柱〟というものが欠けていました。感激や感動は聖火が帰るとうすれるものですが、心の支えというものは失いたくないものです」

（『琉球新報』一九六四年九月八日）

だが、一九六四年九月の沖縄での聖火リレーがもたらした祖国復帰への興奮が、永続的なものというよりも一時的な集団的恍惚であったことは、翌六五年の佐藤栄作首相の来沖に対し、沖縄の人々が前年とは異なる態度をとったことからも見て取れる。この訪沖で、佐藤は「沖縄の返還なくして日本の戦後は終わらない」という有名な演説をしていくのだが、人々の心境は前年の聖火リレーの際の興奮状態よりははるかに複雑になっていた。

自分の大使在任中になんとか沖縄返還への道筋をつけておきたいライシャワー駐日大使は、すでにラスク国務長官にアメリカの沖縄に対する本格的な政策見直しを提言しており、国務省は施政権返還に向けての動きを始めていた。いわばこの流れに乗るかたちで佐藤は沖縄を訪れ、かのセリフを歴史に刻んでいくのである。佐藤の演技は、後に彼がノーベル平和賞を獲得していく際の有効な得点になったはずだが、この功績は佐藤よりもむしろライシャワーに帰せられるべきだろう。

そして、若者たちに注目するならば、すでに前年から浮上していた反復帰的な感情が、その後も六〇年代を通じて表明され続けていく。一九六五年七月の『琉球新報』には、「私たちは日本人か？」と題された美里村の高校生の投書が載っている。その投書は、「復帰協やその他の復帰運動団体が毎年形式的な、お祭り運動をやっているが何のためか？　なぜわれわれは日本復帰せねばならないのか？　本土復帰して何の得があるのか？」と問い、沖縄はそもそも「本土の一部じゃない」のではないか、沖縄の人々は、本心では「日本人という意識を持ってない」のではないか、「学校では日本人、家庭では沖縄人、いったいわれわれは何なのか？　われわれは本当に日本人だろうか？」と結んでいた（『琉球新報』一九六五年七月二九日）。

さらに翌年一月、石川市（現・うるま市）の高校生は、「日本は祖国ではない」とよりはっきり反復帰の立場を表明する。そこでは四世紀に及ぶ植民地主義が見通されていた。すなわち、「完全独立王国であった琉球は一六〇九年の薩摩の侵略によって、その独立と主権を失い、いらい、首里王府はカイライとなって、対明貿易の利潤はすべて、薩摩に搾取され」てきた。加えて、「一八七九年の琉球処分によって琉球は日本の一県に格下げされ、一九四五年の日本の敗戦によってアメリカ軍の統治下に置かれるまで、住民は重税に苦しんだ」。つまり日本は、沖縄人にとって侵略者、搾取者、抑圧者でしかない。しかも日本は敗戦後、沖縄を切り捨てて生き延びた。ところが、今となって沖縄では「日本国民としての誇りとか自覚などと」喧伝されている。「そんなに私たち、沖縄人は程度の低い弱小民族なのだろうか」と彼女は問う。そして「反戦平和、基地撤退、生活向上などと、防衛力も経済力もないくせに虫のいいことばかり唱えて復帰さえすれば、すべてが解決すると日本崇拝病の方々は狂信」している。だが、「日本は沖縄にとって単なる支配国に過ぎず、祖国でもなんでもないのだから、永久に沖縄の日本復帰、否、日本への併合は不可能だろうし、私は日本へ復帰するという考えに断じて反対」だと結んでいた（『琉球新報』一九六六年一月二四日）。

一九六〇年代半ばに高校生ということは、すでに米軍統治が始まっていた時代に生まれてきた若者たちである。そうした世代にとって琉球は、すでに「日本」とは別の存在として感じられ始めていた。実感として、彼らにとって「日本は祖国ではない」のである。祖国琉球は、日本とは異なる起源を持ち、独立王国として近世東アジアのなかで栄えていた。その祖国を侵略し、植民地化していった「外国」が日本である。この琉球への侵略者という位置づけにおいて、「日本」と「米国」は同等の位置にある。「敗戦」も「祖国復帰」も、いずれもある植民地状況から別の植民地状況への移行に過ぎないのだ。日米安保条約によって二つの宗主国は、両者にとっての共通の「植民地」である沖縄に米軍基地を置く。そのように沖縄に繰り返し犠牲を強いて東京圏をはじめとする本土の主要地域からできるだけ基地を撤去していくことで、日米は日本国内に沸き起こるかもしれない反米感情を抑えることができたし、米軍もマッカーサーの見通し通り、東アジアの地政学的要衝である沖縄に留まり続けることができたのである。

そして、佐藤栄作にとってのみならず、ライシャワーにとっても沖縄返還は米軍基地の現状維持を前提としたものだった。この日米合意、すなわち沖縄が祖国復帰しても米軍基地はなくならないし、おそらく減りもしない現実がはっきりしてくるなかで、祖国復帰をめぐる沖縄の世論は幾重にも分裂していく。佐藤訪沖に対しても、保守勢力は一斉に歓迎の姿勢を示すが、復帰運動の中核をなしていた復帰協（沖縄県祖国復帰協議会）では、教職員会は教育費の国庫負担を請願する動きを、社会大衆党や沖縄社会党、沖青協（沖縄県青年団協議会）は抗議の姿勢を、人民党、民青などの共産系勢力は阻止の姿勢を打ち出し、足並みが大いに乱れた。復帰協内部で、首相との交渉を重ねたい屋良らの執行部と、沖縄の問いにこだわる学生の対立が表面化していく。こうして学生が主導するデモが激化、訪沖した首相の宿舎を取り巻いて帰れなくしてしまった。この混乱した状況のなかで、一九五九年から沖縄で取材を重ねていた森口豁は、佐藤来沖を迎える高校生たちの屈折した心情をドキュメンタリー『沖縄の十八歳』に捉えていった。「日本は祖国か」という高校生の問いは、聖火リレーを日の丸で歓迎する恍惚のなかに解消されてしまったわけではなかったのだ。

2　神宮外苑にいたる道程——聖火リレーというもう一つの巡幸

四つの分火コースと熱狂のインフラストラクチャー

オリンピックの聖火リレーは、日本の文脈では天皇の戦後巡幸とよく似ている。そこでは天皇の来訪に備え、巡幸ルートは徹底して掃き清められ、美化された。天皇は「人間宣言」をした後でもなお地方の大衆にとっては「聖なるもの」で、一方では戦前の巡幸と同じように沿道に坐した老人たちに拝まれ、敬礼して迎えられていたのだ。同時に、天皇や皇太子夫妻は来訪に熱狂する圧倒的な数の群衆に取り巻かれてもいった。パターンこそ異なれ、同様の心性や振る舞いは聖火を迎えた人々についても確認できる。そしていずれの場合も、天皇巡幸においては奉迎台が、聖火リレーにおいては聖火台が、それらの「聖なるもの」が奉られる中心舞台となるのだった。

しかし両者には、ある重要な違いがあった。すなわち、天皇は忍者ではないので（当然だが）、「分身」の術を使えない。これに対して聖火のほうは、忍術など使わなくてもいとも簡単に「分火」ができてしまうのである。聖火の場合、「一」が「二」になり、さらには、「三」となって、やがて再び「一」にまとまっていくことができる。これは実に便利な聖性の象徴である。

東京オリンピックの聖火リレーでは、この聖火の「分火」技法がふんだんに使われた。すでに沖縄ルートでも、台風の影響で一日短縮してしまった日程をやりくりするため、久志村嘉陽で聖火は分火されたが、那覇空港から先はさらに三つに分けられ、ＹＳ11機で鹿児島空港、宮崎空港、千歳空港に空輸された。このうち鹿児島に到着した聖火は、熊本、長崎、佐賀、福岡、門司、広島、松江、鳥取、福井、金沢、富山と日本海側のルートを進んでいき、やがて長野県を縦断して甲府を経て東京に入っていった。宮崎に到着した聖火は、大分から松山に渡り、高知、徳島、高松、岡山、神戸、大阪、和歌山、奈良、京都、津、岐阜、名古屋、浜松、静岡から東海道に沿って東京に入った。どうせ分火を繰り返していくのだから、九州の起点は鹿児島とし、そこから東西に分かれていけば良さそうなものだが、あえて宮崎が本土のもう一つの出発点となったのは、幻に終わった一九四〇年オリンピックからの連続性の証しだろう。

　他方、千歳に到着した聖火は、札幌、小樽、函館を経て、青函連絡船で青森に渡り、そこでさらに二つに分火されていくことになった。すなわち、青森で分火された一方は、弘前、秋田、山形、米沢、新潟、長岡というように日本海側を進み、群馬県から埼玉県を経て東京に入っていった。青森からのもう一方の火は、盛岡、一関、仙台、福島、郡山、宇都宮、水戸と進み、千葉方面から東京に入っていった。これら四つのルートによって、聖火リレーは日本全土をほぼ完全に網羅したのである。後にIOCは、この種の分火を認めない方針を明確にしていくが、当時はその種の規制がはっきりとはなかったものと思われる。東京オリンピックでは、「聖火」は日本的に解釈され、「一」から「二」へ、その一方の「一」が「三」に分かれ、さらにその「一」が再び「二」に分かれたわけで、まさに変幻自在であった。

　このような自在な分火により、聖火リレーは、国土全域を巻き込む巨大なナショナル・イベントに仕立て上げられていった。何しろ四ルートを合わせた総走行距離は六七五五キロ（四三七四区間）、参加したリレー走者は一〇万七一三人に及ぶ。これは、海外での総走行距離が七三二キロ（八七〇

図2-2 日本本土の聖火リレールート

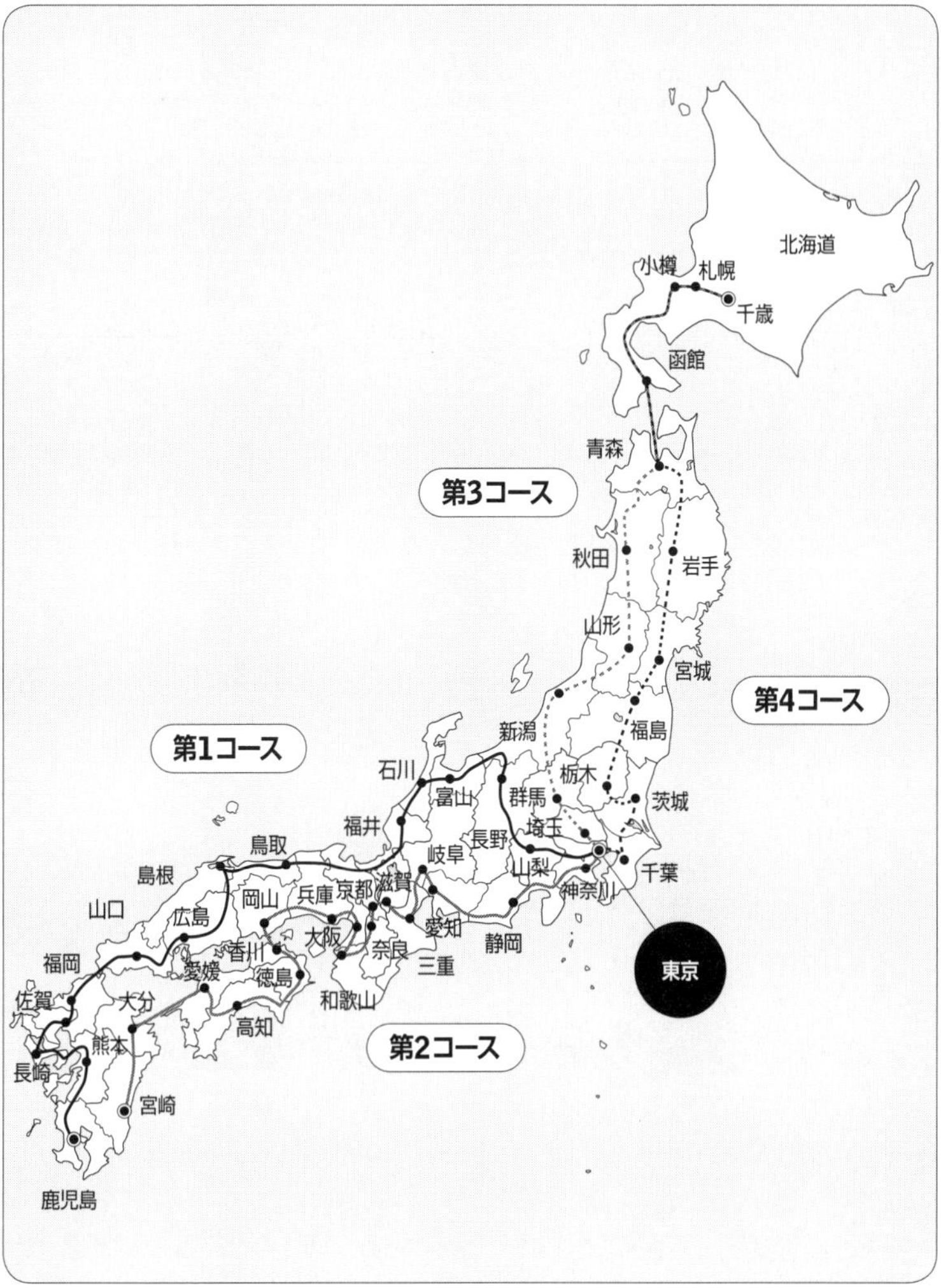

区間）、走者数が八七〇人に過ぎなかったことに比べ、圧倒的な長さと人数である。走者の数が圧倒的に多いのは、このとき聖火を持って走る先頭のランナーの他に、並走する二名の副走者、さらに後続する二〇名以内の随走者が加わっていたからである。つまり多くの場合、一区間を二三人程度のランナーで走っていたのだ。区間数が四三七四だから、これを二三倍すればちょうど一〇万六〇二となり、ほぼ計算通りである。つまり、規定で一区間の副走者は二名、随走者は二〇名以内となっていたのだが、どの区間もそのほぼ上限、時には上限以上の人数の随走者を選んでいたのがわかる。おそらく当時、聖火リレーに参加したいという若きランナーたちを見つけることは容易だったのだろう。一九六四年の聖火リレーでは、膨大な数の一九四〇年代生まれの世代が全国の聖火コースを走ることになっていったのである。

もう一つ、この時の国内での聖火リレーの特徴は、すべてのプログラムが九月七日から一〇月九日までの約一ヵ月に集中していたことである。短期集中型だったから、全国に聖火リレーを巡らせるため、どうしても四つのコースに分火しなければならなかったのだし、沖縄ではたった一日の延着が大問題となったのだ。その一方、このようにオリンピック開幕の直前から短期集中で聖火リレーを展開させたことは、聖火リレーへの大衆的熱狂を大いに高める効果を生んだ。自分の街で直接、目の前に見たばかりの聖火リレーと、それから数週間後にテレビで中継されるオリンピックは、人々の時間感覚のなかで容易に連続的なものとして経験された。

因みにこの点で、二〇二〇年の東京オリンピックは、ある困難を抱え込むことになる。というのも、二〇二〇年の聖火リレーは分火されない。ＩＯＣがその後、聖火の分火を禁ずる方針を出したためと思われる。しかし、分火しないで日本全国を巡るためには、それだけ長い時間が必要となってくるわけで、二〇二〇年のオリンピックでの聖火リレーの期間は一九六四年の時の四倍、約四カ月である。四カ月前から時間をかけて全国を巡る聖火リレーを、人々は果たして本番のオリンピックと連続的なものとどこまで感じることができるだろうか——。

さらに、この一九六四年の聖火リレーのルートを子細に眺めると、ある明白な規則があることに気づく。つまり聖火は、すべての都道府県の県庁所在地を訪れている。その一方で、どれほど有名でも、聖火が訪れない観光地はいくつもあった。たとえば、聖火は大分に訪れても別府は訪れないし、山口に訪れても萩は訪れない。同様に、福島は訪れても会津若松は訪れないし、宇都宮は訪れても日光は訪れない。いささか驚くべきことに、三重県では県庁のある津は訪れるが、伊勢神宮は訪れていないのである。全体として、名所旧跡ではなく県庁所在地を巡るルートが設定されている。聖火リレーはたしかにスペクタクルとして演出されたのだが、テレビや新聞などのメディアのまなざしを意識して演出されていたわけでは必ずしもないのである。

むしろ、かつての天皇巡幸と同じように、このスペクタクルの骨格を成していたのは、「東京＝皇居」と「地方＝県庁」を結ぶ国民国家の中央集権的な官僚機構である。そして実際、最後に一〇月七日から九日にかけ、それぞれのルートから東京に集合した四つの聖火は、まずは東京都庁に集まってからすぐさま皇居前に向かい、皇居前広場に設置された集火台に同時に点火される儀式が行われた。一つになった火はそこで一晩を過ごし、翌日、オリンピックの開会式の時間にあわせて最後のリレー走者が神宮外苑の国立競技場に運んだのである。

そして、この四つの聖火が東京に集まってくる仕方に注目すると、一九六四年の聖火リレーのもう一つの特徴に気づく。沖縄から本土に飛んだ聖火は、鹿児島、宮崎、札幌の三地点を出発点とし、大きく言えば南も北も日本海側と太平洋側の二手に分かれて東京を目指したのだが、東京が近づくと、南から日本海側を経由していた聖火は、長野県を経てほぼ中山道、現在の中央高速の路線に近いルートで山梨県方面から東京に入る。南から太平洋側を進んでいた聖火は、そのまま東海道、つまり東名高速のルートで神奈川県方面から東京に入る。北から日本海側を進んでいた聖火は、新潟からちょうど関越自動車道に近いルートで埼玉県方面から東京に入る。北から太平洋側を進んでいた聖火は、ちょうど現在の東北自動車道から常磐自動車道、さらに東関東自動車道へと東にずれながら千葉県方面から東京に入るルートを取った。東北からの南進は必ずしも現在の高速道に一対一対応しないが、全体として首都から全国に向かう放射状の高速道路と重なりが大きい。

つまり、ヒットラーが一九三六年のオリンピックで始めた聖火リレーが、その後のドイツの南方への軍事侵略を予見させるものであったとするならば、一九六四年東京オリンピックの聖火リレーは、やがて一九六〇年代から七〇年代にかけて進んでいくはずの国土開発、東京から全国に延びる放射状の自動車道を予見させるものだった。だからこの点でも、一九六四年の聖火リレーは、二〇二〇年のそれと顕著な対照をなす。後者のルートはいわば双六で、東京は全国を巡る双六の「上がり」以上の意味を持たない。予見される国土の未来など、もはや何もないのである。

沿道の歓呼、熱狂する群衆

沖縄の聖火リレーがそうであったように、本土でも聖火リレーは、どの沿道でも日の丸の小旗を手にした人々の熱狂的な歓呼に迎えられた。たとえば鹿児島を出発した聖火が、最初に向かった隣県の県庁都市は熊本である。その手前には八代があり、聖火は水俣にも寄り、すでに深刻な問題となっていた水俣病の患者たち二十数人に出迎えられる。患者たちは「『一生に一度の五輪聖火リレーをぜひみたい』とイスや母親に背負われ」、聖火を出迎えたのである。彼らはランナーに向けて、「不自由な手で日の丸をかざし、小さくなっていく〝希望の火〟をじっとみつめていた」（『熊本日日新聞』一九六四年九月一二日）。さらに八代の日奈久温泉では、広場が「およそ五千人の人波で埋まった。向かい側の家の二階も、物干し台もぎっしり。湯治客もカメラをもって右往左往。芸者や旅館従業員たちもユカタ姿で沿道に並んだ。にぎやかな温泉町が聖火リレーでわき立ち、町全体がワーンと鳴っている感じ」になったという（同前）。

熊本県庁に到着した聖火ランナーと観衆
［1964年9月12日撮影、写真提供：朝日新聞社］

こうして聖火はいよいよ熊本市内に近づいていくのだが、その市内では、「聖火が通過する一時間前から〝百年に一度の聖火〟をみようと市民たちはぞくぞく沿道につめかけ、午後一時すぎには二七万人をかぞえた。このため熊本南・北・川尻の三署では警察官三五〇人を動員して整理に当たったが、興奮した観衆は聖火リレーが近づくとドッと人がきをくずして取り囲んだため、リレー走者はしばしば立ち往生」した。さらに、「ゴールの県庁前には二万人近い大群衆が押し寄せた。車道は人波でうまり、近くのビルはベランダも屋上も鈴なりの人出」であった。そして聖火が到着すると、これを「ひと目みようとする群衆、記念をカメラにおさめようとするアマチュア・カメラマンたちが整理の警官やボーイスカウトの制止もきかず、張りナワをくぐって式場に殺到した」(『熊本日日新聞』九月一三日)。

熊本だけではない、やがてこの聖火は熊本から長崎を経て佐賀へと移動するが、佐賀でも聖火が近づくと、市内大通りの「両側歩道はイチョウ並木に沿って人、人、人、人の波。人の波は市の中心近くなってますますふくれあがり、屋根オフィスの窓、ビルの屋上からもいまぞみる〝オリンピアの火〟に感激の拍手」を送った(『佐賀新聞』九月一六日)。

こうした蝟集する群衆の迫力を、熊本以上に如実に示したのは、広島に聖火が到着したときだった。聖火リレーが広島市街に近づくと、「後続のパトカーの制止をふり切って、オートバイや自転車、聖火ドライブの自家用車が数百台もリレー隊の続き、一時、交通マヒ状態になった」。そして聖火が市内中心部に達するにつれ、沿道の熱狂はますます異様なレベルに達し、交通規制で車をストップさせるや、「歩道にいた約二千人がどっとリレー隊にかけ寄ったため、通路は二メートル幅にせばまった」。あわてて「笛を吹きながら汗だくで制止しようとする警備員は完全にお手あげ」状態となった。さらに聖火がどうにか県庁前まで来ると、混乱はクライマックスに達した。全体で四五万人、県庁前だけで二六万人という、実行委員会の予測をはるかに超える観衆が詰めかけ、手の施しようがなくなったのである。

大群衆が押し寄せた歓迎式典の会場では、一部の人が「警官のいないところをねらって割り込みを始めたため、ここから人がきがくずれ」た。会場係のボーイスカウト隊員たちの「制止などはまったく無視され、興奮した観客にどなりつけられて泣き出した少年隊員もいた」という。群衆は聖火に向けて殺到し、「芝はふみつけられ、永野知事、桜内県体協会長ら式典の役者は人波にのまれるしまつ。とうとう君が代斉唱は忘れられてしまった」（『中国新聞』九月二二日）。主催者側は、「観客や沿道の運転手のマナーはほとんどゼロに近かった」を悲痛なぼやきを上げている（同　九月二二日）。そもそも「平和都市」を謳う広島に、「平和の火」である聖火が来ることは、シナリオとしては相性が良いはずであった。だからこの組み合わせが平和裏に上演されることを主催者も目論んでいたのだろうが、結果はまるでそうではなかったようだ。

　広島ほどではないにしろ、これに通じる熱狂は、関西や東海地方、さらに東北地方の都市でも見られた。とはいえ、大都市と小さな町村での歓迎風景の差は顕著で、たとえば山形県北端の金山町では、秋田県境から聖火が引き継がれて入って来ると、「町はじまって以来の五千人の人出だ。家の軒先は申し合わせたように真新しい日の丸の旗が掲げられ、小旗の波と歓声が町じゅうにうずをまいている」状態となった。そして町の目抜き通りを聖火ランナーが通過すると、「金山中ブラスバンドが丁字路、金山小鼓笛隊が役場町十字路を陣どり、高らかにオリンピックの歌を演奏すれば、期せずして、人がきからは拍手のあらしがわいた」という（『山形新聞』九月二六日）。これは、小さな町での典型的な歓迎風景で、全体としてかなり統制されている。

　ところがより規模の大きい新庄市になると、これほどの統制は不可能になっていく。実際、聖火リレーが近づくと、市内の沿道は「聖火の通らない庄内の人たちが朝から続々と繰り込んだため、想像をはるかに上回る大へんな人出になった。市街地の入り口から出口の金沢踏み切まで人、人、人と旗の波。中心街の本町通りは車一台通るのがやっと。聖火がみえだすと潮騒にも似たどよめきと同時に厚い人波がどっとくずれ、オレンジ色のオリンピアの火をのんでしまう。わずかに白い煙で聖火の位置を知るだけ。やがてそれは拍手のウズと歓声に変わり、市全体が異様な興奮に包まれた」という（『山形新聞』九月二七日）。

さらに県庁のある山形市まで聖火が来ると、「日の丸の小旗が津波のように県庁前広場にせまる。広場は人、人、人。芝生の上も、石垣も、車庫の屋根までも身動きならない二万人で埋まった」。山形は明治も戦後も、天皇巡幸で何度も訪問地になってきた土地柄だ。沿道の高齢の参加者からは、かつての「行幸の時を思い出す」との感想も聞かれた（『山形新聞』九月二八日）。

他にも、札幌市の中央公園通りでは、「二万人以上がつめかけ、公園の花壇を踏みにじり、木の枝を折り、函館では市役所前広場が押すな押すなで、マイクが引きちぎられたり、女子中学生が卒倒したり」といった光景が続いた。だから新潟県長岡市では、「商店街は、もみくちゃの人波におそれをなして軒なみシャッターをおろし〝臨時休業〟」にしてしまった（『読売新聞』一〇月九日）。

総じて一九六四年の聖火リレーが一〇万人以上の聖火ランナーを巻き込む巨大なナショナル・イベントとして演出されたことは、このランナーを取り巻いてさらに巨大な、総計では一〇〇〇万人を超えるだろう群衆を沿道や県庁前に集めるとてつもない規模の集団的熱狂がこの列島を覆っていたことを示唆する。一九六四年の東京オリンピックは、開会式が始まってからは何よりもテレビ・オリンピックとなり、膨大な視聴者をテレビの前に釘づけにしたのだが、しかしそのテレビを「舞台」とした上演が始まる直前、つまりこの年の九月七日から一〇月九日までの一ヵ月間、沖縄から九州、北海道、列島全土を駆けめぐり、あらゆる沿道や街々、県庁前で、「聖火」を主役とする熱狂的な上演が繰り広げられていたのである。

その上演は、ここで事例として示した熊本や広島の例のように、しばしば混乱に満ち、時にはカオスと言ってもいい秩序破壊的な様相を呈することがあった。たしかに地方性もあり、読売新聞も「北海道、東北コースより九州、西部地方の方が歓迎ぶりはハデだった」（『読売新聞』一〇月九日）と振り返るように、概して西日本のほうが東日本よりもエネルギーに満ち、混乱気味の雰囲気のなかに聖火が迎え入れられていたという印象がある。しかし、基本的にはどの都市でも、聖火は遠来の恭しい「聖なるもの」というだけでなく、復興から成長への時代を歩みつつあった無数の日本人が、そのエネルギーを路上で爆発させる理由として利用されてもいたのである。

皇居二重橋前で集火される4本の聖火
[1964年10月9日撮影、写真提供:朝日新聞社]

聖火リレー、皇居前広場から国立競技場へ

さて、前述のように分火して国内四つのルートを巡ってきた聖火リレーは、一〇月七日から九日にかけて続々と丸の内にあった東京都庁に到着し、それぞれの聖火ランナーが到着するごとに都庁前では歓迎式が開かれていった。そして都庁舎に一時保管された後、すべての聖火が到着した一〇月九日、揃って都庁前を出発し、皇居前広場に設けられた集火台に点火されてまた一つの火に合火された。聖火はその後、皇居前広場で一夜を過ごし、翌一〇日、オリンピック開会式が開かれる神宮外苑の国立競技場までの六・五キロを、七

人の走者のリレーによって運ばれ、競技場で聖火台の火となる。列島の沿道を舞台としてきた聖火リレーは、最後には東京の皇居前広場と国立競技場を結ぶリレーに集約されていったわけである。

図式としては、四つの分火ルートを巡ってきた聖火の到着を祝して都庁前で開かれた歓迎式は、県庁前で催されていたのと同じレベルの歓迎式だったが、それらが一つに合火される皇居前広場での式典は、全都道府県庁前での式典の上位に立ち、それらを統合するものだった。そして「皇居＝国家の象徴的中心」で統合された国内の聖火が、「国立競技場＝グローバルな祭式の舞台」に移され、そこで象徴的役割を果たしたのである。だから、都庁前から皇居前への道行は、地方から国家へのレベルの転位であり、皇居前から国立競技場への道行は、国家から世界へのレベルの転位を含意した。様々な軌跡を経て東京に到着した聖火は、なぜこのように都庁前から皇居前へ、そして国立競技場へという三段階の道行をたどったのか。つまりそれは、なぜ直接、国立競技場に向かわなかったのか。

いうまでもなく、そもそもオリンピックの聖火が象徴していたのは、プロメテウスの火のイメージである。ギリシャ神話ではプロメテウスが天界から火を盗み、人間に伝えたことにより文明が始まった。オリンピックはスポーツの祭典であると同時に文化の祭典であり、それはまさしく万博との連続性において文明の祭典でもあった。「火」はその「文明＝人間の技能」の象徴であり、その「火」に向かって前進することが、オリンピックのイデオロギーである。だから、そもそもこの「火」が分火されたり、また合火されたりするのはかなり奇妙なことだ（今日、パラリンピックでは聖火の採火が複数の場所で行われることがあるが、それは文明や技能の起源の複数性を示唆しており、六四年に日本がした分火や合火とは全く意味が異なる）。一九六四年に日本はこの分火や合火（「集火」と呼んだ）

を大真面目に儀式化したが、聖火の象徴性からすると、これはナンセンスな振る舞いだった。

それにもかかわらず、これらの儀式が日本的にはすんなり受け入れられたのは、実は日本では聖火が「プロメテウスの火」として受容されていたのではなかったからである。聖火は日本人の集合的な意識のなかで、プロメテウスよりもはるかに天皇と親和性をもった「聖なるもの」として受容されていた。それはまるで「聖なる御魂」であり、「御魂＝霊的なもの」ならば、分体したり合体したりも可能なのである。実際、たとえば北海道・道南地区の住民からは、『家の守り神にしたい。ギリシャの神さまの火をぜひ分けてほしい』という〝分火〟陳情が数件道庁に舞い込んだ」という（『読売新聞』一〇月九日）。人々が、聖火リレーの沿道に出て熱狂的に聖火を迎え、また人垣を崩してまで聖火に近づこうとしたのは、ちょうど天皇巡幸を迎えていった人々の感情にきわめて近く、「聖なる御魂」に近づくことによって、何らかの「ご利益」を得ようとしたのだとも言える。つまり戦後日本は、オリンピック聖火を著しく日本化していたのであり、この日本化によってこそ、「聖火」は「日の丸」と一体になり得たのだ。

そして実際、四つの聖火が東京に着いてからの三段階の儀式構造は、「プロメテウスの火」としての聖火と「聖なる御魂」としての聖火の間の矛盾を調整するものでもあった。皇居前広場では、一九五二年五月一日の「血のメーデー」事件後、労働組合のデモが排除されただけでなく、公式行事もほとんど行われなくなる。事件から二日後の五月三日には、平和条約発効並びに憲法施行五周年記念の式典が開催されているが、それが大きなイベントのほとんど最後であった（原武史『皇居前広場』二〇〇八：二一〇頁）。これ以降、一九八〇年代に諸々の天皇儀礼が復活してくるまで、三〇年以上にわたって皇居前は「空虚な中心」（ロラン・バルト）であり続けた。この時期にここで開かれたのは、皇太子の立太子礼や成年式を祝う「奉祝都民大会」、それから毎年一月六日の東京消防庁出初式くらいである（同書、二一二頁）。日本じゅうが熱気で包まれた皇太子成婚の時ですら、皇居前広場では何の式典も開かれていないのである。

そうしたなかで、一九六四年一〇月九日、オリンピック開会式の前日、その皇居前広場で聖火の集火式が開かれたのは、きわめて例外的な出来事であった。式典は、ブランデージIOC会長や愛知揆一文相、東龍太郎東京都知事に加え、ギリシャのオリンピアで採火式を行った司祭役の女性も招いて行われた。そしてこの時、制服警官三〇人（夜には六〇人に増員）と都庁職員二〇人が徹夜で警護するなかを、一つにまとまった聖火を一目見ようと延べ一〇万人の観衆が皇居前広場にやって来るのだ（『読売新聞』一〇月一〇日）。これほどの観衆が皇居前を訪れたのは、一九五〇年代半ばから八〇年代半ばまでの三〇年間では他に一度もない。しかもこの時、集火された聖火があまりに話題になったので、その聖火を自分たちも一目見ようと、天皇・皇后までもが二重橋までそっと出てきていた（『毎日新聞』一〇月一〇日）。長らく公的行事にはまるで使われなくなっていた皇居前が、突然、聖火とともに脚光を浴び、大観衆を集めたのである。

しかも、この皇居前での集火式が計画されていくプロセスを検証すると、当初はもっと大規模なイベントの開催が検討されていたことがわかる。オリンピック開会の約四カ月前、開会式前日に「東京に到着する聖火を囲んで、盛大な前夜祭を行なう」計画が、組織委員会において具体的に検討され始めていた。その「前夜祭はアトラクションなどを盛り込んだ盛大なものにしようという声」が強く、またそれを「皇居前広場に聖火台を置き」催していこうという提案もなされていた（『読売新聞』一九六四年六月一八日）。やがて、この前夜祭は開催されるものの、集火式を行う聖火台は皇居前広場に設置し、様々なアトラクションを盛り込んだ前夜祭は後楽園球場で実施することになった。ややこしいのは、その後楽園にも、皇居前の聖火台から分火された聖火が運ばれていたことだ。これでは何のために集火したのか、よくわからなくなる。

まったくもって、日本に来ると「プロメテウスの火」は「鵺」に化けてしまったかのようである。変幻自在で、捕えどころがない。いくつにでも分火できるし、いつでも合火できる。その聖性は、起源の神話、つまりそもそもはオリンピアで採火された火であるという語りに依存するのだが、もしもこの火が「聖なる御魂」でもあるのなら、それはより日本的な文脈においても権威づけられなければならなかった。さすがに戦後復興期の啓蒙的な空気のなかで、聖火と明治神宮や伊勢神宮、靖国神社と結びつけることは忌避されたであろう。それでも一九六四年に日本列島を縦走した聖火は、何らかの仕方で天皇信仰と親和的な結びつきを持っていた。だからそれは、たとえ皇居前が長らくほとんど使われない状態になっていたとしても、その皇居の「空虚な中心」においても聖性が付与されることが望ましかったのである。集火式は、「官」の東京都庁でも「民」の後楽園球場でもなく、「聖」の皇居前でする必要があったのだ。

聖火と国体——一九四〇年から六四年へ

こうした聖火リレーの多重的な受容が日本で生じた文脈を、浜田幸絵は一九四〇年と六四年の東京オリンピックの連続性に関する実証的研究を通じて浮かび上がらせている。浜田によれば、一九四〇年オリンピックの東京開催が決まり、その聖火リレーをどのように実施するかの検討が始まったとき、ナチス・ドイツのような仕方では古代ギリシャと自らの民族的起源を結びつけることができないため、いかなる仕方で「聖火」と「日本民族」の神話的起源を結びつけるかが議論になった。そうした議論の流れのなかで、聖火の採火地点として有力視されたのが宮崎県日向である（浜田『〈東京オリンピック〉の誕生』七三－七八頁）。当時の新聞は「皇紀二千六百年に当り東京で開催されるオリムピック大会に皇祖発祥の地たる宮崎から東京まで千五百キロの聖火大距離リレーを決行」することが計画され、これを「国家的事業として実現の猛運動」が起こされようとしていると伝えていた。こうした動きを後押しするかのように、「いだてん」こと金栗四三は、「皇祖発祥の地日向から聖火リレーを行ふことは誠に結構」で、聖火リレーは「国民精神を作興」するため大いに意義があると語っていた（『東京朝日新聞』一九三六年九月一七日）。

他方、オリンピックはＩＯＣの指揮下で開催される国際イベントである。日本がいくら聖火リレーを宮崎から始めたいと主張しても、それが簡単に通るわけではない。当然ながら、ＩＯＣは聖火リレーの出発点はギリシャのオリンピアでなければならないと言うはずだった。一九三六年、ＩＯＣ委員だった副島道正は、ギリシャからインド、シンガポール、フィリピン、上海を経て日本に達し、「日向高千穂峰に登り建国二六〇〇年を奉賀し、伊勢神宮、明治神宮を経て大会会場に入る」聖火ルート案をロンドンで発表していた（浜田　前掲書、七六頁）。これは、ギリシャが出発点でなければならないというＩＯＣの考えも受け入れ、他方で東京五輪が日本にとっては紀元二六〇〇年祭典の一部であるという二重性にも対応する案だった。その後、ギリシャから日本までのかつてない長距離の聖火リレーの実施に伴う諸々の困難からこの計画は二転三転するが、そうこうしている間に東京オリンピックそのものが返上されてしまった。

浜田は、こうして東京五輪が返上された後、「聖火リレー」が日本国内で一人歩きを始め、戦時期日本の体育イベントで象徴的地位を確立していったことを跡づけている。すなわち、一九三八年七月の返上決定の直後から、「オリンピックの聖火リレーを模倣するような行事」が次々に登場するのだ。まず、三八年八月には、日独伊防共一周年記念の「神火マラソン」が計画される。このマラソンは、「伊勢神宮より明治神宮に至る四百余マイルのコースで御神火をリレーで運び沿道府県の青年団、中学生、女学生を小区間に分ちて衛士となして伴走せしめ戦勝祈願」（『東京朝日新聞』一九三八年八月一〇日）をするリレーであった。

この計画は、やがて「神火」が「聖矛」となって実現する。同年一一月、選手たちは伊勢神宮からスタートし、三重の結城神社、愛知の熱田神宮、静岡の三島神社、神奈川の鶴岡八幡宮、東京の靖国神社と明治神宮に矛を一本ずつ奉納して戦勝祈願をしていった（浜田　前掲書、一〇五頁）。このリレー選手の編成は、矛を持つ正選士が一名、伴走する副選士が二名、彼らに続く衛団の走者が三〇名というもので、まさに一九六四年の聖火リレーの原型をなすものだった。この編成により、一九三八年の聖矛リレーは走者に一万五〇〇〇人を動員する。やがてこのスタイルを継承した六四年の聖火リレーは、さらにその一〇倍の約一〇〇万人の走者を動員していったのである。

聖矛リレーは、小道具の矛や舞台となった神社により「皇国」の日本的なシンボリズムを前面に出してはいたが、「明らかにオリンピックを想起させるイベント」であったと浜田は指摘する。それを明瞭に示したのは最終日で、国民精神作興体育大会の閉会式に持ち込まれた矛は、ベルリン五輪マラソン金メダリストの孫基禎からストックホルム五輪出場のマラソン選手金栗四三に手渡された。一九一二年、日露戦争の数年後にシベリア鉄道でストックホルムに渡った金栗と、その直前の日韓併合で大日本帝国に組み込まれた植民地朝鮮の選手だった孫とのオリンピック史を遡る仕方で

戦勝祈願聖矛リレーで、孫基禎(左)から最後の走者・金栗四三へ引き継がれる聖矛
[1938年11月6日撮影、東京市・外苑入口、写真提供:朝日新聞社]

の聖矛のリレーは、帝国日本と五輪の結託を露骨に上演していた。

聖矛リレーでは、「神火」は「聖矛」へと代置されたが、他の体育大会ではむしろ神火リレーが荘厳化されていく。なかでも明治神宮体育大会のような戦前期日本で中核をなしたスポーツ大会では、東京五輪返上後、「篝火」が「聖火」へと神聖化された。浜田が示すところでは、一九三七年の同大会では、閉会式会場の正面スタンド前に並べられた篝火は、端的に「篝火」で、特別に「聖火」として神聖化されてはいなかった。ところが、三九年大会の閉会式になると、「金栗や、今大会のマラソンで優勝した呉東祐（朝鮮）、一万メートルで優勝した村社講平など二〇名の長距離選手によって、明治神宮の神火がスタジアムに運びいれられ、約三〇〇名が掲げる松明に点火された」。そしてこの形式が、中国大陸の占領地へも持ち込まれ、三九年に新京で開催された日満華交歓競技大会では、「日本選手団が運んできた明治神宮の発火具によって新京神社で火が起こされ、その火と、前年満洲各地の霊廟からリレーで集められ新京神社で燃え続けていた火とが合わせられて、中国チームの持ってきた孔子廟の聖木に灯された」という（同書、一一一頁）。

一九六四年の聖火リレーの変幻自在さをさらに超える驚きの「聖なる火」たちの合火が、日本帝国拡張のなかで実施されていたのだ。そしてこの聖火は、競技大会の聖火台に「興亜の光」として点じられ、大会期間を通じて燃やされ続けたという。

浜田の実証は、これまで論じてきた一九六四年での聖火リレーの特徴の背後にあった歴史的由来をよく捉えている。もともと聖火リレーは、ナチスが「ゲルマン民族」を古代ギリシャに神話的に結びつけるために発明したものだったから、一九三〇年代の日本で最初に問われたのが、ギリシャの「聖なる火」をどう極東まで運ぶかではなく、「日本民族」の神話的起源と結びつく採火場所はどこかであったことには理由があった。そうして宮崎県日向が起源の地として浮上したわけで、当時、「ゲルマン民族＝日本民族」という帝国主義的人種観を独日は共有していたのである。そしてこの文脈での聖火とは、「文明の火」である以上に「民族の火」であった。

日本において、そうした火の神話を司るのは神社であり、さらに言えば天皇の身体そのもの、つまりは国体である。もちろん、ここでいう「国体」は、明治神宮体育大会の後継としての国民体育大会のことではなく、文字通り天皇の身体に担われる「日本民族」の本質という神話である。一九三〇年代の日本はこの神話的構図のなかで聖火を理解したが、この発想はオリンピックを返上した後の戦時期日本にも継承され、「聖火」は「日の丸」や「神宮／宮城」とも親和性のあるシンボルとして浸透していった。一九六四年、日本各地で聖火リレーを迎えた人々が、まるで天皇巡幸を迎える時のようにこの「聖なる火＝御魂」を扱ったのは、彼らが聖火を理解していなかったからではない。ある意味で、人々はこの国で聖火がたどってきた軌跡をよく理解していたのである。

3　三つの舞台――神宮外苑・代々木・駒沢

明治神宮体育大会から国体（国民体育大会）へ

一九六四年の東京オリンピックは、神宮外苑の国立競技場と代々木オリンピック競技場、それに一九四〇年の幻の東京五輪でメインスタジアムに予定されていた駒沢オリンピック公園の三つを主会場とした。もともと青山にあった練兵場が代々木に移されたのを受け、その跡地の一部に建設された明治神宮外苑競技場は、明治神宮造営と不可分な仕方で生み出された体育競技施設であった。戦後、明治神宮外苑競技場は国立競技場となり、他方で代々木練兵場は米軍による接収でワシントンハイツとなった後、返還されて代々木オリンピック競技場となっていくわけだから、青山から代々木、原宿にかけての神宮外苑と国立競技場、明治神宮と代々木オリンピック競技場や代々木公園の地域全体が、明治日本が創り上げた軍事‐宗教施設群が、様々な変転を経ながら宗教とスポーツの巨大コンプレックスとなっていったものと見なすことができる。東京全体のなかで位置づけるならば、「上野の杜」を中心とする地域が江戸幕府の遺産であるのに対し、「神宮の杜」を中心とするこの地域は明治国家の遺産なのである。

　このうち国立競技場は、聖火リレーによって皇居前に結びつけられたわけだが、戦前までを含めれば、国立競技場＝神宮外苑競技場は、明治国家においてはさらに確固たる意味づけを与えられていた。この競技場は、崩御した明治天皇を祀る明治神宮が創建されていくなかで構想され、震災後に完成したものである。そして、そもそもこの競技場を含む神宮外苑の建設全体が、内苑である明治神宮の建設とセットで計画されたものだった。一方の内苑、つまり明治神宮は荘重な純日本式の神苑で、その費用は国費で賄われた。これに対して外苑は、当初から純西洋式の造園手法で建設される計画で、その費用は民間の寄附事業で賄われるはずだった。大正日本の政府は、この神宮の「内苑」と「外苑」の建設計画のなかに、最初から「和」と「洋」の、同時に「官」と「民」の統合を仕組んでいたのである。

そして、第一次大戦の好景気のなかで寄附も順調に集まり、神宮外苑は古市公威‐佐野利器という東京帝国大学工学部の土木‐建築系の人脈によって基本設計が進められていった。彼らを支えたのは東京市長の阪谷芳郎であり、阪谷は、東京市内に江戸の伝統を継ぐ上野や芝の公園とも、都心の市民公園である日比谷公園とも異なる仕方で、運動場を備えた大規模な西洋式公園が明治神宮と共に東京西郊に建設されるべきだと考えていた。

こうして震災後、一九二四年に完成した神宮外苑競技場は、すぐさま外苑を管轄する内務省神社局が主導する明治神宮競技大会の舞台となった。この大会は、やがて戦前期日本最大の国内体育競技大会となっていく。開設の経緯からして、この大会のそもそもの目的は「明治天皇の遺徳を偲び、競技を神前に奉納する」ことにあった。開会式が終わると選手たちは引率されて明治神宮に参拝していたから、天皇への奉納というモメントが初期にははっきり意識されていたことがわかる。

しかし、神宮への奉納という大会の神事性は、文部省が管轄する他の諸々の学生スポーツとの間に軋轢を生じさせていく。この軋轢は、具体的には内務省と文部省の間でのスポーツ関連予算についての縄張り争いとして演じられていくのだが、結局、内務省は自らこの大会の主催者となるのを

表2-1 明治神宮体育大会一覧

回	年	正式名称	主催	役員数	選手数	備考
第1回	1924 (大正13)	明治神宮 競技大会	内務省	849	3,144	
第2回	1925 (大正14)	明治神宮 競技大会	内務省	1,326	29,923	うち合同体操 23,600
第3回	1926 (大正15)	明治神宮 体育大会	明治神宮体育会	635	5,239	合同体操含まず
第4回	1927 (昭和2)	明治神宮 体育大会	明治神宮体育会	857	26,538	うち合同体操 21,150
第5回	1929 (昭和4)	明治神宮 体育大会	明治神宮体育会	1,979	23,610	
第6回	1931 (昭和6)	明治神宮 体育大会	明治神宮体育会	1,998	10,159	
第7回	1933 (昭和8)	明治神宮 体育大会	明治神宮体育会	3,079	25,653	
第8回	1935 (昭和10)	明治神宮 体育大会	明治神宮体育会	3,223	22,616	うち合同体操 9,077
第9回	1937 (昭和12)	明治神宮 体育大会	明治神宮体育会	2,638	23,113	うち合同体操 10,115
第10回	1939 (昭和14)	明治神宮 国民体育大会	厚生省	5,300	21,231	合同体操含まず
第11回	1940 (昭和15)	明治神宮 国民体育大会	厚生省	7,858	50,238	
第12回	1941 (昭和16)	明治神宮 国民体育大会	厚生省	3,600	12,480	
第13回	1942 (昭和17)	明治神宮 国民錬成大会	厚生省	3,361	45,239	秋季大会のみ
第14回	1943 (昭和18)	明治神宮 国民錬成大会		?	?	地方予選のみ

[入江克己『昭和スポーツ史論』p.3ほかを参考に作成]

断念し、民間の明治神宮体育会が主催者となることで妥協が成立する。こうして同大会は、日本のオリンピック参加の基盤をなす国内大会の地位を確立していくのである。

主催が内務省でなくなることで、このイベントの神事性は表向きには弱められたが、根本においてそれが天皇に奉納される競技会であったことは変わらない。入江克己は、この奉納主義によって大会参加者が急拡大した過程を検証している。入江によれば、すでに一九二五年の第二回大会で、予選段階も含めた大会参加者の総数は五〇万人に及んでいた。もちろん、この人数が神宮外苑まで来たわけではないが、それでも外苑での競技参加者は五六四六人おり、これにマスゲーム参加者を加えると外苑の選手は三万人に上った。これに観覧者の三〇万人、さらに地方予選出場者を加えると総計五〇万人に達したわけである。ちなみにマスゲームには、「小学校男女六年生六千四百人、中学校男女それぞれ四千九百人のほか、陸軍戸山学校、体操専門学校生徒など二万人が参加し、合同体操や『明治天皇頌歌』によるダンスなどがおこなわれ」たという（入江克己「近代の天皇制と明治神宮競技大会」、吉見俊哉他『運動会と日本近代』一七六頁）。

明治神宮体育大会のマスゲーム
［入江克己『昭和スポーツ史論』p.115より　出所:『体育と競技』昭和4年12月号］

その後、同大会には一九二九年の第五回大会以降、秩父宮を大会総裁に戴き、天皇が臨席することになる。当然ながら、そうなると天皇の奉迎が大会のイベントのなかでも非常に重要な場面となり、その延長線上で「今日の天皇杯に相当するともいえる『聖恩之旗』（日の丸）」が創設されていった。これは皇室の下賜金で謹製した大型の国旗のことで、一九三〇年代の明治神宮競技大会の開会式では、まずこの「聖恩之旗」が掲げられ、実際に競技が始まると、「旗＝日の丸」は天皇の代理として各競技の順番に巡回したのだった。

やがて、日本が中国大陸での泥沼の戦争に入った一九三七年以降、明治神宮競技大会はすっかり軍事イベント化していき、陸軍や海軍の選手たちがその戦闘能力を競うものとなる。大会参加の選手たちは分列行進で明治神宮に参拝し、「武運長久」を祈るようになり、主催者も民間の明治神宮体育会から厚生省に代わり、軍事教練的な種目が盛んに採りいれられていったのである。そしてまさにこの頃、神宮外苑競技場内に設置されていた篝火は「聖火」へと神聖化されていったのだった。「聖火」と「日の丸」の一体化はしたがって、一九六四年に初めて生じた現象ではない。すでに戦中期、明治神宮競技大会における諸々のシンボリズムは全体として結びつきを形成しつつあり、「日の丸」と「聖火」は大会での競技を天皇のまなざしに結びつける有力な媒介となった。戦後、明治神宮外苑競技場は国立競技場に、明治神宮競技大会は国民体育大会へと変身していく。「聖恩之旗」はやがて「天皇杯」への変容を遂げていくだろう。戦後におけるこの「天皇杯＝トロフィー」の下賜は、六大学野球が一九四六年で最も早く、日本中央競馬が四七年、軟式野球が四八年、サッカーも四八年、バレーボールは五〇年と、一九四〇年代末から五〇年代にかけて、つまり「人間宣言」をした天皇の地方巡幸が盛んだった頃に集中している。そして、新たにスタートした国民体育大会も、一九四八年から天皇杯と皇后杯を創設している。トロフィーは、競技大会で勝利した者に与えられる象徴的戦利品としてメダルと共に古い歴史を持つ。戦後日本における「旗」から「杯」へのシンボリズムの変化は、もちろん戦後の平和主義と国際協調の流れに対応したものであったが（但し、大相撲には一九二五年から天皇杯があり、これは例外的に早い）、その表向きの変化の脇で、「日の丸」と「聖火」の結合は、一九六四年の東京五輪に向けて維持されていくのである。

大東亜建設記念営造計画から広島平和記念公園へ

さて、一九六四年の東京五輪とその主舞台となった国立競技場の結びつきが、戦中期の明治神宮競技大会と神宮外苑競技場の関係にまで遡れるのに対し、ワシントンハイツが返還されて建てられる代々木オリンピック競技場は、敷地については代々木練兵場からの連続性があるとしても、建築は建築家丹下健三の天才が生んだ純粋に戦後的なものであるようにも見える。しかし、丹下の歴史的傑作となる代々木の競技場は、実はその原型を、戦中期、四二年に彼が一等を得て日本の建築界に華々しいデビューを飾った大東亜建設記念営造計画当選案まで遡ることができるのである。

敗戦を挟んで一九四〇年代、五〇年代、六〇年代と、丹下はほぼ一〇年ごとに彼の建築を代表する都市計画的な仕事を手掛けている。すなわち、一九四二年の大東亜建設忠霊神域、一九五二年の広島平和記念資料館と慰霊碑、一九六四年の代々木オリンピック競技場である。井上章一がいち早く指摘したように、最初のものは実現しないが、その後の広島平和記念公園のデザインとの連続性、ある種の反復性が顕著であり、さらにこれらで培われた「日本」と「近代」の結合が東京オリンピックのモニュメントを導いていた。

井上の議論によれば、一九三〇年代半ばの時点で、日本の建築界ではモダニズムの勝利が決定的なものになっていた。若き丹下が目指したのは、すでにヘゲモニーを確立したモダニズムに従うことではなく、そのモダニズムを内側から超克すること、つまりは「近代の超克」であった。当時、この課題に最初に挑戦していたのは、コルビジェの下で働き、一九三七年のパリ万博日本館のデザインでグランプリを獲得して帰国した板倉準三だった。丹下は、その師の岸田日出刀や前川国男以上に板倉から多くを受け継ぎ、一九四〇年代以降のデザインに具現化していく。

実際、実質的に丹下のデビュー作となる大東亜建設忠霊神域計画は、彼が三年前に手伝った板倉による忠霊塔のコンペ案から多くのアイデアを採り入れていた。そのポイントは、日本の伝統的な神社建築をモダニズム建築の様式として採り入れることと、コルビジェのユルバニズムと同様、計

図2-3 丹下健三の大東亜建設忠霊神域計画

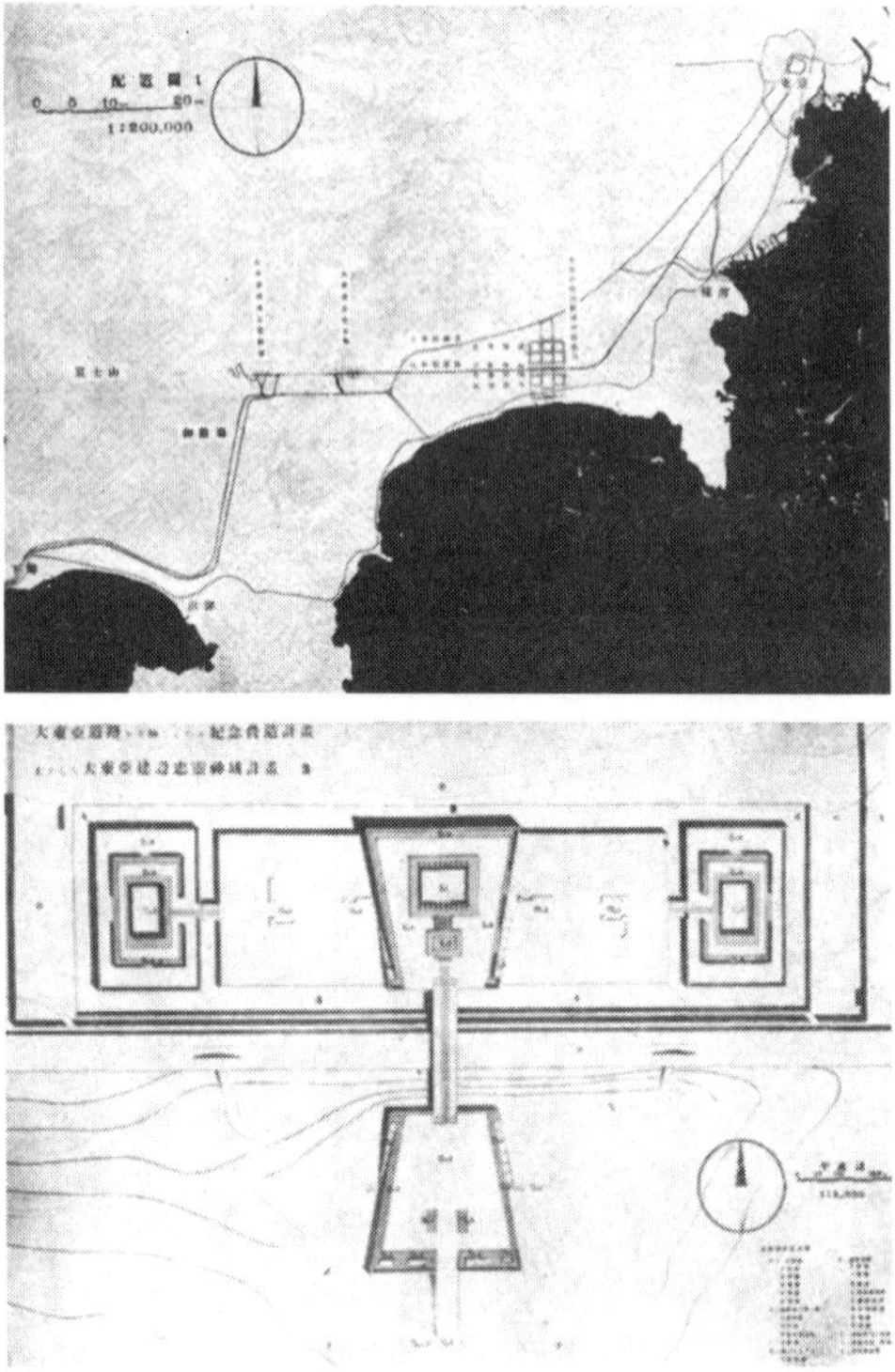

[『建築雑誌』1942年12月号より]

図2-4 広島平和記念公園 配置図と慰霊碑

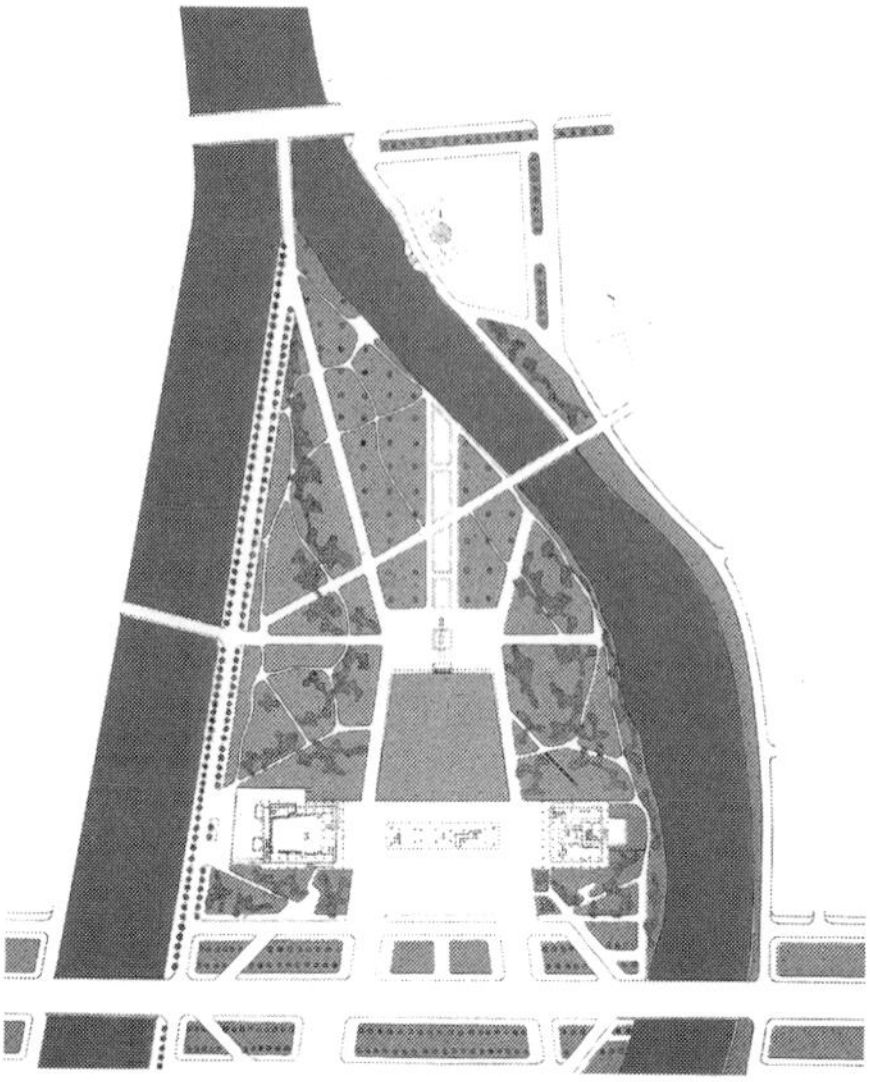

[丹下健三・藤森照信『丹下健三』新建築社、2002年より]

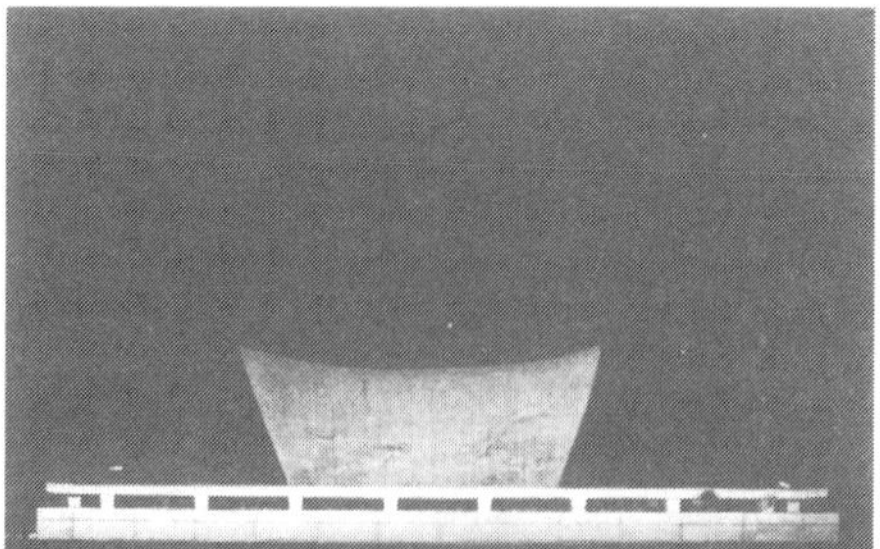

[『現実と創造　丹下健三　1946-1958』美術出版社、1966年より]

画を個々の建物のレベルに留めずに都市計画的に拡張することである。この丹下の大東亜建設忠霊神域計画は、東京から富士山麓に向けて高速の大東亜道路を建設して首都機能を分散させる構想を含み、井上が看破したように後の東京計画１９６０の原型がすでに顔をのぞかせていた。

そして、丹下による戦時下での大東亜建設忠霊神域計画と、戦後に実現した広島平和記念公園の間にも、明白な反復が見られた。特に反復が顕著なのは平面構成で、平和記念公園の南側に配置された平和記念資料館と平和記念館、公会堂の三棟は、大東亜建設忠霊神域での三棟からなる神殿配置の反復だった。いずれにおいても、三棟を底辺とする二等辺三角形の頂点には、平和記念公園では慰霊碑が、大東亜建設忠霊神域では遥拝施設が配置されていた。そして、この両者の空間プランを貫く軸線をさらに延長していくと、その先は大東亜建設忠霊神域では富士山に、平和記念公園では爆心地の原爆ドームに達したのである。これらが、両都市計画全体の象徴的中心である。

しかも、イサム・ノグチに代わって丹下自身がデザインした平和記念公園の慰霊碑は、古代日本の埴輪をかたどったものであり、そうした意味では広島平和記念公園は、その表面のモダニズムの意匠とは裏腹に、実は各所に復古的な、神道的とも言える要素がちりばめられた空間なのである。井上によれば、戦中期の丹下はナチスの建築をリードした「シュペヤー的なことを夢みていた」とも言われる。大東亜建設忠霊神域は決して実現することなく、幻に終わるわけだが、しかし広島平和記念公園は、甚大な悲惨の上に実現する。「平面計画、遥拝のための中心軸、コンクリートのハニワ。『大東亜建設記念営造計画』で夢見たものが、かなり矮小化された形ではあるが実現する」。つまり井上が実証したように、丹下健三の建築デザインの軌跡では、日本ファシズム下で構想されていたものが、そのまま戦後の平和と民主主義のシンボルとして実現していくのである（井上『アート・キッチュ・ジャパネスク』二八五－二九四頁）。

米山リサは、この井上の指摘を引き継ぎ、丹下が大東亜共栄圏の記念碑として構想した壮麗な空間が、戦後に原爆爆心地の記憶を伝える広島平和記念公園のなかにそっくり実現していくという「日本の帝国的近代が有するハイデッガー的アイロニー」が、単に建築プラン上の反復という以上のものであると看取した。イデオロギー的修辞のレベルで見るならば、大東亜建設記念営造計画のための丹下のデザインは、「平和と人類の修辞に包まれた、日本のナショナリストのアジェンダ」を祝福していた。その修辞のなかで「文明開化」「東洋平和」「アジアの解放」といった表現が用いられていくのだが、これらの普遍的価値の称揚によって現体制が正当化されていく言説のトリックは、そっくり戦後の広島平和記念公園でも反復されていく。そこでは「世界平和」という普遍的理念の称揚の背後で「共産主義の脅威から自由世界を防衛するという特定の関心」が幾重にも作動していくのである。丹下の建築家的天才が創造した原爆ドームとアーチ型の慰霊碑、そして平和記念資料館の間の象徴的な空間配置は、「ヒロシマ」の記憶というドラマの上演において、「平和や人類といった普遍的修辞を、日本の大東亜の真実のレジームから、アメリカ合衆国の冷戦共栄圏へと引き渡す」巧みな舞台装置となったのだ（米山『広島　記憶のポリティクス』三二―三三頁）。

東京計画1960と代々木オリンピック競技場

丹下のモニュメンタリズムはしかし、大日本帝国が象徴的な中心性を持たそうとした富士山麓の大東亜建設忠霊神域計画から広島の爆心地に建設された平和記念公園へと反復されることで終わったのではない。それから数年後、彼の都市計画理念を集約していく東京計画１９６０でも同じ考え方が発展的に反復されていった。大東亜建設忠霊神域計画で富士山に、広島平和記念公園で原爆ドームに与えられていたのと同じ象徴的中心としての位置は、東京計画１９６０では天皇の居所、皇居に与えられる。そして皇居から東京湾方面に線状都市の軸を伸ばし、東京湾を跨いでしまうと木更津に行きつくことになる。東京計画１９６０は、この直線的に伸び、東京湾に浮かぶ巨大な線状都市で何百万という人口が居住し、首都東京の主要機能が営まれていくことになる計画だった。

逆から見れば、ちょうど大先輩辰野金吾が設計した東京駅が、駅舎と直交する行幸道路が開く視界によって、この駅で乗降するすべての人々の視線を皇居に向ける仕組みになっていたのと同様、

図2-5 東京計画1960

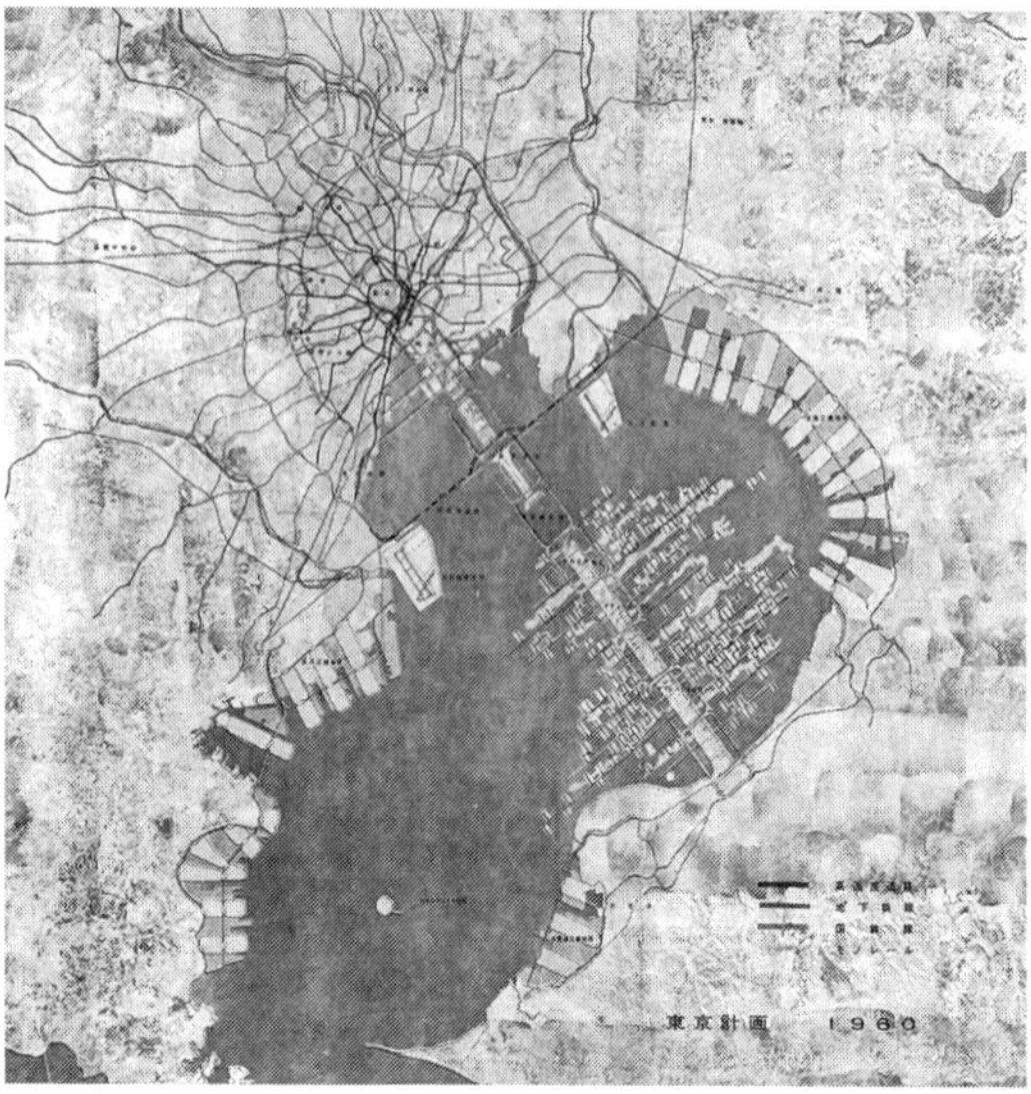

［『新建築』1961年3月号より］

この計画が実現していれば、海上に浮かぶ線状都市で活動する膨大な人々が、自らの都市軸の先にいつも皇居を望むことになるはずだった。

以上のように、一九四〇年代から六〇年頃まで、一貫して丹下の都市デザインでは同じ構造が時代状況にあわせて反復されている。そしてこの一九四二年（大東亜建設忠霊神域計画）、五二年（広島平和記念公園）、六〇年（東京計画１９６０）という三度にわたる同じ空間的文法の繰り返しは、六四年の東京オリンピックで丹下が手がけた競技場にも当てはまるはずとの推測を生じさせる。

こうした解釈の可能性を示唆しているのは藤森照信である。彼は、丹下のオリンピック競技場には日本の古代建築にまで遡れる伝統的な空間秩序が表出されていることを指摘した。藤森はさらに、都市設計的な次元でも代々木オリンピック競技場のデザインには、大東亜忠霊神域計画や広島平和公園に連なる空間の文法が表出されているとする。すなわち、大屋根を支える二つの支柱を結ぶ線が、ちょうど明治神宮本殿からの軸線と直交していることから、丹下が神宮本殿に向かう軸線上に、造形的には神社の鳥居に通じる競技場を配置したと考えられるのである。大東亜建設忠霊神域計画では富士山、広島平和記念公園では原爆ドーム、そして東京計画1960では皇居に与えられていた象徴的中心性が、代々木オリンピック競技場では明治神宮本殿に与えられている（丹下健三・藤森照信『丹下健三』三一九頁）。

藤森のこの解釈は他の建築史家にも共有されており、片木篤は、代々木オリンピック競技場が明治神宮本殿に対する「拝殿」に位置づけられていた可能性を次のように述べていた。

> （代々木オリンピック競技場正面の）プロムナードは、補助一五五線側から見るとアーチの連続する競技場への門となっており、神域計画での国民広場入口、広島での記念館・陳列館ピロティに相当しよう。競技場の棟は、一対の主柱間に渡された一対のケーブルで、神域計画での注連縄を思わせるような橋にも、広島での大アーチを逆倒させたもののようにも見える。門〜競技場を南北に貫く中心軸上には、丹下健三が学生時代に習った角南隆の再建した明治神宮本殿が位置するが、それが神域計画での護国神社本殿、広島での原爆ドームに対応している。さらに競技場南側では、補助一五五号線からプロムナードに向かって楔状に狭まった車道と駐車場がとられ、それに沿ってプロムナードから競技場まで貴賓通路と役員控室通路が伸ばされている。逆に北側では放射二三号線に向かってロビーが楔状に広がっている。ここでは苑路の中心線ではなく外形線が一対の放射をなすが、それは神域計画での回廊、広島での苑路に相当していると見てもよい。中心軸上の門〜拝殿〜本殿は、拝殿（結界）を中心とすれば、門（此岸の

極）本殿（彼岸の極）という一対の極からなると見なされる。……国立屋内総合競技場は、もう一つの外苑に設けられた明治神宮の拝殿という役割が与えられることで、代々木の森全体の「環境秩序」に収まっているのである。

（片木『オリンピック・シティ 東京 １９４０・１９６４』一五六頁）

無論、これらは出来すぎの解釈だとの反論もあり得るから、藤森も片木も断定的な仕方では述べていない。大東亜建設忠霊神域や広島平和記念公園の軸線は計画に明示されており、東京計画１９６０でも皇居ははっきり線状都市の原点近くに置かれていたのに対し、代々木オリンピック競技場計画で明治神宮との間に引かれていたと想定される軸線は見えないままである。丹下もまた、少なくとも競技場建設時には明治神宮との空間的関係についてはっきりした言明はしていない。

他方、いくつかの傍証はあり、設計の段階で、丹下らは明治神宮に神宮鳥居前広場と競技場北側の間に立体歩道橋を架ける提案をしたが、神宮側に拒否されている（豊川斎赫『群像としての丹下研究室』二七〇頁）。もしも交渉が成立し、競技場と神宮の間に空の道が架けられていれば、両者の軸線上の関係はもう少し明瞭になっていたのかもしれない。少なくとも、一九四二年、五〇年、六〇年の丹下の都市設計において象徴的な中心を原点とする都市軸の設定は連続しており、東京オリンピック計画でも何らかのそうした軸線が想定されていたと考えることは不自然ではない。

丹下の下で一九八〇年代から九〇年代までナポリやパリでの都市設計を担当してきた苅谷哲朗は、丹下の都市計画で象徴的な中心を原点とする都市軸の設定が、いかに一貫して根本的な役割を果たしてきたかを詳細に跡づけている。苅谷によれば、すでに大東亜建設忠霊神域計画でも、丹下は富士山を都市軸の象徴的発端とするだけでなく、「都市軸をなす道路は、手前の丘陵地を一直線にトンネルなどを用いて視界の変化を与えながら、象徴的にデザイン」されていた。広島平和記念公園では、新たに計画された一〇〇メートル道路と原爆ドームを垂直に結ぶ直線が都市軸となり、その軸線上にすべての施設が配置されることで連続的な視界をもたらした。東京計画１９６０は、皇居を発端とした直線的な構造を示し、この軸線は「二一世紀までに、東京湾の洋上に、その〔東京の〕都市像が成長発展をしてゆく可能性を例示」していた。

さらに、一九八二年のナポリ新都心計画では、設定された三つの都市軸のすべてが象徴的な発端としてのベスビオ火山に向けられていた。同様の象徴的な発端から伸ばされる都市軸は、九〇年代に丹下が取り組んだ大規模な都市計画で根幹をなしており、一九九三年のパリ・セーヌ左岸計画では、パリ市役所が象徴的な発端となり、右岸におけるルーブル－エトワール広場（凱旋門）－デファンス（新凱旋門）の都市軸に、「パリ創成期そして現在の地理的政治的象徴的中心であるパリ市庁舎を象徴的発端として」左岸の都市軸を対置させる企図が込められていた。さらに丹下晩年のローマ新都心計画（一九九四年）では、「サンピエトロ寺院を発端に、現ローマ市庁舎のあるカンピドリオ広場、コロッセオ、サンピエトロ寺院の先代の旧教皇座聖堂ラテラノ寺院を通る軸で、丹下の提案した新ローマ市庁舎街の人工地盤に至る」ことが目論まれていた（苅谷「丹下健三の都市軸構想と階層構造法に関する考察」『日本建築学会計画系論文集』七九巻六九六号、五六一－五七〇頁）。

このように、丹下の都市に対するアプローチには強固な反復性が認められ、それは単に景観面での反復性にとどまるものではなかった。猿橋舞子は、象徴性云々とは別に、個々の建物のレベルを超えて都市を設計することへのこだわりにおいて、丹下による初期の三つの代表的なプロジェクト、大東亜建設忠霊神域計画と広島平和記念公園、東京計画１９６０が同じ設計概念の発展的な反復であると論じている（「都市計画家としての丹下健三」『芸術学学報』一二号、二五－四六頁）。

猿橋が注目するのは高床式のピロティ構造で、丹下はこの高床式を個々の建物のレベルから都市全体のレベルへと拡張していった。その結果、このピロティは広島平和記念公園において一方では地上の慰霊碑を突き抜けて原爆ドームまでの視界を可能にし、同時に原爆資料館と公会堂をつないでいた。他方、東京計画１９６０では、地上の大量交通網と空中のピロティで結ばれる人間的活動領域の並存を可能にしていた。このピロティ構造を都市計画のなかに大胆に導入することで、丹下は巨大都市の物流や交通、巨大なシステムとしての都市と様々な人間的空間が共に実現可能になると考えたのである。そのためには、「丹下健三の都市」は、いつも強固な柱に支えられた巨大な屋根や床の上、ないし下にあったとも言える。象徴的な中心とそこからの軸線という共通パターンに加え、このような垂直軸の構造面でも彼の都市には反復性が認められるのである。

しかしそもそも、そのように都市の水平面を二重化するのは、都市が人間的スケールを超えた巨大な構築物であると考えるからなのではないだろうか。丹下の構想したスペキュタキュラーな都市は、まず何よりも神や国家、巨大な資本主義や情報社会のシステムの空間的表現であっても、人間的尺度のコミュニティではない。もっと根本的には、一九四〇年代から九〇年代まで一貫していた丹下の都市デザインには、都市をそのアイデンティティを不変に保ちながら無限に成長し続けるものとして考えるある種の進歩主義が貫かれていた。一方で、都市の象徴的中心は、その都市が保持し続けるアイデンティティの空間的表現である。他方、そこから都市軸がまっすぐ新都心や東京湾上の開発地域に向かって伸び続けるのは、工業化や情報化によって都市が発展し、拡張していくからだ。丹下は一九五〇年代、下河辺淳と同じくW・W・ロストウの経済成長モデルの信奉者であった。大東亜忠霊神域から代々木オリンピック競技場までの丹下のデザインは、この彼の経済成長主義とナショナリズムが華々しく結合した空間表現だったとは言えまいか。実際、明治神宮と代々木オリンピック競技場をつなぐ軸線をさらに伸ばすなら、その先にあったのは、一九六〇年代に盛んに論じられ、丹下も探究を重ねていた東海道メガロポリスだった。

高山英華と駒沢オリンピック公園

以上はしかし、あくまで競技場とその設計思想の上での連続性で、実現した都市の連続性ではない。国立競技場にしても、代々木オリンピック競技場にしても、これを競技場のレベルで見たときには、一方では明治神宮競技大会の舞台としての、他方では丹下による大東亜建設忠霊神域計画からの連続性を確認できそうである。とはいえ明治神宮外苑全体なり、代々木公園までを含めた代々木のオリンピック関連施設全体までを視野に入れると、そうした一貫性よりもむしろ不整合、統制のとれない無秩序な虫食い状態と言ってもいい混乱のほうが目立ってくる。

神宮外苑の場合、戦前には聖徳記念絵画館を中心とするバロック的な空間秩序に明治国家の威光がはっきり表現されていた。しかし戦後、この秩序を「進駐軍が来て壊したわけだね。絵画館の前あたりを、全部進駐軍の野球場にしちゃった。あそこは昔は入れなかった」と、高山英華は後に述べる（高山英華＋磯崎新「特集　近代日本都市計画史」『都市住宅』第一〇二号、六三頁）。占領軍からすれば「明治国家の威光」など無価値で、外苑に空きスペースがあれば、過去の伝統を踏みにじっても何の問題もなかった。これを契機に、その後も外苑には軟式野球や東都大学野球、バッティング練

図2-6 神宮外苑 施設配置図（再開発前）

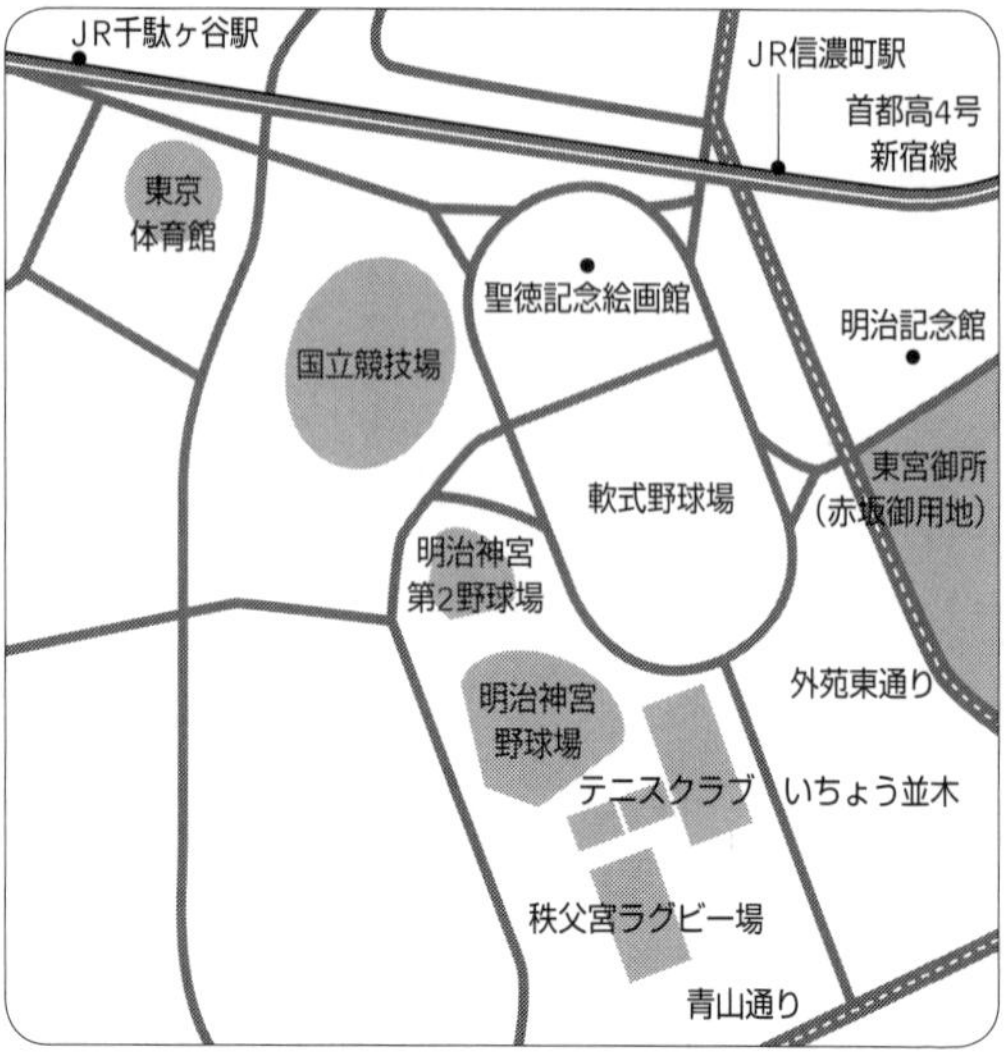

習場など、戦後の野球ブームのなかで次々に野球関連の施設が建てられ、本来の秩序は台無しにされた。高山は、これらの施設が神宮外苑に林立していること自体「非常におかしい」し、そもそも国立競技場は代々木練兵場に建てる計画があったわけで、緑地の少ない神宮外苑の隅に無理をしてそれが立地していること自体に問題があると指摘している。神宮外苑は、戦後を通じて無数の私欲に食いものにされ、残骸と化していったのだ。外苑の環境を破壊することを厭わなかったのは、けっして二〇二〇年五輪でのザハ・ハディドによる新国立競技場案だけではない。

他方、代々木のワシントンハイツ跡地にしても、それ全体が無事にオリンピック公園へと整備されたわけではまったくなかった。たしかに丹下の競技場建築が目を引くので他の失点が目立たないが、実際には敷地全体で無惨な虫食いが進行した。なかでも論議を呼んだのは、ドサクサ紛れにNHKが大きな区画を「横取り」したことだった。このNHKの割り込みには、施設計画全体を仕切る立場にいた岸田日出刀が後々まで怒り心頭で、何度もそれを吐露している。岸田からすれば、N

ＨＫの渋谷移転は、「オリンピック」を「錦の御旗」とした「三万坪の横取り」以外の何ものでもなかった。「ＮＨＫの横暴さ、これは度しがたいと思っている。これはなんということだ」と、岸田は大家とは思えぬ率直さで感情をむき出しにしている（「座談会　オリンピック施設計画を展望する」『新建築』三九巻七号、一三九頁）。しかし当時、代々木のオリンピック会場用地に食い込んできたのはＮＨＫだけではなかった。「渋谷の公会堂ですね。ウェイトリフティングの会場として公会堂を建てるというかたちで敷地を接してできてしまったわけです。それから体育協会が体育協会の建物をお茶ノ水に建てる予定のを、あの付近のどこかに入らないかということで、それも入ってしまった。そういうものがつぎつぎにきまってくる」と、高山もぼやいていた（同、一三九頁）。

結局、神宮外苑でも代々木でも、一九六四年東京五輪において環境全体のデザインがあったわけではない。あったのは、個々の建築デザインだけである。こうしたなかにあって、オリンピック施設の環境全体が、周辺地域との関係まで視野に入れてデザインされたほとんど唯一の成功例が、高山英華を中心とした駒沢オリンピック公園の計画であった。

東秀紀は高山についての評伝で、駒沢オリンピック公園の魅力は「個々の施設よりも、全体としての構成にある」とした。すなわち、駒沢公園の特徴は、「道路、橋といった土木分野、体育館、競技場などの建築分野、そして公園の造園分野という、三つの分野が一つのコンセプトでデザインされているところ」にある。公園全体はループ状の園路でまとめ上げられ、競技施設はその園路から木々の間に見えてくる。もともとはゴルフ場だった土地にオリンピック開催を契機に大きな樹木が多数植えられ、ここを森のようにすることが目指された。そのため高山は、計画立案にまず建築家ではなく造園家を導き入れ、ゴルフ場時代からこの地に残っていた樹木を切ることを禁じ、大木や高木を中心に植えることで、「森のなかに、さまざまなスポーツ施設が点在し、公園中を巡る散歩道がある」風景を出現させようとした（東『東京の都市計画家 高山英華』二七七頁）。

図2-7 駒沢公園 施設配置図

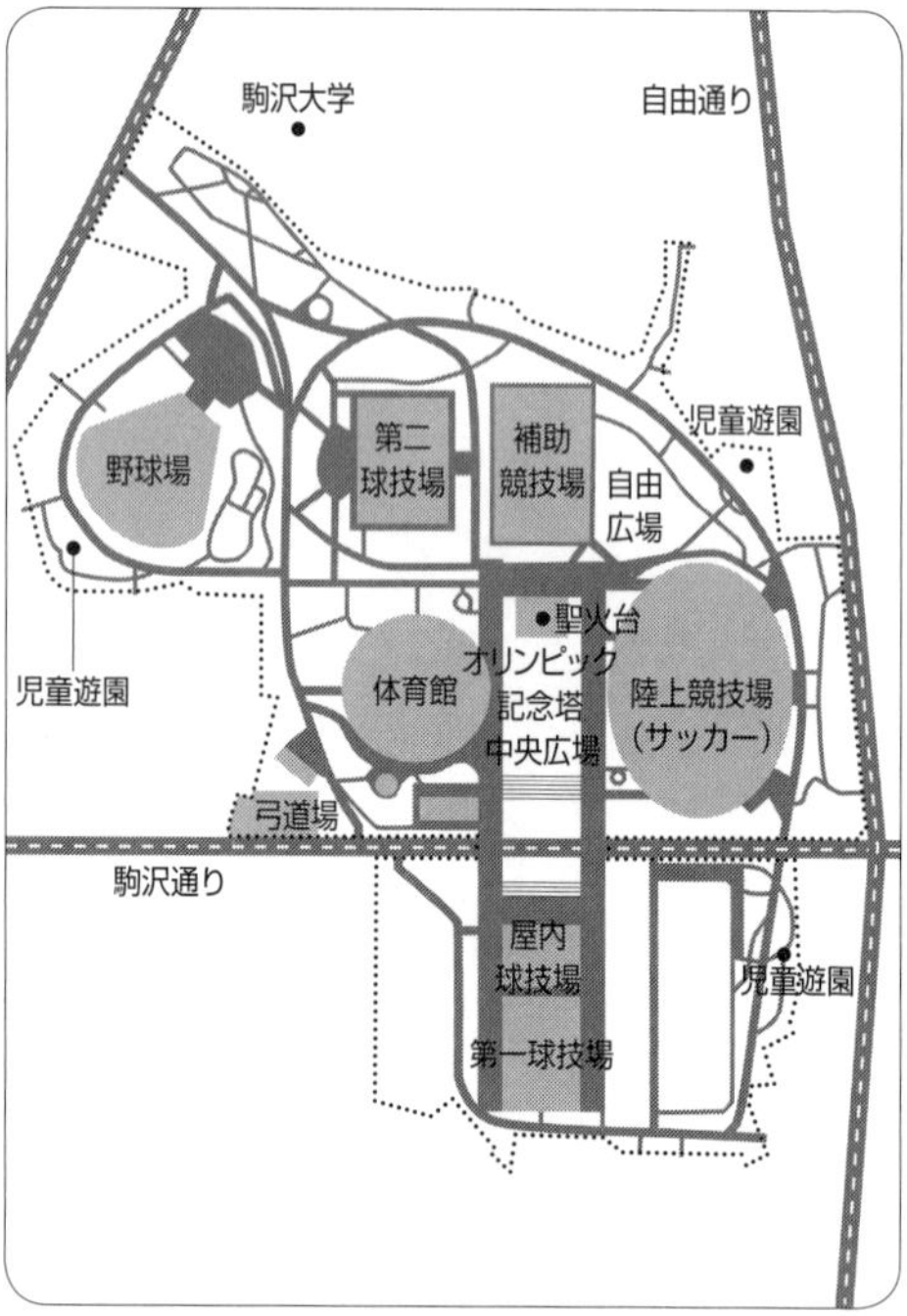

とはいえ、駒沢公園の施設配置図を見ると、実際には敷地の大部分が緑地で占められているわけではなく、駒沢通りを大きく跨ぐような仕方で伸びる舗装された広場の周囲にいくつもの競技場が建て込んでいた。サッカー場として使われた陸上競技場、レスリング会場となった体育館、「東洋の魔女」が大活躍したバレーボールの屋内球技場、ホッケーのための球技場等々である。したがって、選手村となった代々木公園が隣接していた代々木地区のほうが、緑地全体の面積は広かったのではないかと思われる。しかし駒沢公園では、それらの建築物が緑地や森に包み込まれる景観が演出されていた。この演出は、「主園路を円周型にして、諸施設を内部に取り込むサーキュレーション型」と「主園路を縦貫させてその両側に諸施設を配置するブランチ型」の二重構造に支えられていた。後者は舗装さ

れた中央広場を軸線とするもので、通常のオリンピック競技場に近いものだったが、この軸構造は、公園全体を緑の巡回路でつなぐ前者のサーキュレーションに包み込まれる仕組みになっていたのである。したがって全体としては、緑が続く景観のなかにオリンピック施設が建てられている印象を来場者に持たせることになったのだ。

東秀紀は、駒沢の「公園」と代々木の「競技場」の間の顕著なデザイン思想上の違いに注意を促している。代々木の競技場は、たしかに建築作品として圧倒的なのだが、五輪施設全体で見たときには、「都道四一三号線により、公園部分と屋内競技場は分断されてしまっている。公園は公園、競技場の建築は競技場と、はっきり区分されており、競技場周辺は緑も少なく、まるでそれらを拒否しているかに見える。道路で分断された敷地をつなぐためには歩道橋があるのみ」である（同書、二九一頁）。代々木では、建築家は建築家、造園家は造園家とタテ割りでデザインに取り組んでいた。だから五輪施

図2-8 代々木公園 施設配置図

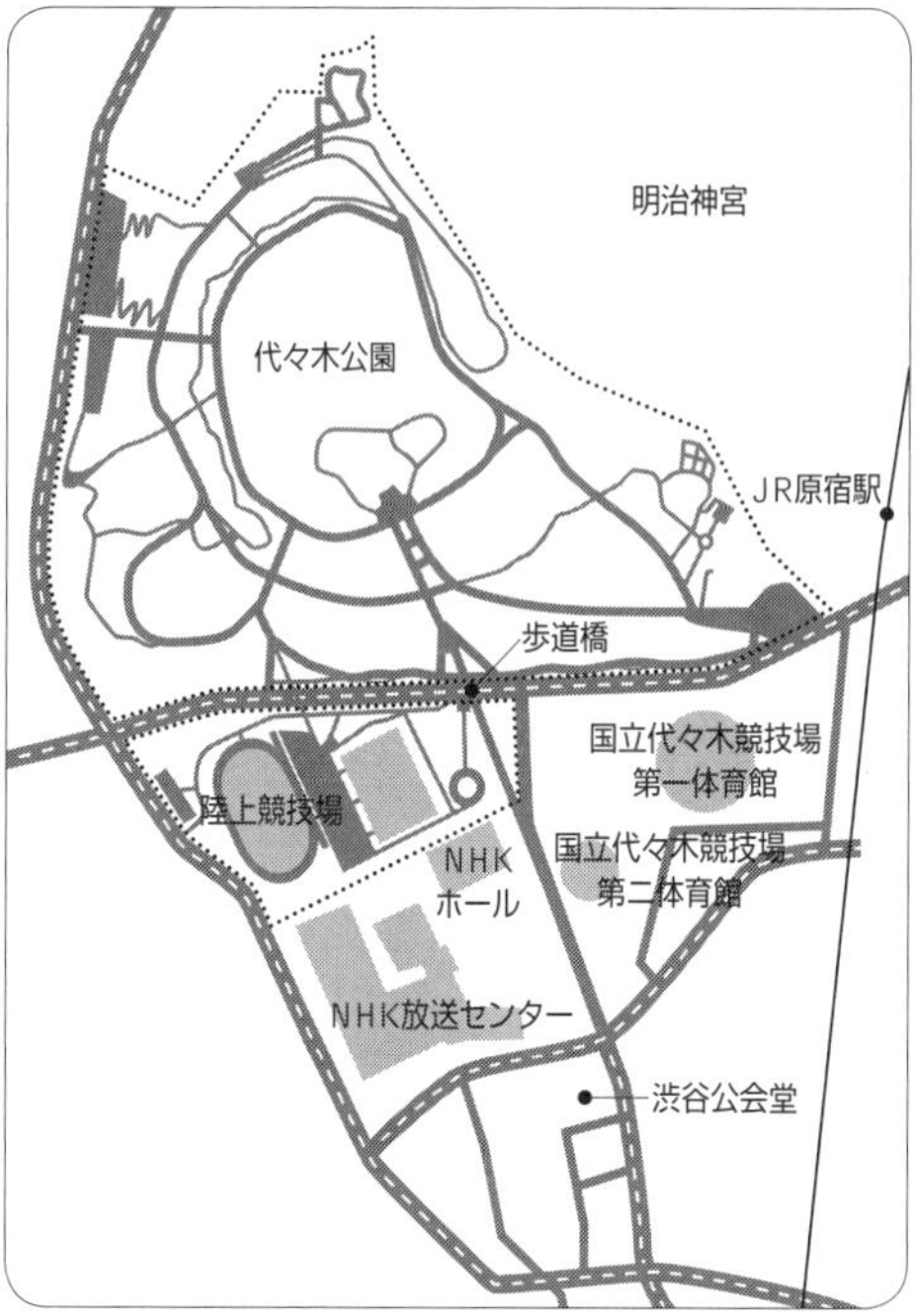

設を周辺地区も含めた地域住民の未来の生活にどう役立てていくかという視点は欠如していた。ここにあるのは作品としての建築であって、作品としての地域ではない。しかし、まさにこの後者の点に、高山が駒沢オリンピック公園のデザインで最もこだわっていたポイントがあったのだ。

高山による駒沢オリンピック公園のデザインで重要だったのは、彼が最初から「オリンピックよりも、そのあとの総合運動公園の計画をまずつくろう」としていたことである。慧眼にも高山にとって、オリンピックは手段であって目的ではなかった。彼は、駒沢公園では競技施設が森のような公園のなかに点在するようにしたいと考えていた。たしかに駒沢公園のなかに建てられていった施設群は、代々木オリンピック競技場が丹下健三の強烈な個性で統一されていったのと異なり、複数の建築家や都の建築部門によって分担されていたから、建築面で強いインパクトを持ったわけではない。しかし、駒沢オリンピック公園の計画は、そのような異なる立場の専門家が話し合い、協調しながら計画を組み立てていくことに細心の注意が払われていた。高山をリーダーとするこのプロジェクトに関与した建築家の村田政真は、駒沢公園の施設設計では造園家との丁寧な議論が非常に重要だったことを次のように回顧していた。

「(駒沢の計画では) 全貌をみんなでジスカッションする機会を得、わたしはわたしなりに建築家的発言もできたわけです。わたしが非常にうれしかったのは、おまえの建物はどんな格好のものだ、どんな高さでここのところはどうなってくるんだということを造園の方が聞いていてくれたことですね。また逆にいえば道がどういうふうにいくとかそこの下水がどういうふうに入ってくるかということを、われわれは案外知らない。そういうことをお互いに勉強する場になって、途中から非常に熱が入りました。これは土木、建築、造園がどういうふうにかみ合わなきゃいけないかというモデルケースですね」

（「座談会　オリンピック施設計画を展望する」『新建築』三九巻七号、一三八頁）

この座談会の出席者たちは、駒沢オリンピック公園の計画では、準備の段階から異なる専門家の間のチームワークが非常にうまくいったと異口同音に述べている。丹下の天才によってトップダウン式に計画がなされた代々木の競技場とも、また明治神宮競技大会に代表される戦前からの国家との結びつきのなかで骨格が形作られた国立競技場とも異なり、駒沢オリンピック公園には専門家たちの時間をかけた議論が生んだ統合的な環境デザインが結実されている。そこに、それまでの「建築」から自らを峻別しようとしていた「都市工学」の思想の一端を感じさせもするのである。

高山は当初から、個々の施設のデザイン以上に「オリンピック以後の使い方や事業計画」に関心を抱いていた。そして彼の考えには、その使い方の主体として、この公園を日常的に使うようになる地域の住民たちの姿がはっきり捉えられていた。この長期的な見通しにおいて、高山は駒沢公園を、後々まで「散歩したり、ジョギングしたりする人のなんと多いことか」と評される公園にしていくことに成功したのである。実際、駒沢公園は、動物たちの名前がついた公園内の小公園にしても、変化に富んだサイクリングロードや芝地にしても実によく工夫されており、オリンピックから半世紀以上を経た現在でも近隣住民に使い続けられて生き生きしている。おそらく市民による活用という面から考えたら、高山による駒沢公園のデザインは、丹下のモニュメンタルな競技場のデザイン以上に、一九六四年東京五輪の傑作なのである。

第Ⅲ章　メダリストたちの日本近代——演技

1　マラソンランナーの悲劇——兵士から国民的英雄へ

ブラウン管のなかの東京オリンピック

　序章で触れたように、オリンピックというグローバル・イベントにおいて、舞台と客席の関係は何重にも構造化されている。競技場はこの社会的パフォーマンスの第一次的な舞台だが、そこでもフィールドと観客席は区別され、建築的な仕方で枠づけられている。他方、聖火リレーやマラソンのような競技では、ランナーは街々を走り抜け、沿道には多数の観衆が並ぶから、それらの沿道にも舞台と客席の関係が存在する。しかし、東京オリンピックを観戦した大多数の観客は、競技場でも沿道でもなく、自宅のテレビの前で数々の試合に熱狂したのである。その場合、舞台と客席を分節化するのはテレビカメラで、観客席は分立した仕方で全国の「お茶の間」に設営されていることになる。カメラの位置やアングル、ショットの撮り方で、古典劇か近代劇か、あるいは前衛的なアングラ劇かというのと同じくらいの経験の違いが生じてくるのである。

　ＮＨＫ放送世論調査所の調査によれば、一九六四年の東京オリンピック開催中の日本人の平均テ

表3-1 よく視聴されたNHK総合テレビ番組

放送日(10月)	放送時刻	番組名	視聴率[%]
23（金）	PM 7:37-9:32	バレーボール「日本対ソビエト(女子)」	85.0
20（火）	PM 8:02-9:35	体操(男子―自由)	80.7
17（土）	PM 8:42-9:07 9:08-9:35 9:39-9:51	＊水泳(男子―200mバタフライ準決勝ほか)	75.5
14（水）	PM 7:52-8:13 8:46-9:40	レスリング(フリースタイル)	70.1
23（金）	PM 7:20-7:37	＊ボクシング(バンタム級決勝)	58.8
11（日）	PM 5:32-6:53	＊重量あげ(バンタム級)	56.2
11（日）	PM 3:00-3:59	バレーボール「日本対アメリカ(女子)」	50.6
23（金）	PM 6:10-6:54	＊体操(女子種目別)	47.0

＊は帯番組で、最も高い曜日の視聴率。
なお、競技種目については、午前・午後・夜間に分け、その各々の最も高い曜日の視聴率。
[日本放送協会放送世論調査所『東京オリンピック』1967年、p.236の表をもとに作成]

レビ視聴時間は八時間一五分、通常の平均テレビ視聴時間の約一・四倍であった（『東京オリンピック』）。とりわけ開会式の視聴率は九五％、女子バレーボールの決勝が八五％、男子体操が八一％と驚異的な視聴率を示した。各放送局がオリンピック関連番組に当てた時間数も、NHKは約一六〇時間、TBSは一四〇時間と群を抜いており、他の民放局も約三五時間から八〇時間近くに上る。そして九割以上の人々が、ラジオでも新聞でもなくテレビを通じてオリンピックを経験したと答えていた。つまりこの時、スタジアムの規模をはるかに超える巨大な〈劇場〉が、日本列島を覆うような仕方で成立したのである。明らかにテレビは、「東京オリンピック」という国民的経験が成立する必要不可欠の文脈的な前提だった。

　日本におけるテレビ所有率は、一九五九年の皇太子成婚を契機に急伸していくが、それ

図3-1 オリンピック関連テレビ番組放送時間量（1963年1月1日〜64年10月9日）

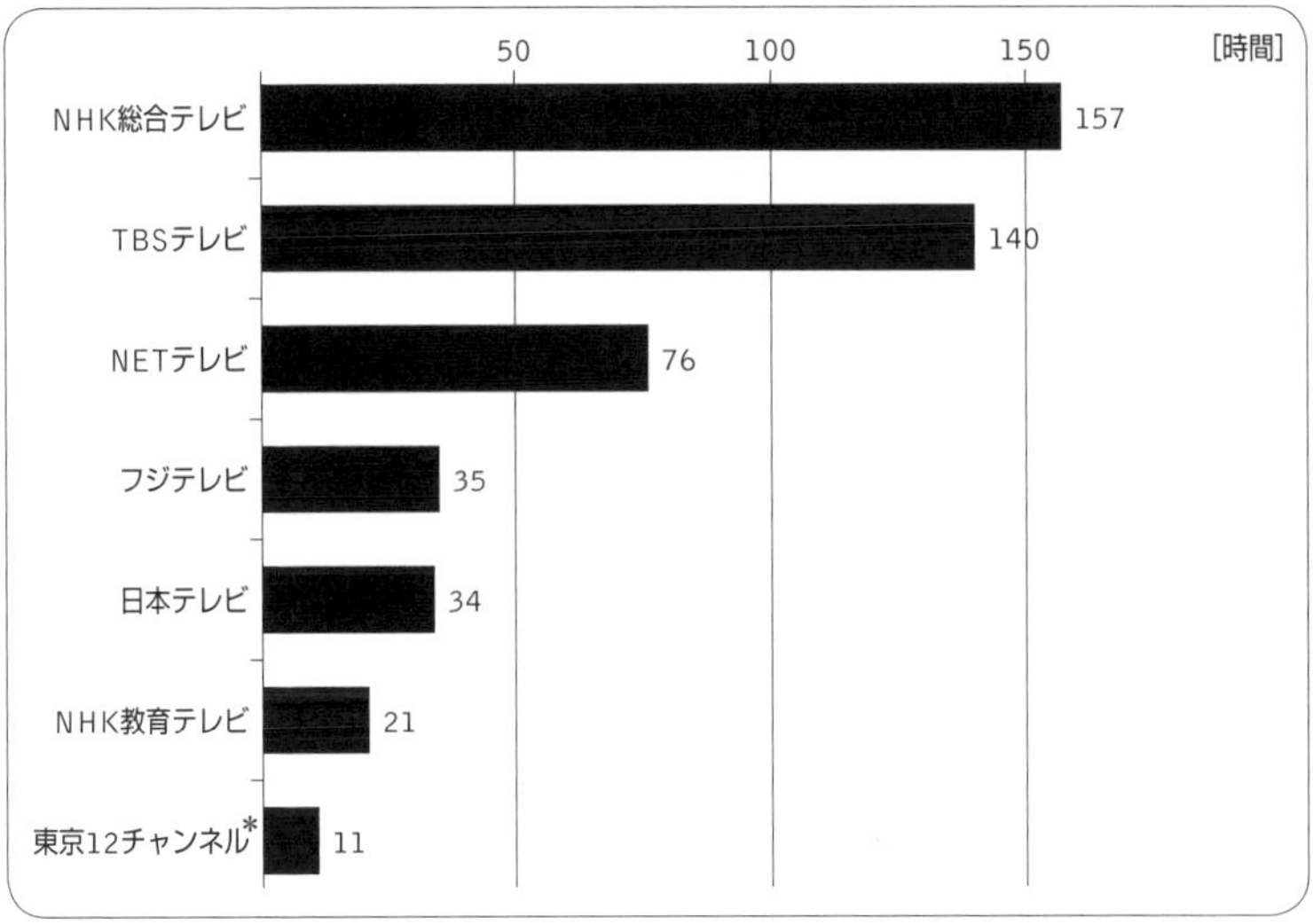

＊1964年4月12日より放送開始

[日本放送協会放送世論調査所『東京オリンピック』1967年、p.116の図をもとに作成]

でも五九年春の成婚パレードの時点で自宅にテレビを持っていた人は、全体の約三割、およそ三軒に一軒にすぎなかった。三人に二人は、隣人の家でテレビを見せてもらうか、駅前や電気店の前などでテレビを覗きこんでいたのである。しかし、このテレビ普及率が一九六三年頃までに九〇%に達する。つまり、ほとんどの家庭が一台はテレビを持つ状態となったのだ。人々はもはや隣人に見せてもらうことを頼む必要も、街頭にテレビを見に行く必要もなくなり、自宅に閉じこもってテレビ画面から試合にのめり込んでいく。皇太子成婚が、テレビが国民意識を動員する巨大な威力を持つことを証明した最初の契機であったなら、東京オリンピックは、実際に大多数の日本人が自宅で長時間、そうした動員を受け入れていった決定的な瞬間だった。

興味深いのは、こうしたテレビの一般家庭への浸透と並行して、東京オリンピックに対する否定的態度が肯定的態度に大きく変化していることである。もともと東京でのオリンピック開催が決まった頃、世論は必ずしもオリンピックに肯定的ではなかった。招致の決定過程が不透明であるとか、国民生活よりも国家事業が優先されることへの疑問であるとかいった声が相次ぎ、高峰秀子はオリンピックをＩＯＣに返してはどうかと語り（『朝日新聞』一九五九年九月二二日）、犬養道子はオリンピック招致がそもそも生活困窮者を置いてきぼりにしていると批判していた（『朝日新聞』一九六一年一〇月七日）。それどころか、一九六二年二月の調査でも、東京でオリンピックが開催されることを知る人は国民の約三分の二にすぎなかった。そして、東京開催を知る人のなかでも約二〇％は開催に反対を表明しており、さらに一時は、東京大会は成功しないと予想する人の割合が、成功すると予想する人の割合を上回っていたのである（**図0-3**参照）。

ところが一九六三年以降、世論は急速に東京開催に肯定的になっていく。実際、六三年五月には約半数の人が東京大会は成功すると考えるようになり、一一月には約七割が、開幕直前までにはほとんどの日本人が成功を確信するようになる。一九六二年から六三年にかけてのこうした世論の急激な変化には、「安保」の時代から「高度成長」の時代へという社会意識の変化が作用していたであろう。そして、そうした意識変化の一面を、テレビをはじめとする新しいメディア環境の出現とそれらのメディアによるオリンピック報道の増大が担っていたように思われる。圧倒的な量の報道により、人々は次第に東京大会に大きな関心を寄せ、その「成功」を確信するようになっていった。オリンピックの標語は「より速く、より高く、より強く」であったが、高度成長時代の日本人にこ

図3-2 とくに印象に残っている競技(3つ選択、直後調査、東京)

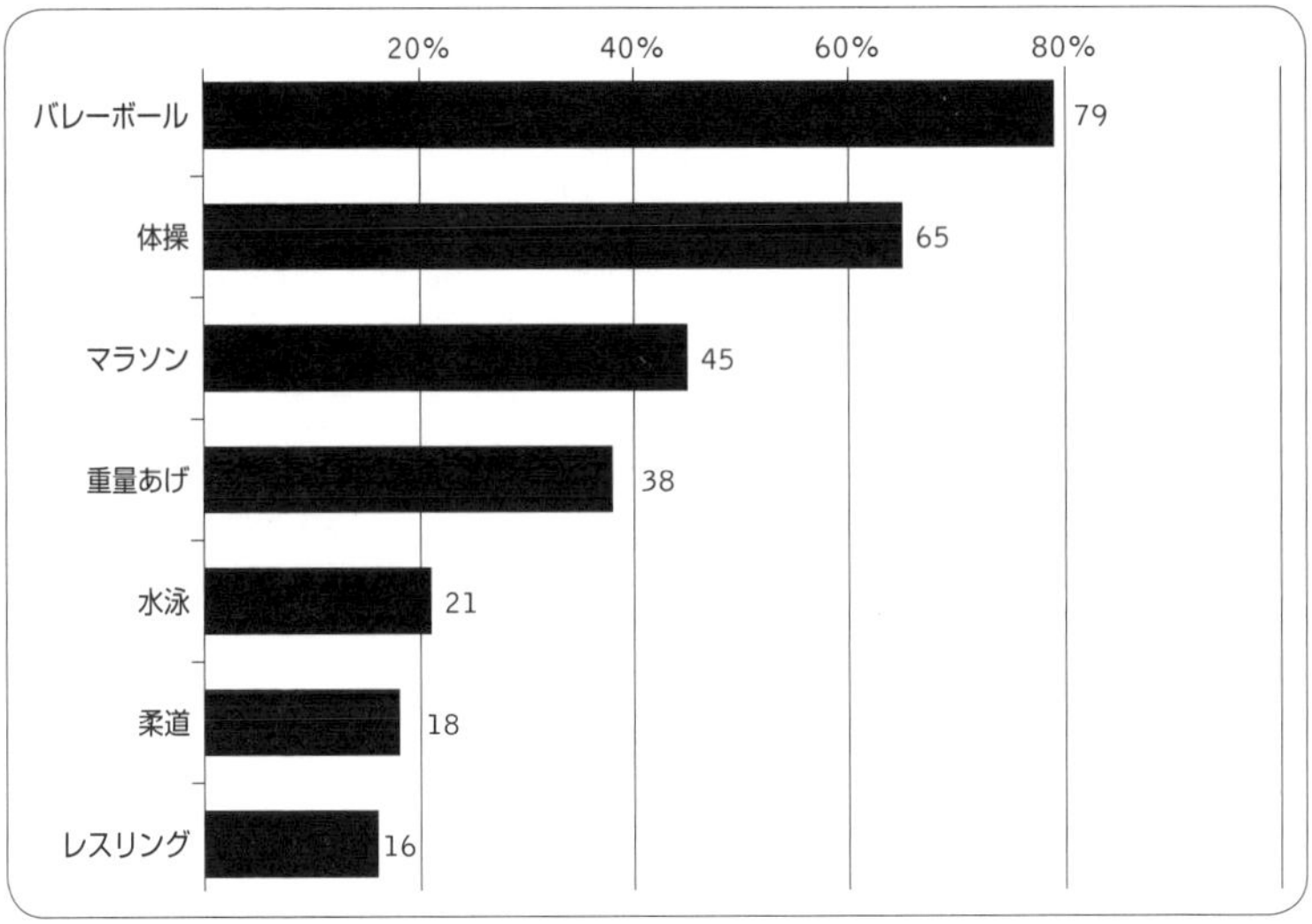

[日本放送協会放送世論調査所『東京オリンピック』1967年、p.87の図をもとに作成]

れほどぴったりくる言葉は他に存在しなかった。

長距離ランナー円谷幸吉の誕生

さて、前述のＮＨＫ放送世論調査所の調査が「とくに印象に残っている競技」を尋ねたのに対し、約八〇％がバレーボール、約六五％が体操、約四五％がマラソンと答えていた。このうち男子体操は、今日に至るまで日本の「お家芸」的種目で、東京大会だけで突出した関心を集めていたわけではない。これに対し、女子バレーボールと男子マラソンは、際立って一九六四年の東京オリンピックと結びついた種目であった。もちろん、日本の女子バレーはその後も世界最強の地位をソ連と争い続けるし、マラソンも何人かのヒーロー、ヒロインを生んできた。しかし、それでもこれらの種目が圧倒的な

ゴール目前、ヒートリーに追い上げられる円谷幸吉
［1964年10月21日撮影、国立競技場、写真提供：共同通信社］

数の日本人を熱狂させた瞬間は、前者における「東洋の魔女」と、後者における「円谷幸吉」に集約されるように思う。

それは一体、何故なのか。実は、これから述べるように、この二つの「国民的瞬間」の背後にあった構造は、これまでの章で述べてきた戦中期までの体制と一九六四年の東京五輪の結びつき、すなわち「戦後」としてのオリンピックという文脈と深く関係しており、この連続性が都市のなかでの施設の配置の問題にとどまらず、〈上演〉の中心たる選手たちの〈演技〉にも及ぶことを示している。

そこでまず、マラソンで銅メダルを獲得した円谷幸吉について考えるところから始めよう。円谷は、福島県須賀川の農家の七人兄弟の末っ子として生まれ、地元高校卒業後、一九五九年に自衛隊に入隊している。そしてこの自衛隊で、一九六一年、東京－青森駅伝のランナーとして頭角を現す。当時、自衛隊は東京オリンピックで活躍する隊員を育てる特別養成プログラムを開設していた。円谷はこのプログラムに選抜され、長距離ランナーとしてのトレーニングを積んでいく。彼はやがて東京大会に出場する選手の一人にも選ばれていくのだが、それでも当初、選抜された選手のなかでは、試合経験に勝る君原健二や寺沢徹らが本命で、円谷は本命とは思われていなかった。「円谷　大器だが経験が不足」と考えられていたのである。しかし、オリンピック開幕が近づくにしたがい、「おどろかされたのは円谷の底知れない強さであった。マラソンわずか二回目、ペースの運び方も知らず、途中でのみものをとる間にトップから引き離されるという不なれでもこの成績である。……東京大会では一番のダークホースとして期待できる」（『読売新聞』一九六四年四月一三日）といった評価が出始めていた。

注目されるのは、円谷が「技術」よりも「根性」と結びついて登場している点である。もともと円谷が高校卒業後、自衛隊に入隊した背景には、「軍隊というところは、人間を鍛えるにはとてもいいところだ」と口癖にしていた父親の影響が大きかった。日本はもう戦争をしないと決めているなら、自衛隊は戦死の心配はなく自己鍛錬ができる場所に思われた。円谷自身、入隊の理由について、「やはりあの、あこがれておったわけです。それに、父が二年ほど軍隊にいて、その教育がとてもよかったから、若い者はやはりああいうふうにやっとかんと、といいまして」（『読売新聞』一九六三年一〇月七日）と語り、自衛隊入隊と軍隊入隊を区別せずに父からの影響を認めている。

橋本克彦が示したように、円谷は、マゾヒスティックなほど厳しい自己鍛錬への願望が強い若者だった。ここには確実に、陸軍で銃剣術の名手であった父親による幼少時からのしつけと、その父への末っ子らしい愛着という心理的なコンプレックスが作用していた（橋本克彦『オリンピックに奪われた命』）。この家族内で継承された軍の記憶は、やがて円谷を死へと追いつめていく。

「大演習」としての東京オリンピック

円谷が自衛隊に入ったのはこうした家庭的な事情からだが、自衛隊が、まったく無名な青年にすぎなかった円谷に特別の持久力を発見していったのは偶然ではない。それは、東京五輪成功に向けて、いくつもの国家的使命を背負っていた自衛隊が発動させた組織的な戦略の一部であった。

実際、自衛隊は東京オリンピック開催にあらゆる面から協力する。オリンピック開会に先立っては、東京の自衛隊基地でオリンピック師団が結成されたが、これを伝える新聞は、「〝陸海空三軍〟が勢ぞろいして、盛大な観閲式が埼玉県朝霞の陸上自衛隊駐とん地で行われる。……自衛隊にとって、こんどの支援任務は、規模の大きさ、国民に与える影響など、すべての点で発足以来の一大事。『将兵こぞって二十三万の全隊員が東京オリンピックに全力をあげている』」（『朝日新聞』一九六四年九月一三日夕刊）と伝えた。オリンピック支援隊員の数は陸上自衛隊と航空自衛隊を合わせて五〇〇〇人以上、海上自衛隊は二五四〇人、炊事班など約三〇〇〇人、計一万人以上だった。ある将校は、「これは一大海戦ですよ」と発言した。この記事は、「ヨット競技に出動する自衛艦艇は、旗艦となる護衛艦『きり』をはじめ計七十二隻。あの日本海海戦のとき、日露両海軍合わせて六十隻あまり」と過去の戦争と比べていた。動員された自衛隊員も、オリンピックの「支援隊に編入されたことを、特別の栄誉と感じて」（同前）いた。

オリンピック開会式に向けて大々的に演じられていった聖火リレーも、自衛隊の全面的協力なしにはあり得なかった。海上自衛隊は哨戒機を出して聖火運搬に協力したが、この護衛・運搬ルートは、アテネからイスタンブール、ベイルート、バグダッド、テヘラン、カブール、ニューデリー、ダッカ、ラングーン、バンコク、ジャカルタ、マニラ、香港、台北、那覇までを含んでいた。ベイルートやバクダッド、テヘラン、カブール、ダッカ、ラングーンなど、やがて様々な戦争やテロに巻き込まれていく地域が多数含まれていた。ひょっとするとこれは中東の紛争地域にまで自衛隊が活動範囲を広げた最初の試みだったのかもしれない。冷戦体制のなかで米軍に守られながら、自衛隊は新しい役割を見つけつつあったのだともいえる。この聖火運搬が沖縄・那覇を終点とし、そこから聖火リレーが始まったことも、返還後の本土と沖縄の関係を予見させるものだった。

そして選手の面でも、日本人選手の層が世界に比べて厚いとはいえない種目では、自衛隊員のなかで潜在能力のある者の特別強化が期待された。この時期、自衛隊がオリンピック選手を熱心に養成したのは、単に国から要請があったからというだけではなかった。「戦争」という公式回路を断たれても、なお地方各地で円谷のような貧しい農家の三男四男集めていた自衛隊には、貧しき隊員たちに目標を与え、存在の社会的意義を外と内に向けてアピールしていく必要があった。東京オリンピックは、そうした必要を感じていた自衛隊には恰好の晴舞台であった。

なかでも陸上競技は、オリンピック諸競技の中心であり、過去には一九二〇年代から三〇年代にかけてアムステルダムやロサンゼルス、ベルリンの大会で日本人選手（及び植民地朝鮮の選手）が大活躍した栄光の歴史があるものの、敗戦後は日本選手の実力が、世界に太刀打ちできるものではないことは誰もがわかっていた。こうしてオリンピック開催を二年後に控えた一九六二年四月、東京五輪でメダルを獲れる陸上選手を急ごしらえすることを主目的に自衛隊体育学校特別体育課程が設置された。この課程に選抜された自衛隊員は、通常の隊員としての任務から離れ、五輪でのメダル獲得のためにすべての自分の時間を集中させていくことができた。

橋本克彦が検証したように、円谷にとって幸運だったのは、彼がこの特別課程の強化選手に選ばれただけでなく、コーチに畠野洋夫という円谷にとってかけがえのない人物を得たことだった。何事も、独学ではある水準以上に伸びるのは難しい。導き手が必要なのだ。畠野は円谷が頑張り過ぎることが大きなリスクであるのを見抜き、トレーニングをもっと緩やかなものに組み立て直した。

過ぎたるは猶及ばざるが如し、円谷はその性格から放っておくと練習をやり過ぎて体を壊す傾向があり、彼の気持ちに余裕を持たせてバランスのいい練習をさせていくコーチが必要だった。畠野は円谷に、肝心の試合で力を出し切るためには適度に体を休ませていかなければならないことを教えていった。この畠野のコーチングは、円谷の力を東京オリンピックでメダルを獲得できるまで高めるのに必要不可欠の支えであった（橋本　前掲書、二三四－二三六頁）。

誰が円谷を死なせたのか

しかしこの幸運は、円谷自身の力というよりも、オリンピックに向けて関心を集中させる国により外から与えられたものであったから、一つでも歯車が狂い始めると容易に失われる可能性があった。実際、皮肉にも円谷がマラソンで銅メダルを獲得して国民的ヒーローになって以降、自衛隊内部では、彼に対してまったく逆の歯車が回り始める。特に大きかったのは、オリンピック終了後、運動選手の特殊事情に理解のあった吉井武繁自衛隊体育学校長が退任し、選手としてよりも自衛隊員として責任を果たすことを最優先させる吉池重朝陸将補が校長に昇進したことだった。この人事が、やがて円谷の運命を大きく暗転させていくことになる。

　橋本によれば、新任の吉池校長は、すでに両家で合意もしていた円谷の結婚に、「自衛官としての任務、使命。責任のある者が目的達成の前に里心のつくような結婚をするのはいかん。誠心誠意、迷いを断って訓練に邁進すべきである」との精神論から強硬に反対し、結局これを潰してしまった。畠野コーチとの人間関係でも吉池は致命的な問題を起こす。彼は畠野を呼び出し、「お前は円谷を一人で育てたとでも思っているのか。考え違いをするな。学校あってのお前だ、自衛隊体育学校あっての円谷幸吉であり、お前だぞ」「お前のような者に特別な任務などはないのだ。いや、任務を遂行する上で特別な者などいないのだ。みな整然と命ぜられた任務を行わなければ自衛隊ではない。昔の俺ならとっくにお前のような者は飛ばしている」と罵倒したという（橋本　同書、二四二、二四三頁）。そして実際、その数日後、円谷の選手生命にとってなくてはならないはずの畠野コーチは、札幌真駒内の陸上自衛隊北部方面スキー訓練部隊に転属させられてしまったのである。

　橋本は、円谷が自殺に至らざるを得ないほど追いつめられていった重要な背景に、この吉池校長の理不尽なまでに頑迷な組織絶対主義があったと見なしており、「運動選手について何も知らない人間が自衛隊体育学校長になっていることの悲劇がこの事件で露わになった。吉池重朝という人物は、自衛隊員が守るべきごく一般的な組織原理を、特殊な人間である長距離ランナーに当てはめようとして果たせずに苛立っていた」と評している（同書、二四四頁）。同様の評価は円谷の遺族にもあり、実兄は感情を抑えつつも、円谷自殺の原因の一つとして、「上官とのどうしようもない関係」を後々まで挙げていた（『朝日新聞』一九九九年九月二八日夕刊）。

　しかし、より正確に言うならば、吉池のような人物を、せっかくオリンピックで成果をあげたばかりの体育学校の校長に昇進させた自衛隊の組織人事や、本気で円谷を世界的な選手に育てていこうとするなら不可欠なはずのコーチを、校長個人の独断で配置換えにできてしまった当時の自衛隊の組織体質に問題の本質があったと見るべきだろう。少なくともここから判断する限り、こうした組織体質は、旧日本陸軍の悪名高き組織体質からほとんど変化してはいなかった。

　結局、東京オリンピックでの栄光の後、社会からの過剰な期待に応えきれなくなった円谷は一九六八年一月八日、自衛隊体育学校の宿舎で右首の動脈をカミソリで切って自殺する。発見されたのは翌九日。残された遺書は、人々にやりきれなさを残す悲しいものだった。

父上様　母上様　三日とろろ美味しうございました、干し柿、もちも美味しうございました、
敏雄兄、姉上様、おすし美味しうございました、
勝美兄姉上様、ぶどう酒、リンゴ美味しうございました、
巌兄姉上様、しそめし、南ばんづけ美味しうございました、
喜久造兄姉上様、ぶどう液、養命酒美味しうございました、又いつも洗濯ありがとうございました、
幸造兄姉上様、往復車に便乗さして戴き有難とうございました、モンゴいか美味しうございました。……
父上様母上様、幸吉は、もうすっかり疲れ切ってしまって走れません、何卒、お許し下さい。
気が安まる事なく、御苦労、御心配をお掛け致し申し訳ありません、
幸吉は父母上様の側で暮らしとうございました、

これが、東京オリンピックのクライマックスを飾ったマラソンで銅メダルを獲得したヒーローが、わずか三年余り後に残さなければならなかった最期の言葉であろうか。これほどまでに、オリンピックの栄光の影は哀しいものなのか――。

見田宗介は、円谷の自殺と同じ一九六八年に始まる連続射殺事件の犯人永山則夫を論じた「まなざしの地獄」において、永山が「たえずみずからを超出してゆく自由な主体性として、〈尽きなく

存在し〉ようとするかぎり、この他者たちのまなざしこそ地獄であった」と書いている（『定本 見田宗介著作集Ⅵ』三〇頁）。家族や組織、そして国家に対して徹底して従順だった円谷が、そこからの脱出の意思を宿していた永山と同列に論じられるとは思わない。永山が家郷を嫌悪し続けたのに対し、円谷は家郷を愛慕し続けたという点でも、二人は対照的である。しかし、駅伝やマラソンで長距離を走り続けることは、円谷にとって永山の家出や密航の試みと同じように一つの〈解放〉であり、また〈尽きなく存在し〉ようとする経験であったように思う。だからこそ、彼がそのように存在することができなくなったとき、他者たちの期待のまなざしは、永山とは異なる仕方で「まなざしの地獄」と化したのだ。永山が都市・東京に翻弄された人生であったなら、円谷の人生を翻弄したのは、東京オリンピックでのメダル獲得を至上命題とした日本国家そのものであった。

もう一人のマラソンランナー――孫基禎と帝国日本

円谷幸吉が獲得した銅メダルは、マラソンで日本が最初に獲得したメダルのように語られることがあるが、これは必ずしも正しくない。戦前、植民地朝鮮を併合していた帝国日本では、一九三六年ベルリン大会のマラソンで孫基禎が金メダルを、南昇竜が銅メダルを獲得し、金と銅を同時に制覇する快挙を成し遂げていた。孫は現在の北朝鮮、鴨緑江畔の町の貧しい家で育ち、一六歳で長野県上諏訪の呉服店に雇われ、呉服店が食堂に転業したので出前に明け暮れながら暇をみては諏訪湖畔で陸上の練習を重ねていた。やがてその駿足を認められて植民地朝鮮の陸上強豪校として知られていた京城養正高等普通学校に入学し、めきめきと頭角を現す。南もまた同じ養正高等普通学校に通っていたことのある選手だった。それだけでなく、一九三二年のロサンゼルス大会で六位に入賞した金恩培も同じ養正高等普通学校から出ており、同じ大会で九位に入った権泰夏も同校で一緒にトレーニングを積んでいた。要するに、一九三二年と三六年のオリンピックで帝国日本はマラソン強国となったが、その強さは朝鮮半島出身者に支えられており、その大半が養正高等普通学校出身者だった（朝鮮半島出身者の優位は冬季オリンピックではさらに顕著で、特にスピードスケートは、朝鮮半島勢の独壇場と言ってもいいほど多数のメダルを一九三六年冬の大会で獲得している）。

帝国日本が植民地朝鮮の選手に対する差別を解消したわけではないにもかかわらず、オリンピックの華であったマラソンの三人の代表のうち二人を朝鮮半島出身者から選んだのは、それだけ是が非でもメダルが欲しかったからである。何しろ日本がマラソン競技に初参加したストックホルム大会以来、アントワープ、パリ、アムステルダム、ロサンゼルスの五つの大会で一つもメダルを獲れていなかった。最初のストックホルム大会では、期待の星とされていた金栗四三がレース途中で日射病に倒れ、近くの農家で介抱されて目を覚ましたのはレース終了後、翌日の朝であった。記録としては、完走でも棄権でもない「行方不明」という珍記録を残すことになった。

金栗はその後も、アントワープ大会とパリ大会にも出場しているが、それぞれ一六位、途中棄権という振わぬ成績に終わっている。その金栗を「マラソンの父」とし、それ以降の日本チームは敗北を重ねることになる。日本のマラソンは、「代々のわが第一線マラソナーが血の滲むやうな努力にもかかはらず、今度こそは、今度こそはと意気込みながら常に惜しくも覇権を逸して来た。そのたびごとに全国民は切歯扼腕し選手は身を斬られるやうな想ひで将来への努力を誓った。マラソン無念の敗北史もすでに二十四年」（『読売新聞』一九三六年一月七日）となっていた。何が何でもベルリン大会ではメダルを獲りたいという思いは強く、その切実さが実力で勝っていた朝鮮人選手を次々に日本代表として送り込む決断を促すことになった。

そうしたなかでも孫基禎は、すでに一九三三年にソウルで開催された明治神宮体育大会のマラソン予選で世界最高記録を出し、抜群の速さで早くから注目を集めていた。孫は一九三五年から三六年にかけての多くのマラソン大会で優勝し、「マラソン日本　愈よ強し！　孫快走・快記録を生む」（『読売新聞』一九三六年四月一九日）といった見出しが新聞紙面を度々飾った。そして実際、オリンピックのレースでも、彼は最初から最後までトップ集団で、最終的には二位に一分以上の大差をつけてゴールインした。圧倒的な快勝であった。この勝利に日本のメディアが狂喜したのは当然である。諸紙は一斉に「〝マラソン日本〟世界を征服」「今ぞ成就す二十四年の宿願　孫に輝く〝大会最大の覇者〟」等々といった見出しで快挙を伝えた。次の新聞記事は、このマラソンでの勝利がどれほど日本のなかで待ち望まれたものであったかを伝えている。

宿望の世界制覇は遂に成った、一九一二年第五回ストックホルム大会へ金栗選手が初参加して以来、五回に亙って常に敗退の涙を呑み忍従二十四年臥薪嘗胆の努力は遂に報いられた。オリムピック大会第九日の午後五時半日章旗を胸にした孫基禎選手が四十二粁の難コースを征服して颯爽と競技場へ姿を現した、満場は総立ちになり怒濤の如く喚声をあげてこれを迎へた……わがスポーツ界はこの日の到来をいかに待ちあぐんだことか、檣頭高く掲げられた大日章旗、グルネワルトの森に谺まする「君が代」の旋律！　オリムピック大会の精華マラソンの優勝によって日本は第十一回オリムピック大会を全面的に威圧した、実にオリムピック大会最大の栄誉を獲得したのである

（『読売新聞』一九三六年八月一〇日）

新聞は、孫選手がゴールインする際の応援団の興奮した模様も伝えていた。たとえば、孫選手が「〝万歳〟を連呼しつつ　颯爽・テープを切る　十万観衆熱狂、邦人泣く」との見出しをつけ、このときの観衆を、「スタンドの全観衆も一時に〝ワアーッ！〟と物凄い喚声をあげる、……満場騒然、法人応援団はと見れば或る者は熱狂の余り抱き合って踊ってゐる、或る者は顔中を涙にして茫然と立ちつくしてゐる、なんとも形容し難い激情的なシーンだ」と興奮しながら描写していた（『読売新聞』同日）。さらに、孫と南の偉業を「日本国民として手本とすべき立派なスポーツ精神が満々と湛へ」たものとし、これをレコードにして頒布していく動きも生じていた。その計画は、朝鮮総督府で「『日本国民としてオリムピックに使して』といふ意味の両君の感激をレコードに収め、それを内地をはじめ半島の全土に頒布して日本国民のスポーツ精神を大いに謳歌しようと目論まれ」たものだった（『読売新聞』一九三六年八月一四日）。

　だが、このマラソンの勝利が公式には帝国日本に帰せられるにしても、実際にレースに競り勝ったのは日本人ではなく、朝鮮人選手としての孫基禎や南昇竜だった。だから当然、表彰台に上り、掲揚される日の丸を見上げ、君が代を耳にするとき、彼らの心ははなはだ複雑なものであった。孫は、そこで聞く「君が代がなぜ自分にとっての国歌なのか」と涙ぐみ、外国人にサインを求められたときには、自国を「ＫＯＲＥＡ」と記していたという。

　同様に屈折した感情を、彼の圧倒的な勝利に歓喜した植民地朝鮮の人々も抱いていた。孫の優勝が伝えられると、朝鮮の新聞社は号外を撒き、記者たちはメガホンを持って大声でニュースを伝えていった。情報は一気に広がり、ソウル中心部の光化門前には真夜中にもかかわらず大群衆が集まり、歓喜一色で「孫基禎万歳！」の叫びに満ちていった。それは、かつての3・1独立運動のときの興奮を彷彿とさせるものであった（東亜日報日本語サイト　二〇〇五年一二月二六日）。

そして、やがてこの興奮のなかから、孫は日本帝国の英雄ではなく、朝鮮民族の英雄であらねばならないという、ごく当然の心情が膨れあがっていく。八月下旬、東亜日報の編集部員たちは受賞台の孫選手の写真を加工し、ユニホームの胸に付いていた日章旗を消して新聞を発行した。当然、写真の改変は日本の官憲の目に留まり大騒ぎとなる。東亜日報の記者約一〇人が警察に連行され、厳しい取調べを受け、東亜日報自体も無期停刊処分となり、社長も追放処分となった。いわゆる「日章旗抹消事件」である。

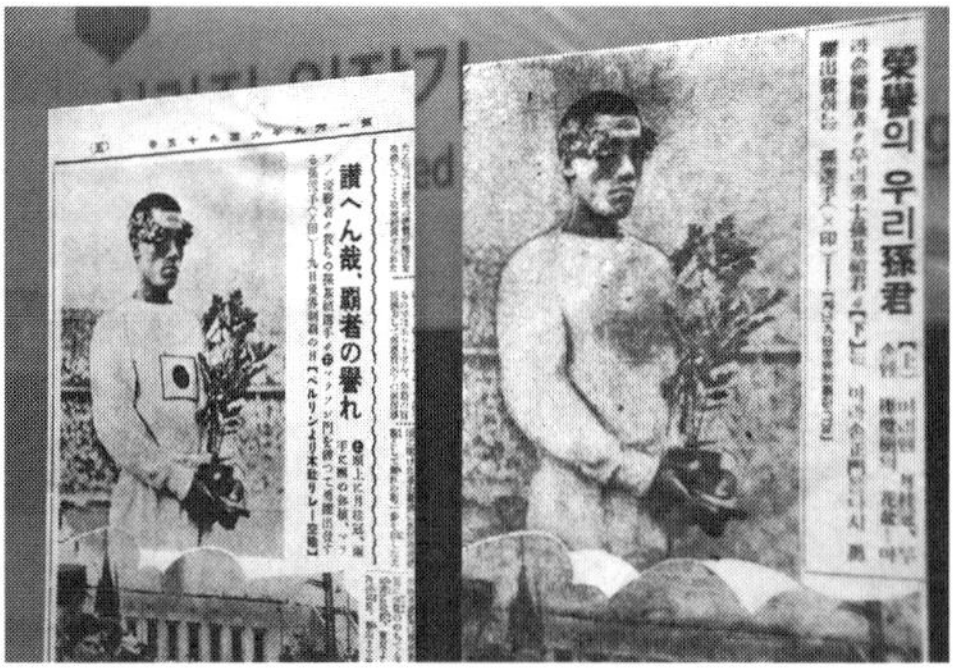

孫基禎記念館に展示されている当時の朝日新聞（左）と東亜日報（右）
［ソウル市、写真提供：朝日新聞社］

この事件の影響は、孫や南自身にも及び、彼らのソウルでの祝賀会は禁止され、彼らは日本でも官憲の厳しい監視下に置かれることになった。しかも、日本の官憲は、孫の国際大会での活躍が朝鮮民衆のナショナリズムと結びついていくことを怖れ、次第に孫をマラソンに復帰できない方向に追いやっていく。一九三六年まで、日本がオリンピックのマラソンでメダルを獲るための最有力候補として脚光を浴びていた孫は、逆にベルリン大会後はその実力を危険視され、マラソンから引き離されていったのである。もしも一九四〇年に東京大会が開かれていれば、当時の世界で孫を超えるマラソン選手はいなかったから、金メダル欲しさに帝国日本は孫選手をマラソンに復帰させようとしていたかもしれない。しかし一九四〇年のオリンピックが中止になるなかで、孫が植民地朝鮮の民衆の希望を一身に背負った選手として活躍できる場所は失われていった。

円谷と孫では、時代も民族も性格も異なるが、いずれも国の僻地農村の出身で、オリンピックまではメダル獲得候補として特別に養成され、目標のメダルを獲得したにもかかわらず、オリンピック後はほとんど切り捨てられるような境遇に置かれていったのは似ていなくもない。帝国日本も、戦後日本も、いずれも彼らを使い捨てたのだ。孫が晴れてコーチとしてマラソンの世界に復帰するのは、日本敗戦による韓国独立後であり、やがて彼は六〇年代に韓国陸上連盟会長となり、一九八八年のソウル大会開催の中心的な立役者となっていく。

2 「東洋の魔女」の伝説——殖産興業の末裔たち

「東洋の魔女」とは誰か

マラソンで銅メダルを獲得した円谷幸吉の悲劇が、近代日本の富国強兵がもたらしたものの戦後的な展開（軍事からスポーツへ）の象徴であったとするならば、女子バレーで金メダルを獲得した日紡貝塚チーム、すなわち「東洋の魔女」の奇跡は、むしろ近代日本の殖産興業がもたらしたものの戦後的展開（産業からスポーツへ）の象徴であったと要約できる。

このことを歴史的にたどり直す前に、まずは彼女たちの大活躍を振り返っておこう。一九六四年の東京オリンピックで金メダルを獲得したのは、日本全国からトッププレイヤーを集めて結成したナショナル・チームではなかった。そうではなく、「大日本紡績貝塚工場」という一企業一工場の選抜チームが、国内外で二五八連勝、モスクワ世界選手権優勝、東京オリンピック金メダルという伝説的な大記録を達成したのだ。

この日紡貝塚工場で女子バレーボール・チームが結成されたのは一九五四年、まだ戦災復興の途上、朝鮮戦争によって景気が上り調子になった頃であった。もちろん、一工場のチームと言っても、日紡トップの方針で高卒の有力新人選手がリクルートされ、全国に展開していた日紡傘下の工場から力のある選手が貝塚工場にかき集められたのだったから、普通のチームではなかった（新雅史『「東洋の魔女」論』一四七－一四八頁）。そして、結成からわずか四年後、五八年にはチームは国内の四大タイトルを制覇、六〇年にはブラジルで開催された世界選手権で二位、六一年にはヨーロッパのチームに二二戦全勝し、六二年にはモスクワで開催された世界選手権で優勝した。

新聞がこの破竹の快進撃に注目しないはずはない。日紡貝塚の活躍は、一九六〇年末頃からメディアに頻出するようになり、「日本の女子バレーボール・チームが海外に遠征したのは昭和三二年の中共とこんどのブラジルとで二度目であり、世界選手権にはもちろん初出場。……大会がはじまってみると予選リーグでまずヨーロッパ・チームの一角ポーランドを破って決勝に進出するという快調ぶり」（『読売新聞』一九六〇年一二月一五日）といったように伝えられていった。そして翌年には、「男子はほとんどよいところなく選手権でも八チーム中八位というありさまだったが、女子は勝ち続けで選手権にも優勝、このあと両チームは世界最強をほこるソビエトに遠征した。ここでも男子はたたかれどおしだったが女子はモスクワ、レニングラード、スターリングラードの各二試合を勝ちっ放し、十九戦全勝の大殊勲をたてた」（『読売新聞』一九六一年一〇月五日）といった記事が並んでいった。そして、二二連勝の成績を挙げて彼女たちがこの遠征から帰国すると、毎日新聞社は「毎日スポーツ賞」を、読売新聞社も「日本スポーツ賞」を次々に彼女たちに贈った。彼女たちもこうしたメディアの期待に応えるかのように、六二年の世界選手権ではソ連チームを破って優勝、世界一に輝くのである。つまり、東京オリンピックでの「東洋の魔女」への日本国民の熱狂は、少なくともオリンピック開催の二年前、日紡貝塚が世界選手権で優勝した時点である程度は予測可能なものになっていたのである。

新雅史は、この「東洋の魔女」の快進撃が、女子バレーボールのオリンピック種目化と表裏をなしていたとする（同書、一五九－一六一頁）。すなわち、一九五七年のＩＯＣ総会で新たにアーチェリーと男子バレーボールを競技種目に加えることが決定された。その二年後、五九年のＩＯＣ総会で一九六四年オリンピックの東京開催が決定される。この時点で、男子バレーの正式種目化は決まっていたが、女子は未決定だった。六一年のＩＯＣ総会では、柔道の種目化も決まるが、女子バレーはまだ決まらない。ようやく六二年六月、つまり東京五輪の約二年前のＩＯＣ総会で女子バレーボールの種目化が決まる。実力からいって、この時点で女子バレーボール優勝は日本かソ連になる可能性が高いことが予想できた。だからこそ、日本オリンピック組織委員会は男子のみならず女子も正式種目に加えるよう熱心にＩＯＣに働きかけてきたのである。そしてこの女子バレーの正式種目化は、女性のチームスポーツが史上初めてオリンピック種目になった瞬間でもあった。ちなみに、女子バスケットボールと女子ハンドボールは一九七六年、女子ホッケーは一九八〇年からの種目化で、バレーボールよりも遅い。

「オリエント」から来た「鬼」と「魔女」

以上のように、日紡傘下の工場のなかで特別に運動能力の優れた者たちを集めた貝塚工場の女子バレーチームは、他の繊維企業の選抜チームを次々に倒し、女子バレーボールの王者としての地位を揺るぎないものとしていった。そしてこのプロセスは、「女子バレー」という種目そのものが、オリンピック競技としての地位を確立していくプロセスと表裏をなしていた。「東洋の魔女」たちは、舞台上のスターでありながら、彼女たちの演じるその舞台そのものが立ち上がっていくことに貢献してもいたのである。

それにしても、彼女たちはなぜ「東洋の魔女」と名指されることになったのか――。明らかにここには西洋から極東の国に向けられるオリエンタリズム的なまなざしが介在している。日本の紡績工場の女子チームが「東洋の」存在であるのは、「西洋」からまなざすからそう見えるわけだし、そうラベリングされる女性たちが「魔女」なのは、このチームの圧倒的な強さが、彼女たちをまなざしていた者たちにとっては、神秘的なものですらあるように感じられていたからである。

実際、一九六一年、彼女たちがヨーロッパやソ連の試合で驚異的な連勝を続けていた頃、海外メディアが彼女たちに最初に与えた呼称は「太平洋の台風」であった。その報道によれば、この「台風」がまるで突如として発生したのは一九六〇年にブラジルでの世界選手権で、日本チームは強豪とされていたポーランドのチームをストレートで破ったのである。この時には、日本チームは決勝戦まで進むものの、ソ連チームに敗れている。それでも国際的には無名だった日本チームが一気に

バレー女子、金メダルを懸けたソ連戦
[1964年10月23日撮影、写真提供：共同通信社]

準優勝をしたのは世界的に衝撃だった。「台風」という彼女たちの呼称が、まったく予期せぬ突然の衝撃というイメージと結びついているのがわかる。

この呼称が、六三年までの過程で「魔女」に変化していく。「台風」という、アジアの気候的イメージと結びついた言葉から、「魔女」という、キリスト教的にもジェンダー的にもより強く他者性を帯びた言葉に、日本から来た女子選手たちの呼称は変化していくのである。大松監督自身によれば、「台風」が「魔女」に変化したのは、一九六一年、ヨーロッパを親善試合で回っているときで、レニングラードの新聞が、「〝東洋の台風〟はいつかつぶれると確信していたが、つぶれようとしない。どうも〝東洋の台風〟と呼んだのはまちがいだったようだ。あれは〝東洋の魔女〟だ」と報道したのが最初らしい（大松博文『おれについてこい！』一八七頁）。「台風」の衝撃性は、むしろ「魔女」の神秘性へと、イメージの焦点を変化させていった。そして大松によれば、六二年の世界選手権で王座を獲得した後、彼女たちはもはや「東洋の魔女」ではなく「世界の魔女」と呼ばれるようになっていったという。

やがてこうした海外での報道を受け入れて、一九六三年までに日本のメディアも、日紡貝塚チームをこぞって「東洋の魔女」と呼ぶようになった。東京大会が目前に迫っていた六三年秋から六四年にかけて、新聞紙面には、「魔女を走らす鬼監督」（『読売新聞』一九六三年一〇月）、「〝東洋の魔女〟モデルに」（『朝日新聞』一九六三年一二月）、「魔女は巨人が好き」（『朝日新聞』一九六三年一二月）といった見出しが並ぶ。これはオリエンタリズムの内面化、つまり西洋的なまなざしにおいて「他者＝魔女」として名指された自己を、自らの呼称として取り込む過程だったわけだが、チームの成り立ちに即した文脈で考えるなら、「大松監督＝鬼（スパルタを課す鬼監督）の父」と「女子選手＝鬼の娘たちとしての魔女」という家父長制的な表象の構造にもすっぽりはまっていた。金メダル獲得後、六四年一〇月二四日の読売新聞は、「ついにやった〝東洋の魔女〟鬼監督を涙で胴上げ」という見出しを掲げた。このような二つの表象の結合が、戦後日本が世界のまなざしを前にしつらえられた東京大会において実現したことが興味深い。

繊維産業の発展を支えた女子労働者たち

なぜ、彼女たちはこれほど強かったのか。この問いは当時から繰り返しなされ、大松監督のスパルタ式練習や長い時間をかけて培われた圧倒的なチームワークの良さが語られてきた。もちろん、こうした答えが間違っているわけではない。しかし、これらのありきたりの答えに対し、新雅史が強調したのは、一九五〇年代の日本経済の復興を担った繊維産業の女子労働者管理術としてのバレーボールという視点である（新　前掲書、一三一－一四四頁）。繊維産業は五〇年代の日本経済復興の主役であり、全国で多数の紡績工場に膨大な若い女子労働者が雇われていた。紡績企業は、これらの女子労働者のリクリエーションとして次々にバレーボールを導入し、女子バレーの実業団チームの結成がブームとなった。

図3-3 紡織／繊維工業の従業者数

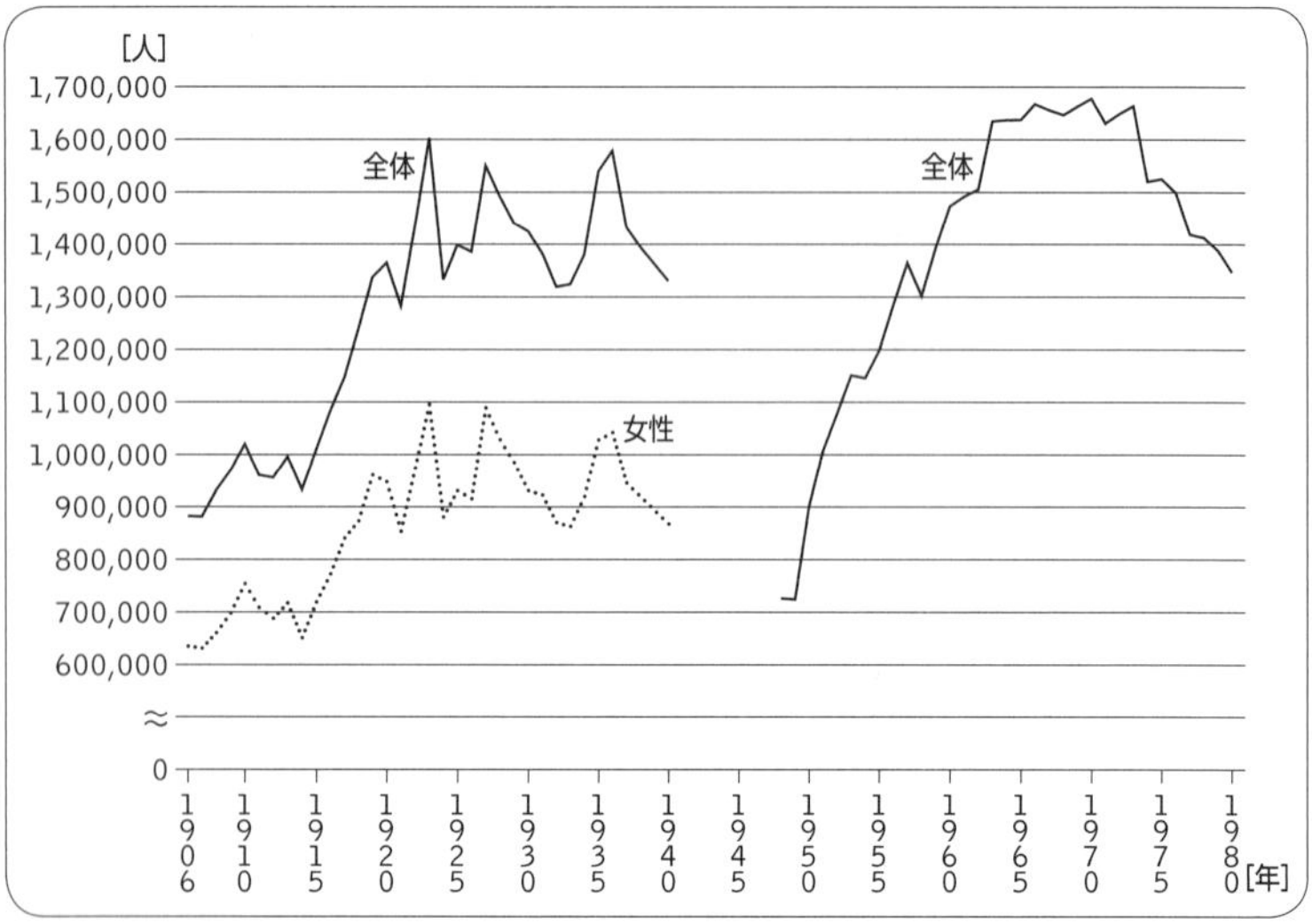

[1906〜1940年は、梅村又次ほか『長期経済統計　2　労働力』東洋経済新報社、1988年、pp.204-211、第8表・第9表による。1948年以降は、社団法人通産統計協会編『戦後の工業統計表（産業編）第1巻　統計編』大蔵省印刷局、1982年、pp.4-5および『数字でみる日本の100年（改訂第6版）』公益財団法人矢野恒太記念会、2013年、p.285による]

この時代、鐘紡には六チーム、日紡が五チーム、倉紡が四チーム、東レが三チーム、東洋紡が二チームと、女子バレーの裾野は広く厚かった。こうしたなかで日紡は、社内の有力選手を貝塚工場に集め、企業の広報戦略の柱にしていこうとしたのだ。各地の工場で昼休みや就業後にバレーボール活動をしたのは、大量の中卒女子労働者である。世界トップ級の女子バレーチームが社内にあることは、消費者への広告効果以上に、無数の自社女性労働者たちの心情的統合や企業アイデンティティの構築に強力な効果を持つと考えられた。

こうした紡績産業と女子バレーボールの結びつきは、戦後になって初めて形成されたものではなかった。日本での女子バレーボール普及は、遅くとも大正期まで遡ることができる。大正中期、主に高等女学校の女子生徒たちを母体に女子スポーツが盛んになっており、女子バレーボールは人気種目の一つであった。たとえば一九二四年五月には、第一回の女子バレーボール全日本競技大会が開かれ、全国の女子中学校や女子専門学校のチームが参加している。この流れは、朝鮮半島や台湾などの植民地の女子学校からの参加も巻き込みながら一九三〇年代まで続くが、これらの大会での勝者はいずれも高等女学校の女子チームであった。なかでも強豪は愛知淑徳高等女学校のチームで、多くの大会で優勝している。三〇年代前半まで、日本の女子バレーボールは、この愛知淑徳に、竹早第二高女、神戸高女、広島高女などのチームが挑戦し、時には勝利するという構図だった。

この時期、バレーボールは徐々に高等女学校の運動競技から紡績工場の女子労働者たちのリクリエーション活動へと普及し始めていた。新が検証したように、女子のバレーボールは男子よりも早く工場内で始められており、一九一八年には倉紡で社内大会が開かれ、二三年には日紡でも社内に導入されていく。一九二〇年頃までに、バレーボールは「大手の繊維工場においてレクリエーションとして相当程度におこなわれていた」のである（新　前掲書、一〇九頁）。しかし、一九二〇年代までは、この種目の中心を担ったのは高等女学校で、紡績工場ではなかった。たとえば初期、一〇年代の鐘紡工場でのバレーボールは神戸高商の学生により指導されていた。

この優劣が逆転していくのは三〇年代半ば以降で、総力戦体制下、紡績工場での女子労働者たちの慰安＝リクリエーションによる管理体制が整っていくなかで、バレーボールが強力に推奨され、全国的な選手権で優勝杯は、有力な高等女学校の間ではなく紡績工場のチームの間で争われるものに変化する。女子バレーの全国選手権を連覇していた愛知淑徳が王座から降りるのは一九三三年。

表3-2 女子バレー・全国総合選手権成績

年度	優勝	準優勝
1928	愛知淑徳女	広島県女
1929	愛知淑徳女	広島県女
1930	愛知淑徳女	四日市女
1931	愛知淑徳女	神戸欽松会
1932	愛知淑徳女	日本体操学校
1933	神戸美登里会	明善女
1934	広島専売局	愛知淑徳女
1935	広島専売局	愛知淑徳女
1936	錦華紡績	むれ星
1937	日紡尼崎	徳島体協ク
1938	日紡尼崎	愛知淑徳女
1939	日紡尼崎	神戸美登里会
1940	中村女	日紡尼崎
1941	中止	
1942	中村女ク	岡崎みくさ会
1943	中止	
1944	中止	
1945	中止	
1946	中村女ク	岡崎みくさ会
1947	岡崎みくさ会	中村女ク
1948	中村女ク	鐘紡淀川
1949	中村クラブ	北海ドレメ
1950	中村クラブ	鐘紡淀川
1951	鐘紡四日市	豊橋東高校
1952	日紡足利	鐘紡四日市
1953	倉紡津	倉紡万寿
1954	倉紡津	鐘紡四日市
1955	日紡貝塚	鐘紡四日市
1956	倉紡倉敷	鐘紡四日市
1957	日紡貝塚	倉紡津
1958	日紡貝塚	倉紡津
1959	日紡貝塚	倉紡倉敷
1960	日紡貝塚	倉紡倉敷
1961	日紡貝塚	ヤシカ本社
1962	日紡貝塚	全ヤシカ
1963	日紡貝塚	倉紡倉敷
1964	日紡貝塚	倉紡倉敷
1965	ニチボー貝塚	日立武蔵

[新雅史『「東洋の魔女」論』p.111の表をもとに作成　出所：『日本バレーボール協会五十年史――バレーボールの普及と発展の歩み』日本バレーボール協会、1982年]

以来、愛知淑徳は二度と優勝できない。他方、紡績工場のチームでは三六年に錦華紡績が初優勝し、三七年から三九年まで日紡尼崎が三連覇、戦後になると鐘紡四日市や日紡足利、倉紡津などの優勝が続く。戦後、大日本紡績は各地の工場に散っていた有力選手を貝塚工場に集結させることで世界最強のチームを創り上げるが、素地はすでに一九三〇年代から形成されていた。

こうして戦後になると、女子バレーにおける紡績工場チームの優位は圧倒的となる。一九五二年の全日本バレーボール選手権では、予選に勝ち残った四二のチームのうち、高校生チームは一六チームだけで、他はすべて実業団チームであった。「最近は実業団が圧倒的に練習量が多く、夏にも強いので、高校チームは良いところまでは行けても、覇権を争うまでには至らないだろう」というのが新聞の観測であった（『読売新聞』一九五二年八月一四日）。そして、五六年の選手権となると、高校一位の豊橋東高校が倉レ西条に二回戦でストレート負けしており、二回戦に残った一六チーム中、一二のチームが紡績工場の職場チームだった。その前年、五五年の全日本都市対抗バレーの準決勝は、倉紡倉敷、倉紡津、日紡四日市、日紡貝塚の四チームの間で争われており、高校チームが優勝争いに残る可能性はもはやほとんどなかったのである。

しかしそれでも、日紡貝塚以前の紡績工場で振興されていたのは、あくまで慰安としてのバレーボールで、競技としてのバレーボールではなかった。新が引用する資料で倉紡社長の藤田勉二が説明したように、「紡績会社は仕事の性質上、従業員の保健、衛生的見地から一般にスポーツを励行しておりますが、社内大会はこの趣旨から設けられたものであり、若し強チームがどこから出れば他のチームは毎回出場しても優勝は難かしいことになって、大会への関心も薄れ、惹いては自然消滅の結果に立至らぬとも限らない。それで奨励はするが、レベルの向上についてはバレーの競技的発展を望まない」との方針が採られていた（新　前掲書、一一二－一一三頁）。一九五〇年代半ばに日紡貝塚チームが誕生するまで、紡績工場のチームの実力が高等女学校をはるかに上回るようになった後も、工場経営者たちの主関心は、「優勝」よりも「慰安」にあったと思われる。

工場から抜け出す女工たち

拡大する日本の紡績産業で、なぜこれほど多くのバレーボール・チームの結成が推進されていったのか――。この問いに答えていくことが、前述の明治の殖産興業と「東洋の魔女」が一直線でつながっていることを示すことにもなる。明治初期、日本の殖産興業を先導したのが紡績産業であったのはよく知られている。当時から、紡績工場には大量の女子労働者が雇用されていた。彼女たちの労働条件はしばしば劣悪で、その雇用者への抵抗は、早い段階では労働現場からの逃走という形をとっていた。これは中世以来の「逃散」のカテゴリーに入るような抵抗方法で、集団で「姿をくらましてしまう」のである。そうした女工たちの抵抗例を、明治時代には数多く確認できる。

たとえば一八九三年二月、和歌山県出身の一〇歳から二〇歳までの女工五人が横浜警察著に保護されている。彼女たちは、東京の鐘淵《かねがふち》紡績会社（一八八六年設立、後のカネボウ株式会社、事業悪化で二〇〇七年に解散）の募集に応じて同社の女工となったのだが、実際の労働条件は募集の際に知らされていたのとは違っていた。日給は、募集時には一六銭と言われていたのが、実際には大人八銭、子供四銭しか支給されず、しかもそこから一日六銭の弁当代を差し引かれてしまうので何も残らない。あまりに労働条件がひどいので、女工たちは「国元の親を慕ひて日々泣暮すのみ迚《とて》も見込みなきを以て故郷に帰らんと決心」し、東京を出発したが、横浜まで来たところで手持ちの金がなくなってしまい、途方にくれて警察に出頭したという（『読売新聞』一八九三年二月三日）。

鐘淵紡績会社からはその後も逃走する女工が後を絶たなかった。一八九七年五月には、愛知県出身の一四歳から二二歳までの女工三人が「紡績会社より派出せし口入人の罠に罹《かか》り態々《わざわざ》出京して入社したるに、口入者の言葉と違ひ労働に堪へねば三名申合せて同会社を逃去りたる」ところを警察に捕まり、会社に身柄を引き渡された（『読売新聞』一八九七年五月三〇日）。

さらに一九〇〇年八月、奈良の郡山紡績会社の女工たちが、「会社の虐待を怨《うらむ》の余り遂に二十一名の女工等申合せの上、同社を辞し各々帰国」しようとしたが、元同社社員の山田某の斡旋で、何人かは鐘淵紡績に転職した。ところが同工場は、日給一二銭のうち一一銭を弁当代に差し引くありさまで、「一日僅かに一銭の所得なれば迚《とて》も堪へ難き」となり、彼女たちは「同所を忍出で呉服橋辺まで来りしかど土地は不案内なり所持金はなし如何はせんと途方に暮れてシクシクと泣」いていた。そこに通りかかった深川在住の煉瓦職人が、彼女たちを助けると見せて家に連れ帰り、深夜になると彼女たちに「怪しからぬ事を言寄り」、彼女たちがこれを拒絶すると、深夜に外に追い出してしまった（『読売新聞』一九〇〇年八月一日）。

　翌一九〇一年には、東京・根岸の路上を雨に濡れながら裸足で歩いていた二人の女が「跣足令」違反として捕まり、取り調べを受けた。その結果、彼女たちが鐘淵紡績工場の「虐待に堪兼《たえかね》て一昨夜五人連れで逃出した」ことが判明した（『読売新聞』一九〇一年八月一一日）。

　もちろん、地方から雇い入れられた女工に対する露骨な収奪や「虐待」が見られたのは鐘淵紡績会社だけではなかった。たとえば、右の事例と同じ一九〇一年八月には、横浜の黄金橋から身投げしようとしていた女が警察に保護されているが、彼女は東京紡績会社の女工で、同社の「労働に堪兼て、朋輩と一所に逃げ出したものの、旅費がないので死ぬ気になった」と申し立てた（『読売新聞』一九〇一年八月一五日）。あるいは、〇五年一二月には、一六歳から二二歳までの宮城県出身の女工が路上を彷徨っているところを警察に保護されている。彼女たちは東京本所区押上の瓦斯紡績会社の女工であったが、「労働の劇《はげ》しきに堪へかねて」工場から逃亡したのであった（『読売新聞』〇五年一二月一二日）。さらに同様の逃走は日本各地で頻発しており、翌〇六年一〇月には、静岡県富士紡績会社で働いていた山形県出身の一五歳から二一歳までの女工四人が、「待遇が面白からずとて同会社を逃出し」ている（『読売新聞』〇六年一〇月八日）。

抜け参りから集団逃亡へ

これらの紡績工場からの若い女工の集団逃亡は、いくつかの点で共通性が高い。まず、彼女たちは同郷の四、五人で逃亡しており、単独で逃げ出す例は少ない。また、彼女たちの年齢は一〇代からせいぜい二〇歳前後までで、年齢構成が若い。さらに、多くは何か行く先があって逃げ出したのではなく、とにかく現状から着の身着の儘で逃亡するため、数日で一文無しとなり、郷里にも帰れずに町中を彷徨することになる。

こうした共通性は、決して偶然ではなく、実は大きな文化的伝統を背景にしていた。その起源は中世まで遡ることができ、江戸時代を通じ、奉公先から貧しい若者たちが集団で逃げ出す行為は各地で散見され続けた。そして、明治の紡績工場からの逃走者たちが決まって工場での「虐待」や「低賃金」を逃亡の理由としたように、幕末までならば逃亡の理由は主に伊勢神宮の「神意」だった。「経済」ではなく「宗教」が、貧しい者たちの脱規範的な行動を枠づけてきたのだ。

瀬田勝哉はかつて、狂言の不奉公物や『奇異雑談集』で、下人たちが「主人の許しを乞わずに無断で社寺参詣をするという設定が、中世後半・近世初頭の文芸に顕著に現れてくる」ことに注目し、ここから「『抜参り』の源流ともいうべき現象が既に中世後半の社会にはかなり頻繁に見られた」こと、それも「江戸期のように伊勢参宮に限られず、もっと多様な社寺参詣について見られ」たことを示した（瀬田「下人の社寺参詣」『月刊百科』二六一号）。下人の社寺参詣にあっては、参詣下向途次の道者たる身である限り、その者の無主・無縁性、つまり主人の支配からの一時的な解放が保証されていた。しかも、彼らが参詣する全国各地の社寺は、道者たちの無縁性を保証する力能を持っていたのである。つまり中世の下人たちは、近代の女工たちとは異なり、奉公している職場を勝手に抜け出し、連れだって彷徨いながら近くの社寺に参詣することが許されていた。

しかし、下人たちの「抜け参り」を許容していた各地の社寺の「神意」は、近世になるとほぼ伊勢神宮の「神意」へと一元化されていく。そしてこの一極化が、やがては何度かの周期的なおかげ参りのブームや幕末の「ええじゃないか」の乱痴気騒ぎを発生させていくのである。しかし、それでも若者たちが「抜け参り」と称して奉公先から集団逃亡する現象は、江戸時代を通じて各地で継続的に生じており、特におかげ参りの興奮状態が生じたときなどは、そうした集団逃亡に多くの女性や子どもが参加した。たとえば藤谷俊雄は、宝永のおかげ参りの際、六歳から一六歳までの子どもの占めた割合は全体の四割近くに上ったとする（藤谷俊雄『「おかげまいり」と「ええじゃないか」』四一頁）。また、播磨の人口二八〇人の村での明和のおかげ参りの参加者を調べた山田正雄は、村民の参加者六六人のうち二五人を女性が占め、年齢的にも二〇歳未満の者が三二人いたことを示した（山田正雄「近世における農民の伊勢参宮について」『史学研究』八〇号）。彼女らの逃亡は「非行」や「遊興」ではなく「逃散」に近い。「神意」を理由に多くの貧しい女性たちが、一時的にではあれ奉公先から抜け出してしまう現象は、民衆的伝統の一部をなしていたのだ。

明治以降、紡績工場で女子労働が広がっていくなかで、女工たちが郷里で受け継いでいた文化のなかに、こうした「抜け参り」の伝統も存在した。奉公先から抜け出して社寺に参詣すれば、沿道では貧しき者たちのための「施行」をしてくれるはずであった。そのようなコムニタス的な意識の共有が期待され、明治中期になっても「貧人又は幼者にして神宮に抜け参りを為すものなどに日々粥を施こし」（『伊勢新聞』一八九〇年四月三〇日）ていた者もたしかに存在した。

だが、全体としてみるならば、日本はもはや着の身着の儘で「抜け参り＝職場からの逃亡」ができるような社会ではなくなっていた。今や抜け参りに出かけた若者たちも、工場から逃亡した若者たちも、総じて路上で観察・通報され、警察に保護されている。神意への帰依は、すでに国家の規律訓練や企業の利益追求へ取って代わられつつあったのであり、そこでは女工たちの工場からの逃亡は、「虐待」や「搾取」を訴えることによってしか救われようもなかった。

紡績「女工」たちの団結と闘争

近代的な産業体制のなかで労働者が経営陣に対抗するには、工場からの逃亡ではなく、労働者たちの組織化しかない。事実、一九一〇年代から二〇年代にかけて、労働運動の興隆のなかで、紡績工場の女子労働者たちは、「逃亡」によってではなく、「示威運動（デモ）」や「罷業（ストライキ）」により、待遇改善交渉を会社とするようになっていった。

こうした動きは、すでにそれ以前から始まってもいた。一八八九年の段階で、「大坂天満紡績会社の職工中には過般来賃金引上を請求せんと折々相談」してきたが、同年九月三〇日、「午前九時の休工時間を盗み綛場の女工凡そ三百人食堂に集り、就中重立ちしものの発言に依り、今日こそ賃金引上の請求を為すべしと相談」をして、やがて「零時三十分の就業時間に及び就業の汽笛鳴り渡れども誰一人工場に上るものなき」状態となった。工場の役員たちが不思議に思って見まわりをし、女工たちが集会を開いているのを見つけたが、彼らが注意をするよりも早く「五六名の工女矢庭に役員を囲み出抜に相談の趣意を告げ疾く所望を果」すように迫ったという。おそらくこれは、紡績工場の女子労働者たちによるストライキと団交の最も早い例の一つだろう。しかも、この女子労働者たちは、彼女たちの要求に対する会社側の「返答の晩《おそ》きに激昂」して、「凡そ三百人の工女同社南手の野径《のみち》に役員を待ち構へ、吉村某といへる職工取締の来るを見てヒタと取巻き、八方より賃金引上の返答如何にと言ひ迫」った（『読売新聞』一八八九年一〇月九日）。

天満紡績の例は、女子労働者によるストライキでも特に早い時期のものだが、一九一〇年代ともなると、類似の例は頻発していた。たとえば、一九一四年から一五年にかけて日清紡績で発生した内紛で、女工たちに信任の厚かった監督者が辞任に追い込まれると、これを不満に思った女工たちは、その監督者と「袖を分つを悲み悲哀の感情一時に勃発し二三十人の工女等夜暗に乗じて無意識に玻璃《がらす》戸を打破る抔《など》女にあられもなき暴行を敢てする」状態となった（『読売新聞』一九一五年八月三一日）。あるいは一九年、各地の「紡績女工が現に会社から支給されてゐる食糧補助即ち臨時手当を本給に繰入れて貰ひたいと」示威運動していたという（『読売新聞』一九一九年五月四日）。

一九二〇年代に入ると女子労働者たちの労働争議はさらに活発化し、「一国の産業をその織手に支へてゐる婦人労働者は年一年と増加し現に労働組合に加入している数は昨年末の統計によれば三十万八千九百人の労働者中一万二千十人に達して居ります。そしてまだ加入しない全国の婦人労働者の数は約百五十万を越えていると云はれてゐます。特に紡績、製糸、織物及び染色加工等はその従業員の八割は婦人」という状況になっていた。そうしたなかで女性の労働運動も活発化し、「近年婦人の自覚と事業の不振とでその労働争議は目立って」いった（『読売新聞』一九二九年五月一四日）。

今や女工たちは、物言わずただ監督者に従順に従うだけの少女たちでも、困難に直面すると職場から姿を消してしまう少女たちでもなかった。彼女たちは、必要とあれば男性の監督者に抗い、彼らを詰問すらしたのである。たとえば一九二〇年代末、浅倉製糸の女工たちは、「賃金の相当値上げと外出の自由及び給料の毎日発表」を雇用者側に要求していた。彼女たちが「外出の自由」を要求したのは、「資本家が保護と称して女工をかんきん〔監禁〕することに対する反対表明であった。また、給料の毎日発表は、「経営者が毎日不定の賃金を定め、月末に今日はこれだけと勝手な算定のもとに支払ふこと」を止めさせようとしての要望だった（同前）。これ以外にも、女工たちの要求は「食事、便所、寄宿舎の設備等、現実的なもの」に関することが多かった。彼女たち労働者は、会社の横暴に対し、次のような実力行使にまで至ることもあった。

自動車三台に無理やりに寄宿内の女工を分乗せしめ川崎工場に送らんと一騒動を起した府下小名木川の富士紡争議は二十五日正午頃会社では帰郷せんとする一部の女工に対し其準備を急いで居たところ、何等手当もなく漠然帰郷さすのは不当であると織部の女工は手当及び積立金支払を叫んで結束して立ち工場の塀を破ってかん声を挙げて辛島工場長宅を襲ひ折柄辛島不在のため一隊は尚も事務所を襲撃したが居合せた警官に制せられ追散らされるなど一時は中々の騒ぎであつた

（『読売新聞』一九二七年七月二六日）

富士紡績の争議は翌年も続いたが、会社側には女工たちが夏恒例の「盆踊りを踊りながら二千の女工の大示威運動」を計画しているとの情報が流れ、戦々恐々の状態となった。報道によれば、「煽動するものもあるので争議はなほ紛糾する模様だが、今十五日夜は恒例により工場内の広場に

全女工二千余名が何れも盆踊りを行ひ各地お国自慢の節拍子面白くローカルカラーを発揮するがこの際巧妙な方法で示威運動を行ふといふ噂もあるので、会社側では川崎署と共に厳重警戒」（『読売新聞』一九二八年七月一六日夕刊）となった。この報道には、会社側が女工たちの動きをつかみ切れず、彼女たちの団結をいかに怖れていたかがよく表れている。

鐘紡争議　次々と壇上に立ち、ストの結束を誓う女工たち
［1930年4月13日撮影、鐘紡兵庫工場、写真提供：朝日新聞社］

昭和初期、同様の労使衝突は他の多くの紡績工場にも見られた。たとえば日本紡績では、一九二七年六月、南千住にあった工場で大規模なストライキが発生し、工場内のすべての機械の運転が止まり、四五〇人の従業員が集会を開いて経営側への八カ条の要求を決議した。これに対して同社は、「待遇改善問題は全国十六の工場に関聯《かんれん》してゐるから単独の解決は不可能であり又労働組合は認めない、馘首者の復職は出来ないと強硬な態度」を崩さなかった。しかも、そうしたなかで会社側が、女工たちを集会に参加させまいと、「数十名の女工を倉庫に監禁」していたことも明らかとなり、「争議団では人権蹂躙の抗議」をするに至った。当然、争議団もこのまま引き下がるわけにはいかず、「約三千名の参加者を以て当日〔七月三日〕正午頃、会社の前より白鬚橋を渡つて鐘紡の前を過ぎ荒川の放水路の堤まで示威遠足」、つまりデモ行進をし

た。

さらに、同年七月一五日には、争議団本部の前に約四〇〇人の男女職工が集まり、リーダーたちが次々に会社を弾劾する演説をするなか、聴衆の感情の高まりを危険と感じた南千住署の警部が解散を命じると、労働者たちは「少数の警官隊を包囲して殴打騒ぎになり、巡査をドブに突き込むやらの騒ぎに急報に接して南、北千住署、坂本、上野、象潟日本堤署などから応援巡査が駆《か》けつけ、午後十時半まで百四十名を各署に検束したが、中に女工八名も加はつてゐる」といった結末だった（『読売新聞』一九二七年七月一六日）。

このように、会社側に待遇改善を求めて断固たる姿勢で臨んでいた女工たちの姿は、一九三〇年代前半まで繰り返し報道されている。一九三二年、関東紡績会社では、約七〇人の女工たちが監査役と会社役員のところに押し掛けて「面会強要」、つまり団交を迫ったために一斉逮捕され、留置所に入れられるという事件が発生した。警察力で排除された女工たちは、「留置場でハンストを行って当局者を手古摺らせ」ていたが、労働総同盟の「鈴木文治氏が同署に出頭、甲斐署長にもらひ下げ交渉を行つた結果、今後争議団は重役いやがらせの暴行、面会強要などを行はぬことを条件として全部釈放すること」となった（『読売新聞』一九三二年七月一〇日）。

一九二〇年代から三〇年代にかけて、「女工」をはじめとする女子労働者たちは階級闘争の主体としての力をつけつつあった。いわゆる「女性解放」は、戦後の民主化のなかで始まるのでは決してなく、戦前期の労働運動の大きな流れのなかで生じていたのである。実際、すでに「戦時」に突入しつつあった一九三三年でも、この年のメーデーに「参加した女子労働者隊、いづれも男子顔まけの勇壮ぶりで、関東食料の約三十名を先頭に、日本紡亀戸工場の五十名、青バス嬢の四十名が腕を組んでワッショワッショの黄色いかけ声」で行進していた。そうしたなかには、たとえば「レナウンメリヤス工場の女工さんが同じく二十名、これはお揃ひの真赤な長襦袢を勇敢にひらめかしながら行進する」風景も見られた（『読売新聞』一九三三年五月二日）。

リクリエーションによる馴致

こうした女子労働者たちの集団的主体化の動きに対し、各地の紡績会社はただ受け身で対応していたわけではない。多くの紡績工場では可能な範囲内で、彼女たちの寄宿舎や労働条件の改善に努力しつつ、大量の若い女性労働者たちを馴致していくべく措置が採られていった。その最大の要目が、彼女たちに「安全な慰安」の機会、つまり様々なリクリエーションを与えることであった。たとえば、前述した一九一四年から一五年にかけて日清紡績で生じた内紛でも、新しい経営陣は騒ぎが職工たちにも波及し、彼らが「暴動せんことを怖れ、十九日には職工一同に休暇を与へ、会社の境内にある娯楽場にて浅草の阪東カツミ一座を招き芝居を演じ二千五百名の男女工に見物せしめ以て其の懐柔を努め」たという（『読売新聞』一九一四年七月二〇日）。

同じ頃、女工たちに教育や修養の機会を与えようとする試みも増えていた。たとえば、東京・南千住の東京紡績では、苦学して女子英学塾への通学を続けた一九歳の女工を寄宿舎監督及び女工教育係に抜擢し、「毎日六時間宛女工を集めて裁縫、唱歌、読書を教へ、猶一週に一回づつ講演会を開きて有益なる講話をなし無教育の女工を妹の如く薫陶」させていた（『読売新聞』一九一〇年一月二七日）。大正期に入ると、特に数年前に内紛や争議のあった日清紡績や富士紡績のような企業では、逆に女工たちの待遇改善のための取り組みが先駆け的に進んでいく傾向があった。

日清紡績の場合、会社に利益が上がった際には、「労働者全体に対して二分五厘の利益配分をすると云ふ事と、女工全体には一切罰則を加へない事」が決められ、寮には「尋常小学校程度の学校、裁縫教室、娯楽室、医療室など」が付設されていくようになった。職工たちの監督者は、「女工の罰則には、従来過怠金と云って故意に怠けたり物を損じたりした場合は、一日乃至三日間の日給を差し引き或は出勤を停止するやうな事が行はれましたが、此後は一切かうした消極的方法を取らずに、高尚な娯楽に依って慰めたり、工賃を幾分づつか値上げしたりして、積極的に導くと云ふ方法」に転換すると語っている（『読売新聞』一九一七年五月三一日）。

こうして大正中期には、各地の紡績工場で「女工等は何れも女学校の寄宿舎といった工合の規則正しい団欒的な生活を営まされる上に、地方局長官の認可をうけて尋常小学校を卒業してゐない者には教育も亦娯楽時間も授けたり致しますので、心がけのよい婦人は次第に二年三年と辛棒して嫁入支度でも拵へた上出てゆくもの、又は年を取つてもそれぞれ監督などになって社内《なか》に暮すのも」いる状況が徐々に広がりつつあった（『読売新聞』一九一九年一月二四日）。

紡績工場の女子工員たちへのリクリエーションとしてのバレーボールの導入は、こうした馴致の戦略の一種として広がっていくのである。大正中期以降に各地の紡績工場で活発化する慰安や教育、さらには社内スポーツに対する機会の提供は、戦後の繊維産業におけるバレーボールの位置を決定していた。戦後、大日本紡績足利工場で監督をしていた人物は、バレーボールを工場内に積極的に導入した理由の一つとして、「変な思想にかぶれぬようにと、工員も何かせぬと影響されますので、そういった主旨で始めたわけです」と率直に語っていた（新　前掲書、一一六頁）。

「女工」たちのアイデンティティ戦略

重要なことは、「不穏さ」を内包した紡績女工たちに対するこうした会社側の馴致戦略は、彼女たち自身の側からの階級的なアイデンティティ戦略と見事に合致していた点である。新が資料のなかから見出した監督者の次のような回想は、この屈折を明快に示している。

「社内対抗に負けまいと努力した甲斐があって京都で開かれた近畿大会の準優勝に勝ち残ることが出来て、当時強かった某高女との優勝戦になったんだが、よく喰い下がってリードしていたところ『女工に負けたら恥じよ』という声援が、女学校側からかかった。それを聞いてうちの選手はカーッとなって、今まで調子よくいっていたのがシドロモドロになって負けてしまったんだよ。試合が終ってうちの選手達は、女工といわれたのが口惜しいといって皆オイオイ泣くんだ。私も選手同様、あんな負け方をした口惜しさから、会社はクビになる覚悟で、ボールが見えなくなる頃まで、丸一年間、練習に明け暮れして迎えたのが翌年の同じ大会。……試合は予想通りうちが勝ったが、試合が終ってからうちの主将が、その女学校が負けて泣いている方向へ歩いて行く。何しに行ったのかと思って後で聞いてみた所、『女工に負けて口惜しいか』と云ったというんだ」　（『月刊バレーボール』一九五〇年一一月号、引用は、新　前掲書、一二七頁）

なかなか感動的な場面である。この小さなエピソードから私たちが受ける感動は、どこかで一九六四年の東京オリンピックでの「東洋の魔女」の勝利に対する人々の感動が、国民的英雄に対するナショナリズムの高揚というだけに収まらない次元を内包していたかもしれないことを暗示する。女子バレーに深く打ち込んでいった紡績工場の女子工員たちにとって、バレーは単なる慰安ではなかったし、会社の命令に従うだけの行為でもなかった。さらにそれは、今日的な意味で「スポーツ選手」になることとも少し違っていた。学歴的には社会のなかで劣位にあった彼女たちが、しかしバレーボールの試合に勝利すれば、同じような社会的境遇の仲間たちと共に、階級的には上位の同世代を見下してやることだってできたのである。

　女子工員たちのアイデンティティ戦略という面が、日紡貝塚のチームが国民的スターとなっていく過程でも大松監督をはじめとする会社側に重視され続けたことは、彼らがチームの選手たちを工場の寮で他の工員たちから分離するのではなく、むしろ選手一人ひとりを分けて一般の女子工員と同じ大部屋に入れ続けたことによく示されている。当然、チームの選手はその部屋の他の女子工員たちからすれば特別な存在である。彼女たちはその部屋の選手におのれの「夢」を仮託し、両者の間には小規模ながらスターとファンのような関係が出来上がる。深夜まで続く猛練習で選手が疲れ果てて部屋に戻ってくると、同じ部屋の他の工員たちは、しばしば選手のために寝具をすでに敷いてすぐに眠れるようにしてあげていた。工場の昼休み、女子工員たちはそそくさと昼食を済ませ、大挙して体育館に選手たちの練習風景を見学に来る。そして自分の部屋の選手がレギュラーであろうが補欠であろうが精一杯応援するのだった。

　資本主義は単純に共同体を解体し、個人をばらばらな状態で搾取していくのではない。共同体の仲間意識や労働者たちの階級的なアイデンティティ戦略、さらに時にはジェンダー的な関係意識までを動員する。かつてポール・ウィリスは英国の労働者階級の若者たちについて、彼らがいかに中産階級の若者たちを他者化して自分たちの階級的アイデンティティを確立していくか、そしてまさにその主体的な実践が、彼らが自ら社会のなかで搾取される側へとおのれを位置づけていく過程にもなっているかを明晰に示した。紡績工場のバレーボール選手と彼女たちを取り巻く女子工員たちの前述のアイデンティティ戦略は、その主体性とそれがもたらす逆説において、ウィリスが分析した「野郎ども（労働者階級の若者）」のそれに似ている。

「魔女」はやがて「奥さま」となる

娘たちは、やがて結婚する。結婚した娘は何になるか――「奥さま」である。新が強調したように、少なくとも大松監督の観点からするならば、「『魔女』たちの『解放』とは、女性性を取り戻すこと。すなわち結婚して、『主婦』になること」だった（新　前掲書、一八三頁）。東京オリンピックのマラソンの銅メダリストが願っていたのが平凡な結婚や郷里で父母と暮らすことであったのと同様、女子バレーの金メダリストが願ったのも平凡な結婚と家庭の主婦になることだと、少なくとも大松には思えていた。そしてこれは、魔女たちが大松監督との間に結んでいた家父長制的で家族的な関係の「自然な」延長線上にある未来だった。しかも、この「魔女」から「奥さま」へのアイデンティティの転換は、金メダル獲得の瞬間から始まってもいた。魔女の勝利を大々的に伝える新聞は、その傍らで、チーム主将の河西昌枝について「あすから女の道を　〝六つの輪〟をほどいて」（『読売新聞』一九六四年一〇月二四日）という記事を掲げている。

そして河西は、まもなく佐藤栄作首相の口添えで自衛隊員と結婚していく。当然、この露骨な口添えを新聞は、「佐藤首相、〝魔女〟を利用しＰＲ」（『読売新聞』一九六五年六月）と揶揄するが、やがて大松も自民党公認の国会議員に転身していく。だから新のいう「解放」は、自衛隊員を家父長とする家庭への帰属や、国会という政治の舞台への配属に帰着したと言うこともできる。

しかし本当は、「東洋の魔女」の〈解放〉は、魔女であること自体において実現されていたのではないか。河西は結婚後、選手時代を振り返り、「苦しい練習にたえていたのは国のためでもなければ、会社のためでもないのです。つきつめれば自分自身のためだったのです」と言葉を嚙みしめている（『朝日新聞』一九六九年二月四日）。彼女はまた別の記事で、魔女たちがバレーボールに「青春を犠牲にして打ち込んだ」という記者の発言を即座に否定し、「そこが違うんです。青春を犠牲にといわれるが、私の青春はバレーだったのよ。戦後の中学時代、全校で一つか二つのボールを奪いあい、パス練習したおもしろさが、私の魂を魅了したわけ。生れながら、しあわせな星の下に生れた人という表現は、バレーをやれた私そのもの」と語っている（『朝日新聞』一九七〇年九月一七日）。これは、率直な本音であろう。魔女たちの意識において、彼女たちは女子バレーから「解放」されて結婚に至ったのではない。むしろ女子バレーにおいてこそ〈解放〉されていたのである。

いずれにせよ、一九六四年をもって「東洋の魔女」の時代は終わる。魔女たちが「奥さま」になっていくのと同じ頃、一九六六年からテレビ放送では『奥さまは魔女』（TBS）が放送され始め、人気を集めていったのが偶然とは思えない。むしろ高度成長で日本全体が「豊か」になっていく六〇年代は、日本が決定的に「女工」たちの時代から決別し、「奥さま」たちの時代に入っていく転換期だった。他方、「女子バレー」も、東京オリンピック以降、日紡貝塚チームから離れ、メディアの表象として増殖を続ける。一九六九年からはフジテレビ系で『アタックNo.1』が、TBS系で『サインはV』が放送され始めるが、いずれも東京オリンピックの日紡貝塚チームの活躍に影響されていた。そして、この種のドラマやアニメは八〇年代の『アタッカーYOU！』まで続き、これがその後の中国での女子バレーブームに影響を及ぼしていく。こうしてアジアで数十年にわたり増殖を続けた女子バレー人気の原点は、それでもやはり「東洋の魔女＝経済成長の女性的シンボル」としての日紡貝塚チームだったのだ。

　こうした六〇年代末以降の表象の文化政治は重要だが、そこでの「東洋の魔女」イメージは、実際の日紡貝塚工場の女子選手たちとはかけ離れたものでもあった。今日のオリンピック選手とは異なり、日紡貝塚の選手たちは、スポーツの世界でスターになろうとは微塵も考えていなかった。一九六四年東京大会での日本の女子バレーチームの圧倒的な強さは、この国の貧しさ、そこから経済が立ち上がっていく基層となった繊維産業の女子労働者たちの層の厚さに支えられていた。高度経済成長の達成と「豊かさ」のなかで、この貧しさが失われていくとき、「東洋の魔女」はもはや過去の伝説となる。当時、日本チームの強さに衝撃を受けた欧州のメディアは、彼女たちを「東洋の神秘」に結びつけたが、それは勘違いであった。彼女たちは「東洋の神秘」よりも、はるかに産業革命以降の工業化のなかで若い女子労働力がどのように大企業の人材管理体制のなかに組み込まれていくか、そこでは労働者たちの産業への自発的服従が、しかし主観的な経験としてはどれほど充実した〈解放〉として経験されることが可能であるかを示していた。今日とは異なり、オリンピックはまだ農村出身の貧しい若者たちが世界から喝采される舞台たり得ていたのである。

3 もう一つの感動——映画のなかの東京オリンピック

メディアとオリンピック——テレビ・映画・出版

「東洋の魔女」の伝説は、高度経済成長が繊維産業における「女工」たちの時代の終焉をもたらすという屈折を孕みながらも、「テレビ時代」の到来と一体をなしていく。一九六二年、ＮＨＫ杯が創設され、日本オリンピック委員会は六三年にプレ・オリンピック（東京国際スポーツ大会）を開催した。これらの大会で、日紡貝塚チームはいつも圧倒的な強さを見せつけ、「お茶の間」の視聴者を魅了していた。当然、大日本紡績が企業ＰＲのために彼女たちを利用しないはずもない。一九五〇年代から六〇年代にかけてはＰＲ映画全盛の時代で、多くの映画人がＰＲ映画で才能を競っていた。大日本紡績は、一九六二年に日紡貝塚チームの練習風景を描いた映画『ハード・トレーニング』を制作、続いて六三年に制作された短編映画『挑戦』（渋谷昶子監督）は、カンヌ映画祭短編部門でグランプリを獲得した。書籍出版でも、監督の大松博文が一九六三年に出版した『おれについてこい！』は一年で三〇万部のベストセラーとなり、日紡貝塚のメンバーによる『〝東洋の魔女〟の五年間』も出版される。「日紡貝塚は『東洋の魔女』というニックネームとともに、会社が予期しなかったほどのスペクタクル性を獲得した」のである（新　前掲書、一六六－一六七頁）。

これらの中でも電通映画社のカメラマンたちの優れた技術に支えられて完成した『挑戦』の迫力は、ＰＲ映画という既成観念を遥かに越えていた。大松監督が休みなく投げ続けるボールを死にもの狂いで拾う魔女たちの動きを、カメラはひたすら正確に追い続け、その動きへの徹底した固執によって繊維産業で働く低賃金女子労働者の身体に瞬間的に宿される〈主体〉を、実に鮮やかに捉えていた。注目すべきは、そうした選手たちの動きを体育館の壁際に座りながら夢中になって追いかける同じ職場の他の女子労働者たちの表情であり、あまりのスパルタで体がボロボロになり、思わず大松監督に歯向かっていこうとする選手たちの姿である。「東洋の魔女」たちは、けっして単純に「鬼」監督に従順だったのではない。彼女たちと監督の間には熾烈な衝突があり、彼女たちは彼

『挑戦』(監督:渋谷昶子)より[提供:ユニチカ/電通ライブ]

女たちなりに死にもの狂いで戦っていたのだ。そしてこの戦いを可能にしていたのは、体育館の壁際で彼女たちをじっと見守る同僚たちの熱いまなざしである。このまなざしのなかで、選ばれた選手たちは「東洋の魔女」を、国民のスターとしてよりもまず職場のスターとして自ら望んで演じ続けたのだ。そうした女子労働者たちの主体性を見事に捉えたこの作品は、後述する市川崑監督の『東京オリンピック』と共に、この時代の日本の記録映画の水準の卓越した高さを証明している。

　しかし、同じように「オリンピック」の上演を媒介しながらも以上で言及した三つのメディア、すなわちテレビと映画、出版のこの上演へのかかわり方は同じではなかった。テレビの場合、家庭に送られる映像と視聴者の間に成り立つ最も重要な関係は「臨場感」である。視聴者は、まるで自分が競技場の観客であるかのように、あるいは競技場の観客より以上に競技の現場に近づいて仮想的に勝負のゆくえに熱中する。実際には選手たちと観客の間にある空間的距離も、またそのような競技場を取り巻いているはずの都市の諸々の施設や交通上の距離も忘れて、人々は試合を自らの親密な出来事として所有する。そうした距離の無化をテレビは構造的に可能にするのだ。

　他方、出版が大衆的な読者を引き込むのは、「内幕＝インサイド・ストーリー」を通じてである。テレビがその場の臨場感の追求ゆえに犠牲にする個々の選手や勝負の内幕を、出版は暴露していく身振りをすることで読者を獲得する。だから、スポーツもののベストセラーの中心では、いつも「誰か」の偉業や悲劇が物語化されていかなければならない。その意味でも、大松監督の『おれについてこい！』や『なせば成る！』は先駆的であったわけだが、円谷や孫に関しても一九七〇年代から八〇年代にかけて何冊かのインサイド・ストーリー的な評伝が出版されている。出版は同時性ではテレビと勝負にならない以上、英雄たちの内幕的な「物語性」によってテレビで経験されたドラマのメタ・ドラマ的な役割を演じていくのである。

さて、それでは映画の場合はどうか――。テレビの「臨場感」、出版の「物語性」に対照させるなら、少なくとも一九六四年以降の映画とオリンピックのかかわりを貫いていくのは、映像の「記録性」である。この場合、「記録」とは何かが問題で、単純にそこで起きた事実をそのまま映像に残すことではない。なぜならば、カメラは常に一定の立ち位置とアングル、タイミングの結びつきのなかで被写体を捉えるのであって、純粋に「客観的な映像」など決して存在しないからだ。さらに、記録映画では撮影後の編集プロセスがテレビ以上に重要である。これらの意味で映画では、出来事をいかなる視座から、どのような時間幅で撮影し、また撮影された映像をどのように作品に編集していくかという課題が決定的な意味を持っている。そのメディアとしての核心が同時性にある点で、テレビはラジオの延長線上にあるのに対し、それが映像的な記録性にある点で、映画はむしろ写真の延長線上にあるメディアなのである。

『オリンピア』から『東京オリンピック』へ

そしてまさに、この映画の「記録性」の定義をめぐる大きな論争が、一九六四年の東京オリンピックをめぐって生じていた。というのも、もともとこのオリンピックの記録映画は、監修がオリンピック東京大会組織委員会、製作が東京オリンピック映画協会、配給が東宝という体制で作られることになっており、組織委員会は黒澤明監督に依頼し、黒澤も一時は引き受けていた。しかし、事情は不明なものの黒澤は開催が間近になって断ったため、組織委員会は窮地に陥っていたのである。慌てて代役の監督を探し、一九六四年初めの段階で市川崑に監督を依頼して引き受けてもらうことになった。市川にしてみれば、常識的にはあり得ないタイミングでの依頼をあえて引き受けたことになり、組織員会側は、市川がどのような作品を創るかの予備知識もなく、黒澤の代役ができる監督にすがりついたというのが実情であった。

当然、青天の霹靂だった依頼を引き受けた市川は、以前からオリンピックに関心を持っていたわけではない。彼は後日のインタビューに対し、次のように答えている。

「〔それまでオリンピックへの関心は〕ありませんでした。記者発表の時もそういう質問が出ましたが、『昔からジャイアンツのファンだけども、あとはよくわからない』と答えて、大笑いになったくらいで（笑）、オリンピックのことはよく知りませんでした。ニュース映画五社がつくった『東京オリンピック映画協会』が制作を引き受けており、その事務所が銀座二丁目の『トラヤ』という帽子屋さんの四階にあるというので行きました。そこに田口委員（田口助太郎氏）と事務員が二人。四月でしたから、これで一〇月から始まる大会に間に合うのかと唖然としましたね。シナリオはどうするのだろうと思っていたら、オリンピック委員会の方から必要だというので、夏十さん（市川氏夫人、脚本家・故　和田夏十氏）、谷川俊太郎さん、白坂依志夫さんに協力を要請し、四人で打ち合わせを始めたのですが、どんなシナリオを書けばいいのか、困りました。そこでオリンピックとは何かを知るために百科事典で調べることにしました」

（「市川崑総監督が語る、名作『東京オリンピック』」公益財団法人日本オリンピック委員会ホームページ https://www.joc.or.jp/past_games/tokyo1964/interview/）

驚くべき俄《にわか》仕立てだが、それにもかかわらず彼の監督した記録映画『東京オリンピック』は、オリンピック映画史上、不朽の作品とされていたレニ・リーフェンシュタールの『オリンピア』とは明瞭に異なる地平を示す傑作となったのである。そこで、この市川の『東京オリンピック』をめぐって生じた論争に焦点を当て、東京五輪を記録するとはいかなることだったのかを考えたい。

　この映画はまず、古い建物を重機で解体するオリンピック前の東京の風景を映し出すところから始まる。破壊された土地には、新たに美しいデザインのオリンピック競技場が完成する。しかし、市川はこの破壊と建設の風景には、それほど長居はしない。すぐさまカメラはギリシャで聖火が点火されるシーンに移り、アテネからイスタンブール、ベイルート、テヘラン、ニューデリー、ラングーン、香港、そして沖縄、広島、京都と、聖火ランナーが走り抜けていくのを沿道で迎える人々の表情を映し出していく。ある意味で、このあたりは記録映画の常套的な手法ともいえる。戦後日本の記録映画で画期をなした岩波映画『佐久間ダム』で、最も印象的なシーンの一つは米国から輸入された巨大な掘削重機が日本の村々を移動していく際の、その重機と沿道の村々とのコントラストである。そして、遠方より来た聖火ランナーを迎える人々の表情も、選手たちを迎える表情に引き継がれ、場面はオリンピック開会式へと移行していく。

　しかし、この市川作品の迫力は、何といっても開会式のすぐ後の場面として登場する陸上男子一〇〇メートル決勝に臨む選手たちの場面と、それからオリンピックの最後を飾るマラソンの覇者アベベ・ビキラの走行中の場面を結ぶカメラのまなざしに由来する。映画の冒頭近く、市川らのカメラは、陸上男子一〇〇メートルの決勝の際の選手たちの緊張の高まり、細かな表情をスローモーションで生々しく精密に捉えていった。超望遠レンズの威力で、選手一人ひとりが静かに準備をする

『東京オリンピック』(監督:市川崑)より

段階からスタート直前の緊張の高まりまでの変化が見事に映像化されている。唇を震わせながら小声で呪いの言葉を唱える選手、うつむく者、じっと前方を見つめる者、その一つひとつの表情の変化が記録され、さらにスタートしてからも、カメラは一人の優勝候補の選手の表情や体の筋肉の動きだけに集中して追い続ける。レースの経過を記録するのではなく、勝負に賭ける選手の内面に見事に迫っているのである。

同じことは、映画の最後の方で登場するマラソンのレース後半、独走態勢に入ったアベベが黙々と走り続けるその表情を、カメラは実に克明に捉えていくシーンにも当てはまる。アベベはローマ五輪と東京五輪の二つの大会を制覇したヒーローである。そのアベベの強靭な意志、ほとんど精神といってもいい体の動きをこの映画は確実に記録していた。

以上の二つの場面に象徴的に示されるように、市川がこの映画で表現しようとしたことは明瞭である。それは、文字通り「大舞台」の一回きりの勝負に挑む選手たちの個性、彼らがそれぞれその一瞬の表情やふるまいに見せる極度の緊張感と闘志、さらにはそれらを超えた精神状態のようなものである。走り高跳びや棒高跳び、男女の砲丸投げで垣間見せるぎりぎりの表情が、観るものを惹きつける。つまり、ここで「記録」されているのは、客観的な競技の結果でも、「日本の勝利」やそれに対する観客のナショナリスティックな感動でもなかった。オリンピックは選手たちのものである——そう考えた市川監督は、その選手一人ひとりにとってオリンピックとは何であったのかを、彼ら選手たち自身の目線や心理に最高のレンズで肉薄しながら記録したのだ。

「東京オリンピックの記録」とは何か？

市川崑監督の『東京オリンピック』は、すでに試写会前から話題になっていた。なにしろ製作にたずさわったスタッフが五五六人、一〇三台のカメラ、超望遠レンズを含む二三二本のレンズを使って撮影した約一二万メートルのフィルムを編集して出来上がった映画だと鳴り物入りで宣伝されていたから、各方面で期待が高まるのも当然であった。オリンピック閉幕から半年後、一九六五年三月八日に関係者向けの試写会、一〇日には天皇、皇后、皇太子夫妻、各国外交団、政府の閣僚、衆参両院議員を招いて公式に試写会が催されることになっていた。

ところが騒動が、三月八日の関係者試写会直後に始まった。騒ぎを起こしたのは、自民党大物でオリンピック担当大臣として一連の首都改造事業の中心にいた河野一郎である。八日の試写会に参加した彼は、市川作品が著しく気に入らず、試写会が終わるや、この作品とは別に新たに「記録中心の作品」を作って公開すべきとの考えをオリンピック組織委員会と同映画協会に伝えた。さらに彼は、翌々日に記者会見し、市川の作品では「芸術性を強調するあまり、（東京オリンピックが）正しく記録されているとは思われない。オリンピック担当大臣としては、これを記録映画として残すことは適当ではない」と語り、「近く公開されるオリンピックの記録映画のほかに新しく記録中心の映画をつくる」方向で組織委員会も映画協会も了承していると発表した（『朝日新聞』一九六五年三月一〇日夕刊）。試写会からわずか一日余りのことだから、論議がなされたとは思えない。要するに、河野は市川作品の価値を理解できず、記録映画の何たるかも知らず、ただ自分が期待したものとは著しく異なるという理由から、「新しい記録映画の製作」を宣言したのだ。

常識的には無茶な話だが、河野一郎は自民党で首相と拮抗するほどの実力者であった。関連組織は敏感に、彼の権勢に媚びる動きを見せる。まず、配給元の東宝ではすぐさま重役会議が開かれ、市川作品には日本選手の活躍場面が少ないので修正するよう監修者のオリンピック組織委員会に申し入れた。「日本人の活躍」を強調する再編集の圧力は、河野発言以前から東宝内部で出ており、市川監督も部分的には対応していた。そうして最初の版には含まれなかった日本人柔道選手の背負い投げによる勝利と日の丸掲揚、日本人ボクシング選手の判定勝ち、体操で金メダルを獲得した「山下跳び」などの場面が付け加えられた。しかし、河野発言を受けて東宝はこれでは不十分と考え、金メダルを獲得した日本人選手全員の活躍場面やオリンピックのために建設された建物のすべてが「記録映画」に含まれるべきと申し入れたのである。

さらに、河野一郎という強い味方を得て強気になったスポーツ競技団体が、市川へのバッシングを開始する。彼らは「あれでは記録としての意味はない」と市川作品に反発し、特に日本体育協会は、組織委員会に対して「少なくとも二〇競技の決勝場面が記録として残るように加えてほしい」という申し入れをしていくのである。彼らにとって「記録」とは、文字通り自分たちの仲間の選手の活躍が映像に残ることに他ならなかった。小学校の運動会で「我が家の子どもたち」が活躍するのを映像に残し、「記録」として親族の集まりで再上映を重ねる、そんな感覚で体育協会の面々にはオリンピック映画の記録性が理解されていたらしい。

しかし、河野の不満の根本は、実は日本選手の活躍が十分に描かれていないことにあったのではない。つまり、日本体育協会などの不満とはやや違うところに、河野の不満の核心があった。そのことは、三月二三日、国会でこの記録映画問題が取り上げられた際の河野の答弁に明瞭に示されていた。その要点は、市川の映画を「どう見るかは、スポーツをどれほど愛するか、という度合いによって違うだろう」が、河野としては「あくまで、施設の記録などが足りない」ことが不満だったところにある。なぜなら、河野からすれば、東京オリンピックを映画化するのならば、当然ながら江の島のヨットハーバー、相模湖のカヌー競技場、戸田のボートコース、代々木の水泳プールやスタジアム、それに新たに建設された首都高速道や東海道新幹線が登場すべきであった。河野にとって東京オリンピックは、人間の生の実存が主題なのではもちろんないし、日本選手の活躍すら第一義的ではないかもしれない。そうではなく、文字通りの施設の建設、公共事業と土木工事、新しい首都建設こそが東京オリンピックの核心であった。

さらに、こうした河野や東宝、体育協会の動きを横目で見て、市川作品への態度を一変させたのは文部省だった。もともと文部省は、全国一二〇〇万人の小、中、高校生の団体鑑賞を予定し、この映画に「文部省推薦」のお墨付きを与える準備を進めていた。そのため、文相の諮問機関である教育映画等審査分科会は映画を「特選」とする答申を出していた。ところが河野発言に端を発した騒ぎが広がると、同省内で改めて団体鑑賞の是非が議論され、愛知揆一文部大臣は、市川作品が「芸術的ではあるが、子どもにわかるかどうか疑問」との理由から、「この映画は教育映画としては推薦できない」との通達を都道府県教育委員会に出したのである。

頭越しに答申を覆されてしまった審査分科会は、「審査会の決定を反映しない意見を、文相が一方的に出すのは、審査会を無視するものではないか。これでは分科会の存在理由がない」と文相発言に強く反発した。両者の対立はさらに激化するかに見えたが、ほどなく東宝自身が「文部省推薦」への申請を取り下げてしまったため、審査分科会は抵抗の根拠を失い、この件には決着がつく。しかしこの「申請取り下げ」の経緯を報道した記事は、「文部事務局から〝大臣の顔をつぶさないでくれ〟といわれ、見かねて申請を取り下げた」との裏話を紹介している。東宝側は、「〝顔をつぶさないでくれ〟といわれれば、こんごのこともあり、文部省が困っているのを見て取り下げないわけにもいかない。圧力とは思わない。文部省側はこれ以上〝この映画は教育的でないなどといわないし、一月の通達も取り消さない〟と約束した。だれにもキズがつかない方法で解決した」と、いたって率直に事情を明かしている（『読売新聞』一九六五年四月七日）。一般的に言えば、文部省の圧力に対し、東宝側も自分たちの利益を考えて取り引きをしたということになる。

子どもたちのまなざし／教育委員会のまなざし

しかし、この一連の決定プロセスでは、当の子どもたち、小中学生はまったく蚊帳の外に置かれていた。文相発言の直後、市川監督は「現在の小・中学生の映画に対する感受性は大人が考えている以上に非常に高いから、とやかくいう方がおかしい」と文相に反発していた（『朝日新聞』一九六五年三月一七日）。同じような文相への批判は他にも多く出ており、たとえば読売新聞のあるコラムには、この映画の試写会に参加した小学二年生の作文がこんなふうに紹介されている。

はたして、市川監督の映画は「学童に適当ではない」だろうか。世田谷区に住む倉数はるみさんは「子供をふくめて一般大衆の感受性を低く評価してはならない」と、小学校二年生のお嬢さん、由利果ちゃんが試写をみて作った詩を投書してきた。……その一節——。「アベベは一ばんに走って　テープを切った。しばふの上で　くるりとさかだちをした。アベベは　どうしてつかれないのだろう。オリンピックは　すばらしい。せかい中の人が　力一ぱい　きょうそうする。わたしは　アベベに　あってみたい」（『読売新聞』一九六五年三月一八日）

市川映画を抵抗なく受け入れていたのはこの小学二年生だけではない。同じ頃に朝日新聞は市川映画の感想を多くの小中高生に聞いているが、反応はきわめて良好で、数名の小学五年生は、記者の「わかりにくい映画だった？」という質問に対し、「そんなことないよ。ぼくたちテレビでよく見ていたから、選手が出てきたら、名前がなくてもすぐわかるしな」と答え、良いと思ったところについては、「百メートル競走の前の、選手たちの顔や動作が細かく映されているところ。あれはテレビで見られなかったから」とか、「ハラハラした観客の表情がおもしろかった」といったように、大人顔負けの的確な感想を述べていた。さらにこの映画全体から感じたことを聞かれ、「みんないっしょうけんめい、という感じがよくわかった。すごい選手でも試合前にはいらいらしたり、マラソンのあとでは血まめがいっぱいできていたり」と答えていた。さらに、「マンガや戦争映画よりよかったよ」といった感想まであった（『朝日新聞』一九六五年三月二〇日）。

さらに高校生ともなると、記者に質問された三人全員が「素晴らしい映画だ」とし、彼らは「記録というのはただスポーツの経過や勝敗をそのまま伝えることではないと思うんです。オリンピックが、人種を越えた人間の祭典であり、平和の祭典であるのだから、その人間のドラマを撮るのが記録のはずです」とまで答えていた。政府の閣僚たちがオリンピックの記録性をごく表面的にしか理解できず、「芸術は子どもにはわからない」としていたのに反し、小学生から高校生まで、問題の映画の記録性を的確に理解していた。さらに高校生の一人は、オリンピックの記録映画が真に「人間」の記録であるなら「強さ、美しさばかりを追ってはいけないと思うのです。失敗したところなども、ためらわずに撮る必要がある。あの映画にはそれがほとんどないので、きれいごとに過ぎる感じがする」と、批評家顔負けのコメントも加えていた。

小中高生の反応が概して好評で、なかにはかなり深い理解もあったにもかかわらず、文部省は閣僚たちの頭ごなしの判断を変えることなく、多くの都道府県の教育委員会も上からの判断に従った。その結果、学校現場では多くの混乱が生じることとなった。たとえば大阪府豊中市の小中学校では、「豊中市教育委員会のあっせんで、市川崑監督の『東京オリンピック』の団体鑑賞をすることにしていた」ところが、文部大臣の通達があったことで動揺が生じ、「それからいっぺんに鑑賞申込みの取消しが続出」し、市内の三つの小学校全学年と二つの小学校の低学年での鑑賞予定が取り消されていったという。予定を取り消した学校側の言い分は、「文部省推薦にならない映画を、学習の延長としては鑑賞させられない」というものであった（『朝日新聞』一九六五年三月二一日）。

他方、このような国内の動きと対照的な反応を示したのは、米軍統治下にあった沖縄であった。沖縄でもこの映画が三月二四日に公開されると非常な人気を呼び、琉球政府文教局は、日本政府の対応如何にかかわらず、「これまでの方針どおり同映画を政府推薦とし、全沖縄の小、中、高校生に学校行事として見せることを決めた」（『朝日新聞』三月二五日）。

子供たちのみならず、批評家たちも概ね市川作品を好意的に受け入れていた。まず、騒動が発生すると多くの新聞がすかさず報道と並行して記者座談会を催していくが、どの座談会も市川作品を評価しており、河野発言やそれへの組織委員会の対応を批判するものが目立った。次に掲げるのは朝日新聞の記者対談で、河野発言から二日後の紙面に掲載されている。

B　〔組織委員会は〕市川さんを起用したからには、最後まで組織委が責任を持つべきだろう。〝実力者〟の発言でフラフラすべきではあるまい。

A　組織委というのは、寄合い世帯のせいか、上からの指令にはすぐ腰くだけになる。組織委の〝汚点〟だね。

B　（略）作品の内容について、こういうことはいえないだろうか。オリンピックは、子どもから老人まで日本人のすべてを興奮に包んだ、ちょっと他に例のない共有の〝思い出〟だ。それを当時のままにもう一度あたためてみたいというのが、大部分の観客の素朴な期待だと思う。だが、あの映画は、こうした期待が肩すかしになる心配があるほど、市川監督の個性が出すぎた。もっとも、それが『芸術』というものかもしれないが……。

A　たしかに、どの選手がどのように勝ったかというレースの興奮は、これまでの五輪映画よりも少ないし、一般の人が抱いている東京オリンピックのイメージとはかなり違うものが画面に出てびっくりすると思う。だが、あのころは皆が日本人になりすぎていたともいえるので、市川監督が撮りたかったもの――オリンピックにもったいぶった精神的な価値を持たせるよりも、世界中の若者が力をふりしぼる個々の姿がすばらしく、勝者も敗者も、人なつっこい隣人なんだといった気持、オリンピックの〝精神〟よりも〝感情〟といったものが、素直に表現されていたと思う。

Ｂ　一般公開になっても、賛否は大きく分れるだろうね。だが、政治に利用されやすい五輪映画で、この映画ほど国境を取除き、政治を持込まなかった長所も認めていいと思う。

Ａ　試写を見た外人の間では評判がよく、ＡＰ東京電は〝金メダルのひとつ〟とほめている。

Ｂ　記録やフォームを大事にする体育関係者や、秩序正しく記録されたベルリン大会の「民族の祭典」「美の祭典」を見ている人には食い足りないだろう。それと日の丸の出ないことね。

Ａ　若い人たちには共感を呼ぶんじゃないかな。テレビを見なれたいまの子どもたちは、映像には親しみを持っている。テレビじゃあんなデフォルメはやらないけれど、まあ応用問題みたいなもので、わかると思う。

Ｂ　日本人は、こういう映画に、まっすぐの球ばかり要求しすぎるクセがありはしないか。試写が外国人に評判がいいというのも、むこうのほうが変化球を喜ぶクロウトか。

（『朝日新聞』一九六五年三月一二日）

読売新聞でも翌一三日には記者の座談が掲載され、市川映画は「作品としては大成功」との評価であった。運動部の記者は、「悪い悪いという評判をきいていったら、そんなに悪いといわれるのがかわいそうなくらいに良く思った。『ローマ・オリンピック』や『民族の祭典』などよりはるかにいい。『インスブルック冬季オリンピック一九六四』なんか、ずいぶん芸術ぶろうとしていたが、足もとにも及ばない」「ぼくは二度見たが、競技団体の当事者が記録映画として見るなら、不満もあるだろうけれど、一般大衆にとっては、決して悪い作品ではない。また、記録性に欠けているともいえない。チャスラフスカや遠藤がなんの説明もなく出てきても、みんな『あ、チャスラフスカだ』といっていた。それくらいの知識はだれでももっている」と映画を絶賛し、写真部の記者は、市川作品が被写体を「よくとってるね。二千ミリ、千六百ミリなんて超望遠レンズを使うと、にごった空気のために色がきたなくなるものだが、実にきれいに出ていた。ローマをはるかにしのいでいる」と評価していた。さらに、放送担当の記者は、「とにかくテレビで知りすぎていることなんだ。女子バレーなど九七％の視聴率だったんだからね。なんべんでも同じものを再現して味わいたいという感傷があるのは事実だが、映画がテレビと違うものを目指したのは当然だし、それがまた成功している」との評価をしていた（『読売新聞』一九六五年三月一三日）。

　市川映画は、「テレビと比べて断然独自性がある」のだが、人々は「テレビでみんなそれぞれにオリンピックについての自分のイメージをもっている」。このことが、「テレビ」とは異質の感受性を必要とする「映画」の経験を、時には受け入れにくくするのである。

　記者たちの座談会に続き、マスコミには批評家たちの評価が掲載されていくが、それらもほとんどが市川作品を擁護するものだった。ある朝日新聞の匿名評者は、市川作品には「文部大臣の心配をよそに日本の小学生から、世界の観客まで、その共感をじゅうぶんに期待できる一般性を持ち、これまでの五輪映画に見劣りせぬ力作だ。作品の特徴は、ひとくちにいって、競技場面で、〝選手〟であることよりも、ひとりの〝人間〟であることとの重視」にあったとする。とりわけ「望遠レンズの至近距離がとらえた迫力と人間的な感動は、この五輪映画の貴重な発見」だとした。たとえば、「陸上の男子百メートル決勝のスタート寸前、祈りだろうか、ひとりの黒人選手のくちびるの動き、その孤独な緊張感。女子八百メートル決勝でテープを切ったイギリスのパッカー選手に、瞬時に宿るひそかな黄金の笑顔。また、汗かヨダレか、マラソンの王者アベベのあごから、弧を描いて後方に飛ぶ白い水滴」。市川が記録したのは、個々の競技の勝敗ではなく、決定的な瞬間での選手の人間としての実存だった（『朝日新聞』一九六五年三月一八日）。

遠藤周作は、こうした人間の実存の記録という面に加え、市川が徹底して「イメージの美しさ」を追求した点を評価した。たとえば、「開会式の競技場の場面は空の碧《あお》さ、太陽の光、飛び立つハトの羽音などが実に効果的にとらえられていて、冒頭に出てくるギリシャのあかるさとみごとに相重なる。こういう感覚はテレビではわれわれには感ぜられなかったが、この感覚を通してオリンピックはギリシャからいままで続いているのだと、われわれにも子供にもよくわかった」という。

テレビにとってオリンピックはドラマチックな物語の連続であったが、映画は映像の可能性を追求する世界であり、物語性以上に映像性で勝負する。市川の映画は、勝敗よりもそこに賭けた人間の実存に注目する点でオリンピック精神に忠実であるばかりでなく、物語性よりも映像イメージを追求する点で映画の精神にも忠実だった。そして遠藤は、これらのことが「記録」という概念を変化させると指摘した。すなわち、「いわゆる写実的な記録なら今日ではもうテレビによってわれわれはオリンピック開催中十分、見てきたし、これは各国でも中継によって紹介されたのである。テレビのない時代なら昔風の写実的記録映画が必要だったかもしれぬが、今日ではオリンピックを映画にするのはテレビ的記録ではなく、映画だけでとれる記録にしなければならぬと思う。その点、これ（市川作品）は映画として立派な記録映画である」（『読売新聞』一九六五年三月二〇日）。

欧米からのまなざし／アジアからのまなざし

生徒たちや批評家のポジティブな反応に加え、市川作品を高く評価したのは海外、とりわけ欧米の映画人であった。市川作品は同年五月のカンヌ映画祭で招待作品として上映され、絶賛の嵐に包まれた。「翌日の新聞は一斉にこの夜のプレミアの模様をトップ記事扱いをし、批評は一般に絶賛といっていいほどベタぼめ」であった（『朝日新聞』一九六五年五月二六日）。ル・フィガロ紙は、市川作品には「どんな大型映画も及ばない迫力があり、詩情と笑いと美と感動にあふれた人類の栄光への壮大なシンフォニー」だと評し、ニース・マタン紙は「節度と高貴さに貫かれた、望遠レンズと色彩とスローモーションによる感動的な叙事詩」だと評した。ロンドン・タイムズ紙も、市川がレニ・リーフェンシュタールの『民族の祭典』のヒロイズムを踏襲するのではなく、ヒロイズムには還元されない個々の人間の細かい感情を浮かび上がらせることを追求し、感動的な映像にまとめあげた点を絶賛した。ある審査委員は、この映画は「初めてテレビを完全に超越した記念碑的作品」と、この作品がテレビには不可能な映画固有の可能性を探求し、成功したと指摘していた。このように市川作品はカンヌで大いに話題になり、コンペティション部門での出品ではなかったのでグランプリこそ逃したが、国際批評家賞と青少年向け最優秀作品賞を受賞した。

カンヌでの大成功を機に、市川作品への国際的な関心は高まった。六月にはニューヨーク近代美術館で米国初の試写会が開かれ、たとえばバラエティ誌は「従来にないオリンピック映画で、すばらしい新境地を開いた」と激賞した。ここでも一般的な反応は、「どうしてこの映画に日本国内でクレームがついたのか、わからない」というもので、公開契約のほうも続々と決まっていった。さらに八月になると、パリでも公開が始まり、公開に先立って行われた試写会にはフランス政府の閣僚たちが出席し、パリの新聞各紙もこの映画を絶賛した。

他方、共産圏でも市川作品は早い段階で絶賛されていった。たとえば、ソ連の共産党機関紙『プラウダ』は、この映画では「オリンピックを通じての人生の喜び、人類の兄弟性が表されている。とくにすぐれた場面は、優勝しなかった一人のアフリカの選手を克明にカメラがとらえている点である」とし、ここには「スポーツそのものだけではなく、競技を通じての国際協力やこの大会を組織した国民に対し、深い共感を及ぼさせるような日本のポートレートが巧みに描かれている」との好意的な見方をしていた（『朝日新聞』一九六五年三月二一日）。

海外メディアの反応で、ほとんど唯一、市川作品に否定的だったのは香港の中国系メディアである。香港の大公報は、市川監督は「外人選手の試合前のいら立ちやおかしな表情をわざと描いて、参加した選手をからかっている。これは非常に失礼なことだ」と批判した（『朝日新聞』一九六五年六月一五日）。このような受けとめ方は、おそらく監督も想定外のことであったろうが、観客には誤解する権利がある。欧米の批評家やメディアが日本国内以上に市川の意図を理解したのに対し、中国系メディアが「これは外国人選手に失礼な映画だ」と感じたことには、単なる誤解という以上に当時のオリンピックに対する欧米とアジアとの意識のずれが表出された結果であろう。このずれは、『東京オリンピック』を撮影する以前の市川の代表作が『ビルマの竪琴』のようなアジアの戦地を扱ったものであったことを考えるといっそう興味深い。

政治的妥協と二本目の記録映画

香港の中国メディアとは違う理由からだが、自民党政治家河野一郎にも市川映画の価値はまったく理解できなかった。一連の騒動の発端は、河野の東京オリンピックへの彼の思い込みと映画についての認識不足の問題が大きかった。しかし、彼が自民党の大物政治家であった故に、誰もその認識不足を正面から指摘できず、組織委員会から競技団体、文部省までが彼の発言の妥当性を検証することもなく力のある者の意図を忖度《そんたく》し、流れに靡いて騒動が拡大した。市川はこのことを見抜き、混乱を打開するには河野との直談判以外に方法がないと考えた。一連の経緯からして、この市川の判断は正しく、河野以外を相手にする他のあらゆる努力は無駄であったろう。

　他方、河野の側からしても、組織委員会や競技団体、文部省は彼に味方したものの、世の中では映画は好意的に受け止められており、このままいくと河野への風当たりが強くなる可能性があった。さらに一般公開後の情勢は、市川にますます有利な方向で展開していたのである。映画が公開前から話題になったことで人々の関心を呼び、全国の映画館は公開初日から大入りとなっていた。やがて、市川の『東京オリンピック』は、公開からわずか四〇日で一七一一万人という驚異的な観客を集め、売り上げも一七億五〇〇〇万円という日本映画史上の新記録となっていくのである。もちろん、こうした観客動員の結果が出てくるのは市川と河野が直接会った後だが、政治家は世論の動きに敏感である。ちなみに河野のライバルだった首相の佐藤栄作は、河野発言から一〇日以上過ぎて映画を鑑賞し、「ヤマ場はよく撮ってある」「一般の劇場で上映する『見せる記録映画』としては、こんなもんじゃないかな」という発言を残していた（『朝日新聞』一九六五年三月二二日）。政治は一筋縄ではない。佐藤もまた、自分の発言が事態の経緯に与える効果を計算していたはずだ。

　こうして河野発言から約三週間後の三月二七日、市川は河野と河野の私邸で面会し、河野から海外へは市川作品を出すとの同意を得ることに成功する。この面会は、市川が女優高峰秀子に頼んで河野とコンタクトをとり、実現したものだった。他方、河野の側は、国内では市川作品とは別にもう一本、記録中心の映画を作ると話したという。市川の最大の関心は、自分の作品への海外での評価にあり、河野の最大の関心は国内で東京オリンピックがどう記憶されていくかにあったから、両者の棲み分けは困難なことではなかった。

　市川及び東宝の側からすれば、映画は「ギリシャ、西ドイツなど四三ヶ国へ海外版を渡すことをすでに約束しており、西ドイツ、タイなどの業者はすでにフィルムを受取りに東京へ来て」いたから、待ったなしの状態であった。内容云々以前に、東宝の国際的信用にかかわる問題としても、ここは引き下がるわけにはいかなかった。結果的に、カンヌ映画祭での絶賛をはじめ、市川はこの映画で世界的名声を得ることになる。他方で河野は、出来栄えはともかく、市川のチームが撮影したフィルムも使って、記録中心の東京オリンピック映画をもう一本、製作させたのである。

　ちなみにこの二本目『世紀の感動』は、市川が一切タッチすることなく、彼が撮影した膨大なフィルムをつなぎ合わせることで同年一〇月に完成した。それは、「日本選手の活躍を網羅し、不振だった水上や優勝続出のレスリングなど、前の映画になかったシーンをふんだんに取り入れ、皇太子夫妻の観戦風景も入れた」代物で、「ＮＨＫアナウンサーの実況放送を使って感激シーンを盛り上げ」ていた（『読売新聞』一九六五年一〇月七日）。とはいえ、すでに以上の描写から察せられるように、作品としては「意義薄い再製作」にすぎないというのが大方の評価だった。この結果は、そもそも「市川監督が一定の演出プランで撮影したフィルムをもとにして編集した以上あたりまえの結果で、別種の映画が生まれると期待した組織委の見込み違いというほかはない」。より正確には、

「見込み違い」という以上に、組織委員会の映画に対する著しい「無知」と言ったほうが良いかもしれない。朝日新聞の評者は、この第二作を次のように評していた。

> 陸上競技のくだりで各種目の優勝選手を紹介する短いカットが並ぶなかで、画面が急に生き生きと息づいてくるのは、スローモーションでとらえた男子百メートル決勝のスタート前の各選手の緊張、大写しで迫ったマラソンの王者アベベの快走ぶりで、もっとも市川色の濃い部分である。このように作品として統一のとれていた前作を、わざわざ解体する必要がどこにあったか。たしかに日本選手は数多く登場するし、日の丸もひんぱんにあがる。だが、私たちがオリンピックから受けた感動は、なにも日本の金メダル数だけではなかったはずである。市川作品に比べると、包容性の乏しい〝私的なアルバム〟という感が強い。
>
> （『朝日新聞』一九六六年五月一八日）

しかも、この第二作をめぐっても、公開か非公開かという騒動が巻き起こっている。オリンピック映画協会は、映画が完成すると真っ先に文部省に推薦を申請し、さらに芸術祭参加作品としての届け出を準備する一方、一般公開の準備を進めた。作品の監修を指揮した同映画協会の田口助太郎は、新しいオリンピック映画は「オリンピックの記録を純粋に追ってつくった」ので、「リアルなものの美しさは、前のものよりよく出ていると確信する」と豪語していた。さらに彼は、「市川さんの作品とは九〇％違ったものになったが、フィルムを改変することについては、永田さん（大映）、市川さんと私の間で、協会が自由に変えられることになっており、問題はない」、だから「こんどの作品もぜひ多くの人にみてもらいたい」と主張した。ちなみにこの田口という人、読売映画社社長として戦後のニュース映画を仕切った一人で、東京オリンピックのみならず、札幌オリンピック、大阪万博、沖縄海洋博でも公式記録映画の総合プロデューサーを務めた。そうした人物の興行師的な感覚からするならば、中身云々はともかく観客を集められるのならばとにかく公開し、収益につなげていこうとするのは当然であった。

しかし、オリンピック組織委員会の立場はずっとあいまいだった。同会長の安川は、この第二作を「入場料をとって公開するとなると、いろいろ複雑な問題が起こる。公開の考えはまったくない」と言明した。安川からすれば、もしも東宝にこの配給権も与えるとなると、新たに東宝との間で契約を結び直さなければならないのだが、すでにオリンピックが終了して組織委員会は新しい事業ができない「清算法人」となっており、それは規則上不可能という見解だった。

しかしもう一つ、組織委員会が公開に消極的だったのには理由があったと思われる。この第二作の映像自体は市川崑のチームが撮影し、その編集は市川の意思とはまったく無関係に行われたものである。したがって、市川が作品公開に強硬に反対した場合、映像の権利をめぐってやっかいな問題に巻き込まれかねないという怖れがあったのではないか。さらに文部省も組織委員会が公開に消極的なだけでなく、かつて市川作品の推薦を自省が取り下げたところから騒ぎが大きくなったという反省があり、なかなか公開に積極的にはなれなかった。

しかしオリンピック映画協会、すなわち田口や東宝のような興行者たちにとっても、「お金のなる木」がそこにあるのをそう簡単に諦められない。結局、ポイントは市川の承諾が得られるかどうかだということになり、清算人と市川の間で折衝が重ねられ、市川は、映画上映の冒頭で、「この作品は市川崑監督の作品を中心に東京オリンピック記録映画協会が製作したものである」という趣旨の字幕を入れることを条件に公開に同意した。こうして結局、第二作『世紀の感動』は、翌一九六六年五月に一般公開されたが、ほとんど話題にはならなかった。

オリンピック組織委員会の迷走

さて、政治家は世論の動きに敏感に反応するが、他方で一度動き出してしまった官僚組織は簡単に軌道修正できない。そうした意味で、このオリンピック記録映画をめぐる騒動で自律的な判断力のなさを惨めにさらけ出したのは、誰よりもオリンピック組織委員会であった。

組織委員会は、河野国務相の記者会見や愛知文相の通達決定の直後、一九六五年三月一八日に記録映画委員会を開くが、そこでの対応策についての議論は意見が割れた。有力委員の一人であった今日出海は、「市川さんの作品はあれでいいと思う。東京オリンピックの全容がよく描かれているし、批評はされても、非難されるものではない」と明言し、映画を製作した東京オリンピック映画協会の田口助太郎は、「競技記録を集めた映画は、作るにしても保存用で、ただちに一般公開は考えられない」と、後の彼の発言とは逆に、この時は二本目の公開可能性を否定していたのに対し、組織委員会事務総長の与謝野秀は「記録を集めた映画をもう一本作るのは、わたしの考えで、現在の映画の残りのフィルムを利用することができるか、あるいは体協で作っている16ミリの技術映画のフィルムを利用するか、などを研究してみたい」と第二作に前向きの考えであった。

その結果、この委員会の結論についての主要紙の報道も真っ二つに分かれた。一方で、朝日新聞は、委員会は「競技を中心とした二本目を作ることに正式に方針を決めた」と報道し、その報道のなかで与謝野事務総長は、「純粋な記録映画を作ることについて今後も研究する。国際オリンピック委員会にどちらを納めるかだが、市川氏の『東京オリンピック』を今度のものと合わせて二本ということになるかもしれない」と述べていた。つまり朝日の報道では、組織委員会は国務相や文相の意向にすぐさま従ったわけである。ところが読売新聞は、組織委員会が「二本目は作らない」決定をしたと報道しており、ただ「純粋に記録を主にして、競技の場面を集めた映画を作る可能性は今後の問題」として先送りされたことになっている。読売新聞の報道に従うならば、組織委員会はすぐには国務相や文相の意向に従わず、一定の抵抗をしたことになる。——一体、どちらが正しいのか。

　このように報道が分裂したのは、オリンピック組織委員会の意思表明があいまいだったからで、そうした意思表示しかできなかったのは、結局、オリンピックに関する実質的な決定能力を組織委員会が欠いていたからだった。第二作を作るのか、作らないのかという決定も、実はすでに河野が国会で「組織委員会でも、別の記録映画を作る方針である」と「この問題に対する最終的な考えを明らかにした」ことで決着していた。さらに三月二四日、組織委員会は総会を開き、市川作品が「東京オリンピックを正確に伝えていない」という河野の独断を裏書きする結論を出すことで、そもそも自らが企画・監修者である映画を自己否定してしまうのである。この日の会合には約二〇人の組織委員会委員が出席したが、「市川氏の作品を支持する委員は一人もなく、文部省推薦が得られなかったことを中心に『この映画は失敗だった』との意見に終始し、極端な議論では『配給中の国内映画も取り戻せ』というのまで出た」(『朝日新聞』一九六五年三月二四日)。たとえば、日本体育協会理事で社会党の衆議院議員でもあった柳田秀一は、「市川氏のものは、いわば予告編で、これから作るものがただ一つの東京オリンピック映画」だと主張していた。当然、海外に収めるものも、日本体育協会などの意見を十分に入れた新しいフィルムにすべきであるとの論調であった。

すでに述べたように、この組織委員会の動向は、危機感を感じた市川による河野との直談判によって覆される。河野は彼なりに首都建設への強い思いがあり、市川映画を批判したのであったが、その尻馬に便乗し、そもそも自らが総監督を依頼した市川の作品を無理解なまま否定する組織委員会は、責任能力も見識も欠いていたと言わざるを得ない。組織委員会が市川作品を否定し、海外版も作り直すべきだとしたのが三月二四日、危機感を感じた市川が高峰秀子を通じて河野との直談判に及んだのが三月二七日である。その数日後、三月三一日には再び組織委員会が開かれるが、そこでは「前回の総会で『海外版は再編集』との線を出したが、その後の海外版試写で競技場の会場、東京の姿、競技の場面など記録性の強いものになっているとの見方が多く、市川監督の編集しているフィルムに体協などの意見を加えて部分的に修正すれば、海外版として申し分ない、との意見が大勢を占めた」（『朝日新聞』一九六五年三月三一日）という。自らが監修したことになる映画について、わずか一週間でこれほど大胆に意見を変えても疑問を感じない組織に、本当に困難な状況での判断力など期待しようもない。

ポスト戦争としてのオリンピック

本章で論じてきたように、一九六四年の東京五輪での日本選手の活躍を支えていたのは、社会の根本的な「貧しさ」であった。すでに「軍人」の時代も、「女工」の時代も、表向きには過去のものとなっていたが、それでもマラソンでの円谷幸吉の活躍、あるいは女子バレーでの「東洋の魔女」たちの活躍の根底には、「軍人」や「女工」の時代が深く横たわっていた。円谷の場合、彼の自衛隊への入隊は、父親の「軍隊」への強い信憑と、その父親から円谷自身が受け継いだ「軍隊」への憧れに起因していた。そして、そうして入隊した駿足で忍耐強い若者を、オリンピックのメダリストにまで強化したのは、日本が苦手な競技でもメダルを獲得しようと執念を燃やした自衛隊の特別教育体制だった。そしてまさにこの体制が、やがて円谷を自殺に追い込んでいったのだ。

　他方、「東洋の魔女」にしても、日紡貝塚という一企業一工場のチームが世界を制覇するほど強くなれた背景には、戦後日本の経済復興の中核をなした繊維産業が、各地の工場で膨大な女子労働者を雇用していた事実があった。彼女たちはかつての「女工」の末裔であり、その「女工」たちと工場主の間には、明治の殖産興業の時代にまで遡ることのできる闘争の歴史があった。多数の工場でリクリエーションとして定着し、トレーニングが重ねられていたバレーボールは、この闘争の歴史の後半で、「女工」たちの末裔を企業が訓育するために導入した集団的身体技術であった。

　以上の考察は、前章までで論じた都市の地政学的な面での軍都からオリンピックシティへの連続性と表裏をなしていたとも考えられる。帝都・東京の骨格を形作ったのは、もちろん銀座煉瓦街や市区改正、震災復興事業などであったが、それらと同じくらいに大きな要素として、広大な軍用地の存在があった。とりわけ東京西南部、すなわち港区や渋谷区、新宿区から世田谷区、さらに多摩や相模原に向かう方面での東京の発達にとって、大山街道沿いの軍関係施設や多摩方面の陸軍用地、横浜から横須賀にかけての海軍用地は大きな意味を持っていた。少なくとも一九四〇年代初頭まで、東京は東アジア最大の帝国の軍都であり、帝国拡張のための「軍用」は他のあらゆる用途に優先していたのである。だから当時は、岸田日出刀がどれほど東京オリンピックのために必要と主張しても、代々木練兵場のオリンピック会場化は望むべくもなかった。

ところが一九四五年、この「軍都」が壊滅する。その後、すぐさま「米軍」が駐留してくるから、東京全体が廃墟となっても、広大な軍用地が消えたわけではなかった。軍用地の多くは米軍基地に転換され、「軍人さん」の街は「アメリカさん」の街に変身した。「軍都」から「アメリカンシティ」への転換である。とはいえ、米軍駐留の目的が、軍国主義に染まって手に負えないと思えた日本社会の統治から、むしろ日本との同盟関係を基盤に反共の防壁を東アジアに築くことにシフトしていくと、米軍が帝都・東京の心臓部に駐留し続けることは、必要でも有益でもなくなってくる。なぜならば、首都東京に大きな米軍基地があることは、日本がなおアメリカの支配下にあることを日々この国の人々に示すことになり、根深い反米感情を形成する可能性があったからだ。そこでやがて、少なくとも首都・東京においては、米軍用地が日本側に返還され始める。

しかし下手をすると、目先の利益を狙ってこれらの公有地は民間に分譲され、せっかくの公共空間が未来永劫失われかねない。返還される軍用地に、いかに「軍事」とは異なる公共的な用途を持たせていくか。この問いへの一つの解答が、オリンピックであり、公園であった。

詳細はすでに前章までで論じた通りだが、たとえば磯崎新による聞き取りで、戦災復興計画から東京オリンピックや大阪万博、沖縄海洋博までの戦後日本の多くの都市開発事業に足跡を残した高山英華は、日本の都市計画には次のような顕著な特徴があると述べていた。

「日本人はそういうこと（お祭り）がないと予算も力も出さないから――ということは、ぼく、どっかに書いたんだよ。そういうものは地域開発のひとつの手段としてはいいんだけど、こういう手段だけじゃないとモノはできない、というのはまずい。だから生活環境なんか遅れちゃうわけだね。……（日本の地域開発は）プラスアルファばっかりになっちゃって（笑）、基盤になっているのは、逆にいうと、ほかの基盤を薄めこそすれ、基盤じゃないもののほうへ総予算がいっちゃうという、そういう仕組みになっているわけだ。しかし、そのぐらい結集しないと結局何もできないということなんだ、日本人というのは。政府も」

（「特集　近代日本都市計画史」『都市住宅』第一〇二号、六一頁）

つまり大規模な公共用地を確保し、その維持管理の予算を引き出すために開発された日本独特ともいえる手法が、高山の発言にある「お祭り」主義であった。戦後日本人は、かつて「軍」の決定を錦の御旗としたのと同じように、「オリンピック」や「万博」、あるいは「国体」や「地方博」を錦の御旗とすることで初めて団結できる人々だった。そしてそれらの「お祭り」が終了すると、その後に多くの「公園」が残された。こうして戦後日本の都市では、戦前に「兵舎」が広がっていったのにも類し、各地に競技場付きの「公園」が広がっていくことになる。

そして、この「お祭り」主義によって創出されたポスト軍用地としての競技場で繰り広げられたのも、戦中期までの日本との連続性を決して断ち切ってはいない貧しき者たちの晴れのドラマであったわけである。東京オリンピックでテレビの前の莫大な数の視聴者を熱狂させたドラマの主役は、一方は戦後の日本経済を支えた繊維産業の女子労働者であり、他方は「非軍事」化しながらも生き延びる道を模索していた自衛隊に入隊した地方の農村出身者であった。「お祭り」の感動には、必ず歴史的構造が内包されている。第Ⅰ章から第Ⅲ章までの本書で進めてきたのは、このような「お祭り＝オリンピック」が内包する歴史的構造を、一方ではこのドラマを演じていった選手たちの人生や心情、彼らの選択に内在しつつ、他方ではこれを感動的なスペクタクルとして受容し、消費していった大衆の無意識にも分け入りつつ、全体としてドラマがどのような空間とメディアの戦略的、地政学的構造に枠づけされていたのかを丹念に記述していく試みであった。

第Ⅳ章　増殖する東京モデル――再演

1　ソウル1988――成長するアジアのドラマ

韓国の経済成長とソウル五輪

拙著『万博幻想』（後に『万博と戦後日本』）で論じたように、一九七〇年の大阪万博は沖縄海洋博やつくば科学博、愛知万博にとどまらず、その後の日本に多くの国際博、地方博を後裔として生んだ。海外に対しても、大阪万博は韓国の大田《テジョン》国際博（一九九三年）や中国の上海万博（二〇一〇年）に影響を及ぼしていった。しかし、万博への国民的熱狂は、やはり高度成長を達成した当時の日本社会固有のもので、その影響も海外よりも国内で圧倒的だった。実際、これもすでに『博覧会の政治学』で示したように、一九世紀半ばに始まる「万博の世紀」は、欧米では一九三〇年代で終わりを告げる。それにもかかわらず、その三〇年以上後の大阪万博にあれほど多くの日本人が熱狂したのは、彼らに六〇年代の経済成長があまりにも華々しいものとして感じられていたことによる。

これらに加え、大阪万博はモノとしての科学技術に人々が魅了される最後の時代に開かれていた。この万博の目玉展示が「月の石」であったことは、それを象徴的に示している。これ以降、時代は

表4-1 1964年以降の主な五輪と博覧会

年	オリンピック	博覧会
1964	東京	
1968	メキシコシティ	
1970		大阪万博
1972	ミュンヘン 札幌(冬季)	
1975		沖縄国際海洋博
1976	モントリオール	
1980	モスクワ	
1984	ロサンゼルス	
1985		つくば科学万博
1988	ソウル	
1990		国際花と緑の博覧会 (大阪・鶴見緑地)
1992	バルセロナ	
1993		韓国・大田国際博
1996	アトランタ	
1998	長野(冬季)	
2000	シドニー	
2004	アテネ	
2005		愛・地球博 (愛知万博)
2008	北京	
2010		中国・上海万博
2012	ロンドン	韓国・麗水国際博
2016	リオデジャネイロ	
2018	平昌(冬季)	
2020	東京	
2022	北京(冬季)	
2025		大阪・関西万博

本格的な情報化時代に入り、映像のリアリティがモノのそれを圧倒していく。

こうした大阪万博効果に対し、一九六四年の東京オリンピックは、国内的という以上に東アジア全体でモデル的な役割を果たした。東京五輪と一九六〇年代日本の成長ナショナリズムの結びつきは、一九八八年のソウル五輪と経済躍進期を迎えた八〇年代後半の韓国経済の結びつき、さらに二〇〇八年の北京五輪と高度成長を謳歌していく二〇〇〇年代の中国経済の結びつきによって繰り返されていく。つまり、約二〇年の間隔を挟んで日韓中三カ国の首都で開催された三つのオリンピックは、いずれもそれぞれの国が高度成長に向かう離陸期に開かれ、人々にさらなる成長を確信させ、それを多数のメダル獲得を通じて予言的に集合体験させていったのである。

大きな歴史のなかに位置づけるならば、これらの東アジアの経済成長には共通点が多い。つまり、日本は米国を、韓国は日本と米国を、中国は韓国と日本と米国をモデルとし、キャッチアップ型の近代化を圧縮的に実現したのである。だからオリンピックについても、ソウル五輪は東京五輪を参照し、北京五輪は東京やソウルの五輪を参照しというように、同型的なモデルの反復的増殖をここに見出すことができるはずである。

一九七〇年代までの時点では、そのような東京五輪モデルの国際的な増殖を想像することは難しかった。なぜならば当時、韓国は朴正煕《パクチョンヒ》軍事独裁政権の支配下にあり、中国でも文化大革命の嵐がまだ吹き荒れていたからだ。しかしそれでも、経済的な変化は韓国や台湾では七〇年代初頭から始まっていた。韓国経済は、六〇年代までは北朝鮮とほぼ同じく、世界のなかでも最底辺のレベルにあったが、朴正煕体制下、輸出主導型の産業振興政策が強力に進められ、七〇年代を通じて停滞する北朝鮮を引き離していった。これがいわゆる「漢江《ハンガン》の奇跡」だが、韓国の経済成長は朴正煕が暗殺された七九年以降も続き、八〇年代後半に本格化する。この段階で、韓国は繊維などが主導する軽工業経済から重化学工業から電子産業までが主導する経済への劇的な転身を遂げていく。戦後日本では、繊維産業から重化学工業へ、そして情報電子産業へと段階的に起こった転換が、韓国では後二者への転換がほぼ同時に起きるという圧縮された過程が八〇年代に進んだのである。

こうして韓国は、一九九一年までの三〇年間で平均八・二％という驚異的な経済成長を遂げ、九〇年代には一人あたりのＧＤＰも一万ドルを突破する（**図4-1**）。九〇年代、もはや韓国と日本の経済的格差は相対的なものでしかなくなった。その後、九〇年代末にはアジア通貨危機を経験し、

図4-1 日本・韓国・中国の1人あたりのGDP(名目値)**の推移**

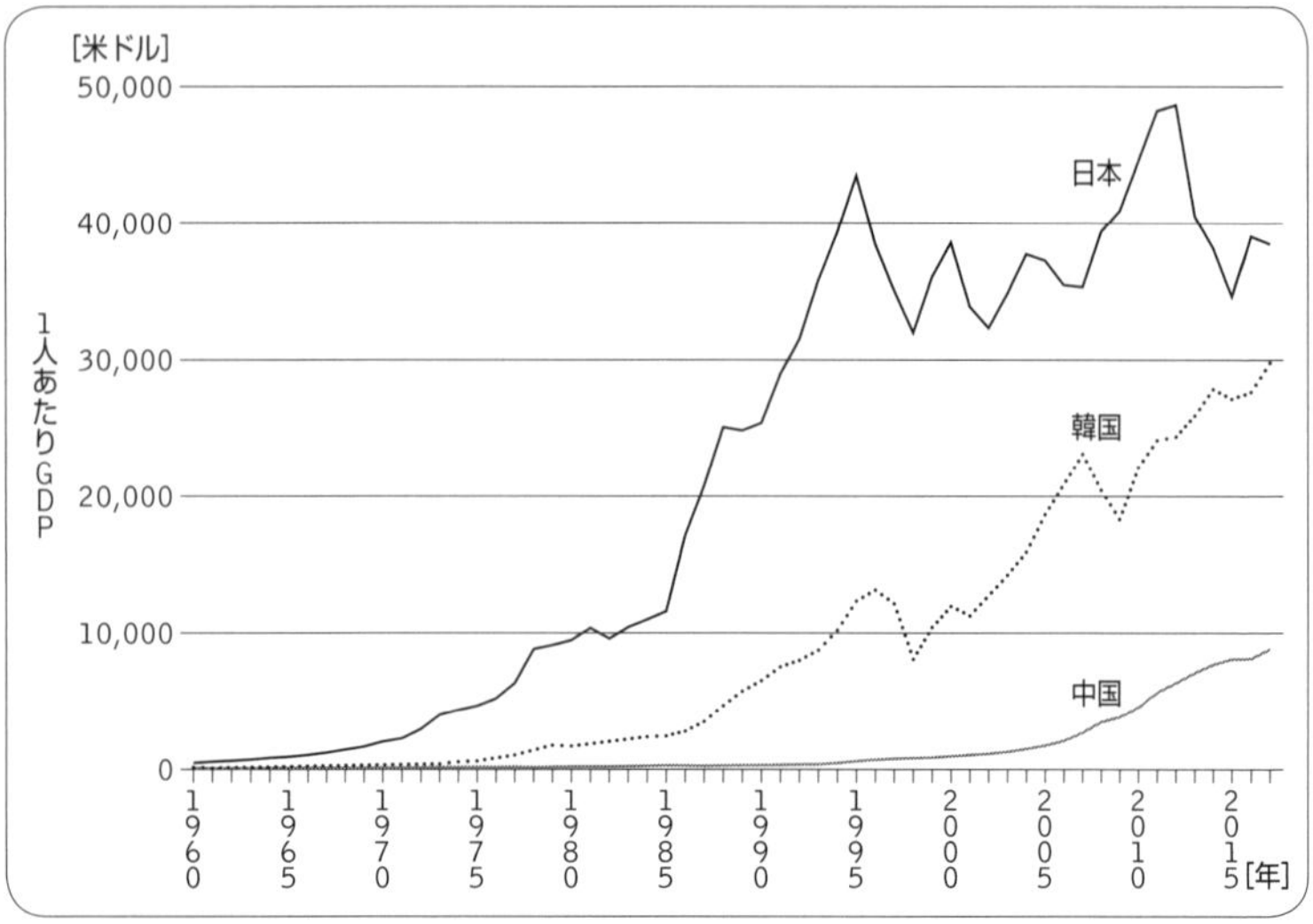

[出所:世界銀行]

ＩＭＦ管理下に入るものの、二〇〇〇年代、バブル崩壊から数十年にわたって経済的困難に苦しみ続ける日本を尻目に、韓国経済はＶ字回復していくのである。

　一九六四年の東京五輪がまさに東西冷戦下、四〇年に開催されるはずであった大日本帝国による東京五輪を引き継ぐ仕方で開催されたオリンピックだったとするならば、一九八八年のソウル五輪と二〇〇八年の北京五輪は、東京五輪を意識しつつも、そうした冷戦体制が緩み、やがて終結していく環境で、ポスト植民地主義とグローバルな市場主義への流れのなかで開催されていったオリンピックである。この点が、東京五輪とソウルや北京の五輪を隔てる構造的な違いであった。換言するなら、東京五輪が米ソの覇権争いとアマチュアリズムをシナリオの前提としていたとするならば、ソウルや北京での五輪がそのシナリオの前提としたのは、グローバル化とコマーシャリズムである。
東京、ソウル、北京の三つのオリンピックは、それぞれの国の経済成長やナショナリズムとの関連では連続性がきわめて強いが、背景にある世界秩序は、一九八〇年代に決定的に変容するのだ。日本はこの変容以前の体制が居心地が良かったこともあり、九〇年代以降、世界の大きな変化に乗り遅れ、そのツケを平成の三〇年間を通じて払い続けることになる。

幻の名古屋五輪

ところで、このうち一九八八年のソウル五輪は「バーデンバーデンの奇跡」によって可能になったとしばしば言われる。「バーデンバーデンの奇跡」とは、一九八一年九月、バーデンバーデンで開かれたＩＯＣ総会で、最有力とされてきた名古屋をソウルが五二票対二七票の大差で破って八八年オリンピックの開催権を獲得したことである。逆に言うならば、ソウルにとっての「バーデンバーデンの奇跡」は、名古屋にとっては「バーデンバーデンの悪夢」以外の何物でもない。この「悪夢」は、なぜ、どのようにして生じたのか。このとき名古屋は、なぜソウルに敗れたのか。

もともと名古屋五輪の構想は、一九七五年に愛知県知事となった仲谷義明によって主導されたもので、七七年八月に招致が提案されている。七九年一〇月にはＪＯＣ（日本オリンピック委員会）が八八年オリンピックの名古屋招致を決定。以来、県と市の主導で地元財界や民放局を巻き込んで一大キャンペーンが展開されていった。中京圏各地で五輪招致成功を祈るイベントが開催され、名古屋五輪にちなんだグッズが販売され、「名古屋オリンピックの歌」や「名古屋オリンピック音頭」といったプロモーション歌まで作られた。

1988年五輪招致で名古屋がソウルに敗れ、うなだれる関係者
[1981年9月30日撮影、名古屋市内、写真提供：朝日新聞社]

これに対して、ソウルの八八年オリンピックへの立候補は、IOCの立候補締め切りだった八〇年一一月末日に四日遅れて提出されたもので、名古屋にとっては伏兵だった。当時、名古屋の強敵とされていたのはオーストラリアのメルボルンで、名古屋とメルボルンの争いは接戦になると見込まれていた。ところが、そのメルボルンが八一年二月、財政上の理由から開催を断念する。ソウルは当初からの視野に入っていなかったので、名古屋招致団にはこれでもう名古屋は「当確」とのムードが広がった。相手がソウルなら勝てると、日本側は思い込んだのだ。当時、日本の招致委員会は、IOC総会で名古屋は「過半数（四十二票）プラス十数票の手ごたえで、勝利は堅い」と、「早々と当選決定の票読みを公表して胸を張るほどだった」（『読売新聞』一九八一年八月二八日）。

日本側は、数カ月前までは名古屋はソウルに圧勝するとタカをくくっていたし、直前でも追い上げられてはいるが貫禄で名古屋は勝つと思っていた。だから、日本招致団は開催が決まったら総会で掲げようと「Danke Schön（ありがとう）」「名古屋オリンピック'88」といった垂れ幕まで会場に持ち込んでいた。ところが大差の惨敗である。この結果は日本側によほど意外だったようで、招致委員会幹部は「〝あり得べからざること〟が目前で起きたとでもいった表情」となり、本山政雄名古屋市長は、「何が何だか、わからない……」と呻いた。文部省幹部も、「何が原因でこういう結果が生じたか、判断がつかない」と動揺の色を隠せなかった。政府筋は、「今回のＩＯＣ総会決定の裏に、米韓間で何らかの動きがあったのではないか」とのとんちんかんな見方まで披露した。想定外の結果にたじろいで、重要なことはすべて米国が決めているはずだという過剰な米国依存体質を吐露してしまったのだ（『読売新聞』一九八一年一〇月一日）。

　だが、この名古屋の大敗は、本当に予想外の出来事だったのか。一九七〇年代後半から八〇年代にかけて、ＩＯＣはオリンピックの将来を見据えた転換を求めていた。八一年のＩＯＣ総会直前には、ＩＯＣと各国オリンピック委員会、国際競技連盟（ＩＦ）共同で八年に一度の全体会議も開かれたが、そこで集中討議されたテーマは「オリンピックの将来像」で、新しいオリンピックのかたちを模索しようという意欲が広がっていた。すでに八四年のロサンゼルス五輪の準備が進んでおり、古い競技施設を再利用することで会場の建設コストを減らし、同時にテレビの放映権料やスポンサー企業からの莫大な協賛金で運営予算を賄うというコマーシャリズムを織り込んだオリンピックの姿が明確になってきていた。他方、一九八〇年のモスクワ大会ではソ連のアフガニスタン侵攻に抗議して西側諸国が大会をボイコットしていた（八四年のロサンゼルス大会では、今度は東側諸国が大会をボイコットする）。東西冷戦の政治に翻弄されるオリンピックが、その状況からの脱出を何らかの仕方で求めていたことは間違いない。

　こうしたなかで、ソウル大会案の強みは、これで発展途上国でもオリンピックを開催できるようになるという点にあった。当時、日本はすでに経済大国であり、東京、札幌に続いて三度目になるかもしれない名古屋でのオリンピックには新鮮味が乏しかった。南北分断の続く朝鮮半島情勢を考えると、「南」だけでオリンピックを開くことには「北」やその背後にいるソ連や中国、共産主義諸国の反発も予想されたが、つい最近まで貧しかった途上国が急速に経済発展し、オリンピックを開催するまでになるという物語には、韓国国内のみならず国際的にアピールする要素があった。ソウルはそうした途上国による初開催の新鮮さが評価され、アジアやアフリカ、中南米諸国を中心に支持票を一気に積み上げていった。これに対し、「東京、札幌大会の開催経験に基づく運営能力のアピールだけが決め手の名古屋は、いかにも説得力がなかった」。結局、「楽勝ムードにあぐらをかいていた名古屋招致団は、ソウルの一方的な攻勢に全く打つ手もないまま浮動票を奪われ」ていったのである（『読売新聞』一九八一年一〇月一日）。

しかも、名古屋五輪招致には、地元市民のコンセンサスが得られないまま県や市、財界主導で突っ走ってきたという難点もあった。もともと名古屋へのオリンピック誘致は「市民の間から必然的にわき上がったものとはいい難い。経済を中心に〝地盤沈下〟の続く中京圏を振興しようと、仲谷義明愛知県知事が提唱、これに中京財界が乗る行政・財界主導で進められ」てきた（『読売新聞』一九八一年一〇月一日）。そのため、名古屋五輪の誘致活動は「行政主導、市民不在」であると何度も批判され、それでも県や市は、そもそもなぜ名古屋でオリンピックを開催すべきなのかという点について説得的な説明をできないでいた。名古屋五輪は、経済振興やスムーズな運営ができるということ以外に、なぜ名古屋でオリンピックなのかという最も根本的な理由を、海外にも地元にも通用するような仕方では示せていなかったのである。

そうした足元の欠陥を問う声は、手紙や人づてにＩＯＣ上層部まで届いていただろう。ＩＯＣのサマランチ会長（当時）は、名古屋は「どうも足並みがそろっていない」し、「地元の熱も、もう一つ燃え上がっていないようにも聞いている」と、地元の政財界が地域の意志をまとめ切れないまま前のめりになっている状況を疑問視していた（『読売新聞』一九八〇年一二月一三日）。

結局、五輪招致に失敗した愛知県と名古屋市は、矛先を五輪から万博へと転換していく。一九八三年に五輪招致を進めてきた仲谷知事が退任し、鈴木礼二副知事が後継となると、鈴木は万博招致に邁進していくのである。ソウル五輪が催された八八年、鈴木は地域振興の起爆剤として二一世紀初頭に「科学・産業の振興」を軸にした万国博覧会を開く構想を発表する。知事の意思表明を受けて中日新聞は、「国際的イベントの名古屋招致は一貫して地元の強い願いであり、昭和四〇年代には当時の桑原愛知県知事が『アジア開発博覧会』構想を、五〇年代には同じく仲谷知事が名古屋オリンピック誘致をそれぞれ提唱した。しかし経済情勢の悪化やライバル都市との競争に敗れ、実現できなかった。……（最近になって）愛知県でも議会筋を中心に『中部圏の中核である大愛知にふさわしい国際的イベントを考える時期ではないか』という声が相次いでいた」と書いている（『中日新聞』一九八八年一〇月一二日）。やがて一九九七年六月一二日、ＢＩＥ総会で日本がカナダを破って万博の開催権を獲得すると、鈴木知事は真っ先に「オリンピック誘致の失敗など何をやってもだめという流れが、これでやればやれるという方向に変わる」と発言し、市民からも「これでオリンピック開催地の選定に敗れて以来のわだかまりが一気に吹き飛んだ」との声が少なからず聞かれた。五輪誘致の失敗は、トラウマのように愛知県関係者にとりついていったのだ。

日本の官僚主義は、先例踏襲の愚かさに気づかない。国から自治体まで、公的組織が本来すべきなのは、まだ誰もやったことがない公共的な課題に挑戦することであるはずなのに、過去の成功例があると決められたシナリオを諄々と実現していけばいいのでハードルは低いと思いがちになる。そうして結局、果たして実現にどれだけ意味があるか疑問符のつく国家的なイベントが計画され、推進母体が組織され、多くの役人や諸団体が動員されていく。規模が大きくなったことにみんなが安心し、そもそもそこで構想されていることが、どれほど文化的な価値を持ち、何に挑戦しようとしているのかが根本から問われることがなくなっていく。そうした自己閉塞の典型が、この名古屋五輪の計画プロセスであり、また同じ体質はその後も愛知では繰り返され、拙著『万博幻想』で書いたように二〇〇五年の愛知万博開催をめぐる大騒動にまでつながっていくのである。同じ前例踏襲主義は、なんと二一世紀にまで持ちこされ、本書の動機となった二〇二〇年の東京五輪や、さらにわざわざ論じる気にもなれない二〇二五年の大阪万博構想へとつながっていく。

民主化のうねりの中でのソウル五輪

さて、名古屋に勝利したソウルでオリンピックが開催されるのは、一九八八年九月一七日から一〇月二日までのことである。それに先立つ八〇年代、韓国では経済成長と並行して民主化への流れがうねりをなして進んでいた。この民主化運動拡大で転機となったのは金大中《キムデジュン》の帰国であった。彼は、一九七一年の大統領選挙で現職の朴正熙大統領に九七万票迫る得票を得て民主化運動のリーダーの地位を確固とするが、そのことから朴政権に政敵視され、命を狙われ続ける。そして七三年、東京都内のホテルから日本側の警備の隙を衝かれて韓国中央情報部（ＫＣＩＡ）によってソウルに拉致された。その後、韓国国内で何度も逮捕され、八〇年の光州事件の後には死刑判決まで受けるが、八二年に米国に国外退去となっていた。その金大中が八五年、収監を覚悟で帰国したことは、韓国に民主化の季節が再び到来したことを明白に示していた。

金大中帰国の目的は、八五年二月に予定されていた総選挙で韓国民主化の動きを加速させることであった。八〇年代半ば、南北対話の動きがあり、八八年には全斗煥《チョンドゥファン》大統領の退任も予定され、そのまったく同じ年にソウル五輪である。経済成長、民主化、大統領退任、そしてオリンピックが相互に影響しあいながらほぼ同時に起ころうとしていた。そうしたなかで、ここに政治的な賭けをする好機があると彼が考えたのは正しかった。金大中と金泳三《キムヨンサム》（共に、後に韓国大統領）の二人にリードされた新韓民主党は、同年二月の総選挙で大勝し、全斗煥率いる与党民主正義党に迫る政治勢力としてその後の韓国の政治状況を支配することになった。

大統領の直接選挙制を要求して、金泳三をはじめ新韓民主党の指導者と国旗を先頭にデモする大勢の人々
［1986年4月26日、韓国・清州市、写真提供：ロイター・サン＝共同］

こうしたリーダーたちの動きに呼応するかのように、八〇年代半ば以降、ソウルでは学生たちを中核とする民主化運動が盛り上がっていった。光州事件から五年を経て、一九八五年には総選挙で新韓民主党が大勝し、勢いづいた学生たちの一部はソウルの米文化センターや米商工会議所を占拠し、米韓軍事合同演習を非難し、反米色を強めていった。八七年に入ると、学生たちのデモはさらに拡大し、ソウルのみならず釜山、大田、光州など各地に飛び火して、これに市民たちも参加して機動隊との衝突を繰り返すようになった。同時代の日本の若者とはまったく異なる「政治の季節」に韓国の若者たちは突入していったのである。ここで重要な

ことは、一九八八年のオリンピック開催が、全斗煥政権が学生たちを武力で鎮圧するのを困難にしていたことである。世界の目はソウルに向けられていた。政権も、オリンピックの成功と経済成長政策の成功を表裏のものとして世界に向けてアピールすることを目標に掲げていた。五輪開催が具体的なステージに入っているその現場で、学生たちのデモを大規模に武力で鎮圧することはできなかった。

政治のリーダーたちにとっても、学生運動家たちにとっても、すべての動きは一九八八年に向けられていた。この年には、全斗煥退任を受けての大統領選挙とソウル五輪という国内、国際両面で韓国の未来を決定する二つの大きな出来事が予定されていた。経済成長に支えられ、ソウル五輪という留め金があることによって、韓国はもう軍事独裁政権に戻ることはできなかった。全斗煥は大統領を直接選挙で選ぶことに否定的だったが、最終的には学生や市民、野党勢力による運動の盛り上がりに押し切られ、大統領の公選が決まっていった。その背景には、やはりソウル五輪を前に政治的混乱が韓国に生じるのを避けたかったアメリカ政府からの働きかけもあったとされる。

こうして民主化は必須の道のりとなり、焦点は誰がそのイニシアティブを取るかというところに移行しつつあった。ここで野党勢力に生じた誤算は、大統領選が具体的な日程に上ってくると、金大中と金泳三の二人のリーダーが主導権争いを始め、双方譲らず立候補してしまったことだった。漁夫の利を得たのは全斗煥の意を受けた盧泰愚《ノテウ》で、民主化への移行期の政権運営とソウル五輪は全斗煥後継の盧泰愚に担われることとなった。

一九八〇年代半ばから九〇年前後までの数年間で、韓国の政治秩序は劇的に転換した。そしてこの転換に、ソウル五輪の開催は陰に陽に作用していた。もちろん、この時期の韓国社会の不可逆的な変化を条件づけていたのは、七〇年代からの経済成長による生活の向上だった。さらにこれらの動きと表裏をなして、ソウルという都市そのものが八〇年代には決定的に転換したのである。その転換の中心は、ソウルを流れる大河、漢江の南岸地区である江南《カンナム》地域の開発だった。ソウルはこの江南地区、とりわけオリンピックの競技施設が林立することになった蚕室《チャムシル》地区を中心に東京に並ぶオリンピックシティへと変貌していったのである。

実際、一九八〇年末、後から名乗りを上げたソウルが一気に名古屋を追い抜いてオリンピック開催権を獲得した最大の理由は、立候補の時点でソウルではオリンピック競技施設の建設がもう六割近く終わっていたことだった。都市づくりには一過性のイベント開催よりもはるかに準備に時間がかかる。それにもかかわらず、立候補時点で競技施設建設の六割が終わっていたということは、立候補のはるか前から施設建設が始まっていたことを意味する。

そもそもソウルがオリンピックシティとなることを目指し始めるのは、これより二〇年ほど前、朴正煕政権の拡張期のことだった。朴政権は一九六六年、七〇年のアジア大会をソウルに誘致する。アジア大会とはオリンピックの地域バージョンであり、この大会の開催の先にはオリンピックそのものの開催も視野に入っていた。韓国招致団は六六年にバンコクで同大会が開かれた際、七〇年大会に関心を持っていた台湾、マレーシア、イラクなどを説得し、ソウルでの開催権を獲得する。まだ韓国の経済力がアジア諸国でも最底辺にとどまっていたにもかかわらず、朴大統領とソウル市は、二年前の東京オリンピックで都市東京の大改造がなされた先例に倣い、アジア大会の準備を通じて首都ソウルの風景を刷新しようと考えたのである。

だが、既存施設の再利用ならば身の丈に合った予算で実施できたはずのアジア大会も、これを都市の大規模な改造と結びつければ莫大な予算が必要となってくる。試算では一〇〇億ウォンともされた関連施設の建設費用を捻出する見通しを、当時の韓国政府は立てることができなかった。韓国オリンピック委員会は、規模を縮小してでもソウル大会を開きたいと考えていたが、朴政権はむしろ東京に匹敵するオリンピックシティの建設に関心があった。結局、韓国はアジア大会開催権を返上し、七〇年大会は再びバンコクで開催されることとなった。これは韓国にとって挫折であったが、この経験を経て朴政権は、「ソウルにオリンピックを誘致できる国際的規模のスポーツ施設を建設する意思を一層確固たるものとした」という（金白永（阪野祐介訳）「江南開発とオリンピック効果」『空間・社会・地理思想』第二一号、六六頁）。

金白永は、この挫折したアジア大会構想に始まり、約二〇年の歳月をかけて江南地域がオリンピックシティとして開発されていく過程を跡づけている。それによれば、ソウルでのアジア大会開催は挫折したが、オリンピックシティへの夢が消えたわけではなかった。ソウルでオリンピックを開催できるほどの大規模施設群を建設できる場所といえば、古くから開発の進んだ漢江の北はなかった。当然、関心は漢江の南、それも以前からスプロールが進んでいた鉄道路線に近い西地域ではなく、蛇行する漢江でやや引っ込んだ形になっている南東の蚕室を中心とした一帯に向けられていった。それまでこの地域は、一〇〇〇人にも満たない住民が農業をしたり、渡し船に乗って対岸地域に働きに行ったりという状態だったから、開発業者からすればまったくの新開地であった。一九七一年、梁鐸植《ヤンテクシク》ソウル市長は「スポーツの大衆化とスポーツ人口の底辺拡大のため、蚕室地区に八〇万坪のスポーツ大団地を造成する」計画を発表した。この計画では、まずはすでに確保されている一四万坪の総合運動場を整備し、その後の拡張を通じて蚕室地区に「我が国でも世界オリンピックが開催できるように国際規模のスポーツ団地をつくろう」としていた（同　六六頁）。

この計画に先立って、江南地域の西端に位置する永東《ヨンドン》地区が、一九六〇年代末に開発され始めていた。これを促したのは、ソウル都心と郊外や地方を結ぶ道路網の整備で、とりわけその国家的達成となったのは京釜《キョンブ》高速道路の完成だった。この高速道は一九六八年に着工し、わずか二年で釜山までの四二八キロが開通したことで韓国近代化のシンボルとなった。開発独裁型の政権は、常にこの種の近代化のシンボルを必要とするのだ。

図4-2 1970年の永東地区と蚕室地区

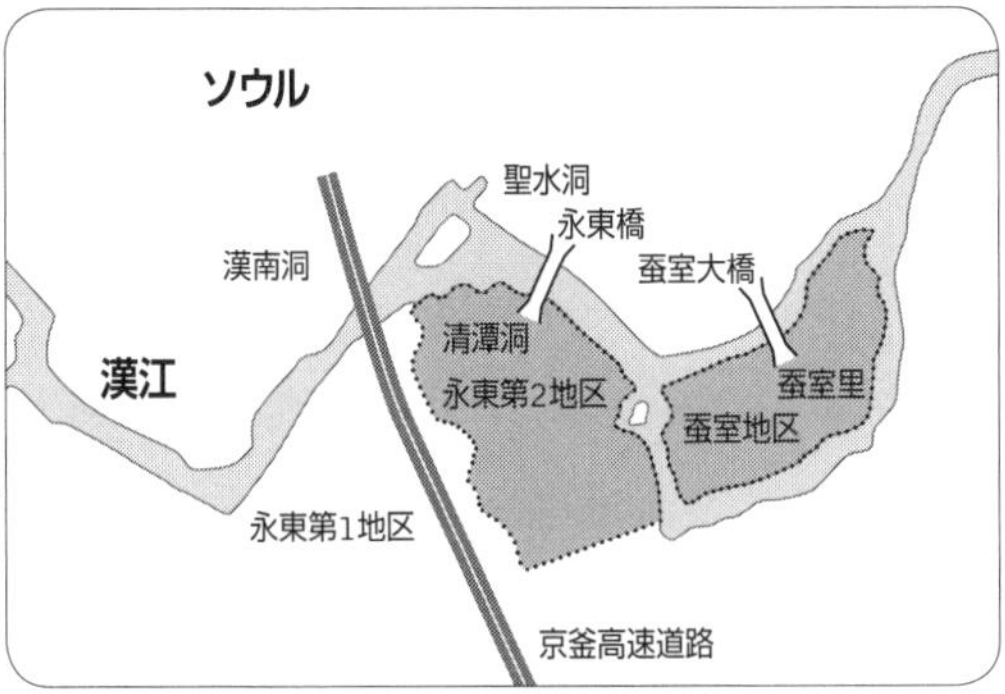

［金白永「江南開発とオリンピック効果」『空間・社会・地理思想』第21号、p.67の図をもとに作成］

こうしたなかで、次なるステップは首都ソウルのバージョンアップである。予算や施設面での準備が整わないままアジア大会招致に突っ走って失敗した経験から、朴政権はとにかくまずインフラ整備をしっかりやって、その上で国際的な大会を招致する戦略に切り換えたのである。こうした国家意志を受けてソウル市は、七〇年代に入ると蚕室地区にオリンピックも招致できる巨大なスポーツ施設群を建設し、同時に江南一帯の八三七万坪に大規模な区画整理を実施して、そこに江

開通した京釜高速道路　大邱インターチェンジ付近
［1970年7月撮影、写真提供：共同通信社］

北から商工部傘下の数多の企業体を移転させ、約二〇年をかけて六〇万人の人口を収容できるソウル新都心を建設していこうという遠大な計画を立てていった。

八〇年代初頭、ソウルとオリンピック開催権を競っていた名古屋が知っているべきだったのはこの事実である。ソウルがオリンピックに立候補したとき、彼らはもう一〇年も前から誘致のための都市改造を進めていた。このことを知っていれば、名古屋はソウルが強敵であることに気づいただろうし、少なくともオリンピックシティ建設の準備期間の長さで名古屋よりもはるかに上手であることに脅威を感じたはずである。ソウルの都市史を調べればわかったはずのこの認識を、当時、名古屋市が十分に持っていた形跡はない。だからこそ、名古屋市長はＩＯＣ総会でソウルに大敗し、「何が何だか、わからない……」と呻くしかなかったのだ。

オリンピックタウン蚕室地区の開発

金白永が検証したように、ソウル市はすでに一九七一年の段階で、蚕室地区にいずれはオリンピックを誘致する意志を示していた。この地区は水辺が多く、漢江の氾濫で水没のリスクの高い土地だったが、七〇年代初頭の埋立てにより広大な土地が造成されていった。造成された土地の八割以上は公共用地として使われる計画で、当時の新聞にはっきり「公共用地の中にはオリンピックも開催できる国際規模の総合競技場を建設する」と謳われていた。

金は、この蚕室開発計画が、①土木中心の開発から都市計画的な開発への転換、②放射状の道路整備による都市の多核化、③都市デザインが企業体的事業として進められたこと、④集団替費地の仕組みによりアパート団地や中心業務地区を統合的に出現させたことなど、その後の韓国でなされていく都市計画のモデルとなったと指摘している（同、六九頁）。こうして開発後の蚕室は、国際的な水準で都市生活を享受できる韓国で最初の計画的地区となっていったのである。

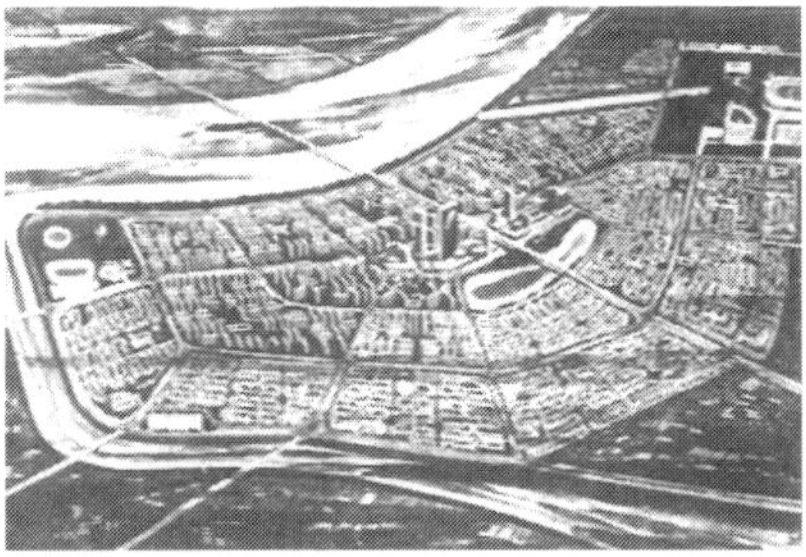

蚕室地区綜合開発計画 鳥瞰図
［金銀恵「1980年代韓国のスポーツメガイベントと江南づくり」『日本都市社会学会年報』35号、p.108より］

一九七〇年代からの江南開発とアジア大会やソウル五輪の関係を社会学的に分析した金銀恵は、一九七二年の憲法改正を経て独裁体制を強化した朴政権が、七三年九月に「国際的規模の体育施設計画」の立案を指示し、これがソウル市の「蚕室地区綜合開発計画」として具体化されていったことを指摘している。開発独裁政権の大いなる権力を後ろ盾にソウル市は江南に「豊かで理想的な新都市」のモデルを実現しようとした。そのため、この計画では「イギリスのニュータウンだけでなく、日本の大阪千里ニュータウンや東京多摩ニュータウンなども参考に」、オリジナル以上のニュータウンの実現が図られた。蚕室地区の広大な土地には、①コミュニテ

アジア選手村［金銀恵　前掲論文p.109より］

ィの有機性、②高水準の教育機関、③オープンスペース、④緑地帯、⑤都市景観としてのランドマーク、⑥中心地区の高密な雰囲気、⑦大規模商業機能、⑧住居形式の多様性、⑨円滑な交通システム、⑩公害のない環境などを戦略的に織り込んだ新市街が出現することになったのである（金銀恵「1980年代韓国のスポーツメガイベントと江南づくり」『日本都市社会学会年報』三五号、一〇八頁）。

この段階では、まだ本当にオリンピックを招致できるという自信はなかったので、「グローバル」よりも「アジア」が都市近代化のシンボルだった。つまり、「アジア」という言葉は、一九七〇年代から八〇年代にかけての韓国では同時代の日本とは正反対の含意を持っていた。日本の場合、どちらかというと「アメリカ＝未来」に対して「アジア＝伝統」という通念が一般常識を支配していたのに対し、韓国の江南開発では、「アジア」には「アジア大会＝国際的なイベント都市」という含意があり、それは新しい都市づくりの目標となった。そのため、八六年のアジア大会に向けて建設されたアジア選手村は、やがて「アジアアパート」として利用されていくことになるが、「ピロティの構造だけでなく、歩行者－車道を分離して設計」がなされていた。しかもそこでは「住民間の共同生活に最大限に配慮し、当時としては初めて地下空間に駐車場も建設された」。敷地面積が四万八〇〇〇坪、総世帯数が一三五六世帯と大規模で、建てられたのは九～一八階の階段状の高層集合住宅だが、容積率は一五〇％と低く、ふんだんに緑地やオープンスペースが設けられていた。室内のデザインも幅広い間取りで高級感があり、近くには二万坪のアジア公園があった（同、一〇九－一一〇頁）。東京でいえば、駒沢公園の近くの大型高級マンションに類するかもしれない。

その後、一九七九年一〇月二六日、朴正熙が中央情報部（ＫＣＩＡ）のトップ金載圭によって射殺されたことで韓国政治は大変動を始めていく。その変動の最中、朴暗殺からわずか二年で八八年のソウル五輪開催が決まったことは、ソウルの新都市建設計画にとっても、また韓国の政治的動向全体にとっても、きわめて大きな意味を持った。ソウル五輪開催が同時代の韓国政治に対して果たした作用については前述したが、都市開発の面でも、全斗煥政権は一九八六年のアジア大会と八八年のオリンピックの成功を国の政策の前面に掲げ、建設中の競技施設の拡充を推進し、海外からの選手団や観光客のための宿泊施設を整備し、さらに漢江一帯の交通や環境整備に力を注いでいった。この全政権の方針を受けてソウル市は、早々に「ソウルの都市構造と機能を全面的に再編成する」という野心的な計画を公表していく。

その柱は、①二〇〇〇年までに市内に九本の地下鉄を縦横に走らせること、②住宅普及率を八〇％以上とするため集合住宅の建設を拡大すること、③不良住宅地域を再開発して高密度地域に変えることなどだった。「オリンピックタウン」として名指された蚕室地区はこの都市改造の中核で、ここまでの金浦《キンポ》空港からの高速道路（88オリンピック道路）を建設し、一帯に国際的水準の美観街路を整備し、業務・交易機能、体育・娯楽機能、商業機能、文化・体育機能等々の拠点が蚕室地区のなかに計画的に整備され、連結されていった。蚕室地区は、「新生江南地域を代表する新しい象徴街路の位相に位置付けられた」のである。

しかも、この「蚕室＝オリンピックタウン」の整備と並行して、オリンピックシティとしてのソウルの整備も急ピッチで進み、緑地や公園がソウル市全域に誕生していった。この公園整備は、「オリンピック競技場一帯に集中的に推進された花通りや花園造成事業、ソウル市内全域に拡大した都市設計事業と美観街路造成事業といった脈絡で成し遂げられた政策的な変化の結果」であった（金白永　前掲論文、七四頁）。そしてこの都市の美観化は、いわゆるジェントリフィケーション、すなわち老朽化した住宅や貧困層の開発地域からの強制的な撤去の過程を伴っていた。「国家が黙認する状況下で資本が先頭となり、中産層の不動産への欲望が交差する地点において撤去民と呼ばれた者たちが苦しんで」いく（金銀恵　前掲論文、一一二頁）。

　こうして一九八〇年代末までに、ソウルは「開発途上国」の首都から東アジアを代表する「オリンピックシティ＝世界都市」の一つへと劇的な変身を遂げた。人口規模も、一九四五年の約一〇〇万人から七五年に約六八〇万人に増え、九〇年には一〇〇〇万人を突破する（その後はドーナッツ化漸減）。交通網でも、八〇年代に漢江の南北を結ぶ地下鉄が開通し、江南の住宅地が江北の都心に三〇分以内で直結した。その結果、毎日数百万人が地下鉄を利用して膨張し続ける巨大都市を南北東西にせわしく移動する日常が当り前になっていった。同時代の東京と同じである。この変化は、ソウルに住む人々の意識を根底から変えた。八〇年代半ば、この都市の親たちは、「オンドル用練炭とは無縁のモダンな住まいを子に教えたいとの思いに駆られ、マンション買いに走っていた」（『朝日新聞』一九八五年六月六日）。ソウルは今や、軍事独裁体制の権力中枢であるという以上に、新しい都市的消費スタイルの記号的中枢となったのだ。

　オリンピックタウン蚕室を中心とする江南地域は、まさしくその消費文化の首都ソウルの中心中の中心となった。この江南を「象徴する風景は、高層アパート群と縦横に走る広々とした道路網、そして眼下に広がる漢江の流れと豊かな緑である。団地には、ポニー、ステラ、ルマンといった国産乗用車がずらりと並び、しゃれた商店街が周囲を埋める」と一九八六年のある記事は伝えていた（『読売新聞』一九八六年一〇月二日）。そこに展開していたのは、「ソウルっ子が『東京と変わらない』と自負する〝幸福な都市生活〟の光景」だった。この消費のスタイルは、明白に階級的なものでもあり、江南の新開発地域は、「高所得者層の間で異常な人気を呼び、このアパートへの入居は社会的ステータスのあかしとささやかれるほど」になった。経済成長に伴う所得の全般的上昇、とりわけ中産階級の拡大に呼応して、比較的豊かな生活を手にした人々が次々に江南にマイホームを求めていったので、ソウルの人口分布も八〇年代半ばには江南が江北を上回るようになった。

八八年オリンピックの南北朝鮮同時開催――もう一つのシナリオ

さて、国際的には、一九八八年のオリンピックのソウル開催が決定すると、この五輪を南北朝鮮が分断を越える契機にできないかとの模索が始まる。当初、北朝鮮は南北分断の状態のままでのソウルでの五輪開催を非難し、準戦時状態でこれが強行されれば、「多くの国がボイコットするだろう」と主張していた。また、ソ連もソウルでの開催に批判的だったから、ＩＯＣもオリンピックの東西冷戦状態に何らかの手が打たれるべきという認識を持っていた。

ところがこうした非難の一方で、北朝鮮は朝鮮半島でのオリンピック開催に自らも参加することに大いなる関心を持っていた。当時、南北朝鮮では対話の動きが活発化しつつあり、たとえば八四年には南北協調に向けた会談が開かれ、国境線をまたぐ鉄道接続も検討され始めていた。すでに中国は改革開放を推進していたから、大きな歴史の流れから取り残されないためには、西側諸国との関係改善しか道はなかった。だからこの時期、北朝鮮の指導者金日成は、南に向けて国を開いていく方向に大きく舵を切ろうとしていたのである。このプロセスで具体的に持ちあがったのが、八八年オリンピックのソウルと平壌での共同開催構想や南北朝鮮統一チーム結成の構想である。オリンピックの南北共同開催は、実現すればＩＯＣとしてももちろん歓迎すべきことで、問題は本当に北朝鮮と韓国で折り合いがつくのかという点にあった。

　共同開催の提案は、まずは北朝鮮側から、東側諸国共通の意志として表明された。一九八五年七月、北朝鮮政府で南北統一問題の総責任者許錟政治局員は、平壌を訪問中だった日本からの使節団に、「最近、東側諸国の一部から南北朝鮮の五輪共同開催案が提案され、（北朝鮮は）これに強い関心を持っている」と語り、平壌とソウルの両首都にまたがる「朝鮮オリンピック」の共同開催を、北朝鮮政府内で検討していると明かした（『朝日新聞』一九八五年七月一六日）。これとほぼ並行して、ＩＯＣのサマランチ会長は、「一九八八年ソウル五輪の北朝鮮参加のために、南北朝鮮統一チームが編成されることを条件に、同五輪の幾つかの競技を『ソウル以外の都市』で実施することも可能である」と、オリンピックの「南北分散開催をＩＯＣが検討している事実」を明らかにした（『朝日新聞』一九八五年八月二四日）。この南北共同開催のための南北朝鮮の会議は、翌八六年六月、ＩＯＣの仲介によりスイスのローザンヌで開催され、サマランチ会長の言葉では、「われわれは限りなく合意に近づいている」ということだった。

　もし、この南北共同開催が実現していれば、オリンピックの歴史にとっても、また世界史的な意味でも、二〇〇二年のサッカー・ワールドカップの日韓共同開催を超えるかつてない画期的な出来事となっていたに違いない。オリンピックの高揚ムードのなかで、総勢数万にも及ぶ選手団、報道陣、応援団、それに見物客が三八度線を越えて南北朝鮮の間を往来することになったであろう。ＩＯＣは、南北朝鮮のオリンピック委員会に対し、①卓球とアーチェリーの二つの競技の予選から決勝までを北朝鮮と行う、②自転車とサッカーの一部試合と若干の文化行事を北朝鮮で行うことを提案した。他方、一九八六年に入ると中国が同年のソウルでのアジア大会、そして二年後のソウル五輪への参加を表明し、ソウルに続いていずれは北京でオリンピックを開くことを真剣に検討し始めていた。北朝鮮が孤立を回避しようとするならば、このタイミングでオリンピックを南北共同開催するのは決して悪くない選択であった。

　ところが、ここから北朝鮮得意の「瀬戸際の交渉」が始まる。一九八七年七月、ＩＯＣは北朝鮮との交渉を通じ、卓球とアーチェリーに加え、女子バレーボール、自転車の予選から決勝までの試合を北朝鮮で開催することを、ぎりぎりの妥協ラインとして提案した。完全二種目開催から完全四種目開催への譲歩で、日本人からすれば、このなかには女子バレーボールの決勝も入っていたから、かなり大きな譲歩にも見える。ところが北朝鮮はこれでは満足せず、サッカー、柔道、レスリング、女子ハンドボール、男子バスケットボール、新体操を加えたなかから八競技を北朝鮮で開催したいと要望したのだった。北朝鮮が八種目開催にこだわったのは、北朝鮮の人口約一九〇〇万と韓国の人口約四〇〇〇万に比例させて全二三競技を配分すべきとの彼らなりの論理からだった。彼らが希望した種目はどれも北朝鮮で人気のあるスポーツだった。因みに現指導者の金正恩が熱烈なバスケットボールファンであることはよく知られている。

　交渉をまとめたいＩＯＣは、四種目に加えてサッカーの一部試合を北朝鮮で開催することに前向きの姿勢を示し、あるいはもう一種目を加えた五種目の北朝鮮開催がぎりぎりのラインであると北朝鮮に通告した。韓国からすれば、人気種目のサッカー決勝を北朝鮮で行うことや、開会式や閉会式をソウルと平壌で平等に開催することなど、いくつかの北朝鮮の提案はとても受け入れられない話だった。IOCの提案に対し、北朝鮮はもう一種目を増やし、六種目の北朝鮮開催ではどうかと逆提案する。ハードネゴシエーターである。ぎりぎりの調整だが、北朝鮮はこの調整がきわめて重要な意味を持つことをよく理解していた。だからこそ、瀬戸際の交渉を得意としてきた北朝鮮ならではの逆提案をしたと考えられる。しかし、過ぎたるは及ばざるが如し、韓国側の堪忍袋の緒が切れたのか、あるいはIOCが匙を投げたのか、結局、交渉は決裂し、オリンピックの南北共同開催は、架空の話に終わってしまった。

オリンピックシティ平壌と瀬戸際の交渉の結末

ところが実は、こうした交渉がまだ進行中の段階で、平壌ではすでにオリンピック競技施設の建設がどんどん進められていたのである。交渉初期段階の八六年、平壌中心部の中州綾羅島には一五万人を収容できる巨大競技場が、またその下流の中州羊角島にはサッカー場が建設され始め、さらに金日成生誕の地とされる西郊の万景台地区には一二種目のスポーツ村も建設されていた。これらの競技施設の青写真には五輪マークが付けられており、建設現場では「何千人という勤労奉仕の市民がスコップやツルハシを手に、『生産煽動隊』の奏でる威勢のいい音楽に合わせて、土を掘り返していた」。なかでもメインの競技会場になるとされていた綾羅島の現場では、「親愛なる指導者金正日同志の教えを高く掲げ、忠誠の成果を発揮」すべく、「全国から選ばれた『党員突撃隊』など五千人が参加、夜は勤め帰りの勤労者や市民、学生も加わって、昼夜兼行の突貫工事」が進んでいたという（『朝日新聞』一九八六年九月一九日）。

これらの競技施設に加え、平壌西部には幅一〇〇メートルの道路を挟んで六万人以上が居住できる規模の「オリンピック・ファミリー・タウン」も建設されていた。北朝鮮は、オリンピックが平壌でも開催された場合にこの都市を訪れる海外からの選手団や報道陣、観客の総数を約二万五〇〇

1988年オリンピックの南北共同開催を目指し、建設が進むサッカー場
［1987年9月26日撮影、北朝鮮・内谷（アンコル）体育村、写真提供：読売新聞社］

平壌郊外で建設が進むオリンピック関連施設［写真提供：読売新聞社］

〇人と見込んでおり、「オリンピックタウン」はそうした関係者を十分に収容できる規模とされた。このように交渉が決裂する以前の段階で、北朝鮮の人々は本気でオリンピックの南北共同開催を望み、またそれが可能であると考えていたようだ。彼らは零下一〇度という厳寒の平壌で、ブルドーザーもクレーン車もないなかで兵士や市民が総がかりでモッコをかつぎ、スコップをふるい、彼らなりのオリンピックシティを建設していたのである。当時、平壌体育団のコーチは、自分たちは「南北で共同主催できるという確信を持ってやっている」と語り、もしも南北統一チームができれば、体操種目の半数で朝鮮チームは金メダルを取れるはずだと胸を張っていた。こうしてみると、ローザンヌでのＩＯＣや韓国側との交渉は、北朝鮮政府にとっては自国の命運を賭けるほどに大きな意味を持っていたと考えられる。

逆に言えば、交渉決裂のショックはＩＯＣや韓国にとってよりも、北朝鮮にとって決定的に大きかったと考えられる。北朝鮮が瀬戸際交渉を通じて狙った大勝負は、ぎりぎりのところで失敗に終わる。一九八七年八月一〇日、ＩＯＣからの北朝鮮での五種目開催案に対し、北朝鮮は六種目開催案を逆提案するが、同二四日にＩＯＣはこれを拒否する。サマランチ会長は、最後のところでぎりぎりの粘りを見せることができなかった。そこで北朝鮮は苦し紛れに韓国にＩＯＣ抜きの二国会談を提案するが、当然ながら韓国はこれを拒否する。続いて同年一〇月六日、ついにＩＯＣは自らの最終提案を北朝鮮は受け入れなかったため、翌七日に予定されていた北朝鮮との会談は中止すると通告した。万事休すである。この時点で、北朝鮮は命がけの瀬戸際交渉が失敗に終わったと認識するしかなかった。絶望した者は、しばしばより極端な方向に走る。とりわけ北朝鮮のような国家は、極端から極端へと振れることを厭わない。

こうして北朝鮮が選んだとされているもう一つの道に世界が衝撃を受けるのは、このＩＯＣ通知から約二カ月後、一九八七年一一月二八日のことだった。この日、バグダッドからアブダビ経由でバンコクに到着するはずだった大韓航空八五八便は、ビルマの首都ラングーン（現ヤンゴン）から南へ約二二〇キロの海上上空で消息を絶った。旅客機内で爆弾が炸裂し、機体が空中分解したのである。乗客・乗員の一一五人全員が即死したと考えられている。

当初、事故原因は機体の異常により起きたのではないかともされたが、事故機にバグダッドから乗って経由地のアブダビで降りた「日本人」の二人組の動きに疑問が多いことからテロの可能性が疑われ始めた。日本政府は日本赤軍による新たなテロ事件を懸念し、この二人組の旅券情報を緊急調査すると、彼らの旅券が偽造であることが明らかになった。この二人組はバーレーンの空港でローマ行きの便に乗り換えようとしていたが、日本大使館員と共に駆けつけた現地警察に取り押さえられた。取り調べ中、男は煙草を吸うと見せかけて服毒自殺し、女も自殺しようとしたが一命を取りとめた。「蜂谷真由美」という日本人名を名乗り、日本語も堪能だったが、実は北朝鮮の工作員だった。彼女ともう一人の男性工作員は、ＩＯＣとの交渉の決裂が確定した同年一〇月七日から一一月上旬までの間に、北朝鮮の次期指導者金正日から間接的に大韓航空機爆破の指令を受け、それを実行に移していったと考えられている。

一九八七年一一月に起きた大韓航空機爆破は、諸々の証言や状況証拠から、オリンピックの南北共同開催構想に失敗した北朝鮮指導部が、ソウルでの単独開催を阻止するために韓国の安全性についての信頼を失わせようと起こした国家的テロであると考えられている。南北分断の現状を乗り越える南北共同開催と、韓国での単独開催の妨害を意図した航空機爆破という国家テロの間の距離は目も眩むほどに大きい。ソウル五輪は、民主化運動の盛り上がりが体制転換への触媒の役割を果たした意味においても、北朝鮮との幾重にも屈折した関係においても、同時代の政治情勢とあからさまに結びつかざるを得なかった。そしてこうしたオリンピックと政治的抗争やテロの結びつきは、遡れば一九六八年、メキシコ五輪の一〇日前に起きた軍と警察による学生と市民に対する大虐殺事件(トラテロルコ事件)や、一九七二年のミュンヘン五輪で起きたパレスチナの武装集団によるイスラエル選手団に対するテロ事件(黒い九月事件)と、過去にも何度も繰り返されてきたことである。オリンピック開催を契機としたこれらの暴力の反復は、「平和の祭典」というオリンピックの表の貌の背後に隠れつつも、この言辞が覆い隠すオリンピックのもう一つの貌を示唆している。

衛星放送とグローバルヴィレッジのなかのソウル五輪

一九六四年の東京五輪は、日本に本格的なテレビ時代が到来するまさにその瞬間に開かれたオリンピックであった。これに対して八八年のソウル五輪は、衛星放送が世界に普及し、テレビが文字通りのグローバルメディアとなっていく時代に開かれたオリンピックである。つまり八〇年代末、テレビは欧米や日本のような一部の先進諸国ばかりでなく、膨大な人口がさらに増加を続けるアジアや中南米、中近東などの発展途上国の人々にとっても日常的なものとなりつつあったのだ。そのため、ソウル五輪の模様は世界の一六〇カ国に中継され、そののべ放映時間は一万五〇〇〇時間に上った。放映時間が最も長かったのは、韓国自体を別にすれば、実は日本や米国ではなく、香港やマレーシア、メキシコ、ブラジルなどの中進国が大半を占めた。

ジェームズ・ラーソンとフンス・パクは、ソウル五輪が四つの歴史的転換が同時的に起きるまさ

図4-3 オリンピック組織委員会の収入に占めるテレビ放映権料の割合

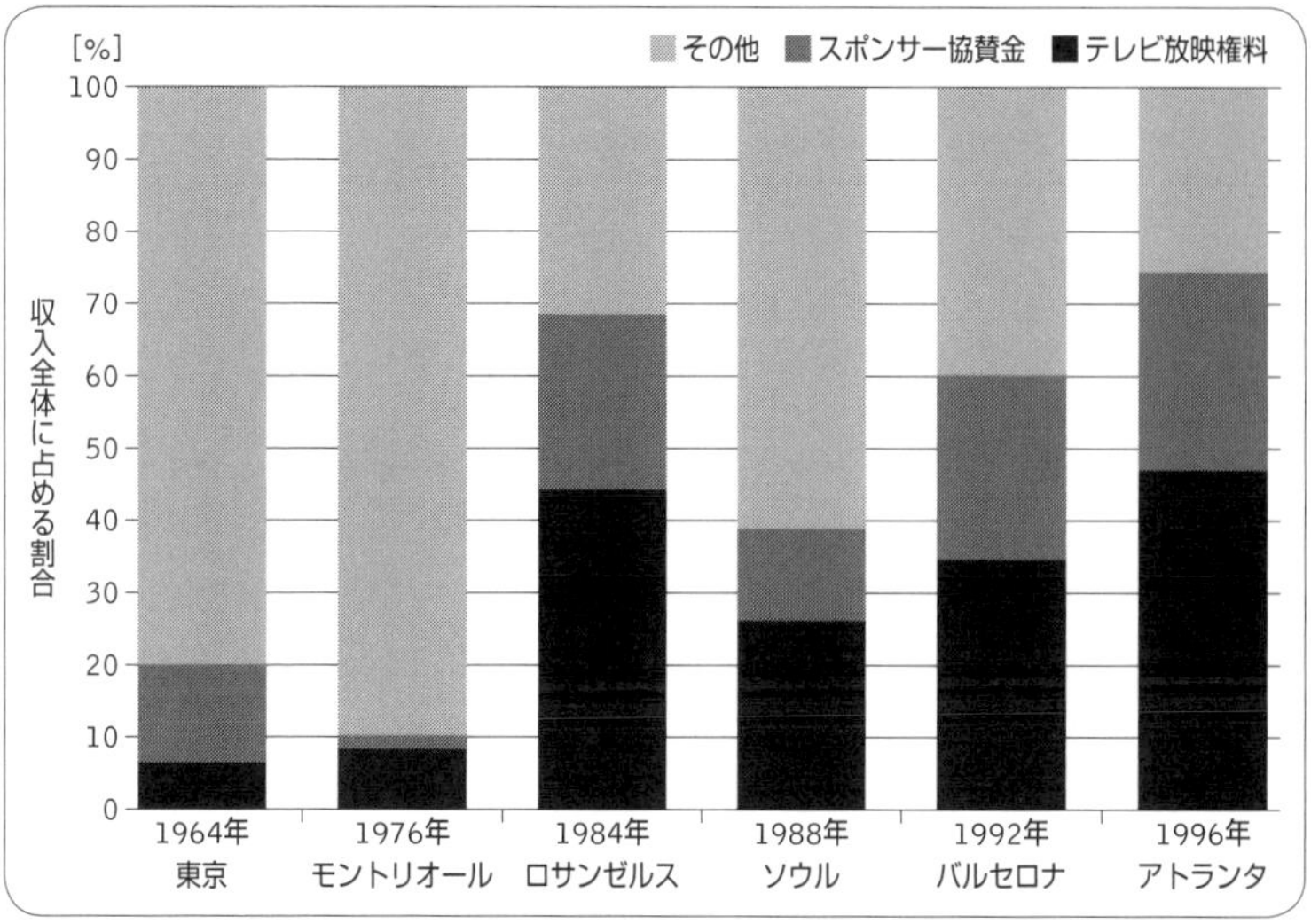

[James F. Larson and Heung-Soo Park, *Global Television and the Politics of the Seoul Olympics*, p.89の図をもとに作成　出所:国際オリンピック委員会]

にその時点で催されたと指摘している。四つの転換とは、第一がコミュニケーション技術の転換であり、第二が冷戦体制の転換であり、第三が韓国の軍事独裁体制の転換であり、第四がオリンピック自体の転換、つまりアマチュアリズムの祭典からグローバルなメディアと結びついたコマーシャルなメガイベントへの転換である（Larson, James F. and Park, Heung-Soo, *Global Television and the Politics of the Seoul Olympics*, pp.2-4）。

　このうち第一の転換と第四の転換は表裏をなす。近代オリンピックは、大赤字を出した一九七六年のモントリオール五輪と多数の国のボイコットで揺れたモスクワ五輪という危機の時代を経て、放映権料で儲けるビジネスモデルが大成功した八四年のロサンゼルス大会までの間に根本的に変質していっ

図4-4 米国における夏季オリンピックのテレビ放映権料

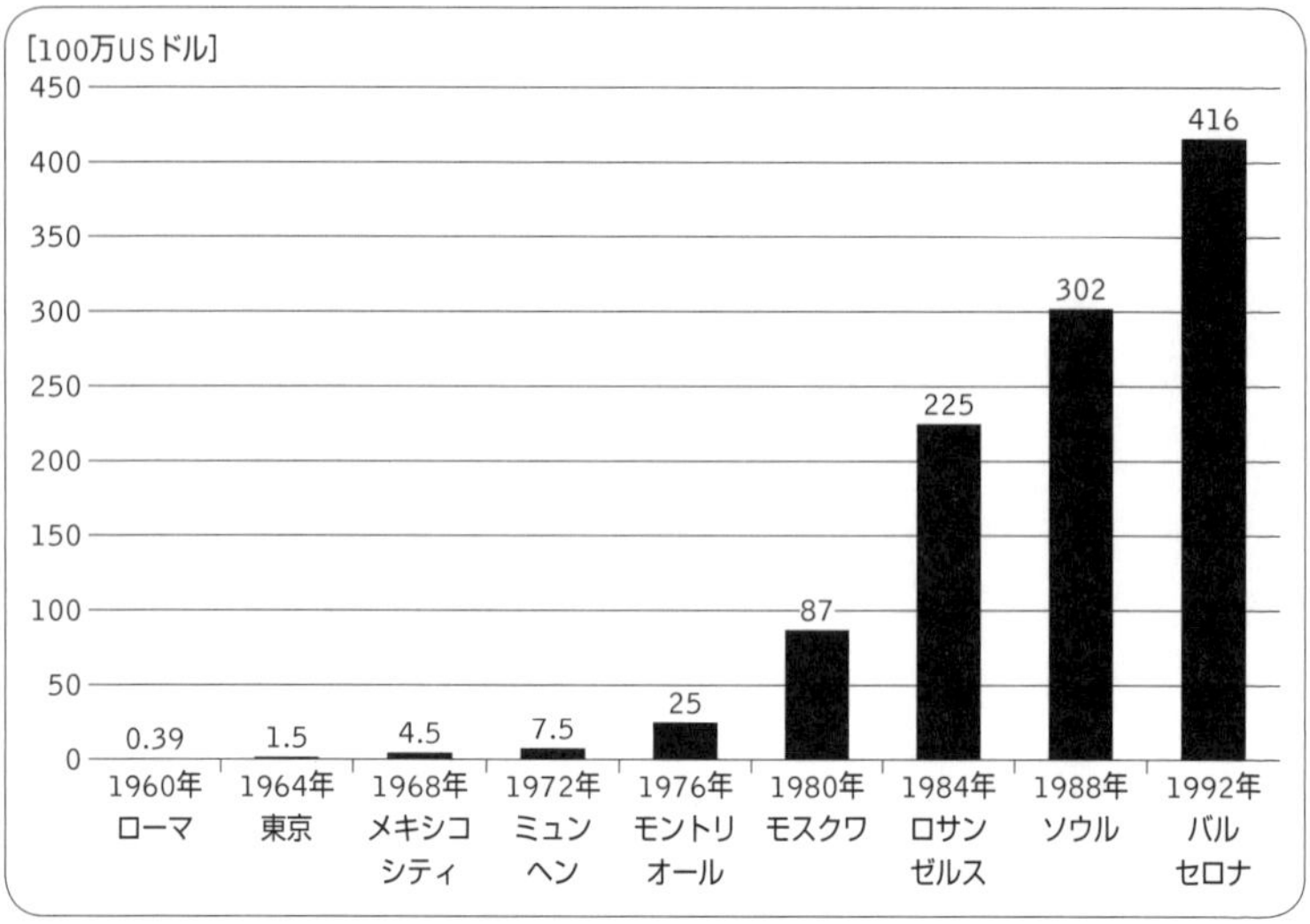

[Larson and Park　前掲書p.15の図をもとに作成　出所：国際オリンピック委員会]

たのだ。それは、アマチュアスポーツの大会からコマーシャリズムのメガイベントへの決定的な転換であった。そしてこの転換は、同時代のメディア変容、とりわけテレビがナショナルメディアからグローバルメディアに変容していく過程と軌を一にするものだった。

一九七〇年代まで、テレビは基本的に地上波で、衛星放送は商業用としては皆無に等しかった。ところが八〇年代、ケーブルテレビと結びついて衛星放送が産業化されていく時代が来る。たとえばCNNがアメリカでニュース専門チャンネルとしてスタートするのは一九八〇年、そして九一年の湾岸戦争報道で彼らはニュース報道のグローバルメディアとしての地位を確立する。八〇年代に衛星とテレビの結びつきが可能にしたのは、地球全体がグローバルヴィレッジ（地球村）

として、ある一つの出来事を長時間にわたって生放送で同時体験することだった。オリンピックはそのような「地球村の祭り」を同時体験する絶好の仕掛けであり、この衛星放送との結びつきにおいて、ソウル五輪は湾岸戦争に先駆けてもいたのである。

オリンピックがグローバルテレビジョンの時代にぴったりのメガイベントであるのにはいくつも理由がある。第一に、オリンピックは各国の代表選手が競いあうことで、全世界のナショナリズム感情を喚起する。参加したあらゆる国の国民を、テレビは試合の中継を通じて俄かナショナリストにしていくのである。これは、視聴率を稼ぐのにきわめて効果的な手法である。第二に、ワールドカップや世界選手権と異なり、オリンピックには実に多くの種目が用意されている。だから国ごとに、放映をその国民の関心が強い種目にチューニングしていくことができる。第三に、スポーツは他の様々な文化ジャンルと異なり、ほとんど言葉を必要としない。言語や文化による差異を最小化し、ビジュアルな映像だけで大多数の人々を魅了していく。そして最後に、オリンピックとテレビの結びつきは招致レースの過程から始まっており、開催都市はその都市の魅力を世界にアピールし、世界各地から多数の観光客を呼び込んでいく。グローバル化したテレビ放送は開催都市の風景や様々な出来事を紹介していくので、オリンピックは一種の観光的なイベントともなる。

このようにメディアとオリンピックの結びつきが変化していった直接的効果として、国際オリンピック委員会は一九九四年のリレハンメルでの冬季大会から、夏の大会と冬の大会を交互に二年おきに開くことを決定する。つまりオリンピックイヤーは、四年ごとではなく二年ごとになったのである。これは、オリンピックという仕掛けで最大の放映権料を稼ごうとすれば当然、引き出されてくるマーケティング戦略であった。オリンピックがまずあってメディアで報道されるのではなく、メディアからの収入がまずあってオリンピックが上演されていくのである。

しかも、そのメディアとは一九三六年のベルリン大会でのように映画ではなく、徹底して市場の論理で動くグローバルテレビジョンである。ソウル、バルセロナ、アトランタ、シドニー、アテネ、北京、ロンドン、リオデジャネイロという一九八〇年代末以降の開催都市を並べてみれば、グローバルなテレビ環境のなかで放映される映像の舞台としての魅力を競い合うことが、オリンピックにとっていかに重要になっていったかがわかる。オリンピック開催都市に必要なのは、ベルリン五輪のモニュメンタリズムではなく、グローバルなメディア時代に適合したテレビ映りのいいスタジオセットのような背景と国際的なツーリストたちへの魅力となったのだ。事実上、東京はかなりの程度までそうした条件を備えているが、二〇二〇年の東京五輪の企画者たちがこの変容に意識的であったとは思えない。おそらくこの点に最も自覚的だったのは二〇一二年のロンドン五輪だが、そこに至る変容は、すでに八〇年代末、ソウル五輪の頃から始まっていたのである。

実際、**図4-5**は、一九七六年から九一年までの間で、インテルサットの人工衛星をテレビ放送がどれだけ一時的に利用したかの変化を示すが、これを見ると衛星利用の増加において、いかにオリンピックやワールドカップが大きな役割を果たしたかがわかる。グラフのなかで、数字が付けられた極端に利用が増加しているピークの多くが、これらのスポーツイベントの開催期間と一致している。すなわち、1がモントリオール五輪、3がモスクワ五輪、5がロサンゼルス五輪、7がソウル五輪である。ちなみに2はアルゼンチンでのワールドカップ、4はスペインでのワールドカップ、6はメキシコでのワールドカップ、8がイタリアでのワールドカップ（いずれもサッカー）である。そしてこれらに9の湾岸戦争が続いている。そして、このグラフから一目瞭然、一九八八年のソウ

図4-5 テレビ放送によるインテルサット人工衛星利用の変化

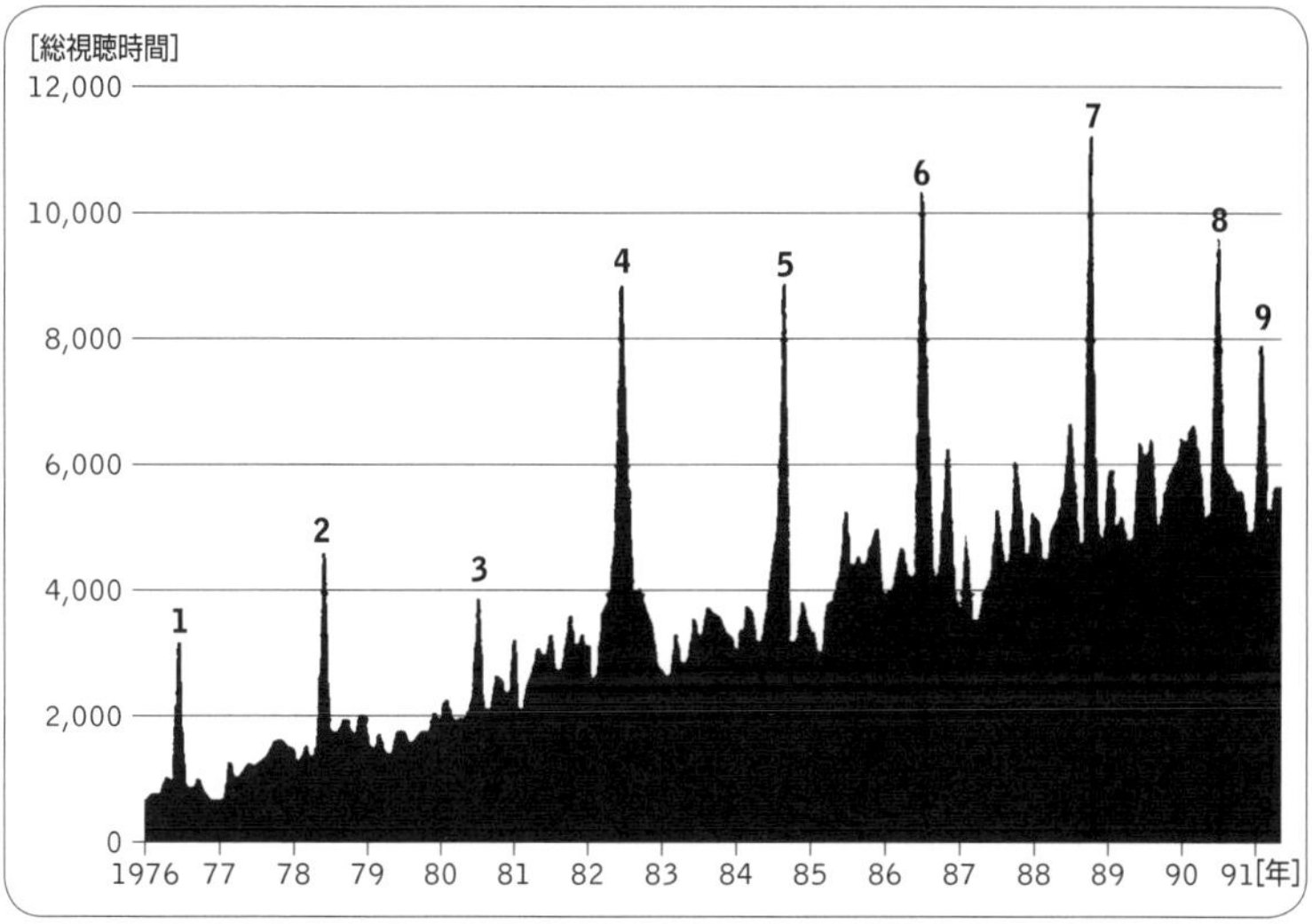

[Larson and Park　前掲書p.10の図をもとに作成　出所:インテルサット]

ル五輪は、これらの衛星利用のピーク期のなかでも最も高い利用度の頂点をなしていた。

ソウル五輪の開会式をテレビの前で視聴していた人々は、全世界でおよそ一〇億人に上ったと考えられている。空前の視聴者数であり、これがテレビ時代の頂点であったことは後から明らかになる。開会式では、その一〇億人の視聴者の前で、かつて帝国日本のマラソンで最も輝かしい結果を残した人物、すなわち一九三六年のベルリン五輪のマラソンで金メダリストとなった孫基禎が聖火ランナーとしてスタジアムに現れ、歓呼で迎えられた。すでに孫は七六歳、彼の人生が背負った日韓の歴史を知らない者にとっては、なぜこの老人が聖火ランナーとして現れるのかが分からなかったかもしれないが、この配役は、日本の植民地時代を乗り越えて今、オリンピックを開くことへの韓国人の思いを痛切に表現していた。すでに論じたように、ベルリン五輪で孫は「日本人選手」として金メダルを獲得したのであり、植民地朝鮮の新聞は孫を朝鮮人選手として扱おうとして弾圧を受けた。本来ならば、日韓を結ぶ「いだてん」として光を当て直さなければいけなかったのは、金栗四三以上に孫基禎であったはずだ。開会式では、聖火点火と無数の鳩を放つ順番を逆にしたため、聖火台に止まった鳩が焼かれてしまうハプニングも生じたが、重要なことは、このオリンピックが韓国の人々にとって、日本の植民地支配からの脱却、朝鮮戦争による荒廃からの復興、そして南北統一の未来へのヴィジョンを一体として担う象徴的役割を果たしていたことである。開会式は、その象徴的含意を全世界の一〇億人の視聴者に向けて示したのだ。

　前述のラーソンらは、ソウル五輪を画期として始まったテレビの変容が、衛星によるグローバルな情報圏の成立だけでなく、放送現場のコンピュータ化による省力化と機能分散、光ファイバー通信や移動体通信の発展と結びついた複合的な過程であったと指摘している。しかも、この複合的な技術変容は、メディアの所有や収益構造、マーケティング手法の変化、さらには番組の編成上の変化とも結びついていた（ibid. p.9）。そしてこの技術革新は、一九九〇年代にさらに加速化していくことになる。すでに衛星とＣＡＴＶによってネットワーク化されていた世界は、コンピュータの能力の急伸と通信回線の高性能化を経て、その端末をテレビからパソコンへ、さらにはモバイルへと移行させていく。二〇〇一年九月一一日、米国で同時多発テロが起きたとき、世界中のテレビ視聴者のまなざしは、大型ジェット機突入で崩落するニューヨークの世界貿易センタービルの映像にくぎ付けになった。だがこのまなざしの集中は、ソウル五輪や湾岸戦争と同じように八〇年代以降のグローバルテレビジョンを前提に生じたことだったのであり、それどころかこの残忍なテロ自体が、そうしたグローバルな映像劇場のために演出されたスペクタクルだった。ソウル五輪から同時多発テロまでを、同じ舞台で起きた連続的なドラマとして捉える視点が必要である。

一九八〇年代末、ソウル五輪報道に関する研究は、日本でもメディア研究者によってかなり行われたが、テレビというメディア自体の基盤変容、つまりマクルーハンが予言した「グローバルヴィレッジ」が本当に実現しつつあること、その先では、彼がおぼろげに予見していたメディアの根底的な変容が起こるであろうことを見通していた研究はあまりない。海外では、九〇年代にはグローバルメディアとしての衛星放送からインターネットまでが中心的な研究課題として浮上してくるが、日本国内の反応は鈍かった。それどころか、八〇年代末の日本社会は、地上波から衛星放送やＣＡＴＶへのテレビメディアの転換により、テレビビジネスがさらに大きな産業になると浮かれていた。ソウル五輪に際し、ＮＨＫと民放の連合体は七七億円という莫大な放映権料を主催者側に支払ったが、バブル絶頂期の日本企業のスポンサーシップによってそれらの放映権もあっという間に売れてしまった。テレビ全盛の浮かれ騒ぎのなかで、しかしナショナルメディアの時代も、テレビの時代そのものも、やがて終焉に向かい始めることに気づいていた人は、きわめて少なかった。

2 北京2008——繰り返される成長のドラマ

中国の「改革開放」と北京五輪構想

中国の人々にとって北京オリンピックは、もともと二〇世紀最後の年、二〇〇〇年に開催されるはずであった。中国政府はそのように旗を掲げ、一九八〇年代末から活発な誘致活動を展開してきたからだ。五輪開催の意志を中国政府がはっきり示すようになるのは、一九七八年に改革開放路線を打ち出して市場システムを急ピッチで導入し始めてから約一〇年、持続的な経済成長の軌道に乗り始めたのを受けてのことだった。中国は自らの経済発展の延長線上に、日本や韓国、台湾をはっきり意識し始めたとき、当然のように北京でのオリンピック開催を目指すようになった。

一九八七年、広州で開催された「中華人民共和国第六回運動会」の開会式に、中国政府はIOCのサマランチ会長を招待した。そしてIOC会長の目の前で、選手団の行進、聖火ランナーの入場、聖火への点火、選手宣誓、アトラクションを実際のオリンピックそっくりにやって見せたのである。続いて九〇年には、一九五八年に東京で、一九八六年にソウルでというように、いずれもオリンピック本体に先駆けてアジア大会が開かれている先例に倣い、北京でアジア大会を開催していく。ところがその直前、一九八九年に天安門事件が発生し、中国政府の人権弾圧に世界中から非難が集中することになる。順調なオリンピック開催までの道のりは、そこで挫折したかに見えた。

だが、北京はあきらめなかった。一九九〇年代の中国は、あえてこの世界からの非難に対抗するかのように北京五輪招致に邁進していく。当時、北京五輪開催は、改革開放路線を決め、中国を経済成長に導いた鄧小平路線の「成功」を謳い上げる総仕上げ的なイベントとも受け止められていた。老獪な鄧の立場からするならば、北京五輪が実現すれば、もう中国は成長路線から後戻りすることができなくなる。彼の路線は揺るぎないものとして引き継がれていくという計算があった。

こうして一九九一年、中国オリンピック委員会は、二〇〇〇年五輪の開催候補地として北京が立候補することを決めた。彼らは早速、長野冬季五輪開催を目指していた日本政府と日本オリンピック委員会、日本体育協会を訪問し、九八年の冬季五輪では中国が長野を応援し、二〇〇〇年の夏季五輪では日本が北京を応援する日中協力を進めようとした。天安門事件に対する厳しい姿勢を崩さない欧米からの支援が期待できないなか、中国側からすれば冬季の長野と夏季の北京で利害が矛盾しない日本との協力は、大いに期待できると考えられたのだ。他方、欧米のジャーナリズムは、この北京五輪招致の中心人物が、まさに天安門事件で弾圧を決断した当時の北京市長であったことにも反発していた。人間性の祭典であるオリンピックと、その人間性をあからさまに抑圧した中国の体制は矛盾する。「北京五輪へのノーは人間性へのイエス」であると、彼らは北京五輪反対のキャンペーンを張っていた。発展する中国を前に、世界の人権世論の違和感は消えなかった。

実を言えば、この北京五輪に向けての中国の邁進は、二〇〇八年のオリンピック開催への大阪の立候補にも影響を与える。中国政府は、中国がオリンピックを開催できる実力があることをアピールしようと、一九九三年から東アジア大会を始め、その第一回が開かれた上海に再びサマランチＩＯＣ会長を招待した。上海の街角は、「上海人民は北京五輪を支援する」との垂れ幕で埋め尽くされた。姉妹都市として上海を訪れた大阪市の関係者は、「招致を勝ち取ろうというエネルギーはすごかった」と感想を漏らし、その熱気に触発されてか、彼らが帰国するとすぐに大阪市議会には「オリンピック調査特別委員会」が設置されたという（『読売新聞』一九九三年五月二五日）。

彼らからすれば、二〇〇〇年に北京五輪開催が決まれば、そこから先、アジアでのオリンピック開催はいわば二周目に入るわけで、東京、ソウル、北京に続いて大阪や上海が有力な候補になるはずだった。逆に言えば、北京を差し置いて大阪という選択は難しいのだから、二〇〇〇年の五輪開催地決定で北京が敗れた時点で、大阪は二一世紀初頭の五輪招致は断念すべきであった。ところがその後も、大阪の五輪招致の動きは続く。展望がないとわかっていても、動き出してしまった流れを止めることができなくなるのは日本の組織の特徴である。

そして実際、中国は二〇〇〇年五輪の北京招致に失敗する。その最大の理由は、やはり天安門事件と人権問題にあった。この時期、アメリカはクリントン政権で、人権に対する中国政府の姿勢に批判的だった。しかもタイミングが悪いことに、二〇〇〇年のオリンピック開催都市を決めるＩＯＣ総会直前に、米中関係をさらに緊張させていく出来事が相次いだのだ。なかでも中国がパキスタンにミサイルを輸出した疑惑やイランへ化学兵器を輸出した疑惑が持ち上がり、軍事上の問題をアメリカは看過できなかった。モナコでのＩＯＣ総会を翌月に控え、一九九三年八月末、米議会下院は北京五輪開催に反対する決議を採択した。さらに九月、今度は国務省が、人権問題を理由に北京五輪開催に反対する意向を表明したのである。

他方で欧米の企業、とりわけスポーツ産業にとって中国市場は間違いなく有望で、彼らはこの新興巨大市場への進出のチャンスを逃したくはなかったから、政治がこのように中国に対するいわば文化的制裁に向かうのを苦々しく思っていた。そうした業界とも関係が深く、明らかに親中派であったサマランチＩＯＣ委員長は、このような米国議会や政府の動きに対し、「中国に対し、貿易拡大のために最恵国待遇を与えた国が、五輪の開催には反対しようとしているのは理解に苦しむ」と米政府の動きを牽制した。しかしそれでも、この米国議会と政府の意向表明は、人権や世界秩序に敏感な国々の態度にそれなりの影響を与えたであろう。

　このとき二〇〇〇年のオリンピック開催に立候補していたのは、北京、シドニー、マンチェスター、イスタンブール、ベルリンの五都市だったが、実質的には北京とシドニーの一騎打ちになると考えられていた。大方の予想通り、イスタンブール、ベルリン、マンチェスターの三つの都市は一回目から三回目までの投票で順次脱落していった。そしてこの三回の投票で、いずれも第一位は北京であった。ところが最後の決選投票で、この二都市の順位が逆転し、わずか二票の差で、シドニーが北京に勝利したのである。票の動きを見れば、最初に脱落したイスタンブール派は、二回目以降はほとんどが北京派となり、二回目、三回目の投票で脱落したベルリンやマンチェスターを応援していたグループがシドニー支持に向かったことがわかる。大雑把に言えば、ヨーロッパ支持のグループが北京での五輪開催を支持しなかったのである。

　この結果は、北京市民のみならず、すべての中国人にとっても大きなショックだった。近代化と市場開放を一気に進め、自分たちも世界の「先進国」にもうすぐ加わると思ったその瞬間、手前にガラスの天井があることに気づかされたのだ。投票前、北京では「オリンピック開催を機に、中国経済は発展し、北京は住みやすくなる。そのうえ、政治も安定し、民主化も大きく進展するだろう」という期待感が広がっていた（『読売新聞』一九九三年九月二四日）。ＩＯＣ総会の結果は、このような北京市民の楽観的な見通しをこなごなに打ち砕いたのだった。

当然、心配されたのは、これを機に中国国内で反米感情が急速に拡大することだった。投票前に北京市で行われたアンケート調査でも、多くの市民が、もしも北京五輪が実現しなかったら、「議会を中心とする米国の動きを真っ先に非難する」と答えていた（『読売新聞』九月二五日）。そして北京落選の翌月、中国政府は長い間、休止していた地下核実験を実施した。一説では、中国国内に渦巻く反米感情に配慮したとも囁かれた。とはいえ、その後には米中首脳会談が予定されていたから、これはむしろ対米交渉のカードの一つとして切られた面のほうが強かったであろう。

重要なのは、一九九〇年代初頭の北京五輪招致の可否が、同時代の米中の政治的な駆け引きと不可分だったことである。そしてさらに重要なことは、この時代、ＩＴを基盤とするグローバル経済が興隆期に向かっており、この流れに乗って中国は、長引く不況にもがく日本を尻目に、新しいアジアの中心としての地位を確立しつつあったことである。だから北京五輪招致は、鄧小平の改革開放路線の継続に不可欠の条件ではなかった。大きな世界史の流れは、オリンピックの開催とは関係なく進む。中国は、たしかに二〇〇〇年オリンピックの招致では失敗したが、この失敗は一時的なもので、大きな流れはもう変わらないという安心感が世界にも、中国国内にも存在した。

二〇〇八年オリンピック招致――北京と大阪

ある意味で、その後の北京の再度の五輪招致への挑戦と成功、その反面での大阪の惨敗は、このような一九九〇年代以降の日中の立場の変化を象徴していた。名古屋がオリンピックに立候補した時、経済的な豊かさという点では、韓国は日本に遠く及ばないと思っていた人が少なくなかった。しかし、二〇〇八年の五輪招致競争で、大阪の経済力が北京のそれに対抗できると思っていた人はわずかだった。当時、世界の目から見れば、日本の力が急速に衰えつつあることは明白だった。その一方で、北京は二一世紀のアジアはおろか世界の覇権を握るかもしれない超大国の首都である。九〇年代から二〇〇〇年代の十数年間で、世界の中国を見る目は劇的に変化した。そして逆の意味で、日本を見る目も変化していた。この変化に、おそらく最も鈍感だったのは日本人自身である。

そうした意味では、大阪の二〇〇八年オリンピックへの立候補と惨敗に至るプロセスは、同時代の北京五輪開催に向けての中国の動きの力強さを裏返しに表現している。実際、驚くべきことに、五輪立候補をいち早く決めた一九九三年から北京が新たに招致レースに参入してくる九八年秋頃まで、十分な時間があったにもかかわらず、大阪市は北京が再挑戦してきた場合に自分たちはどうするかという、おそらく大阪五輪招致にとって最も重要なはずのリスクについての真剣な議論をほとんどしていない。この時期に大阪市が一生懸命だったのは、対抗馬である横浜市に勝ち、国内代表の地位を獲得することだった。根本的に視点がドメスティックで、グローバルな戦略的地平で物事を考える習慣が欠落しているのだ。別にこれは大阪市に限ったことではなく、他の自治体でも同じであろう。戦後日本は冷戦体制に守られて、たまたまアジアで真っ先に世界の経済大国となった。日本人はこの幸運に驕り、世界的な視座で物事を考える能力を劣化させ続けた。

大阪が二〇〇八年五輪招致に乗り出すのは、バブル経済が崩壊し始めていた一九九二年頃のこと。同年一月に西尾正也市長（当時）が「個人的な夢」として五輪招致を語り、それを受けて市の幹部が検討し始め、市議会にも五輪招致を応援する体制ができていった。大阪市の思惑は、最初から大阪湾埋め立てによる「舞洲《まいしま》」と「夢洲《ゆめしま》」の二つの人工島の開発に、五輪開催を通じて国の資金を導入することだった。舞洲と夢洲、それに南に位置する咲洲《さきしま》は、もともと一九八〇年代後半に構想さ

図4-6 大阪港 舞洲・夢洲・咲洲の配置

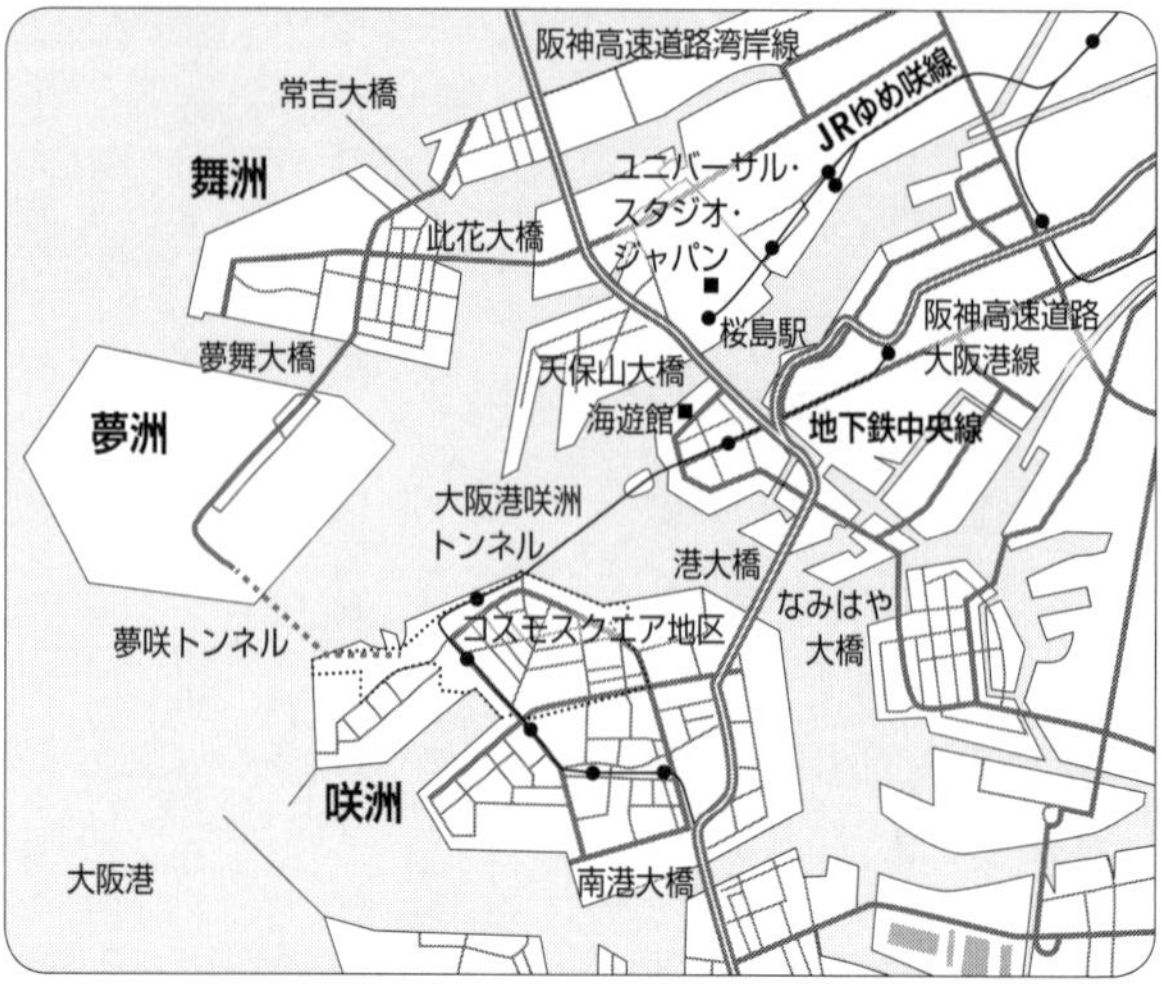

れた「テクノポート大阪」計画の中心だった。

この構想は、これら三つの隣接する人工島を二一世紀の大阪の新都心にしていこうというもので、バブル経済のなかで開発が先行した咲洲では、「ワールドトレードセンター」や「アジア太平洋トレードセンター」などの貿易拠点施設がいち早く建設されつつあった。しかし、ほどなくしてバブルが崩壊し、他の二島でも新都心建設や大規模開発を継続していくには、これを牽引する何らかのビッグプロジェクトが必要だった。

大阪オリンピック構想は、バブル崩壊後も大阪港湾部の埋立地での新都心建設を進めるための切り札と位置づけられていた。ちょうど西尾市長が五輪招致を「思いついた」のと同じ頃、舞洲対岸の日立造船や住友金属の工場があった地区にユニバーサル・スタジオ・ジャパンが進出してくる話が本格化していたから、大規模テーマパークと対岸の二つの人工島を結びつけて大阪港湾地域に一大スポーツ・レジャー拠点を造ろうとするのは不自然なことではなかった。

こうして「コンパクト五輪」を掲げて大阪が構想した舞洲と夢洲での大阪五輪は、二二〇ヘクタールある舞洲に開閉会式や陸上競技の会場となるメーンスタジアムと水泳競技場、さらに大規模体育館などを建設し、他方で三九〇ヘクタールある夢洲に選手村を建設するというものだった。人工島での大規模施設建設で、総予算は二〇〇〇億円を超えるとされた。大阪五輪の計画は、空間的にはコンパクトだったが、予算的にはちっともコンパクトではなかった。そのため大阪市は、五輪開催に国が長野五輪並みの二分一の補助を出すことにこだわった。愛知万博では国の補助は三分の一だったので、大阪市としては愛知万博と同様に扱われることを危惧したのである。このプランで大阪は、すでにある横浜アリーナや一九九八年の神奈川国体に向けて建設中の横浜国際総合競技場や室内水泳場を主会場とする横浜五輪の計画に対抗したのである。

ウォーターフロント再開発を目的とする大阪五輪と既存施設の広域利用で予算節約を図る横浜五輪の日本国内での競争は、結局、一九九七年八月の日本オリンピック委員会（JOC）総会での投票で、大阪が横浜を二九対一七で破り、日本代表の候補となる。しかしちょうど同じ頃、二〇〇〇年五輪の招致に失敗した北京が、〇四年には立候補せず、むしろ〇八年五輪招致への準備を進めているとの情報が日本にもたらされていた。遅くとも九七年春の段階で、新聞も日中友好協会からの情報として中国政府のそうした動向を伝えていた。

他方、この九七年の時点では、二〇〇四年五輪の開催地がまだ決まっていなかった。このときには、アテネ、ブエノスアイレス、ケープタウン、ローマ、ストックホルムの五都市を中心に一一都市が立候補していたが、もしもここでブエノスアイレスかケープタウンが開催権を得れば、南米かアフリカ大陸での開催になり、その次の〇八年五輪はヨーロッパでの開催となることが予想されていた。つまり、アジアでの開催の可能性は小さくなると考えられていたのである。

北京がまだ正式には立候補を表明していなかったのは、この〇四年五輪の選考結果を見極めようとしていたからかもしれない。日本の場合は、国際情勢よりも国内事情で物事が決定されていくから、国内で多大な労力をかけて進めてきたプロジェクトが国際的にはまったく通用しないということがしばしば生じる。これは、日本の「ガラパゴス化」の要因でもある。注意が内にばかり向かい、国際的な文脈を読み違えるのだ。事実、このときには二〇〇四年五輪の開催地はアテネ、つまりヨーロッパに決定した。すると、これは「二〇〇八年の大阪五輪招致に有利になる結果」で、「夢へまた一つ、関門をクリアした」と、ＩＯＣ総会に来ていた大阪市長や市の視察団は期待を膨らました（『読売新聞』一九九七年九月六日）。だが、〇四年の五輪がアテネで開催されることで、〇八年五輪でアジアが有力な候補地となったことは、当然、北京が再立候補する可能性が高まったことを意味し、大阪の視察団の反応はあまりに能天気すぎたと言わざるを得ない。

北京オリンピックと東アジアの主役交代

そして、ちょうどそれから一年後、一九九八年秋に北京は二〇〇八年五輪への立候補を正式に表明する。この表明により、〇八年大阪五輪の可能性はほぼ消えたと見るのが冷静な判断である。日本政府内にも、北京と大阪では勝負にならないとの認識が存在したし、ＪＯＣ幹部にすら、大阪は「中国が立候補すれば勝てないだろう。日中で正面切って争うのはどうか」と立候補継続への疑問の声も挙がっていた（『読売新聞』一九九八年一一月二六日）。実際、まず中国は初めてのオリンピックであり、日本はこれで四度目のオリンピックになるという新鮮さの違いで大阪は不利だった。しかも、中国でオリンピックが開催されれば、それ自体が近代オリンピックの歴史にとって特別の意味を持つのは明らかだった。さらに、日中両国には経済的な勢いに差があった。この時点では、まだ日本のＧＤＰは中国を上回っていたが、これが早晩逆転するのは確実だった。何よりも、急速に膨張する中国市場は欧米のスポーツ産業にとって日本市場よりはるかに魅力的だった。

ところが情勢がすっかり変わってしまった後も、大阪は立候補をやめなかった。大阪市の立場からすれば、市はすでに多くの「競技会の誘致や大会準備費、市が音頭をとって進める市民団体、経済・労働界などの『オリンピック招致推進会議』などの団体のイベントなど、これまでの招致費用だけでも二二億円を超える」予算を使ってしまっていた。市長のかけ声で始めたことを途中でやめれば、当然、政治責任を追及される。だからもう、やめるにやめられなくなっていたのである。

そして招致推進会議のメンバーは、「中国には出て欲しくなかったが、出てしまったらしようがない」と淡々とした様子で、招致委員会の中心的な委員も「北京が出たからと言って弱気でいてはだめ。何がなんでも二〇〇八年の五輪を持って来るんだという熱い思い」を持たねばならないとハッパをかけていた（『読売新聞』一九九八年一一月二六日）。さらにこれを後押しするかのように、大阪商工会議所も、北京招致の動きに惑わされずに「大阪オリンピックの招致活動を正々堂々と進めていきたい」と強調し、この財界からの動きに呼応して小渕首相も、「正々堂々とやるしかないな」と語っていた（『読売新聞』一一月二七日）。下から上まで、発言内容がほぼ同じであり、現状のリスクを直視しようとはせず、似たような発言を繰り返すことによって自分たちの幻想のリアリティを自ら補強し続けていた。これでは八紘一宇、満州軍の暴走をだれも止められず、無謀をわかっていながら日米戦に突入したかつての日本と同じである。結局、日本社会は何も学んではいない。そして最後は、失敗しても誰も責任を取らない体制が出来上がるのである。

北京五輪招致への再チャレンジに邁進する中国からするならば、そんな日本の事情など知ったことではない。前回は、思わぬ番狂わせで失敗したが、今度こそ中国は「一二億国民統合の新たな国家目標」として北京五輪を実現させなければならない。そして状況は、天安門事件の記憶と人権問題で苦しんだ二〇〇〇年の招致競争の頃よりもはるかに好転していた。九〇年代後半、中国はクリントン米政権とも、欧州諸国とも、他方でロシアとも全方位外交を慎重に進めてきた。他方で中国経済は今や離陸の段階を迎えており、大型公共投資によってアジア経済危機から脱して再び高度成長に向かっていく道筋も見えていた。何よりも、世界が中国市場の発展を望んでいたのである。それを反映してか、北京五輪の招致チームはどこへ行っても大人気だった。たとえば立候補表明の直後、バンコクで開かれたアジア大会に中国から副首相など約四〇人の政府関係者が訪れるが、彼らにはタイ首相をはじめ多くの要人が面会し、メディアの取材もひっきりなしだった。これに対し、同じアジア大会に乗り込んだ大阪市長をはじめとする日本からの招致団はまったく注目されず、「要人との面会予定がなく、現地の報道で肩書やタイ入りの日程を間違えられ、ホテルに開いたＰＲブースも立地の悪さからひっそりしたまま」だった（『読売新聞』一九九八年一二月八日）。

こうしてどんどん形勢不利となった大阪五輪構想に実質的なとどめが刺されたのは、ＩＯＣ総会での投票の二カ月前、二〇〇一年五月にＩＯＣ評価委員会が発表した評価書においてである。それまでＩＯＣ評価委員会は、立候補した世界各地の都市をまわってその都市のオリンピック開催能力についての調査を進めてきたが、その結果をまとめた評価書が公表されたのだ。そのなかで、「エクセレント」と高い評価を得たパリ、トロント、北京の三都市に比し、イスタンブールと大阪は、開催能力の点で看過できない問題があるとされた。特に大阪の評価が厳しかったのは交通基盤で、「招致委員会が主張している時間内に選手などが移動するのは困難」と判断された。また、招致委員会が掲げていた関連インフラの整備費は、市の財政に過大な負担をかけると指摘された。

要するに、大阪五輪構想は、地に足がついていないし、基本的課題も解決できていないとの評価だった。評価委員会委員長は記者会見で、事実上、大阪は選考から外れたというに近い説明をした。容赦ない。ところがそれでも大阪市議会招致特別委員会委員長は、「大阪はあらゆる面で一番という ことを七月の招致演説で訴えれば、理解してもらえる」と述べ、大阪商工会議所は、撤退は「ありえない」と語気を強め、大阪市長は「大阪が勝手にしっぽを巻いたんではＩＯＣにかえって迷惑をかける」と奇妙な言い逃れをしていた（『読売新聞』二〇〇一年五月一六日）。

しかし、いくら引き延ばしても来るものは来る。二〇〇一年七月一三日、モスクワで開かれたＩＯＣ総会で一〇五人のＩＯＣ委員による投票が行われ、北京は一回目の投票で四四票、二回目の投票で五六票という圧倒的多数で開催権を得た。これに対して大阪は、一回目の投票でわずか六票しか得ることができずに最下位で敗退した。すでにこの時点では、大阪の勝利はあり得ないと多くの人が覚悟はしていたが、それにしてもわずかの六票で最下位というのは大阪市民にとってもショックの大きい完敗であった。逆に中国は、八年前の雪辱を果たしただけでなく、この十数年の経済発展で今や自分たちが世界の中心になりつつあることを実感した。彼らは日本や韓国に追いついたどころか、むしろ世界の動向を左右する超大国となりつつあったのである。八年前、北京五輪は未来への「願望」であったが、今やそれは当然のように通過すべき「課題」だった。大阪は、そもそも北京の敵ですらあり得なかったのである。

天安門広場で2008年北京五輪開催決定を祝う人々
[2001年7月13日撮影、写真提供:共同通信社]

八年前の雪辱を果たし、他の候補都市を圧倒する大差で五輪開催権を得た中国は、国じゅうが喜びに沸いた。特に北京の盛り上がりは凄まじく、「北京市中心部の路地という路地からどっと人があふれ出し」、天安門広場に向かった。こうして「午後十一時半ごろ、天安門の楼上に江沢民国家主席ら指導者が現れた。公式発表で四十万人、天安門広場北側を埋めた大群衆は『江主席！』と叫んだ。手振りで指揮する主席に合わせ、愛国歌『歌唱祖国』を歌う声が地響きのように広がった。この夜の中国は『世界が中国を認めた』喜びと、国の一体感に酔いしれた」(『読売新聞』二〇〇一年七月一五日)。経済的にも、中国の高度成長はさらに続くとされ、このまま一人当たりのＧＤＰが五～六%増で続いていけば、オリンピックが開かれる頃には中韓の所得の差がほとんどなくなり、二〇一〇年代には日中韓がほぼ同じ経済レベルになると予測された。その後の歴史はこの予測が正しかったことを証明しているが、一九九〇年代初頭に北京が最初にオリンピック開催に立候補した頃は、こんな予測をすること自体、想像の及ばないことだった。オリンピックへの興奮は、少なくとも東アジアでは経済的な富への興奮と一体なのである。

こうした北京市民の反応とは逆に、落選への大阪市民の反応は冷めていた。もともと大阪での五輪開催は、市民の間ですら強く支持されてはいなかった。大阪市は市民の七六%が五輪開催を支持していると主張していたが、ＩＯＣが独自に実施した世論調査では、五輪開催を支持する大阪市民は五二％に過ぎず、これは立候補していた都市のなかで最低だった。これに対して北京市民の五輪開催への支持率は九六％で、国情の違いから本音かどうかの疑いは残るものの、市民の支持の度合いに大きな差があった。大阪の形勢が不利になるなかで、市民からは「さらに税金をつぎ込んで運動を続けるより、市民に直結する施策に力を入れて」ほしいという声も発せられていた（『読売新聞』二〇〇一年五月一九日）。

最下位での落選が決まり、市長や市職員、招致委員会の面々が絶望に打ちひしがれるなかでも、市民はむしろずっと冷静に決定を受け止めていた。新聞のインタビューにある若者は、「一番最初に大阪が落ちて『やっぱり』と思った。友達とも『五輪が来たら渋滞や混雑が嫌だな』と話していたぐらいで、盛り上がっていなかった」と答えた。「『落選は当然』『負けて良かった』。最後まで〈官主導〉から抜け出せなかった招致活動のせいか、五輪招致の大阪惨敗を、関西の市民たちは、冷ややかに受け止めた」のだ（『読売新聞』二〇〇一年七月一四日）。

オリンピックシティとしての北京――舞台

さて、二〇〇〇年のオリンピック招致でシドニーに惜敗した北京は、都市のインフラ整備を進めることが五輪開催都市になる必要条件との認識を深め、一九九〇年代半ばから都市整備を積極的に進めていった。とりわけ二〇〇一年のＩＯＣ総会で五輪の北京開催が決定すると、そうした首都改造の動きを一挙に本格化させる。市内の至るところで道路や地下鉄、高層ビルの建設が進み、これら建設事業全体が中国の経済を押し上げていった。この二〇〇〇年代の北京の都市改造は、九〇年代初頭に五輪招致に失敗したときにＩＯＣから指摘された課題を十分に意識したものだった。

もともと中国は社会主義国だから、北京のマスタープランは毛沢東時代から存在し、何度も改訂されていた。一九九〇年代初頭のオリンピック招致期に立案された「北京マスタープラン1993」は、二〇一〇年までの計画となるはずだった。ところがオリンピック開催が決まると、二〇〇四年から「北京マスタープラン2004」に切り替えられ、北京は単に「国家の首都、経済と文化の中心」であるのみならず、「国家の首都、世界の都市、文化の都」として、つまりは世界に開かれた首都となるべく、オリンピックシティへの首都改造が目指されていく（浜本篤史他「五輪開催期の時代性と大都市の構造形成」『住宅総合研究財団研究論文集』三六号、九五－一〇六頁）。

東京が「空虚な中心」としての皇居を巡って回り込む螺旋的な構造を基本にするならば、北京の構造はそれよりずっと明快で、中心は故宮とその正面の天安門広場である。この中心性は東京のように暗喩的なものではなく、あからさまに顕示的なものだ。したがって天安門と故宮を結ぶ南北軸がこの都市全体の中心軸で、これに天安門広場を東西に貫く長安街が交差している。これが北京の、それどころか中国という国家の不動の二軸であり、その意味で天安門広場の象徴的中心性は東京の皇居前広場とは比べものにならないほど大きい。そして、旧市域の内部と外部は、故宮を正方形にめぐる地下鉄二号線の環状線によって仕切られている。その外側を、三環路、四環路、五環路が同心円状に取り巻いて大都市圏を形成している。

浜本らによれば、二〇〇八年五輪に向けた北京の都市改造プランは、「二軸」と「多中心」と「一帯」の三つを新たな北京大都市圏の基本理念としていた。二軸とは、前述の南北軸と東西軸の交差であり、これはつまり北京の中華圏の首都としての歴史的アイデンティティとして維持される。多中心とは、グローバルなメガロポリスとして、中央ビジネスエリア、五輪中心区、ハイテク核心

図4-7 北京の都市構造とオリンピック競技施設の配置

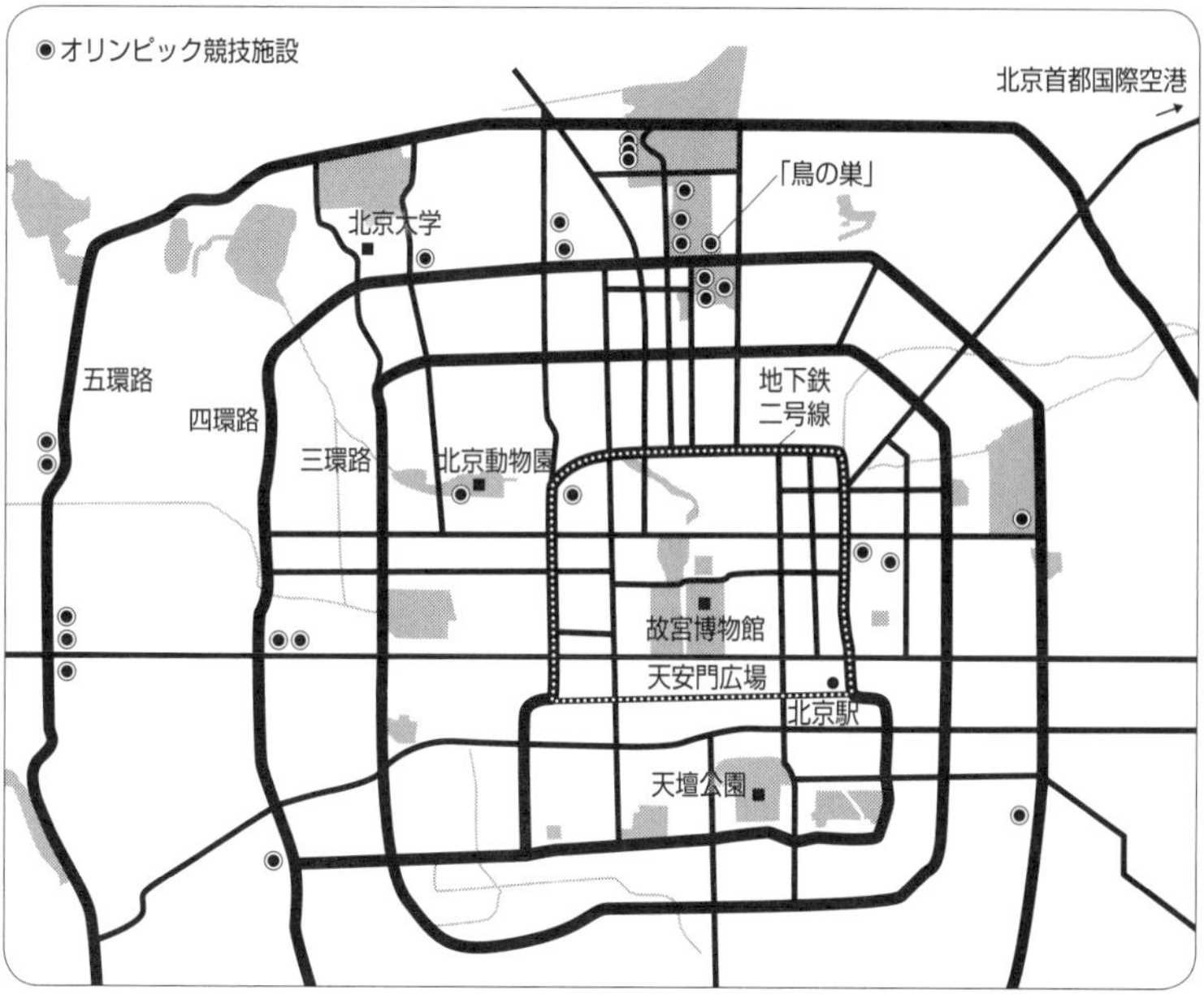

エリアなどの八つの中核的地域を設定し、集中投資していくことを意味する。そして二帯とは、北京を取り巻く郊外地域を東部発展帯と西部生態帯に分け、通州、順義、亦荘といった東部衛星都市を重点的に発展させて一八〇〇万人ほどになっていくと予想される北京の人口の受け皿を作っていく計画だった（同論文　九九頁）。衛星都市や機能別の多核心構造を発展させるのは現代の大都市ではごく一般的な計画だが、その中核となる都心の構造がきわめて明快で、しかもきわめて長い歴史を背景としながらなお現代でも根幹が変化していない点で、北京は文字通り世界史の首都である。北京五輪は、この世界史の首都が劇的に変容していく重要な契機だった。

北京の都市改造で最初の課題は、オリンピック関連施設をこの新たな都市構造のどこに配置するかであった。ＩＯＣから求められていたのは、選手村とそれぞれの競技場や練習場、空港などが三〇分以内でつながれていることだった。そのために中国政府は、主だった施設を北部郊外地域に集め、それらを北京の外郭をなす環状道路沿いに配置していくことにする。今日、北京に旅すると、超巨大な北京首都国際空港から都心部に向かう際、しばしば二〇〇八年五輪のメーンスタジアムだった「鳥の巣」を車窓から眺めることになるが、これは偶然ではなく、北京北部郊外の環状道路沿いにこれらの施設が配置されていった結果なのである。

このオリンピック施設の配置でまず注目されるのは、それが北京の歴史的な都市軸に忠実に従っている点である。江戸以来の川や運河、旧市街の価値に目もくれなかった一九六四年の東京改造とはやや異なり、二〇〇八年の北京のオリンピックシティはこの都市の歴史的な主軸である天安門広場と故宮をつなぐ南北軸上に展開されなければならなかった。つまりこの南北軸が、古い北京と新しい北京をつなぐ時間軸だった。

この南北軸が形成されていったのは元代で、確立するのは明の永楽帝の時代である。この時代、太和殿、中和殿、保和殿という宮城内で南北軸上に並ぶ三つの大殿が主軸となり、さらに宮城内南の左右に天地壇と先農壇という儀礼的な施設が建立され、さらに南北軸上の北に鐘楼と鼓楼が配置され、この軸が皇都の枢軸であることが明瞭に示されるようになった。これは皇帝権力の威厳を幾重もの階層化されたステージによって演出する劇場都市北京の洗練された仕掛けだった。そしてこの仕掛けは明から清へと受け継がれ、五〇〇年以上にわたって大中華帝国の皇帝権力を支えた。

さらに、一九四九年に中華人民共和国が成立し、舞台の中央に立つのが永楽帝から毛沢東に交代しても、この北京の劇場都市としての構造は根本的に変わったわけではなかった。それどころか中国共産党は、一九五八年に「一〇〇万人が集合して行進することができ、かつ首都の政治的中心であることを体現」する空間とするために天安門広場を大拡張する。共産主義はスペクタクルを好むのであり、それには巨大なスタジアムや広場が必要だった。こうして天安門広場と故宮を結ぶ南北の軸線は、伝統的な中華帝国のスペクタクルと共産中国のスペクタクルの結び目となった。しかもこの時期、天安門前を東西に貫く長安街の大拡張も行われ、その沿道に民族文化宮や民族飯店といった建物が軒を連ねていった。天安門広場は伝統的な南北軸と新たに重要性を増した東西軸が交差する意味でも新中国の象徴的中心となったのだ。

だから、北京五輪を、現代中国が閉じた共産主義国家から開かれた市場主義的中華帝国へと大発展していくステップとするために、この歴史的な記憶が積層する南北軸が再び使われていくのは必然だった。中国共産党は、歴史を改めて召喚したのだ。山村高淑らが指摘したように、こうして「歴史的市街地と新規開発区域（オリンピック公園を中心とした各施設）は中軸線によって結合されることになり、新規開発は歴史の新たな一部分としてこれまでの都市の歴史的記憶に付加され」たのである（山村他「北京における歴史的市街地保全の現状と課題」『京都嵯峨芸術大学紀要』三〇号、一－一五頁）。

より広域的に眺めるならば、二〇〇八年の五輪開催に向けた北京の大改造で、都市計画的に最も重要だったのは広大な緑地帯の設置である。二〇〇〇年の招致に北京が失敗したとき、人権問題以外のもう一つの理由とされたのは環境問題だった。北京の大気汚染はすでにかなりのレベルに達していたし、これに加えて黄砂の問題があった。欧米の都市はおろか東京などと比べても緑の少ない北京の都市環境は問題であると、都市計画当局自身が考えていた。しかも、すでに一九九〇年代から、経済発展のなかで北京の周辺地域へのスプロール化が進行し、本来農地であるはずの地域で流入民のための賃貸宅地化が進んでいたから、緑はますます減少する傾向にあった。

そこで「北京マスタープラン１９９３」でも、中心市域の外側、三環路と五環路の間で北京を同心円状に取り囲む一帯を「北京緑化隔離帯」として指定し、この一致の緑化を政策的に進めようとしていた。この一帯には、かつての中華帝国の皇帝の宮殿跡などの歴史遺跡公園や大公園、国家公墓なども多数分布しており、それらの緑地を円周状につないでいくことがめざされた。さらに二〇〇八年五輪の開催が決まり、大規模な都市改造が可能になると、「緑色五輪」のスローガンが掲げられ、北京の外縁部を大規模に緑化していくことが都市改造の主要なテーマとなっていった。多くの土地で植樹が積極的になされ、時には植林のためにすでにある村が廃村にさせられたところもあったようだ。実際、〇三年五月には、第五環路と第六環路の間の広大な円周状の一帯も「第二緑化隔離帯」に指定され、北京は都市全体が広大な森林によって取り巻かれることになった。

しかし、この廃村の例にも見られるように、「緑化隔離帯」に指定された地域には、それまで誰も住んでいなかったわけではない。改革開放経済のなかで首都に流入してきた膨大な人口がこの一帯に住み着いていた。したがって、北京の緑化は必然的に、これらの流入民の排除を伴うことになる。彼らはその大部分が、中国の地方農村から吐き出されてきた低賃金労働者である。それまで中国政府は、地方から首都への人口流入を厳しく制限してきたが、経済発展とオリンピックシティ建設のために必要な労働力を確保しようと、一九九〇年代から首都への人口流入のハードルを緩め始めた。当然、貧しい農村から首都での生活を夢見て北京に流入してくる人口は激増し、新北京人と

図4-8 北京市の外来人口の推移

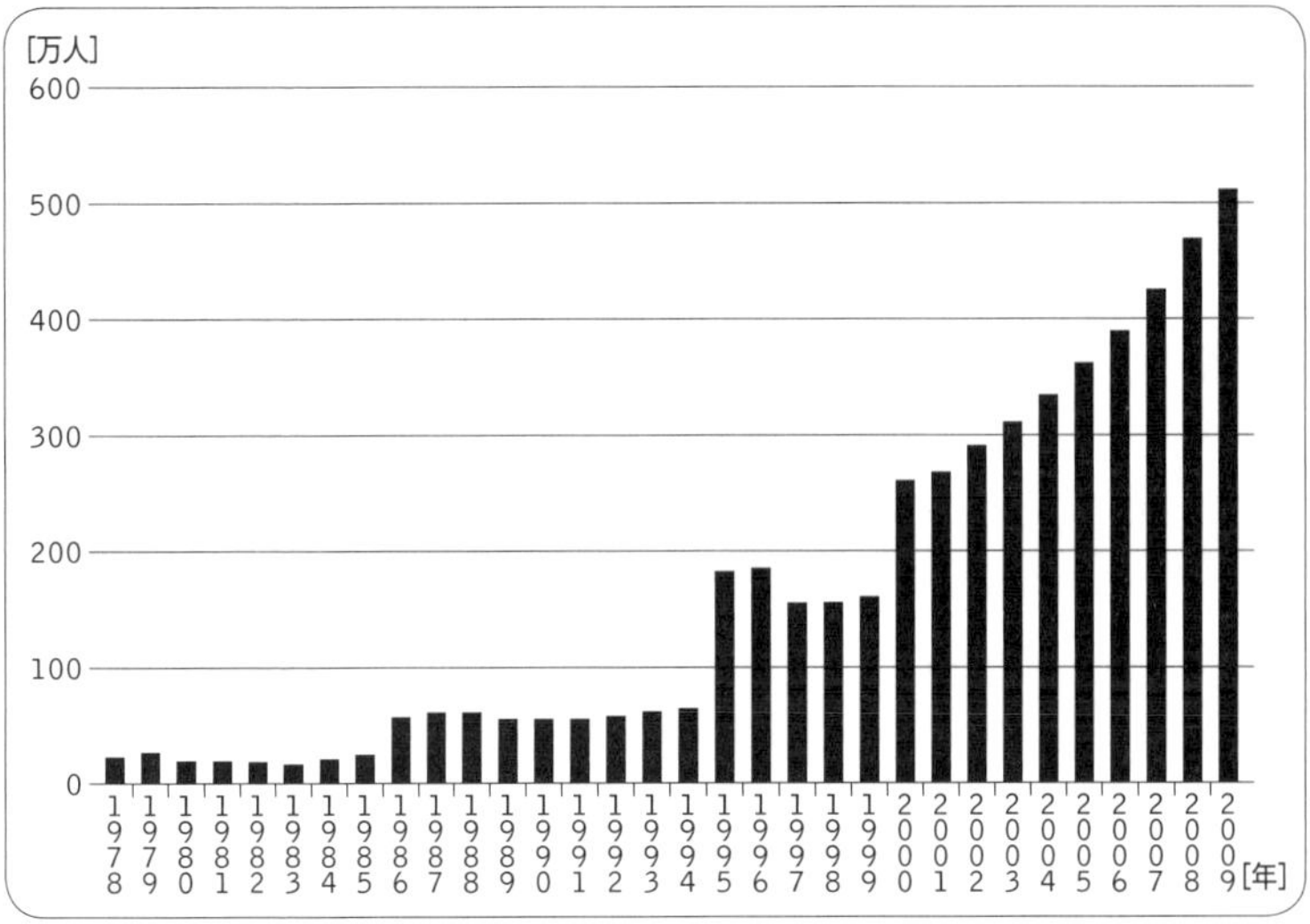

[松村嘉久「北京に住まう人々の生活空間と暮らし」『人文地理』第63巻第2号、p.59の図をもとに作成]

して産業の底辺層を形成する。九〇年代からオリンピックが始まるまでに北京に流入した外来人口は五〇〇万人に迫り、この規模は一九六〇年代の東京をも凌ぐものだった。

　松村嘉久は、この外来常住人口が北京のどこに住みついていったのかを分析し、一九九〇年代以降の北京で流入民によるスラムがどのように形成され、それがオリンピック開催に向けていかにクリアランスされていったのかを浮かび上がらせている。松村によれば、「外来常住人口が急増する九〇年代半ばから、北京のあちらこちらに、外来の就労者とその家族が、賃貸住宅に集住する地域が形成され始めた。……都市域に点在した農村が、急速な都市化の波に飲み込まれ、劣悪な住環境の賃貸住宅街となり、外来就業者が住み着いた。農村的な景観とコミュニ

北京のオリンピック公園内にあった河南村スラム
［2002年8月15日撮影、写真提供：松村嘉久氏］

ティが残るこのような地域は、『城中村』と名づけられた」（松村「北京オリンピックと都市空間の変容」『地理』五三巻六号、四四頁）。

都市のスプロール化のなかで、多数のスラムが都市外縁部に発生することは珍しい現象ではないが、人口移動を厳格に管理し、都市に入り込める農民を制限してきた共産党体制の公式見解からすれば、国内の都市にはスラムが存在しないことになっている。しかし実際には、それらは多数存在しており、大都市の実態と共産党の公式見解は大きく矛盾する。この矛盾をぼやかしておくために、それらのスラムを「村」と定義する言葉使いがなされていった。その数、なんと数百に及んだこの種のスラムは、三環路から五環路にかけての一帯に広がっていた。

そして、この三環路と五環路の間で環状を成すのが四環路で、故宮からの半径が約一〇キロの円を描いていた。北京五輪では、まさにこの四環路と前述の南北軸線の交点付近に、「鳥の巣」と呼ばれるメーンスタジアムをはじめ五輪関連諸施設が建設されていく。当然、このことは同じ一帯に散在していた低所得者の居住地域との緊張を生じさせた。こうして「北京五輪が近づくにつれ、出稼ぎ労働者はますます必要となるが、その居住空間は、北京の安全とイメージを脅かす厄介な存在となる」（同論文、四九頁）。

つまり、二〇〇八年の北京五輪で、中国政府は首都北京を徹底して欧米的なまなざしに受け入れられる存在に改造しようとした。なかでも都市外縁部で重視されたのが緑地帯の整備で、三環路と五環路の間の広大な帯域で緑化隔離帯や公園の整備が計画されていった。しかしそのことは、当然ながらこの帯域に散在していた「スラムなどを撤去して、緑豊かな空間を新たに建設する」過程を伴っていたのだ。

もしも民主主義国家ならば、これは到底解決できない大問題となるが、そこは共産党支配の国家体制下、クリアランスがきわめて強硬な方法で進められていった。松村によれば、「ある日突然、事前の説明もなく、集落各所に『家屋撤去公告』の類が張り出される。公告には区政府所管部門の公印が押されている」。そうすると、住民は短期間で自分の住居から退去しなければならなくなる。一般に、公告が貼られた「翌日か数日後から、短い場合なら一週間、長い場合でも三カ月程度での立ち退きが求められる」のだ。撤去公告は、しばしば「怒った住民に引き裂かれる」が、念押しのように「撤去対象となるすべての建物は、スプレーで大きく『拆』と書き込まれる」。

中国では居住権の概念はなく、「土地使用権の保有者が賃貸契約している場合、賃貸入居者への補償は基本的にない」。しかも、「不動産開発業者には撤去も含む強い権限が与えられ、安い補償金で容易く再開発できる法的環境が整えられている。不動産開発業者は政府が登録認可権で管理するが、撤去領域の画定も政府が許認可権を持っている」（同論文、四九 - 五〇頁）。

つまり、住民はほぼ無権利状態に置かれ、政府と不動産開発業者はしばしば結託して住民を追い出し、再開発の利益を独占していった。そうして北京五輪では、市当局の発表でも立ち退かされた人の数は六〇三七世帯、約一万五〇〇〇人に上った。独立系の調査センターによれば、北京五輪で立ち退かされた人の総数は一二五万人にも上るとされるから甚大である。

聖火リレーとチベット問題

北京五輪のもう一つの重要な特徴は、それがインターネットを含む本格的なグローバルメディア時代に明確な国家的意志をもって開かれたオリンピックであった点である。一九六四年の東京五輪は地上波のナショナルメディアとしてのテレビが支配した時代のオリンピックであり、八八年のソウル五輪は衛星放送によってトランスナショナルな中継が可能になった時代のオリンピックであったとするならば、北京五輪は文字通りのグローバルメディア時代、同時にインターネットによって言論の構造が全世界的に変容していく時代のオリンピックであった。そのことを顕著に示したのが、チベット問題で世界的に大揺れになった北京五輪の聖火リレーである。この聖火リレーをめぐって生じた世界的な大混乱のなかで、グローバルなメディア報道と中国政府による検閲と情報統制、そしてインターネットを通じて広がるネットナショナリズムという、今日なお続くメディア上の問題が顕著な仕方で浮かび上がっていった。

もともとチベットは、一八世紀半ばから清の藩部となって形式的な支配は受けていたが、中国本土に対して独立性の強い地域だった。一九一〇年に清朝が崩壊すると、一三年に正式に中国から独立する。しかし、一九四九年に中華人民共和国が成立すると、翌五〇年に人民解放軍の侵攻を受け、五一年以降は中国の支配下に組み込まれていった。これは新中国による辺境地域の侵略、そして植民地化に他ならなかったから、当然ながら五〇年代以降、チベット民族の独立運動が繰り返し起きてきた。中国に対する最初の大きな反乱は、一九五九年三月に起きている。この反乱のなかでダライ・ラマ一四世はインドに亡命し、亡命政府を樹立した。中国政府はチベットの分離独立運動を抑え込むために、一九六五年にチベットを自治区とし、大幅な自治を認めた。しかし、一九六〇年代末以降、文化大革命の波がチベットにも及んでくると、そこに蓄積されていた文化遺産の多くが破壊された。こうして国内では厳しい監視下に置かれ続けたチベットの独立運動は、次第に国際的な結びつきを強めていった。

一九八〇年代、改革開放政策が進むなかで中国資本のチベットへの経済進出が活発化し、チベット人はますます中国人に搾取される立場に置かれていった。貧富の格差が拡大し、チベット社会では中国支配への反発がさらに強まる。こうして八九年、ラサで大規模な暴動が発生する。この年には中国本土でも天安門事件が起きており、中国は首都北京での市民の反乱と辺境チベットでの民族の反乱に大きく揺れた。しかも、亡命以来、世界各国で中国のチベットに対する抑圧的支配を批判してきたダライ・ラマ一四世が、同年にノーベル平和賞を受賞する。これに中国政府は猛烈に反発し、かえってチベット社会への規制を強めていった。

北京五輪は一面で、このような国家の動揺を封じ込める企図も含んで構想されてきたのである。天安門事件の後、二〇〇〇年五輪の北京招致はまさしくそうした目論見をもって企まれていたが、これはうまくいかなかった。しかし、その約一〇年後、天安門事件やラサでの大規模反乱からだと約二〇年後の二〇〇八年、ついに北京でオリンピックが開催され、その聖火は世界をめぐることになったのである。しかしながら、二〇年前の記憶は完全に消えていたわけではなかった。だから八九年のラサ暴動が天安門事件とある意味で呼応していたように、中国に国際的注目の集まる北京五輪の年にはチベットで再び何かが起きる可能性があった。すでにその二年前の二〇〇六年、北京とラサを結ぶ高速鉄道が開通し、チベットに入植する中国人が急増していた。中国人資本の手によってチベット伝来の土地や資源、伝統と社会基盤が次々にチベット社会から奪われていくことに、チベット人の反発は一層強まっていた。中国の「共産主義」は、北京や上海、広州の資本による辺境地域の収奪を様々な政治的言辞によって修飾したが、しかし収奪は収奪であり、チベットの場合、異文化や伝統的宗教の暴力による破壊を伴う歴史がそこに存在した。

日本にとって沖縄が、戦前日本の帝国主義と戦後のアメリカの軍事覇権の連続性を集約的に示す特異点であるのと同じように、中国にとってはチベットが、中国共産党の革命自体が内在させる帝国主義という屈折を露呈させずにはいない特異点なのである。そして一九六四年の東京五輪で沖縄を走る聖火リレーが特別の意味を持ったように、二〇〇八年の北京五輪の聖火リレーでも、チベットを通過する聖火が高度に政治的演出の対象となるはずだった。

ここで中国の組織委員会が計画したのは、壮大なスペクタクルだった。それによれば、聖火はギリシャで採火後、エジプト、メソポタミアなど古代文明発祥の地を巡り、シルクロードをたどってインドへ向かう。そしてネパール側からチョモランマを越えて中国に入ることになっていた。この前例のない聖火のヒマラヤ越えのために、中国は屈強な若者から成る登山隊を組織し、七〇〇〇メートル級の山での聖火リレーの訓練をしていくことになっていた。さらに中国入りした聖火はまずチベットを訪れ、その首都ラサに向かう。他方、中国国内では、聖火は一九四九年の中華人民共和国成立以前に共産党の本拠地だった延安、井岡山、瑞金、それに「長征」途上で一九三五年、毛沢東が党と軍の指導権を掌握した貴州省遵義など、「革命の聖地」をめぐることになっていた。当然

図4-9 北京オリンピック聖火リレールート

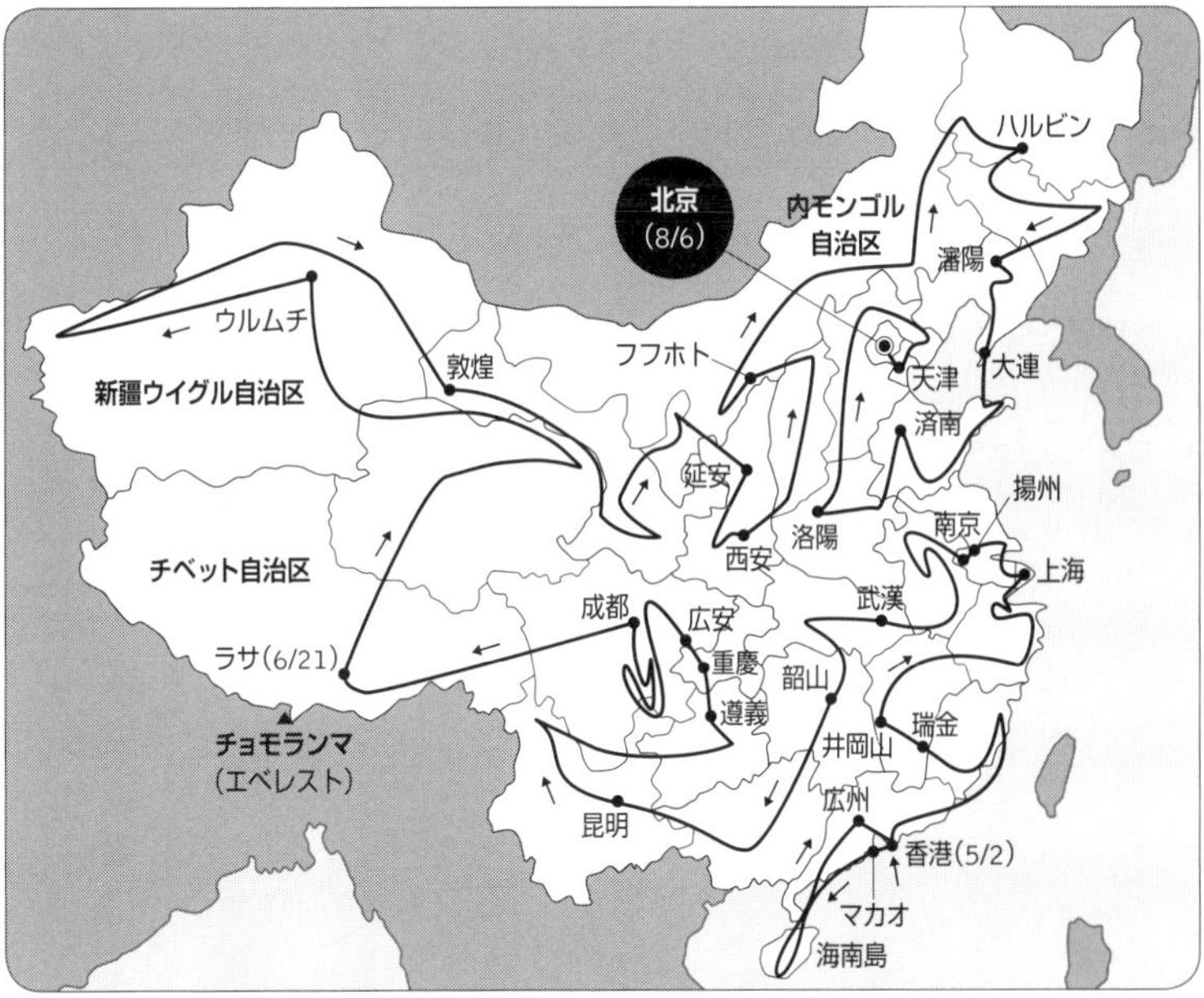

[国際オリンピック委員会、中国網、Aleenf1、AFP通信等による図や記事を参考に作成]
実際には、2008年5月に発生した四川大地震の影響により、一部に中断・延期が生じた。

そこには歴代最高指導者の出身地が巧みに組み込まれていた。毛沢東の湖南省韶山、鄧小平の四川省広安、江沢民の江蘇省揚州などである。こうして聖火リレーは、古代文明のなかでの中国文明の位置、国家再興としての中国革命の物語を全世界に向けて語り直す計画だった。全体として、一三〇日をかけて、二二カ国、地域の都市と国内一一二都市、約一三万七〇〇〇キロを、二万一八八〇人の聖火ランナーが走りきる空前の規模のリレーが構想された。聖火ランナーの数だけでも、それまで最多だった二〇〇〇年のシドニー五輪の一万三三〇〇人をはるかに上回った。

ところがその聖火リレーの始まる直前の二〇〇八年三月一四日、チベットで大規模な暴動が発生し、聖火リレーは中国側の意図とは異なる散々なものになっていく。この日、中国政府に対する僧侶や市民の抗議行動が激化し、暴動の鎮圧で一五〇人を超える死者が出たとも言われる。中国政府は外国人や一般中国人のチベット自治区入りを禁じ、報道が遮断された。このチベット人たちの抗議行動に対し、中国政府は一貫して「一部の組織暴力」の仕業と印象づける戦略をとり、国内のニュースでも、僧侶たちの静かなデモ行進や治安部隊がデモ隊を強制的に鎮圧する様子は伏せられたまま、ひたすらデモ参加者が商店を破壊、略奪し、路上で火を放つ生々しい映像が流されていった。そしてこれをダライ・ラマ一四世による海外からの策謀を名指しすることで鎮圧に対する海外からの批判に国内の世論が呼応するのを徹底して塞いでいった。

中国政府は国内の情報を徹底して統制したが、国際的な情報の流れは制御できない。チベット暴動と鎮圧のニュースは世界を駆けめぐり、中国に対する非難の声が広がった。そして、中国が全世界の都市をめぐらせることにしていた聖火リレーは、皮肉にも中国非難の声が表明される格好の舞台となった。聖火は二〇〇八年三月二四日にオリンピアで採火されたが、その採火式での中国五輪組織委会長の演説中に「国境なき記者団」の二人が乱入し、中国によるチベットの弾圧を告発した。オリンピア市中心部では、顔を「流血」を意味する赤色に塗ったチベット系の活動家たちが「チベットに自由を」などと叫んで路上に横たわった。その後、聖火は空路で北京に飛び、そこからシルクロードの都市を通ってイスタンブールに到着したが、イスタンブールでも聖火リレーを妨害しようとしたウイグル人数人が逮捕されている。

やがて聖火はロンドン、パリと渡っていくが、これらの都市での中国批判は一層激しいものになっていった。ロンドンのリレーでは、在英チベット人たちが抗議行動を組織し、消火器で聖火を消そうとしたり、トーチを奪い取ろうとしたりした。また、英国チベット協会などの民間団体が、聖火リレーのコースの三カ所に陣取り、中国当局に殺害されたとされるチベット人の遺体の写真を掲げて「チベットに自由を」と連呼した（『読売新聞』二〇〇八年四月七日）。

さらにパリでは、「『チベットを救え』『弾圧をやめ非暴力を』。プラカードや小さなチベット旗が、沿道や近隣のアパートの窓際で無数に舞い、沿道からはランナーと警官らに間断なく罵声が飛んだ」（『読売新聞』四月九日）。騒然とした空気のなかで、警官隊は聖火ランナーを何度もバスに退避させなければならなくなった。混乱のなかでリレーは中断し、危険を避けるために聖火は四度、消されたという。その都度、再び点火されたというが、そこで点火された火はオリンピアの火ではもうないのだから、その時点で聖火は聖火ではなくなったとも言える。フランス政府は三〇〇〇人もの警官を動員し、厳戒態勢を敷いていたが、人権団体などによる抗議は強烈で、ついにリレーは二八キロの行程中、六キロを残す地点で打ち切られた。

聖火リレーは米国のサンフランシスコでも行われることになっていたから、当然、そこではパリ以上に抗議が盛り上がっていく可能性があった。実際、聖火リレー前日には、市内で中国に抗議する数千人の集会が開かれ、そこには俳優のリチャード・ギアやノーベル平和賞受賞者の南アフリカのデズモンド・ツツ元大主教も駆け付けた。そして当日には、コースに指定されていた沿道に中国の人権抑圧に抗議する多数の人権団体メンバーらが集まり、聖火ランナーを待ち構えていた。ところがパリでの混乱の二の舞となるのを回避しようとした主催者は、第一走者に予定のコースから途中で外れさせ、その後は予定とはまったく異なるルートを走らせるという「行方不明」戦略をとった。この奇策によって混乱は避けられたが、サンフランシスコでは本当に聖火リレーがあったのか、なかったのかすら判然としなくなった。

北京五輪の聖火リレーは、南米やアフリカ、インドでも激しい抗議に直面した。ブエノスアイレスでは、沿道から聖火ランナーに向かって水風船が投げつけられたが、聖火は五七〇〇人もの警備の警官に守られて無事だった。インドでは、聖火ランナーは三重の警備の柵の中を走らなければならず、沿道からは完全に切り離された。他方、チベット人一〇万人以上が暮らすこの地の亡命チベット人団体は、ガンジーが火葬された地で採火した非暴力の「聖火」を運ぶもう一つの聖火リレーを実施し、約二〇〇〇人が「虐殺をやめろ」と叫びながらニューデリー中心部を行進した（『読売新聞』二〇〇八年四月一八日）。これらの直接的な抗議行動に加え、ノーベル平和賞受賞者のワンガリ・マータイがタンザニアでの五輪聖火リレーへの参加の辞退を表明した他、多くのスポーツ選手や有名人が聖火リレー走者に加わることを辞退した。

長野の聖火騒動とネットナショナリズム

さて、こうして北京五輪の聖火はやがて日本に到達する。日本国内で聖火リレーが行われたのは長野である。これは、この時点ですでに東京が二〇一六年五輪への立候補を表明していたため、東京を聖火が走るのは招致レースの公正性を失わせるとの声に配慮した結果だった。東京以外では、直近のオリンピック開催都市である長野が聖火リレーの実施場所として最もふさわしいと考えられた。そこで日本のオリンピック組織委員会や長野市は中国側と協議し、長野善光寺をスタート地点とし、長野五輪のスピードスケート会場だったエムウェーブやアイスホッケー会場だったビッグハットを経由して若里公園をゴール地点とするルートを決め、準備を進めていた。

ところが一連の騒動のなかで、日本国内でも北京五輪の聖火リレーに対する批判の声が強まっていく。長野市での聖火リレーが行われるのは四月下旬の予定であったが、すでに四月上旬から長野市には聖火リレー中止を求める電話が殺到した。警察も当初は五〇〇人の予定だった警備陣を六倍の三〇〇〇人に増強し、厳戒体制をとることになっていった。

予定されたリレーのルートのなかでも善光寺の立場は微妙だった。日本の仏教が諸宗派に分かれる以前からの伝統を残し、諸宗派に開かれると同時に、御開帳で江戸時代を通じて膨大な参拝客を集めてきた善光寺は、歴史的にきわめて開かれた寺院だった。しかし仏教寺院である以上、チベット仏教への強いシンパシーが底流にあった。そして、まさにそのチベット弾圧で五輪の聖火リレーが世界中から非難を浴びたのである。だから同寺が北京五輪聖火リレーの出発点になることへの批判は大きく、連日、一〇〇件から二〇〇件の電話が殺到し、「善光寺が、このまま出発式の会場となっていいのか」「由緒ある寺の名が悪用される」などの声が寄せられていた。

若手僧侶の間からも、チベット人僧侶への同情から同寺が聖火リレーに加担することへの批判の声が沸き起こった。彼らは境内で市民団体が開いたチベット弾圧の死者を悼む集会に参加し、死者たちのために読経していた。また、年配の僧侶たちには、寺が混乱に巻き込まれ、寺の持つ国宝や重要文化財が傷つけられるのを心配する声も広がった。四月一七日、寺では諸宗派や宿坊の代表を集めた会議が緊急招集され、数時間に及ぶ激論の末、一度は受け入れを決めた聖火リレーのスタート地点を辞退することが決定された。つまり、長野の聖火リレーは善光寺から出発することができなくなったのである。聖火の到着を約二週間後に控えた時点での善光寺のこの決定は、組織委員会

北京オリンピック聖火リレー　沿道から台湾出身の男性が飛び出し取り押さえられる
［2008年4月26日撮影、長野市内、写真提供：朝日新聞社］

側にとってはショックの大きいことだった。

　四月二六日、当初のコースを変更して長野での聖火リレーが実施されたが、その内容は実に散々なものとなった。沿道では、スタート前の午前七時頃から中国人留学生グループと右翼系団体がもみあいとなり、中国人留学生が額を切られてケガを負うなど殺気立っていた。リレーが始まると、聖火を持って走っていたタレントの「欽ちゃん」こと萩本欽一の足元にペットボトルやビラが投げ込まれ、警察官たちが盾で萩本をガード、緊張が走った。卓球選手の福原愛が走る前には台湾出身の男が飛び出し、警官に取り押さえられた。警察は徹底した厳戒態勢を敷いたが、それでも沿道では「フリーチベット」を叫ぶ多くのチベット支持派と、「ワンチャイナ」を叫ぶ中国人留学生の間で怒号が飛び交い、聖火そっちのけの騒然とした雰囲気となった。

　近隣の住民からは、「こんな雰囲気で聖火リレーをやって何の意味があるのか」「ランナーとの触れ合いを楽しめず、子どもたちがかわいそう。とんだ聖火になってしまった」とうんざり顔の発言が相次いだ。聖火ランナーの一人も、「前後と両脇を中国人のセキュリティーランナーと警察官に取り囲まれ、視界に入るのは、背中や顔、前方のメディアカーぐらい」で、沿道は何も見えなかったと語った（『読売新聞』二〇〇八年四月二六日）。逆もまた真なりで、沿道からも見えるのは警備の警官ばかりで、聖火ランナーはまるで見えないリレーとなった。

この長野での騒動の記録を読み直すと、北京五輪の聖火リレーに対する国内の燃え広がるような反発が、チベットの弾圧された人々への共感というだけでなく、二〇一〇年代に頻発化するネット右翼による嫌中、嫌韓のヘイトスピーチにつながる傾向を含んでいたことに気づく。沿道の各所で「チベット支持」のグループと中国人留学生が衝突し、事件化したものだけで九件に上ったが、そのなかには二四歳の中国人男性が殴られ軽傷、二七歳と一九歳の中国人男性が殴られ軽傷など、若い中国人男性が被害に遭っているケースが多い。他方、トマトを投げつけた六三歳の愛知県の男性を逮捕、飛び出した三八歳の東京都内の男性を逮捕、飛び出した三〇歳の川崎市の男性を逮捕、ビラを撒くなどした三三歳の横浜市の男性を逮捕というように、中国人よりもおよそ一〇歳以上年長の東京圏や名古屋圏に住む男性が逮捕されている。つまり全体として、ナショナリズムに燃える中国人の若者に、強い反中感情を抱く年長の日本人男性が敵対するという構図を見出せるのである。

しかも、この双方で陣営を結びつけていたのが、テレビでも新聞でもなくネットの交流サイトなどであったことは、二〇〇八年の聖火リレー騒動を歴史的に位置づける上で重要である。たとえば、千葉県市川市に住む三五歳の男性会社員は、「ネット上の会員交流サイトでの呼びかけに応じ、沿道などで一人でチベット旗を振った」という。彼は、「自分の意見を主張し、態度でも示すことができた」と満足そうに語っていた（『読売新聞』二〇〇八年四月二七日）。あるいは群馬県高崎市の二八歳のアルバイト男性は、「ネットで知り合った仲間約一〇人とチベット旗を振って聖火ランナーに『フリーチベット』と叫んだ」という。この男性は、「動画投稿サイトでチベット人僧侶への弾圧などを知った」のだった（同）。同様の集団形成は中国側でもはっきり見られ、多くがネットサイトで知り合い、「中国人の団結を示す」ために長野で合流した中国人留学生たちだった。こうしてJR長野駅近くのインターネットカフェは、聖火リレーの前日から国内外のネット利用者で大混雑し、混乱した聖火リレーの模様は異なる立場から全世界に発信されていった。

さらに、北京五輪の聖火リレーに対して世界各地で沸き起こった批判に対抗して、中国本土と海外の中国人留学生や華僑を結んで「聖火リレーを守る」運動も広がっていた。団体バスを使って長野に集結した中国人留学生の動きもその一環だったが、そうした聖火リレー擁護の動きを支えていたのがインターネットであったことは重要である。つまり、聖火リレーに反対する側を結びつけていたのもネットであり、彼らから聖火リレーを守ろうとする側を結びつけていたのもネットだった。たとえば長野での聖火リレーについても、中国で「愛国者」が集まるサイトを運営してきた北京在住の男性は、「チベット問題での『歪曲報道』などを含め、もし日本が欧米と同じことをしでかしたら、中国人は許さない」と語っていた（『読売新聞』二〇〇八年四月一九日）。この人物は、二〇〇三年、日本が受注を目指した北京‐上海間高速鉄道への新幹線導入に反対するネット署名で七、八万人のネット署名を集めて以来、ネットでの様々な政治運動に携わってきた。彼のようなネット上の「反日」言論がうねりに火をつけ、二〇〇五年には中国各地で反日デモが広がった。

二〇〇八年、この中国のネットナショナリズムが矛先を向けたのは、日本以上にフランスだった。中国のメディアでは、ロンドンやパリで聖火リレーに次々に「欧米人が襲いかかる」姿が報じられ、国民の間に「やつらは中国をばかにしている。この事件を見て、自分は愛国者だったんだと気づいたね」といった声があがった（『読売新聞』二〇〇八年四月九日）。中国のチベットに対する植民地主義的な抑圧に対する欧米の反発を、中国国民は欧米列強の中国に対する植民地主義の再来と受けとめたのである。だからこそ、彼らはしばしば、「もし日本でも同じことが起これば、中国人の反発は今の比ではない」と警告していた。かつての日本は中国に対する植民地侵略の最悪の当事者であり、その日本で中国への植民地主義が復活することを、中国人は絶対に許さないという警告だった。もちろん、このような中国国内の受けとめ方は、日本や欧米諸国の認識と著しく乖離していた。しかし中国国内の報道だけから判断するならば、聖火リレーに対するフランス人の態度は、彼らが「人権」を最もはっきり掲げていたがゆえに、最も「植民地主義的」に見えたのである。

　こうして二〇〇八年三月末から四月にかけて、中国のインターネットサイトでは聖火リレーに対する欧米の動きへの反発が瞬く間に燃え広がった。数億人レベルでの「炎上」である。聖火がオリンピアを出発するのが三月二四日、ロンドンやパリで騒ぎが大きくなるのが四月上旬だから、この動きは聖火リレーへの反発とまったく同時的に生じていたといえる。「西側のメディアが五輪ボイコットをあおっている。完璧な五輪でなくてもいい。敵に厳しい一撃を食らわせよう」「米英日は永遠の敵だ」「中国人民に謝罪せよ」といった、冷戦時代への郷愁と反植民地主義的意識がごった混ぜになったような感情がうごめいて、最悪の敵を探し始めた。

　やり玉に挙がったのが、中国に進出していたフランス企業で、中国で一〇〇店以上を展開していた仏大手スーパー「カルフール（家楽福）」に対する不買運動が全国的な広がりを見せていった。やがて不買の動きは、チベット問題に関する米議会決議への抗議から「ケンタッキーフライドチキン」などのアメリカ資本にも広がった。他方、この流れのなかで、ネット上には「カルフールの大株主がダライ・ラマ一四世に巨額の資金を寄付。フランスが『チベット独立分子』を支持している」などといった真偽の怪しい（フェイク）ニュースが噴出していく。ネットの書き込みサイトでの直接行動の呼びかけも活発化し、突然、深圳市中心部で「北京五輪支持、チベット独立反対」をスローガンとする「愛国平和デモ」を行うことが呼びかけられもした。いまやネット上の「愛国主義」は、中央政府のコントロールを超えて広がりつつあった。

この草の根のネットナショナリズムは、かつての欧米列強や日本に対する反植民地主義的感情を根底に抱え込んでいたから、容易に反米的な動きとも結びつく。まもなく中国のネット上では、「欧米メディアが歪曲報道を行っているとして、反論するネットサイト『アンチCNN』が最近誕生し、アクセスが殺到。……五輪開会式不参加を表明した欧州の一部首脳を罵倒する書き込みも急増」するといった事態となった。インターネットという新しい情報世界で、二〇〇八年の中国民衆は、まるで今日のトランプ政権のようなマスメディア批判を展開していたのである。やがて、胡錦濤政権は国内のこうした動きを警戒し、やっきになって世界各国が聖火リレーを支持していることを宣伝し始めた。長野での聖火リレーをめぐる混乱についても、中国の大手メディアでは報道されず、新華社通信は、「日本各地の華僑、華人と、日本の友人の大きな支持を得」、リレーは「祝賀ムード」のなかで終了したと伝えていた。

3 ドラマにおける反復と転換――札幌と長野

二つの札幌五輪――一九四〇年と一九七二年

さて、最後に再び日本国内に目を向けておきたい。なぜならば、一九六四年の東京オリンピックと高度経済成長の結びつきを再演していくのは、ソウルや北京といった東アジアの主要な首都だけでなく、札幌や長野といった日本国内の地方主要都市でもあったからだ。オリンピックは巨大な公式化された国際イベントであり、万博のように変幻自在に地方博に変化していくわけにはいかなかったが、それでも東京五輪の後には二つの冬季五輪が続き、やがて二〇一六年、東京でもう一度、東京オリンピックを開こうという構想にもつながっていく。ソウル、北京という二つの反復についての検討を経た今、最後にこれらの国内での反復にも目を向けておきたい。

一九五〇年代末に始まり、七〇年代初頭まで約一五年間にわたって続いた戦後日本の高度経済成長は、皇太子成婚と東京オリンピック、そして大阪万博という三つの国民的大イベントによって枠づけられ、祝祭化されていた。戦後日本人は、皇太子成婚によって新しい大衆天皇制国家と一体化し、東京オリンピックで挙国一致の成長国家に熱狂し、大阪万博でそうした成長の果実に酔いしれていったのである。これらを通じ、経済成長を駆動原理とする「戦後日本」のかたちが完成する。その後も約半世紀余り、この戦後日本は内部が陳腐化し、駆動エネルギーを失って化石化し、さらには制度疲労が限界に達しても、なお大衆的欲望や幻想が頼るかたちとして残存し続ける。とりわけ東京オリンピックと大阪万博は、その後の多くの官主導のイベントの原型ともなった。

万博に関しては、すでに拙著『万博幻想』で大阪のモデルが一九七五年の沖縄海洋博、八五年のつくば科学博、二〇〇五年の愛知万博等へとどう展開していったかを論じた。他方、六四年東京五輪の七〇年代的後裔は、一九七二年に開催された札幌冬季五輪である。その後、名古屋が一九八八年の五輪開催に向けて七七年に招致活動を開始し、その失敗の後、九八年の長野五輪開催に向けての招致活動が八五年に始まっている。そして、二〇〇八年の五輪開催に向けて大阪が招致活動を始めるのは一九九五年のことである。その大阪の挑戦が失敗すると、今度は東京が二〇〇六年、一六年の五輪開催に向けて招致に乗り出す。こうしてみると、一九七〇年代以降、日本のなかのどこかの都市が五輪ないしは万博の候補地となり、中央省庁と都道府県、市、地元財界が一体となって招致活動を展開し、IOCなりBIE（博覧会国際事務局）なりの総会で開催権獲得に成功、あるいは失敗する。そうすると、今度は次なる五輪や万博の候補地選定に入るというプロセスが反復されてきたことがわかる。一九六四年の東京五輪は、これらの原点に位置づけられるのである。

　しかし、このプロセスの原点はもう少し古いかもしれない。一九六四年の東京五輪の後裔に位置づけられる札幌五輪にしても、その構想はすでに一九三〇年代に始まっていた。一九四〇年の幻の東京五輪とセットで冬季五輪を札幌で開くことが準備されていたのだ。つまり、東京五輪と札幌五輪はそもそも一卵性双生児のような関係にあったのである。

　とはいえ、この双生児の関係は、一九三〇年代に当初から確立していたわけではない。アジアで最初の夏季五輪の開催地が東京となることはほとんど所与であったとしても、それに対する冬季五輪の開催地については様々な候補が存在した。当時、候補地として名乗りを上げたのは、札幌、日光、霧ヶ峰、志賀高原、菅平、乗鞍の六地域だった。これらの六地域のどこが東京と対になってもおかしくはなかったのだ。なかでも最後まで札幌と競ったのは日光である。少なくともスケート競技に関しては、東洋一のスケートリンクがすでにあった日光は札幌を凌駕していた。細尾リンクと呼ばれたこのスケート場は一九三二年にオープンしたばかりのもので、面積四〇〇〇坪、四〇〇メートルトラックのリンクとアイスホッケー用のリンクから構成されていた。しかも徳川の聖地東照宮を戴く日光は東京からの鉄道や観光ルートが整備され、海外でもよく知られていた。地の利や知名度、スケート競技場の面では明らかに日光に軍配が上がったのだ。

ところが日光の弱点はスキー競技場で、こちらの面では札幌に分があった。というのも札幌は、中心部からほど近くにジャンプ台（大倉シャンツェ）があった。冬の雪は豊富で、市南西にある標高五三一メートルの藻岩山から四〇〇メートル級の丘陵が続いていたから、スキー競技の面では申し分がなかった。しかし、札幌の弱点は東京からあまりに遠いことで、さらにスケートリンクをどう建設していくのかという問題もあった。千歳空港は一九三〇年代後半から整備されていたが、これは軍事用で、民間航空が考えられる時代ではまだなかった。だから当然、札幌に行くには海路で小

日光細尾リンク（1932年）［『日本スケート史』日本スケート史刊行会、1975年、p.295より］

大倉シャンツェ（1933年）［写真提供：札幌市公文書館］

樽経由か鉄道になるわけで、日光とは比べものにならないほど時間がかかった。

つまり、地の利とスケート競技を中心に考えるのなら日光、あくまでスキー競技を中心に考えるのなら札幌というわけで、日光を押すスケート連盟と札幌を押すスキー連盟が真っ向から対立した。こうして日光と札幌は候補地をめぐり激しい競争を続け、日光有利の憶測もあるなかで最終的に札幌が選ばれたため、日光の人々の落胆は大きかった。

江戸時代、徳川家の最重要の聖地として優遇されてきた日光は、同じく江戸における徳川の聖地だった上野と同様、明治国家体制のなかでは周縁化されてきた。他方で札幌は屯田兵の開発基地であり、明治国家からすればその最初の内国的植民地経営の中心だった。つまり日光と札幌は、スケート優先かスキー優先かで対立していただけでなく、江戸幕府の宗教的聖地と明治政府の半軍事的開発基地という点でも対立しており、ここで再び近代日本は、国土開発的な視点からも札幌の重要性に気を配ったとも言えるのである。そして札幌は、この一九四〇年のオリンピックが準備されていく過程で、それまで道内最大の都市だった函館を抜き、北海道の中心としての地位を確立していく。一九三〇年代から六〇年代までのプロセスで、札幌は函館とも旭川とも小樽とも異なる北海道の中の東京のような地位を確立していくのである。

ところが札幌は、国内唯一の冬季五輪開催候補地とされた後も、ＩＯＣで正式に冬季五輪開催地に決まるまでには紆余曲折があった。第一のハードルは、それまでは夏季五輪と冬季五輪は同じ国で開催と決まっていたのが、この一九四〇年からそれぞれ開催地を分離して選ぶことにＩＯＣの方針が変更されたことだった。そのため夏季が東京に決定しても、冬季に札幌が選ばれるとは限らなくなった。第二のハードルは、ＩＯＣ（国際オリンピック委員会）とＦＩＳ（国際スキー連盟）が、スキー選手のアマチュア資格をめぐって激しく対立し、ＩＯＣがスキー競技を冬季五輪種目から外す動きに出たことだった。もちろん、スキーなしの冬季五輪など考えられないから、ＩＯＣはＦＩＳ抜きでスキー競技を実施する方向を模索していた。

第三に、日本軍による中国侵略が拡大し、英国を中心にスポーツ界でも反日の動きが広がっていたことである。ＦＩＳの立場に近かった北欧諸国はＩＯＣの決定に正面から反対し、札幌五輪についても強硬に反対した。そしてこれに加勢する仕方で英国は東京五輪そのものにも反対で、「今日の国際情勢から見ればオリンピックは遂行すべき本来の使命を全く失ひつつあり、彼等は非文化国日本の手先に使はれて大きな宣伝を勤めてゐる」と批判していた（『読売新聞』一九三八年三月一七日）。矢面に立たされた東京と札幌の五輪計画を擁護したのは、ドイツやイタリアに加えて米国だった。彼らはアマチュアリズムとＩＯＣを支える立場から、東京と札幌での五輪計画には協力的だった。これには東京と札幌でのオリンピック開催が、「アジアにおける最初のオリンピック」として記念碑的な意味を持つことになるとＩＯＣ幹部が考えていたこともあるが（『読売新聞』一九三八年三月一七日）、同時に米国のオリンピック委員会の中枢にいて、後にＩＯＣ会長となる実力者アベリー・ブランデージが枢軸国寄りの立場をとっていたことも関係していたように思われる。

このように、国内外の関係者による必死の努力で東京と札幌は一九四〇年オリンピックの開催権を獲得するが、そのわずか四カ月後、両大会開催権の返上が決定されてしまう。その経緯についてはすでに多くの解説がなされてきたのでここでは触れない。むしろここで確認しておくべきは、一九六四年オリンピックの聖火コースに幻の四〇年オリンピックの聖火についてのプランが組み入れられていたのと同じように、戦後に実現する一九七二年の札幌五輪は、もともと一九四〇年に実施されるはずだった札幌五輪が、時を置いて復活したものだった点である。つまり、一九七二年の札幌五輪は、六四年の東京五輪の反復であったというだけでなく、一九四〇年に実現されなかった冬季五輪の反復でもあったのだ。一九二〇年代から日本でスポーツ関係者を中心に多くの人々の意識を動員していたこの過程を、最終的には東アジア全体を巻き込むことになる反復の原点として捉えていく必要がある。

なぜ、札幌はカルガリーに大勝したのか

戦後、一九四〇年に実現されるはずだった東京と札幌のオリンピックを、改めて復活させようとする動きは、戦災復興が一段落した五〇年代半ばから本格化した。そして一九五九年に六四年の東京五輪開催が本決まりになると、残る課題は冬季五輪の日本での開催ということになった。翌六〇年、六四年の東京五輪後に六八年の冬季五輪を日本に招致しようという動きが盛り上がり、同年一一月に招致委員会が発足した。明らかに、夏季五輪の招致委員会から冬季五輪の招致委員会への衣替えである。もちろん、最初から札幌を指名するわけにはいかないので、全国から立候補を受け付ける。これに対し、同年一二月には、札幌がいち早く立候補を表明し、続いて翌年春までに、日光、八方尾根（白馬など）、志賀高原、万座、軽井沢、蔵王、苗場などのやがて日本の主要なスキーリゾートとなっていく多くの地方が立候補していった。招致委員会は、約一年の検討を経て、「札幌が適地」との結論を出す。このあたり、最初から結論のわかっていたレースという感がなきにしもあらずである。とはいえ、このときの立候補地のうち八方尾根、志賀高原、軽井沢は一九九八年の長野五輪で会場となっているから、立候補したのも無駄ではなかったのかもしれない。

日本国内の関係者に一九四〇年の幻を現実化するという合意が暗黙にあったとしても、それが国際的に通用するかどうかは別の話である。一九六四年の東京での夏季五輪の開催がすでに決まっていたからといって、続いて冬季五輪も日本にやらせようと国際社会が考えるとは限らない。このとき海外で、札幌と同じ六八年の冬季五輪開催に立候補したのは、カルガリー（カナダ）、ラハチ（フィンランド）、グルノーブル（フランス）、オスロ（ノルウェー）、レークプラシッド（アメリカ）の五都市だった。混戦となったが、ヨーロッパでは伝統あるグルノーブルが、北米ではカナダのカルガリーが支持を広げ、札幌はその間で埋没した。結局、一九六四年一月にインスブルックで開かれたIOC総会でグルノーブルとカルガリーの接戦の末、開催地はグルノーブルに決定した。札幌は、わずか六票しか獲得できず、第一回投票で敗退した。

札幌はこの惨敗で諦めることなく、一九七二年の冬季五輪に再び立候補する。しかし、このときも六八年開催権で惜敗したカルガリーやラハチも再び立候補していたから、前回同様にカルガリー、ラハチ、札幌にソルトレークシティ（アメリカ）を加えた四都市の厳しい争いとなると予想された。なかでも最有力とされていたのは前回次点のカルガリーだった。札幌は、最終的にはカルガリーに敗れるというのが大方の見方だった。ところが蓋を開けてみると、札幌は三二票を獲得し、一六票のカルガリーに大差で勝利した。結局、カルガリーは二回にわたって冬季五輪開催を惜しくも逃し、開催が実現するのは一九八八年のことである。

しかし、この大逆転はなぜ起きたのだろうか。当時の日本のメディアでは、日本のプレゼンが良かったのだとか、一九六四年の東京五輪の「大成功」で国際的な信用を得たのだとか、手前勝手な説明ばかりである。それらをすべて否定するわけではないが、当時の日本のメディアは、日本の招致団自身ですら驚いた大逆転の本質的な理由をまるで理解できなかった。実のところ、この大逆転の背景には、日本社会が決定的に見逃してきた冬季五輪をめぐる地殻変動が存在した。その地殻変動とは、要するにカウンターカルチャーや自然との共生意識、様々な自然保護組織の拡大を背景とした環境問題に対する人々の意識の根本的な変化である。

一九六八年、七二年のオリンピックでカルガリーが冬季五輪会場としていたのは、カルガリー市から一二〇キロも離れたカナディアンロッキー山脈にあるバンフという町である。その一帯はバンフ国立公園のなかにあり、圧倒的な自然の豊かさから今日では世界自然遺産に指定されている。カナダ政府は、この豊かな自然を観光資源とし、バンフを大規模なリゾート地として発展させていくためにオリンピックを利用しようとしていた。ところが一九六〇年代後半、オリンピック開催が国立公園の自然にもたらす影響について論争が巻き起こり、その中から数多くの自然保護団体とそれらの間の連携が形成されていったのである。カルガリー冬季五輪開催に反対する地元の自然保護団体は五〇を超え、カナダの環境運動全体を勢いづかせた。それらの運動は、オリンピック開催に伴うインフラ建設が自然環境に及ぼす負荷や、観光客増加が地域の環境をいかに変化させてしまうかを分析し始めた。こうして彼らは、「私たちの国立公園にオリンピックなんていらない」という結論に達したのである。カナディアンロッキーの自然はそもそも豊かであり、その豊かさを破壊してしまうかもしれないオリンピックは紛れもなく公害だった。

この動きは、単に草の根的な地元の自然保護グループの間だけで起きていたのではなく、世界的に影響力ある自然保護機関とも連携して生じていた。こうして一九六五年、カナダに拠点を置くカナダ野生生物連盟（Canadian Wildlife Federation）と国際機関の世界野生生物保護基金（World Wildlife

Fund　ＷＷＦ）、それに国際自然保護連合（International Union for Conservation of Nature　ＩＵＣＮ）は、共同でカナダ政府とＩＯＣがカルガリー冬季五輪を支持することへの反対を表明した。ＩＯＣ会長（当時）のブランデージが自然保護団体から受け取った書簡には、もしも「ＩＯＣがバンフに開催権を与えたならば、……〔彼らは〕大会前、大会期間中、および大会後において効果的な抗議運動を行うことになるだろう」と記されていたという（石塚創也「オリンピック・ムーブメントにおける環境保護政策に関する歴史的研究」『２０１５年度笹川スポーツ研究助成』九〇頁）。

　これらのことは、ＩＯＣにとって間違いなく脅威であった。『万博幻想』で書いたように、やがて一九九〇年代末に愛知万博の会場問題で、日本野鳥の会とＷＷＦやＩＵＣＮが連携し、ＢＩＥに対して起こしていったのとほぼ同じことが、その約三〇年前、カナダのロッキー山脈の自然保護をめぐって起きていたのである。ＩＯＣは、当時から冬季五輪に反対する自然保護派の動きに敏感だった。この敏感さには理由があり、実際、札幌に続いてデンバーで開かれるはずであった一九七六年の冬季五輪は、オリンピックによる環境破壊を心配するコロラド州民の住民投票の結果、開催が返上される。こうした状況を予感し、ＩＯＣ委員は地元から根本的な批判が生じているカルガリーを敬遠し、まだそこまでの意識を社会が持つに至っていないように見えた日本での開催に傾いていったのではないだろうか。

札幌五輪における反復と転換——コマーシャリズムと自然保護

　一九七二年の札幌五輪は、たしかに一九四〇年にこの地で実現されるはずであった祭典の復活であり、同時に八年前、六四年の東京五輪の縮小版でもあった。その意味では、ここで上演されていたのは、古いドラマの反復であった。この反復性は、東京五輪のときと同様、札幌五輪でもアテネから運ばれた聖火がまず沖縄を一周するところから聖火リレーがスタートしていることにも示されている。しかも、この聖火が沖縄に到着した一九七一年一二月三〇日は、まさしく日本の国会で沖縄法案が自民単独可決されたその日であった。偶然にしては出来すぎにも見えるこの一致に、東京五輪のときと同様の聖火リレーの強い政治性を読み取ることもできる。また、一九六四年の東京五輪の際の都市改造の規模に比べれば小さいが、七二年の五輪開催に向けて札幌でも地下鉄網と大規模な地下街が整備されていった。一九七〇年に百万都市となった札幌は、千歳空港の整備や道路網、地下鉄網の充実、地下街や中心市街地での高層ビルの建設を通じ、ますます北海道の中の東京という地位を確固たるものにしたのだった。

しかし、一九六四年の東京五輪とは異なり、七二年の札幌五輪にはやがてオリンピックや万博を根底から揺るがしていくことになる地殻変動も顔をのぞかせていた。その一つはコマーシャリズムである。ブランデージＩＯＣ会長らはオリンピック精神の根幹はアマチュアリズムにあるとの考えから、五輪でのコマーシャリズムの拡大に徹底して抵抗しようとした。すでにブランデージは、一九六六年に開かれたＩＯＣ総会で、「オリンピックがプロのチームのための選手供給源に堕落することを防ぐためには、商業主義に利用されるスポーツはオリンピックのプログラムから除かれなければならない」と宣言していた。アルペンスキーやフィギュアスケートなど、明らかに冬季五輪には企業と選手が深く結びついた種目が多かった。グルノーブル五輪でそうした結びつきが前面に出たこともあり、ブランデージは冬季五輪に批判的になっていった。彼はグルノーブル大会が終わると、そこに溢れた「露骨な商業主義のために、冬季オリンピックの将来は危機にひんしている」と語ったのである。彼は、もはや冬季五輪は廃止すべきだという意見を紹介し、そのような廃止論は、「グルノーブル大会のアルペン競技でスキー用具業者の商標などが公然とまかり通り、商業主義が横行したことで強くなった」と論じた（『読売新聞』一九六八年七月三一日）。

こうしたＩＯＣ執行部の強硬な反コマーシャリズムは、実際のスキー選手や関連団体の間ではなはだ不人気だった。札幌五輪の一年前に開かれたプレ五輪会場では、「『このスキーのおかげで勝ったのよ』といわんばかりに、メーカーの商標ベタベタのスキーを抱いてニッコリする外人選手。……ブランデージ会長が見たら、目をむくような光景がくりひろげられ」、「各国の選手はそれぞれお世話になっているスキーメーカーにお返ししようというのか、カメラマンがレンズを向けるたびに、そばのスキーを抱きかかえ、ポーズをとった」という（『朝日新聞』一九七一年二月八日）。

結局、ＩＯＣの忠告を真に受けて、スキーの商標を一生懸命消していたのは日本などの一部の国の選手にとどまったようだ。その後、ＩＯＣからは、札幌五輪では「選手が自分の名前入りの写真を商業行為に使った」場合、その選手はオリンピック参加資格を失うという見解が示された。この措置を厳密に実施した場合、大量の選手がオリンピックの出場資格を失いかねないので戦慄が走ったが、その後の経緯は反コマーシャリズムのＩＯＣとコマーシャリズムに相対的に寛容な国際スキー連盟の間で話し合いが進み、実際に出場資格を失う選手はほとんど出ないという決着に向かっていった。ブランデージの反コマーシャリズムはほとんどドン・キホーテ的で、今やコマーシャリズムがオリンピック総体を呑み込みつつあったのである。

そしてもう一つ、札幌五輪に姿を現し始めていたのは、カルガリー五輪計画を挫折させたのと同様の環境意識の変化である。グローバルに広がりつつあった自然保護の運動は、オリンピックの開催地争いで札幌がカルガリーに大逆転するのを可能にしただけでなく、札幌五輪自体の会場計画にも影響を及ぼそうとしていた。したがって、開催地決定においてＩＯＣ委員がカナダで起きたことは日本ならばまだ起きないだろうという憶測を抱いていたとすれば、それは半分正しく、半分間違っていたといえる。たしかに日本でも、すでに札幌五輪の頃からオリンピックのようなメガイベントと自然保護の関係は、のっぴきならない問題として浮上していたのである。

しかし、半分正しかったというのは、カルガリーやデンバーとは異なり、まだ一九六〇～七〇年代の日本では、国内の自然保護団体にオリンピックの計画そのものを変更させるだけの力はなかった。この時代にカナダやアメリカではすでに生じていて、やがて九〇年代には日本でも現実化していくような、自然保護運動による異議申し立てが政府の計画を抜本的に変更させてしまうような事態は、まだこの時点の日本では起きてはいないのである。

環境保全の観点から札幌五輪で最大の焦点となったのは、滑降競技会場となった恵庭岳の自然である。恵庭岳は、支笏・洞爺国立公園内にある標高一三〇〇メートルの山で、札幌市内から車で三〇分の距離にあるにもかかわらず、開拓前の北海道の原生林をそのまま残していた。五輪招致委員会は、この恵庭岳の標高一二〇〇メートルの地点から南西大斜面を三二〇メートルの地点まで降りる男女別の大滑降コースを二本設置しようとしていた。そのために約二〇〇ヘクタールの原生林が伐採され、スキー用の大斜面が造成されることになっていた。

間違いなく、恵庭岳の原始の自然は、この工事で壊滅的なダメージを受ける可能性が高かった。それを心配した北海道自然保護協会は、札幌五輪開催決定直後の一九六六年五月、滑降競技会場を恵庭岳ほどには自然にダメージを与えないで滑降コースを作れる羊蹄山かニセコに変更できないかとの意見をオリンピック招致委員会に伝えた。これに対して招致委員会の施設担当者は、「恵庭岳しかない。ほかでは、標高差を八百メートルもとれないし、とれたとしても遠すぎる。招致に成功したのは、会場が札幌を中心にまとまっていることも一因だった。国際信義のうえからもいまさら変えられない」と、にべもなかった（『朝日新聞』一九六六年五月一五日）。

環境アセスメントもパブリックコメントもまだ何も制度がなかった時代、自然保護団体から問題点の指摘があっても主催者たちはまだこのような反応をできたのである。しかも、この自然保護協会の動きに同時代のメディアも冷淡で、読売新聞はこれを報道すらしていないし、朝日新聞は「恵庭会場は大分以前に候補地として決っていたもので、招致運動の間は表立ったこともせず今さらいうのはおかしい。第一、国際的な信用にかかわると、この批判に逆に物言いをつける声も強い」とシニカルな報道をしている（同前）。

他方、自然保護協会側も、この頃はまだ国家イベントと自然保護が衝突した場合の対応についてのスタンスが定まっていなかった。同年四月から六月にかけて、協会内でこの問題をめぐり議論がたたかわされるが、最終的には「恵庭岳の使用はやむを得ないとした上で、可能な限り自然保護をめざす」という妥協的な案で落ち着いた。それでも協会の理事数名は前出のＩＵＣＮと連携をとり、ＩＵＣＮの代表者らから恵庭岳の使用に対する反対署名を得ることに成功する。そしてこれを恵庭岳滑降会場化の問題点を説明した英文資料を添えて直接ＩＯＣに送ったのである。

こうして恵庭岳問題は、ＩＯＣ幹部の知るところとなり、ブランデージ会長から日本側組織委員会にこの問題についての懸念を表明する書簡が送られた（石塚　前掲論文、八九頁）。ＩＯＣとしては当然、札幌でもカルガリーで起きたのと同じことが起こるのを怖れたのだ。ほぼ時を同じくして、日本側の組織委員会でもこの問題が話し合われるが、そこでもスキー連盟は他に代替地がないので恵庭岳を滑降会場化するしかないと強硬に主張していた（『朝日新聞』一九六六年九月六日）。まだ環境庁が存在しない時代のこと、結局、この問題は厚生省の自然公園審議会にもかけられることになり、国が関与して調整が図られることになった。

　数年間をかけての調整で、スキー滑降会場が変更になることはなかったが、問題を提起したことがまったく無駄だったわけでもない進展もあった。その一つが、一九七〇年、支笏湖周辺で計画されていた五輪滑降会場への道路新設が取りやめになったことである。札幌と滑降会場の間には、すでに輸送用のオリンピック道路が整備されていたが、雪崩や吹き溜まりが発生する確率が高かったので、組織委員会は支笏湖を迂回して会場に達するより本格的な道路の新設を目論んだ。しかしこれが自然保護協会などからの猛反対にあい、断念せざるを得なくなっていったのである。

　加えて厚生省自然公園審議会（一九七一年、環境庁発足に伴い同庁に移管）は、恵庭岳の滑降会場を「オリンピック終了後は必ず原状回復する」との条件付きで認めていた。オリンピック終了後、大会組織委員会は政府に対し、この滑降会場を常設化し、スキー振興のために利用していきたいとの申し入れを非公式に行うが、発足したばかりの環境庁の大石武一長官はこの申し入れを退け、自然公園審議会の答申通り大会終了後は滑降会場の施設を撤去して恵庭岳を元通りに回復させるよう組織委員会に要求した。北海道自然保護協会の理事有志たちやＩＵＣＮ、それに自然公園審議会による一連の動きがなければ、恵庭岳はそのまま滑降スキー場となっていたかもしれず、彼らが一石を投じた意味は大きかった。

　結局、スキー場としての常設化を諦め、約八億円を投じて建設した恵庭岳滑降競技場をわずか二日間の競技に使っただけで取り壊さなければならないことになった大会組織委員会は、その委員会自体の解散のために競技会場の撤去・復元作業を日本体育協会に引き継いでもらうことにする。しかし、日本体育協会にも自然の保全に関するノウハウの蓄積はまったくなかったから、この業務は北海道庁の自然保護課に負わされていった。同課では、とりあえず主だった構造物は撤去していくが、ロープウェーやトンネル、関連施設の基礎工事部分は予算の都合から撤去しきれなかった。また、植林についても、もともとあったエゾマツは苗木がないため断念し、代わりにアカエゾマツが植えられ、広葉樹と針葉樹が混在していた林が針葉樹ばかりの林になったりもしたが、そのあたりは融通を利かせつつ粛々と作業が進められた。

それでも復旧事業が「終了」となるまでには一七年という造成工事よりもはるかに長い時間がかかった。一九八九年に「終了」宣言が出された直後、ある新聞記者が恵庭岳を訪れると、「(オリンピック)当時の『傷跡』は各所に残っていた。ゴール直前の急斜面は、いまだに火山性岩の崩壊防止のため張られた金網がむき出しのままで、木は育っていない。表土が深く削られた標高七〇〇メートル付近では、植林したアカエゾマツが

札幌冬季オリンピックが開かれた支笏洞爺国立公園・恵庭岳　山肌には2本の滑降スキーコース跡がくっきりと残っている
［1989年11月1日撮影、写真提供：朝日新聞社］

ひざ下の丈しかない。またその少し下では、建設当時、侵食防止のためヘリコプター散布された外来の牧草がはびこり、在来種の草木が育ちきらないでいる」状態だった（『朝日新聞』一九八九年一一月三〇日）。

さらに札幌五輪から四〇年を経て恵庭岳に登った記者によると、山の斜面では「傾斜が増すとともに表土崩壊を防ぐための土留めのブロックの列がしばしば現れ」、さらに女子コースのスタート地点まで登ると、「直径約二〇センチの金属支柱がカッターで切断されて基礎とともに残る。……（男子のスタート地点近くでは、建設された）トンネルはそのまま残り、中には廃材が投げ込まれていた」。回復作業を担当した道の職員は、一七年かけても「終了したのは植林と返却という『人間的行為』であり『自然再生』には長い時間がかかる。恵庭岳のケースでは、高い授業料を払ったと思って教訓とすべき」と語っていた（『朝日新聞』二〇一二年二月六日）。

一度壊してしまった自然は、もう簡単に元には戻らない。札幌五輪終了後、このことがますますはっきりしていったにもかかわらず、日本のオリンピック関係者は再び札幌に冬季五輪を招致する夢を捨てなかったし、今なお捨てていない。札幌五輪が終わって間もない七〇年代半ば、一九八四年の冬季五輪を札幌に再招致しようという動きが起こってくる。初回で期待感も大きかった一〇年前とは異なり、人々はすでにオリンピックが地域に何をもたらすかを知っていた。スキー業界や北海道財界に後押しされたこの動きに対し、新聞には「オリンピックを〝だし〟にして置き土産を期待し、目的と手段を混同したエコノミック・アニマルのさもしさ」を批判し、「恵庭岳の〝傷跡〟をあれ以上大きくしないで、一日も早く傷をいやすことこそ、関係者のせめてもの〝罪ほろぼし〟だ」とする投書が寄せられている（『読売新聞』一九七七年六月一日）。

自然保護団体もこの時には敏感に反応し、七二年の札幌五輪で傷跡を残した恵庭岳の復元がまだ守られていないことや、手稲山の回転競技コースでは五輪後、民間業者の手でさらなる開発と自然破壊が進んでいること、さらにいくつかの競技コースは五輪終了後、施設が放置されたままになっていることなど具体的な事例を示し、環境破壊をさらに進行させるリスクが高い再誘致に継続的に反対していく立場を表明した（『読売新聞』一九七七年五月七日）。

結局、数多の批判に耳を貸さず、札幌は一九八四年の冬季五輪に再び立候補する。しかもこれほど問題になり、傷跡を残した恵庭岳の斜面を再び滑降コースに使用するとの計画だった。この無神経さは地元の自然保護団体の怒りに火をつけることとなり、七二年オリンピックの際とは比べものにならないレベルで反対運動が広がった。一九六〇年代のカルガリーやそのあとのデンバーと同じ水準の認識に、今や北海道の人々も達しつつあったわけである。この時、札幌の対抗馬は内戦前のユーゴスラビアのサラエボで、決して強力な相手ではなかったのだが、地元の自然保護派の反対も様々な仕方で功を奏し、三九票対三六票の僅差でサラエボに敗れている。この敗北は、少なくとも北海道の自然にとっては良い知らせであった。そしてこの敗北を受けて、日本のオリンピック推進派は、冬季五輪の開催候補地を、もう新鮮味がなくなった札幌から、むしろまだ一度も開催していない長野に移していくことになるのである。

列島改造から環境保全へ——長野五輪の変身

一九九八年の長野五輪は、ちょうど同じころに議論が沸騰していた二〇〇五年の愛知万博と同様、「自然との共生」がメインテーマになったオリンピックである。しかし、これまた愛知万博と同じように、長野五輪は最初から環境五輪を標榜していたわけではなかった。むしろ最初は正反対で、長野県へのオリンピック招致は、田中角栄の列島改造ブームのなかでいち早く関越自動車道や上越新幹線を整備した新潟県を羨望し、長野の山あいにも開発投資を呼び込もうという発想から生まれていた。つまりそれは、列島改造論の長野版だったのである。

その開発への夢から長野県議会と市議会が、九八年五輪招致を全会一致で決議するのは八五年三月のこと、バーデンバーデンでのＩＯＣ総会で、名古屋がソウルにまさかの大敗を喫した三年半後のことである。予想外の大敗で名古屋は意気消沈。しかも八八年に隣国の首都ソウルで五輪を開催されてしまえば、もう同じ北東アジアの都市が九二年や九六年の五輪の開催権を得るのは難しい。八方塞がりの名古屋は選択肢として、万博に目を転じるしかなくなっていた。

他方、夏季五輪が難しくなれば、国として次に狙うのは冬季五輪である。冬季五輪は一九七二年に札幌で開かれた後、インスブルック（七六年）、レークプラシッド（八〇年）、サラエボ（八四年）、カルガリー（八八年）、アルベールビル（九二年）とヨーロッパと北米の間を行き来していただけだったから、アジア勢には有利な条件があった。一九九八年冬季五輪への立候補を模索する国の動きに応じ、八〇年代半ばに長野の他にも、旭川、盛岡、山形の三つの都市が冬季五輪開催に手を挙げていった。動機はいずこも同じで、オリンピック開催により地域開発のための外からの巨大な投資が期待できることだった。長野の場合、その期待は長野新幹線の新設や高速道の建設、それに松本空港の拡張に向けられていたが、山形や盛岡、それに旭川の期待も同じようなもので、やはり新幹線や自動車道の整備、空港の拡張だった。

日本政府と長野県が冬季五輪招致に向けて動いていた一九八〇年代後半は、日本社会全体がバブル景気に沸いた時代である。一九八八年六月、日本からの五輪候補地が長野に決まると、地元はオリンピックと新幹線、高速道路が一緒になってやってくると大騒ぎになった。実際、長野が冬季五輪候補に決まった数カ月後、高崎と軽井沢の間の整備新幹線の最優先着工が決まり、さらに九〇年にはこれがフル規格でなされることとなった。高崎まではすでに上越新幹線があったから、そこから軽井沢、長野、いずれは金沢へと伸びていく道程の第一歩が踏み出されたわけである。やがて、九一年に長野五輪開催がＩＯＣで認められると、その同じ年の八月には軽井沢と長野の間の新幹線着工が認可されている。他方、高速道路に関しても、長野の五輪候補化にあわせ、長野市内とアルペンスキー会場予定地の志賀高原、またノルディック会場予定地の白馬を車で三〇分以内につなぐオリンピック道路の建設が始まった。さらにこれらと時を同じくして、松本空港のジェット化が決まり、滑走路の延長工事がはじめられた。「五輪が来れば新幹線も来る」という地元の人々の囁きは、十分に現実味を帯びていた。

　バブル最盛期のこと、長野への五輪招致のためのＩＯＣ委員への働きかけも派手だった。招致委員会は、公表分だけでも一五億円以上、非公表部分を含めればさらに多くの予算をこの働きかけに使ったとされる。その開催地を決めるＩＯＣ総会が開かれた一九九一年六月のバーミンガムでは、この時だけで「招致活動費はざっと二億円。ＩＯＣ委員を招待するパーティーや買い物には、招致委がチャーターした車をすかさず提供、『長野をよろしく』。車はベンツを中心に二十四台、運転手が交代制で四十八人。あるＩＯＣ委員からは『今度は日本車をプレゼントしてほしい』の申し入れまであったとか」というほどだった（『朝日新聞』一九九一年六月一五日）。この接待攻勢に、新聞は「これほどまでにカネが前面に押し出された五輪招致合戦は例を見ない」と批判的だった。長野は

ＩＯＣ総会での招致演説で、参加選手団の旅費、滞在費の全額負担の用意まであると提案している。こうした日本のカネにものを言わせる態度はＩＯＣ委員以外には不評で、開催地決定の後、「長野の人たちが、発表会場で狂喜する光景にも他都市を中心とする外国関係者の視線はことさら冷ややかで、会場は一瞬、白けたムードになった」という（『朝日新聞』一九九一年六月一七日）。

驕れる者は久しからず。ＩＯＣ総会での長野五輪開催決定からほどなくして、日本のバブル経済は崩壊した。一九九〇年代半ばまでに、金満大国日本は過去の話となり、拙著『平成時代』で詳論したように、金融不安のなかで北海道拓殖銀行、日本長期信用銀行、山一證券など巨大企業の破綻へと進んでいく。長野五輪をめぐる日本経済の状況が一変したのである。そうなってみると一気に苦しくなるのは台所事情である。長野市長は一九九四年三月の記者会見で、九八年の長野五輪では「外国選手の旅費は公費から出さない方向でいきたい」と発言するが、すでに招致演説で「全額負担」を明言しており、これには「いったん口にしたことを撤回するのは、国際社会では通用しない」との声が上がり、市長は発言を撤回せざるを得なかった。

公共事業は一度走り出したら止まらない。そもそもの長野県の思惑通り、長野新幹線や長野自動車道、上信越自動車道など大規模事業は巨額の予算をかけて進んでいった。しかし、もともと国ほどに豊かではない県や市の財政は、肝心のタイミングで経済が暗転してしまうと火の車となる。誘致段階では豪華な大規模施設の建設を謳っていた組織委員会は、予算が底をついてしまいそうになり、アイスホッケーやボブスレー、リュージュの会場について、ぎりぎりまでの規模縮小に奔走せざるを得なくなった。屋内プールを改築する予定だったショートトラックの会場は、フィギュアスケートと兼用になり、観客席も削られた。竜頭蛇尾とは、まさにこのことである。

図4-10 日本のスキー人口の推移

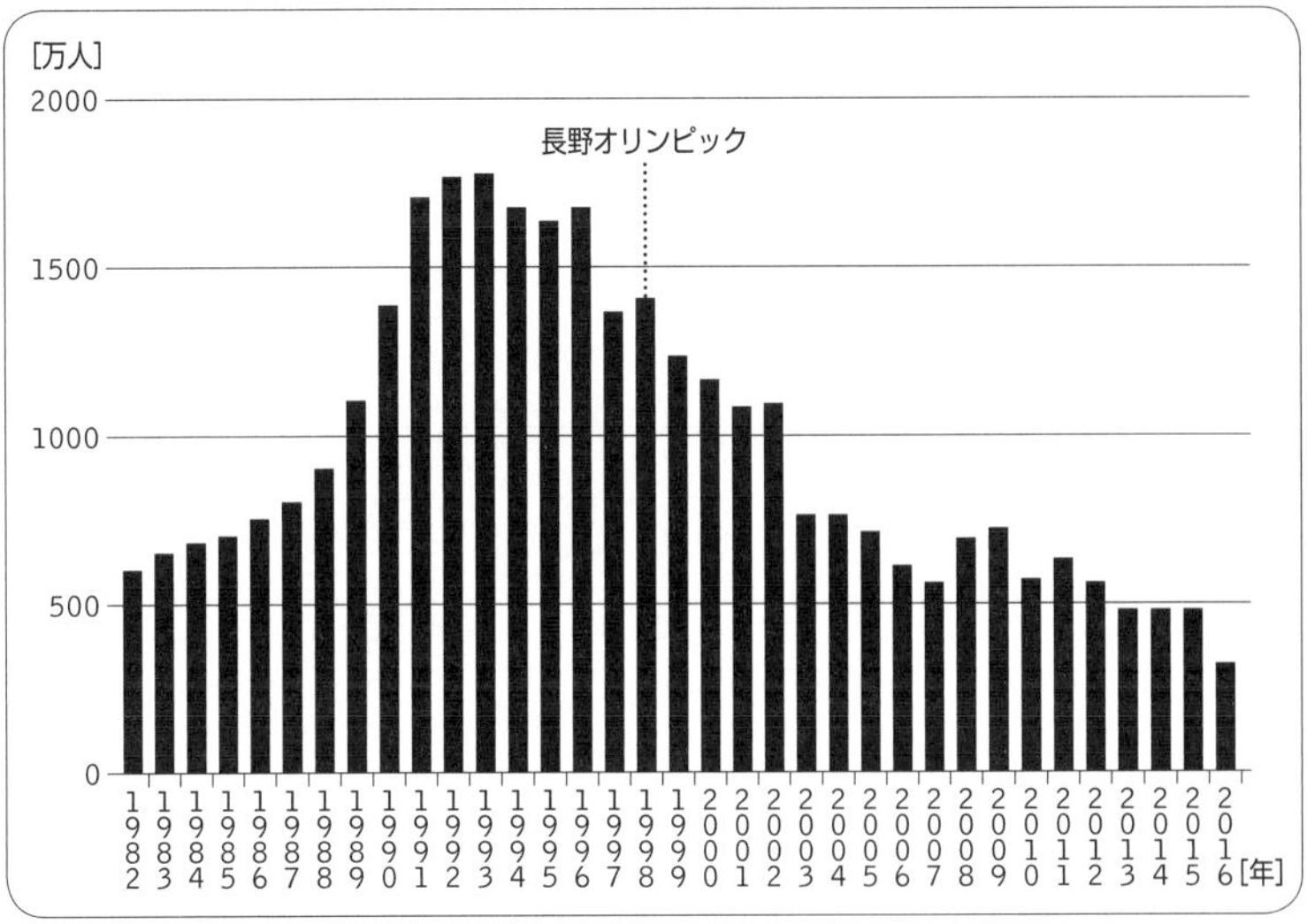

[スノーボードは含まない　出所:『レジャー白書』]

役所の公共事業とは異なり、民間企業は採算の見通しが立たなくなれば撤退するのが道理である。バブル崩壊と共に長野への不動産投資は一気に冷え込み、超大型「ホテルを長野市内に建てる計画は、建設主体の生命保険会社が事実上の撤退を決め、暗礁に乗り上げた。大会運営本部などが入る二十階建てビル構想も、当て込んだ生保マネーの投資が実現しそうにない」状況となる（『朝日新聞』一九九二年九月一二日）。しかも、同じ頃にスキー場も客離れが止まらなくなっていった。冬季五輪のアルペン会場となった白馬村でも、人口一万人に満たない村に一六〇億円を超える施設建設費が投じられ、自動車道が大幅に整備されたにもかかわらず、九〇年代を通じてスキー客は減少し続けた。一九九一年に二八〇万人いたスキー客は、オリンピック開催の九八年には一六〇万人までおちこんだ。バブル経済とスキー人気はどこか相関していたところがあったのかもしれない。バブル崩壊とともにスキー客はどんどん減り、業界は底なしの不振に陥っていき、ヤマハをはじめいくつかの産業はスキーから撤退した。

　そしてここに登場するのが、「環境」という新たなテーマである。長野五輪関係者は、この頃からしきりに、長野五輪を「簡素で心のこもった五輪」にすると口にし始めた。同じ頃の愛知万博と同様、長野五輪は「開発」から「環境」へと、目玉を一八〇度転換させたのだ。

　この転換の安易さは、そこで言われる「環境」の底の浅さも暗示していた。実際、たとえばボブスレー、リュージュの会場となった飯綱高原では、会場の向かい側の丘には産業廃棄物処分場が建てられて周囲に有害物質を拡散させ、また近くではゴルフ場の建設工事も行われたという。自動車道路が建設されて便利になった長野には、オリンピック競技場と共にゴルフ場、さらには廃棄物処分場まで進出していた。オリンピック施設の周辺でいくら厳格な環境対策が講じられても、より広域では「どこが環境五輪なのか」と白けさせる現実が存在したのである。長野市内のある焼き鳥店の主人は、「新幹線を通して、道路を造って、さんざんやっちゃったわけだから。いまさら環境五輪と言われてもね」と呟いた（『朝日新聞』一九九七年一二月一二日）。本来、日々の地味な実践であるはずの「環境」が、ビッグイベント売り込みの賑々しいシンボルにすり替えられていた。

「自然との共生」と「記録への挑戦」

　すでに述べたように、一九七二年の冬季五輪で、候補地のカルガリーが札幌に敗れることになった大きな理由に、カナディアンロッキーのバンフ国立公園内に競技会場が設けられることに対する地元自然保護団体による反対運動の盛り上がりがあった。そして七四年の冬季五輪では、開催権を獲得したデンバーで会場建設が自然破壊をもたらすとの理由から反対運動が広がり、住民投票によって五輪開催は返上された。さらにスイスのローザンヌも、九四年の冬季大会に立候補していたのに、森を守るために住民投票で反対が六二・三％を占めて立候補を断念した。こうしたなかで、一九九四年の冬季五輪会場となったノルウェーのリレハンメルは、環境五輪を前面に掲げてスピードスケートの会場をずらしたり、自動車交通を徹底して制限したり、施設のデザインでも環境志向を明確にしたり、自然との共生のためのあらゆる努力を試みた。このように、一九七〇年代から九〇年代までの二〇年余年で、オリンピックをめぐる世界の状況は激変した。それを一言でいうならば、記録から環境への転換であったということができるかもしれない。

　一九七二年の札幌五輪でも、環境はたしかに問題とされた。その象徴が、恵庭岳の滑降コースをめぐる問題であった。しかしその時代には、北海道自然保護協会の人々を中心とする様々な努力があったものの、最後は国立公園内の恵庭岳の原生林に滑降コースが造成され、山肌に長い傷跡を残すこととなった。それから四半世紀、九八年の長野五輪でも、滑降コースが再び大問題を引き起こす。そのプロセスを子細に検討してみると、競技場を作ろうとしていたスキー連盟側には、さして認識の変化というものが見られない。ところが地元、そして関連する自然保護機関の取り組みには、すでに札幌が二度目の五輪招致を狙った際の反対運動の盛り上がりにも見られたように、一九六〇年代とは異なる認識の深化が認められるのである。

　もともと長野が五輪に立候補した段階で、滑降競技のコースに予定されていたのは、志賀高原の岩菅山山域であった。この山域は、すでに二十数ヵ所のスキー場が林立する志賀高原のなかで、例外的に開発を免れてきた場所だった。その「東斜面はブナ、コメツガなどの原生林で国立公園の特別地域。予定地の北西斜面は戦前からの伐採が中止されたあと、回復が進み、カモシカやツキノワグマなど野生鳥獣の生息域となっている。南西に連なる志賀山一帯は、ユネスコから『人間と生物圏計画』による保護区に指定されている」（『朝日新聞』一九九〇年一月二六日）。

　そのような貴重な山域であることは専門家が皆知っていたので、ここを滑降コースとする案にはすぐさま反対の声が上がった。一九八八年春、長野がＪＯＣ総会で他の候補地を抑えて国内候補地に決定されていくのとほぼ時を同じくして、日本自然保護協会を筆頭に、日本生態学会、日本哺乳類学会、日本山岳会などが岩菅山の五輪会場化に反対を表明した。これに対して当初、招致委員会は、岩菅山の「予定地は一度木を伐採したあとの普通の林。土地を所有する二団体も了承している」と安易に構えていた（『朝日新聞』一九八八年四月二二日）。

　しかし、日本自然保護協会をはじめ、岩菅山の滑降会場化に反対を唱えた諸団体の多くは国内的に閉じていたわけではなく、それぞれ国際的なネットワークを持っていたから、日本政府や招致委員会を地元と国際組織の両面から追い詰めていく。しかも、新聞などのメディアも、今度は自然保護に対する姿勢が札幌五輪のときとは違った。たとえば朝日新聞の社説も、「五輪はたった一度かぎりだが、自然は永遠のものだ。そういう視点に立つなら、できるだけ現在ある施設を利用し、新たな自然破壊を最小限にとどめるのは当たり前のことだ。その結果、会場が分散されて選手には不便になったとしても、その意義は理解してもらえるに違いない」と述べ、岩菅山の会場化に明確に反対の態度をとっている（『朝日新聞』一九九〇年四月一〇日）。

　こうしたなかで、招致委員会は滑降会場を裏岩菅山に移すという弥縫的な代替案を出すが、裏であろうと表であろうと岩菅山は岩菅山である。長野県自然保護連盟は、岩菅山のどこであろうと新たに滑降会場を新設することに反対する態度を明確にしていった。結局、情勢不利と判断したＪＯＣは、一九九〇年四月に岩菅山での滑降会場設置の断念を表明する。こうして滑降競技の予定会場は、志賀高原の岩菅山から白馬・八方尾根の黒菱山に移動になった。そしてこの移動は、長野五輪のアルペン競技の会場が次々に志賀から白馬に移動していくきっかけとなった。国際スキー連盟（ＦＩＳ）としては、アルペンの会場が分散するのは好ましくない。彼らの要求で、男子滑降に続いて女子滑降も、またアルペン複合も会場は白馬へと移転した。そしてこの重心移動によって、志賀の人々のオリンピック熱は急速に冷めていった。

　ところがここで、今度は白馬で問題が発生する。長野県のオリンピック組織委員会は、この黒菱山の山頂一帯が国立公園第一種特別地域で厳しい自然保護規制がかかっていることから、その規制域よりわずかに低い標高一六八〇メートルの地点をスタート地点とした。ところがスキー選手たちの国際団体であるＦＩＳが、スタート地点を一二〇メートル引き上げて、一八〇〇メートルにするよう注文をつけたのだ。そこから長野県組織委員会とＦＩＳの間に熾烈な対立が生まれていくことになる。組織委員会の立場からするならば、自然保護のためにもともと想定していた志賀高原を諦めて会場を移した以上、再び自然破壊と言われるようなことは絶対に避けたい。そのためには、国立公園の第一種特別区域に入っている山域には一切、手をつけたくない。他方、ＦＩＳの立場からすると、スタート地点が一六八〇メートルではゴールまでの高低差を十分にとれない。これまでの国際大会の例に鑑みて、このままでは長野五輪の滑降会場は国際標準を満たさない。つまり両者の論点はすれ違っており、一方は「環境」を、他方は「記録」を問題にしていた。

話をややこしくしたのは、この八方尾根の黒菱山付近では、一般のスキー客が一六八〇メートルよりも高い斜面をスキーシーズンには普通に滑っていたことだった。一九八一年に第一種特別区域のすぐ外側にリフトが設置され、誰でももっと高い地点までリフトで登れるようになってしまった。スキー客がどこを滑るかまで国は規制できないので、当然、彼らはそこが自然保護上の特別区域であるとは気づきもせずに通過していく。海外の目から見れば、組織委員会は一六八〇メートルが上限だと言っているが、一般のスキー客はもっと高いところを滑っているではないか、一般客にできることが、なぜオリンピックのスキー選手にできないのか、まったく理解できないということになる。それでも今や「環境」こそ長野五輪のクリヤーすべき規準と考えるに至っていた組織委員会は、国の制度として特別区域が決められている以上、その規制を順守するという官僚的価値観からＦＩＳの要求を拒否し続けた。より実質的には、組織委員会には「自然保護団体が騒いだら大変だ」という恐怖心があったと言うべきだろうか。結局、両者は諸々の衝突や裏交渉の経緯を経て、一七六五メートルの地点をスタート地点とすることで合意した。いわゆる政治的決着である。

　しかし、長野五輪における自然保護と会場設置の葛藤は、この滑降コースをめぐるごたごたにとどまらなかった。他にもたとえばバイアスロン競技に予定されていた白馬の会場では、一九九二年に「国内希少野生動植物」の一つに指定されているオオタカの営巣が確認され、付近での樹木の伐採や土地の造成、建物の新増築が不可能になった。これも『万博幻想』で論じたように、オオタカの減少は、戦後日本が里山の開発を進め、そこに太古から生息してきた動植物を絶滅に追いやっていったことの象徴である。そしてその「営巣」の確認は、開発計画に反対する自然保護運動では特別の意味を持っており、自然保護派を大いに勢いづかせ、実質的にその地域には何ら開発の手を加えることができなくなることを含意していた。実際、バイアスロン会場は、オオタカの生息地を避けるために白馬から野沢温泉に移ることとなった。

一九七二年の札幌五輪から一九九八年の長野五輪までの約四半世紀で、日本社会の自然に対する意識は劇的に変化したのである。札幌五輪では恵庭岳の原生林が切り開かれ、そこに半永久的な傷跡が残ることを人々は異常と感じていなかった。しかし長野五輪で、「環境」はこの五輪が掲げるトレードマークとなっている。この転回を経験したことで、長野の人々のオリンピックの受け止め方はより複雑なものになっていった。

たとえば、男子滑降競技のスタート地点をめぐる紛糾については前述したが、その際に問題となったのは、すでに多くの一般のスキー客が上限と言われた一六八〇メートルよりも高い斜面を滑っていることだった。この点をＦＩＳから指摘された日本政府は、環境庁を通じてリフト最上部での一般客の滑降を制限しようと画策した。ところが、最上部での絶景のなかでのスキーは地元の観光の売り物になっていたので、これには八方尾根の観光協会が猛反発。県や国の動きは地元のスキー産業を地盤沈下させるもので、「こんなことなら五輪が来ないほうがいい」とオリンピックに対する期待もすっかり冷めてしまった（『読売新聞』一九九七年一〇月二三日）。すったもんだの挙句、当面の問題での妥協が成立しても、長野五輪は、「環境五輪」とは名ばかりの「開発五輪」で、結局、後に残ったのは「市民に身近でない巨大施設と巨額の借金だけ」だったとしばしば囁かれることになった。

東アジアオリンピックの連続と非連続

本章で論じてきたように、一九六四年の東京五輪は、その後に続いた八八年のソウル五輪や二〇〇八年の北京五輪に対してモデル的な役割を果たした。東京、ソウル、北京、それに実現しなかった名古屋や大阪の構想、さらには一九七二年の札幌や九八年の長野、そしておそらくは二〇二〇年の二度目の東京までを含め、これらの東アジアのオリンピックは、一連のシリーズの様々なヴァリエーションとみなすことができる。このシリーズは、東京に始まり、東京に終わるのかもしれないし、そうではないかもしれない。いずれにせよ、それは日本が東アジアの帝国だった時代に帝都の祭典として構想され、冷戦期の東京と札幌で旧帝国の軍事施設、あるいはそれに取って代わった米軍施設の跡地において上演され、またその帝国的秩序の影の部分であった貧しい東北の農民や繊維産業の女子労働者によっても支えられてきた。そして一九八〇年代末以降、冷戦体制が崩壊していくなかで、日本の都市よりも韓国のソウル、中国の北京へと主舞台を移してきた。

サンドラ・コリンズは、この一連のシリーズを「東アジアオリンピック（East Asian Olympics）」と名づけ、その成立が日韓中の近代がたどってきた地政学的位置と不可分だったと指摘している。コリンズによれば、これらのオリンピックは、開催国の経済発展との結びつきがインフラ投資の面でもシンボリズムの面でも極度に強調される点で、二〇世紀を通じて欧米で催されてきたオリンピックとは異質である。日本も含めてこれらの東アジア諸国は、欧米諸国の視界からすれば後から追いついてきた新興国であり、オリンピックを開催することで近代化の階段を駆け上り、そのような欧米のまなざしの前で自らの政治的安定性と文化的個性を披露して見せるのだ。他方、そのように彼らをまなざす欧米諸国のオリンピック関係者、とりわけＩＯＣの側からすれば、東京やソウル、北京でオリンピックが開催されることは、オリンピックが今や真にグローバルな存在となり、人類的な普遍価値を体現する「レガシー」であることを証明して見せる戦略的効果があった（Sandra Collins, “East Asian Olympic Desires: identity on the global stage in the 1964 Tokyo”, *The International Journal of the History of Sport*, vol.28, issue 16, pp.2240-2260）。双方、ウィンウィンなのである。

　コリンズのいう「東アジアオリンピック」はしかし、まったく同じドラマの反復だったのではない。東アジアオリンピックのシナリオにはきわめて同型的な面と、歴史の変動のなかではっきり変化していった面があった。一方で、一九六四年、八八年、二〇〇八年の三つのオリンピックが、日本、韓国、中国の首都改造、大規模なインフラ建設と都市の高速化を目指した点にははっきりとした連続性があった。それが東京の場合には、返還後の米軍施設の再開発と川や運河の上の高速道路建設、ソウルの場合には漢江南部の開発、北京の場合には首都北部一帯の開発というように、異なる仕方においてであったが、首都改造は一貫してオリンピック開催の最大の目的であり続けた。それぞれの国が高度経済成長に向かっていく離陸の場面で、これらの東アジアオリンピックが開催されているのは偶然ではなく、オリンピック開催には、開発型国家の急速な経済成長には不可欠の首都のインフラ整備を一挙に進めるという戦略的目的がはっきり伏在していたのである。

　他方、東京、ソウル、北京の三つのオリンピックの間で違いが顕著なのはメディアとの関係である。東京オリンピックの基盤的な劇場となったのは、日本国内の「お茶の間」に配信される地上波のテレビであった。ソウルの場合、この地上波のナショナル・メディアによる受容に、グローバル・メディアとしての衛星放送が重なり、収益面では前者を凌駕していった。この時点から、オリンピックはその開催国のテレビの前の観衆に大衆的に受容される以上に、グローバルなテレビ・オーディエンスによって多様に同時消費されていくものとなった。そして北京では、この国内、グローバルという二つのレベルに加え、インターネットという双方向型のメディアの次元が加わる。そのことにより、オリンピックはマスメディア型の消費という以上に、ネットメディア型の参加と動員のシステムとして機能し始めていった。「ボランティア」を主要なキーワードにして準備されている二〇二〇年の東京が、この点で一九六四年の東京と著しく異なることは言うまでもない。

　このような都市計画的連続性とメディア技術的変容の間で、三つの東アジアオリンピック、さらにはそれらに連なる冬季五輪の上演は、様々な反復と変動を生んでいった。たとえば、その変動の側面が明瞭なのは聖火リレーである。東京五輪の聖火リレーと北京五輪の聖火リレーが著しく異なる結果をもたらしたことはすでに述べた。両者のこの違いは、単に両国の体制の違いや時代背景の違い、戦略的な巧拙によってもたらされたのではない。むしろもっとはるかに大きかったのは、それぞれの聖火リレーで期待された観衆が誰であったのかという点である。一方で、東京オリンピックの聖火リレーの主要な部分は沖縄から東京までの日本列島で完結しており、またその期待された熱狂も、列島全土を覆うものではあっても、そもそもグローバルなものというふうには構想されていなかった。日本国民が一丸となって熱狂すれば、目的は果たされたのである。

　しかし、二〇〇八年の中国は、その熱狂を海外の華人も含め、グローバルな観衆に広げようとした。国土の広さの圧倒的な差を別にすれば、東京五輪と北京五輪の二つの聖火リレーの著しい違いは、その海外ルートの部分である。そしてこの海外ルートにおいて、中国政府の壮大な野心はグローバルな市民社会の反発を受けて挫折したと言わざるを得ない。しかし、その社会的結果が著しく異なったにせよ、東京五輪の聖火リレーにおける地政学的焦点が沖縄にあったことと、北京五輪におけるそれがチベットにあったことの間には、ある種の反復を認めることができる。

聖火リレーほど分かりやすいわけではないが、三つのオリンピックの舞台設営やシナリオ、演出法や俳優たちの演技、カメラのまなざしとオーディエンスの反応の間には、実に数多くの反復と変動があったことを検証できるだろう。舞台設営に関して言えば、三つのオリンピックにおいてスラムクリアランスや衛生強化がどのように行われていったかを比較できる。また、東京五輪が東京の水辺の大きな面積を犠牲にしたのと同じように、ソウル五輪でも漢江南岸の水辺空間が大規模に再開発された。「水」に対する「陸」の勝利という観点から、東京とソウルを比較することができるはずだ。これら以上に興味深いのは、おそらくオリンピックを境に、これら三つの都市におけるモビリティの平均速度が変化していることである。「都市の速度」を何らかの指標によって計測できるなら、オリンピックは三つの都市において、この速度を大きく加速させたはずである。

また、舞台上の演技の観点からしても、オリンピックの女子バレーボールにおける日本チームの栄光は一九七六年のモントリオール五輪で金メダルを獲得したあたりまでで、それ以降は銅メダルより上の成績は残していない。ソ連＝ロシアは相変わらず強豪だが、八〇年代以降、東アジアで日本に代わって女子バレーボールの主役となっていったのは中国である。この中国の躍進には、日本と同様の背景があったかもしれない。八〇年代から九〇年代にかけての中国の経済成長にとって、繊維産業をはじめとする労働集約型の軽工業が果たした役割は大きい。しかし、これは単なる反復ではあり得ない。社会主義体制の下で女性の社会進出が日本よりもはるかに進み、ソ連＝ロシアと同様、アスリートの国家的育成システムを整えてきた中国では、どの種目であれ女性選手の境遇が、一九六四年の東京五輪における日紡貝塚の女子選手たちとは雲泥の差だからだ。それにもかかわらず、少なくとも舞台上の演技の面では、六〇年代の日本の女子チームの圧倒的な強さと、八〇年代の中国の女子チームの圧倒的な強さの間に、ある種の反復と呼びたくなるものもある。

他方、一九六〇年代から二〇〇〇年代に至る東アジアオリンピックを通覧して、この間に起きた最も重要な変化は、開発主義から環境主義への転換であった。一九六〇年代は、無限のフロンティアに向けて拡張しようとしていた時代であったのに対し、二〇〇〇年代以降のわれわれには、有限な地球環境のなかでいかに生き延びるかが最重要の課題となっている。つまりは、「より速く、より高く、より強く」の時代から、「より愉しく、よりしなやかに、より末永く」の時代への転換である。この価値転換が、この数十年のオリンピック史を貫いてきたことは、本章でも札幌冬季五輪から長野冬季五輪への変化として具体的に示した。もちろん、同時代にはアマチュアリズムからコマーシャリズムへという、オリンピックの根本に関わる変化が起きており、この変化はオリンピックをすでにオリンピックならざるものに変えてしまったとも言える。そのようななかで、なおオリンピックには開催の価値があるのだろうか。もしもオリンピックを、二一世紀にも存続させていく意味が多少なりともあるのだとしたら、本来、二〇二〇年の東京五輪はどこに向かわなければいけなかったのか――。実際に進行してきた、そして本書の出版後に出現するはずの現実の、目も眩むほどの空虚さを前にしつつ、本書の終章ではそのような問いを提示してみることにしたい。

終章　ドラマトゥルギーの転位——「速く、高く、強く」からの脱却を

二つの東京五輪——変貌するドラマトゥルギー

かつて戦後東京の裏社会を『東京アンダーワールド』として活写したロバート・ホワイティングは、最近出した『ふたつのオリンピック——東京1964／2020』で、アメリカ空軍の兵士として一九六二年に来日し、やがて居つくことになった東京での自身の半生を、二つの東京五輪の間の距離に重ねて振り返っている。興味深いのは、この半世紀以上の間に、六四年の東京五輪に対する同氏のまなざしが大きく転位していることだ。この著者が若い米兵として来日した頃の東京は、「激しい混雑と交通渋滞。セメントの臭いが街中を覆いつくし、あらゆるひとの五感を猛攻撃していた。埃、煤、煙、スモッグが充満し、常に自動車の排気ガスに襲われていた交通警官は、小型の酸素ボンベを携帯していた」。この都市では、米軍の爆撃で「焼け野原になった土地に出現したみすぼらしい木造のあばら屋や、モルタルづくりのチープなビルの群れが、今まさに倒され、壊され、破壊され、そこにまったく新しい街が出現」しようとしていた。つまり、「何もかもが新しかった。高速道路、地下鉄、空港と都心を結ぶ総工費数百万ドルのモノレール、東京と大阪を結ぶ総工費十億ドル、時速二百キロの新幹線など、なにもかもが新たに建設中で、それらはすべて一九六四年の東京オリンピックのため」だった（ホワイティング『ふたつのオリンピック』六 - 七頁）。

この六〇年代の東京で、とりわけ目についたのは水辺の不潔さである。実際、「港や主要な河川には生活の汚水や工場の排水が流れ込み、ヘドロが溜まっていた。水道水を飲むのは肝炎の心配が伴い、少々危険だった。さらに空き巣が頻発し、街には麻薬中毒者も珍しくなく、夜中に公園を歩くのは危険だった」（同書、一〇八頁）。だから一九六四年の東京五輪は、スポーツの祭典という以上に、この東京の醜悪な風景を一変させる一大事業として推進されたのである。

ところが、二〇二〇年の東京五輪を前にした時点から振り返ると、一九六四年に向けて進められた「東京を大改造するほどの建設によって、その完成後は確かに都心部にギラギラと派手な輝きは生まれたようだ。しかしその光景は、草を刈ったあとのように殺風景なものともいえた。二〇一四年の〈ジャパンタイムズ〉の社説には、東京の光景がこんなふうにも書かれている。『雑然とした醜い建物、広いだけで退屈な広場、そして旅行者や住民が、ほとんど見向きもしないような景観ばかりになった』」（同書、五五二頁）。つまり一九六四年の東京五輪開催を経て、野良犬や野良猫は「大虐殺」にあって街角から姿を消し、川や運河は高速道路で覆われ、小さな木造長屋は取り壊されてビルや団地に変わり、路面電車はほとんど廃止されて道路は自動車交通のためのものとなった。それらはどれも東京変貌の「ダークサイド」であり、東京オリンピックの悪しき副作用だった。

一九六四年の東京五輪の時点では、東京の醜悪さや非効率性の原因と感じられていた多くの要素が、その上に蓋をされ、また撤去されて効率的で無臭の都市が実現してみると、今度はそれらを失ったことが、この都市の価値をどれほど失わせたかに思いが及んでいくのである。この価値軸の転換は、単に語り手が年齢を重ねることでものの見方が成熟してきたとか、それまで気づかなかった成長のマイナス面が露呈してきたとかいうだけのことではない。むしろ、東京という都市を知覚する私たちの地平が、この半世紀で大きく位相転換してきたことを示している。つまり半世紀前ならば当たり前と思われていたことが、もはや当たり前ではなくなっているし、かつてならば周縁的な見方にすぎなかったことが、ますます大きな時代の趨勢となりつつあるのである。

私はすでにこれを、成長主義から環境主義への転換として要約した。より精密に言えば、これは近代化をまなざす遠近法の転位である。かつて高度経済成長のとば口で、人々のオリンピックへの熱望は、経済的な富への熱望と一体をなし、そこからすれば東京が抱え込んできた過去からの連続性は、もはや捨て去られるべきものと感じられていた。米軍兵士であったホワイティングは、東京五輪の開会式を、彼が英語を教えていた富裕な医師が所有する、原宿のマンションの七階の部屋で観ていた。部屋にはカラーテレビがあり、彼方には国立競技場が見えた。これはもちろん特権的な視点であり、この特権性は彼がアメリカ人であることによってもたらされていた。これが一九六四年の日本であり、社会はまだ階層差が激しく、しかもすべてがアメリカを志向していた。

これに対して、二〇二〇年の東京五輪を、彼は豊洲に建てられたタワーマンションの住人として迎える。どちらの場合も、その時代の東京の先端を行く街に彼はいるのだが、原宿から豊洲へという地理的移動に加え、冷戦の恩恵を受けて成長に邁進しようとしていた東京と、すでにその成長の先にどのような都市があるのかも知ってしまった時代の東京の差は際立っている。二つの東京五輪の間には、東京と日本社会の根本的な変貌という歴史の断層が横たわっているのだ。

すでに序章で述べたように、そもそも本書が一九六四年の東京五輪に焦点を当てたのには、およそ三つの理由があった。第一に、六四年東京五輪の「成功」物語は、同時代の高度成長の「成功」を象徴するものとして戦後日本についての多幸症的な大衆的イメージを集約してきた。第二に、六四年の東京五輪が、東京という都市、そしてまた戦後日本という社会のなかにどう位置づいていたのかを読み込んでいけば、一九四五年までの軍都としての東京、後発的な帝国としての日本がいかにしてオリンピックシティ、「平和国家」へと転身していったのかを理解できる。第三に、六四年の東京五輪は、八八年のソウル五輪や二〇〇八年の北京五輪の、つまりはその後に続く東アジアの五輪の前例をなしている。これらのオリンピックはシリーズをなしており、同型的なドラマトゥルギーによって上演されてきたと考えられる。一九六四年東京五輪は、欧米列強で発明された近代オリンピックが、それらのオリンピック・エリート国家を越えて開催されていくようになったとき、どのようなポスト帝国主義的モメントと結びついたのかを検証する特権的な位置にある。

そのような対象をいかにすれば十全に分析することができるのか——。すでにこれも序章で論じたように、オリンピックという対象は、その構造的な反復性と歴史的な変動が切り結ばれていく地点に成立してきた。一方で、オリンピックは、基本構造がオリンピック憲章に書き込まれ、様々なルールや慣習により制度化された反復的なパフォーマンスである。この反復性は儀礼が共通に持つ特徴で、これだけならばオリンピックは伝統的な意味での人類学的な対象である。ところがこの儀礼は、数年ごとに舞台を移動させ、それぞれの開催地決定をめぐる国際政治や経済の動き、そしてそれぞれの大会が現地の権力状況のなかで文脈化されていくことで、人類学的という以上に政治学的な対象となる。ポイントは、人類学か政治学かということではなく、ここにおいて反復と変動が〈分節＝結合〉している歴史の構造をいかに把握するかにある。これまで私が書いてきた諸著作を前提に言えば、オリンピックは優れてカルチュラル・スタディーズ的な対象なのだ。

このような反復＝変動的な対象に対するアプローチとして本書が採用してきたのは、これまた私が一九八七年に世に問うた『都市のドラマトゥルギー』以来、一貫してこだわり続けてきた上演論的アプローチである。このアプローチは、オリンピックを枠づけてきたインフラ次元の動きと、オリンピックというパフォーマンス自体を相互に不可分なものとして捉える。本書で言えば、第Ⅰ章は主としてインフラ、つまり舞台装置の側に力点を置いた分析である。これに対して第Ⅲ章はむしろパフォーマンス、つまり演技の側に力点を置いた。第Ⅱ章では、舞台装置やパフォーマンスの水準を超えて、オリンピックがいかなる政治儀礼的ないしは文化地政学的な文脈のなかで演出されていたのかを、聖火リレーに注目しながら考察した。このようにして、本書は一九六四年の東京五輪を中核とする一連の東アジアオリンピックを上演させてきた歴史のドラマトゥルギーを浮かび上がらせようとしてきたのである。それはもちろん、成長主義的なナショナリズムの文化政治の一部をなすものなのだが、都市のなかの具体的な場所の変容、選手や観客一人ひとりの人生のコミットメントの深さといった点で、単なるイデオロギーの政治という以上のマテリアルな厚みを持つ。

二〇二〇年の二度目の東京五輪が開催されようとするなかで浮上した様々な困難は、この一九六四年以来、というかその起源を幻の一九四〇年東京五輪にまで遡ることのできる東アジアオリンピックのドラマトゥルギーが、今や臨界を越え、至るところで激しく綻び始めていることを示している。二〇二〇年五輪では、政府も財界もメディアも一体となって、この綻びを繕い、まるで過去の再演が今後も続き得るかのような「レガシー」を上演する。多くの国民も、ボランティアとしてであれ、チケットを「当てた」観客としてであれ、この「レガシー」にしばらくは酔いしれることであろう。しかしそれは、いかに取り繕おうとも賞味期限切れの酒によるほろ酔いでしかない。そしてその先に広がっている二〇二〇年代の日本の現実は、かなり暗澹《あんたん》たる未来である。言うまでもなく今、最も必要なのは、その未来の困難を正面から見据えることのはずだ。それは決して、綻び始めているドラマの外側に立って、批評家然と「現実」を論評することではない。なぜならば私たちは、その現実が上演される劇場の俳優なり観客なりでしかあり得ないからだ。われわれはすでにドラマのなかにいて、その日常も非日常も上演の仕組みに組み込まれているのである。

微分的変異からオルタナティブへ――緩やかに、低く、しなやかにつながる

あるシステムの内部にいながら、それをやがて内破するであろう突破口が顔をのぞかせていることに気づくには、すでにそのシステムが意識的にではないような仕方で模索し始めている微分的変異に注意深くならねばならない。二〇二〇年の東京五輪における新国立競技場問題やエンブレム問題といったいくつかの躓きは、未来への微分的変異に気づく重要な手掛かりとなる。たとえば、エンブレムについて言うならば、出直し後の新たな選考でその市松紋様のデザインが採用されたデザイナーの野老《ところ》朝雄は、本書の著者との対談のなかで次のように語っている。

吉見　野老さんはデザインを応募されたとき、１９６４年東京五輪での亀倉雄策さんのデザインはどのように意識されていたのでしょうか。亀倉さんのデザインと野老さんのデザインは、ある意味でそれぞれの時代の日本を表現しているわけですが、どこか大きく違う気がしています。亀倉さんの〝赤い丸〟と、野老さんの〝市松紋様〟はどのように違うと、ご自身が考えられているのかに興味があります。

野老　僕が美術家として長年取り組んできたのは、「個」と「群」、そして「律」という主題で

> す。「個と群」は、いわばドットとドットパターン、「律」はルールを指しています。ドットパターンはルールによって多様に展開できますが、ドットのひとつひとつはなんでもない丸にすぎません。幾何学や紋・紋様の世界には、そうした単純なものから複雑な全体を生み出せる美しさがあります。個を律に任せることで何ができるのか、どう「つなげる」ことができるのかを、東京2020エンブレムでは考えていったのです。そういう意味では、ご自身で「太陽」とおっしゃっていたように、一個の日の丸を日本全体に見立て、ひとつの輪をなそうというアイデアの究極が亀倉さん。対して僕は、細かいものが集まり、そのつながり方でさまざまな円相を描くという表現を追求した、と言えると思います。
>
> 吉見　なるほど。同じ日本でも、亀倉さんなら真っ赤なひとつの日の丸になる。でも野老さんは、ばらばらではなくつながっているんだけれども、あくまでひとつではない。複数性というか、小さなものが無数に連結してパターンをなしていくところに強調点があるんですね。
>
> （『AXIS』二〇三号、二〇二〇年二月、三二頁）

　興味深いのは、エンブレムのデザインにおいて生じた方向転換と同じような微分的変異が、新国立競技場のデザインにおいても生じているように思われることだ。ザハ・ハディドの計画案がキャンセルされて以降、これまた出直しとなった設計を担った隈研吾は、丹下健三の代々木オリンピック競技場との対比において、自らがしようとしたことを次のように語っている。

> 震災を体験し、組織対アーティストという構図自体が、すでに退屈であると感じた。組織と

いう枠、しめつけ自体が、かつてほどに固くもないし、頼りにもならない。震災の前で、みんなが虫けらになった。エリート組織人も、天才アーティストも、すべての人が、揺れ続ける大地の上で、ブルブルと震えるただの虫けらになった。組織の中の虫も、個人として発信することができる。逆に組織の中にいない虫でも、何か大きなプロジェクトに関わろうと思ったら、虫を集めてチームを組めばいい。

（隈『なぜぼくが新国立競技場をつくるのか』二〇七頁）

だから隈は、今日における建築家の役割は、「究極には『調整』」なのだと言う。それは、「無数の人たちが、それぞれ納得して使える建築を作るための『調整』です。その役目は、アーティストのように、キャンバスに自由に絵を描くこととは違います。そして、その『調整』こそ、一番クリエイティブな作業です」と彼は言い切る（同書、五九頁）。ここで隈が「調整」という言葉で表現しているものは、先ほどの野老が「つなげる」という言葉で表現したものに重なる。実際、隈は「日本の建材市場には、江戸時代から『１０５角』と呼ばれる小断面の木材が流通しています。そういったどこでも手に入る小さくて安い材料をベースにして、どんなものでも作ってしまうところが、日本の〝偉大なる平凡さ〟なのです。木の面白さとは、まさに、その『平凡さ』『民主性』にこそあるのです」とも論じている（同書、五八頁）。ここでいう「１０５角」は、いわば野老の「市松紋様」に相当する。平凡な、ありきたりの無数のかたちをつなぎ、調整しながら、隈は新国立競技場で建物の低さを目指した。丹下においては高さへの意志、都市の中心を形成することへの意志が際立っていたが、隈の建築的意志はむしろ低さ、都市の中心にはならないことに向けられている。

つまり、修正を迫られた二〇二〇年の東京五輪計画が向かったのは、「より速く、より高く、より強く」ではなく、むしろ「より緩やかに、より低く、よりしなやかに」つながる都市であった。そのような都市の未来、つまりはポスト・オリンピックシティとしての東京が向かう先は、比較的明瞭である。つまり、二〇二〇年の東京五輪をめぐって浮上してきた様々な微分的変異を積分化していけば、その先にはどのような東京の、また日本の未来像が浮かび上がってくるのか——。

それはまず何よりも、東京に、一九六四年の東京五輪を通じて失われた価値あるもの、都市をサステイナブルに息づかせていく文化的土壌を回復させていく試みとなろう。おそらく、その最も分かりやすい例は、一九六四年の東京五輪が、「より速い」都市を実現するために急ごしらえの高速道路網で覆ってしまった東京の川や運河を救出することだ。すでに日本橋では、三井系資本を中心に、日本橋周辺の景観を取り戻すために、高架の高速道路を取り払って地下化しようとの計画が検討されている。少なくとも数千億円はかかる大プロジェクトである。数多の歴史的記憶を宿した日本橋周辺の景観が、川筋の青空と共に復活するのは喜ばしいことである。しかし、本当に取り戻されなければならないのは、日本橋近辺の景観だけではなく、日本橋川沿岸の歴史的地景全体である。つまりは日本橋近辺だけでなく、日本橋川の上を走る首都高速全体を地下化すればよい。その予算はたしかに莫大だろうが、東京都心の中心軸を流れる日本橋川の全風景が蘇れば、周辺都心部の大手町や内神田、竹橋、神保町等の街づくりに決定的な影響を及ぼしていくだろう。

そして、この方向をさらに追求するなら、単なる地下化ではない、より挑戦的なヴィジョンが浮上してくる。それは、首都高速道路そのものを、東京都心から徐々に撤去していく方向である。ひたすら「速さ」を求めて環境を犠牲にしてきた都市から、「速さ」を限定しても環境的な豊かさをサステイナブルに維持していく都市への転換である。たとえばアメリカ西海岸の都市シアトルは、湾岸と都心の間を貫いていた高架の高速道アラスカンウェイを撤去してしまい、湾沿いの道に路面電車を走らせる計画を進めている。その湾岸はアートが点在する緑の公園となっており、道を隔てて丘を登ると旧市街の建築を残した歴史的マーケットが観光客を集めている。築地市場が残り、逆に首都高速が撤去されていく――そんな東京が、本当は未来の都市像なのである。実際、そのマーケットの隣にはスターバックス発祥の店があり、考えてみればここはマイクロソフトやアマゾンの本拠地でもある。二一世紀の情報資本主義の最先端の街では、今、二〇世紀的な開発主義の遺物である高速道路の撤去と、逆により古い歴史的資産の保存やリノベーションが進んでいる。

シアトルとまではいかずとも、ソウル都心部の清渓川《チョンゲチョン》でも、高架の高速道路が撤去され、川の流れが復活している。そしてここは、観光客を集めるだけでなく、ソウル都心で働く市民たちの憩いの場となっている。開発主義の亡霊に囚われ続ける東京は、その時計が一九六四年の神話のなかに埋もれてしまい、世界の大都市の歴史的変化から大きく取り残されている。

とはいえ、東京都心でも同じことが不可能なわけではない。東京都心の首都高速で、最も撤去が容易なのは首都高速一号上野線である。江戸橋ジャンクションから本町、上野、入谷という三つのインターチェンジまでで終わるこの路線は、車の交通量も相対的に少なく、別の高速道に接続されていない「盲腸線」なので、撤去しても影響は少ない。この高架道をまず撤去し、これによって目の前が塞がれてきたJR上野駅正面玄関口の駅前広場を中心に、昭和通りを道路両側の街々が融合するブールヴァール的な街路にしていくならば、この一帯では上野アメ横と東上野がつながり、池袋や新大久保とは異なる多民族共生のグローバルタウンが発展していくことになるだろう。

ポスト・オリンピックシティとしての東京は、このような具体的な政策のなかで実現されていくことになる。いうまでもなく、東京都心で首都高速を撤去ないしは地下化していくことは、この都市を車中心の都市から歩行者中心の都市に転換することを含意する。この転換は、東京を一九六四年的価値軸から二〇二〇年代以降の価値軸に向けていく上で枢要の転換となる。都心における自動車の支配は、いかなる都市も幸せにしない。むしろ今日、ニューヨークを含めて世界の都市政策が模索しているのは、都心を車の支配から解放することである。大都市都心で自動車のための車線や駐車場をできるだけ減らし、その分、緑道やパブリックスペースを充実させていくこと。ニューヨークのハイラインは、旧高架鉄道の廃線を歩行者用街路に転換していったものだが、高架でありながら沿道に植えられた緑とあちこちに置かれたアート、眼下や周囲の街々との変化し続ける距離感が、都市生活の新しいドラマを生んでいる。東京の場合、自然地形において丘と谷、川、坂などの変化に富んでいるので、そうした自然＝歴史的地景が都市生活のドラマの仕掛けとなる。

新しい都市のドラマトゥルギー——環状トラムの外と内

前章で触れたように、もしも都市の速度が計測可能なら、東京の速度は一九六四年のオリンピックを機に急激に速まったはずである。都市の高速化によって便利になったこともあるが、見失ったことも少なくない。何よりも、私たちの生活には余裕がなくなった。一九六〇年代以降、すべてが正確かつ迅速に進行していく社会が実現したので、そうではない社会や生活についての想像力が失われた。そして人々は、前だけを向いて、横も後ろも見向きもしなくなっていった。横にあるのは街の風景であり、そこにある生活の営みである。後ろにあるのは、それぞれの場所の過去とのつながりである。街とのつながりは、道行く人の日々を愉しいものにし、過去とのつながりは文化的な豊かさをもたらす。私たちの都市は、そうした配慮の余裕を失い、ただ前に突き進む体制を高度化させた。その結果、それぞれがそれぞれの未来しか見えなくなってしまったのだ。前述の野老の発言とは逆に、つながりが失われ、ばらばらになった無数の点が自己利益のために前進し続ける都市――。そんな都市は、豊かでないどころか、サスティナブルでもレジリエントでもない。

だからこの加速化のデメリットを極小にするには、都市を減速化する必要がある。つまり、二一世紀の都市のなかに愉しさに溢れるスローモビリティの仕組みを挿入していくこと。そうしたスローモビリティの仕組みとして改めて注目され、世界的に復活の機運にあるのはＬＲＴ、つまり路面電車（トラム）である。路面電車にとって最も重要なことは、それが都市の街路をだいたい時速一三～一五キロで走るということだ。自転車と大差なく、水上の遊覧船にも近いこの速度は、車の平均速度である時速四〇～五〇キロとは質的に異なる。路面電車の速度ならば、乗客はまだ外の街々やそこにいる人々と同じ空間のなかにいる。ある意味で、路面電車は「走る歩道」なのであって、周囲の街々や路上の人々とのやりとりを極大化するために、窓をいくらでも大きくする、場合によっては全面ガラス張りにしてしまうことだって可能なのだ。しかも、床を低くすれば徹底したバリアフリーとなり、高齢者や身障者にもごく自然に使いやすいモビリティを実現できる。

東京はかつて、そのような路面電車網を稠密に備えた都市であった。その稠密な路面電車のネットワークは、一九六四年の東京五輪によって一気に失われた。そして今日、かつての路面電車網のなかで残っているのは、わずかに都心では荒川線、やや郊外では世田谷線のみである。とりわけ荒川線は、かつてこの都市を縦横に走っていた路面電車を偲ばせる貴重な路線である。

だから二一世紀の東京で起こる路面電車の復活は、まずこの荒川線延伸から始まらなければならない。つまり、トラムとしての荒川線を、東京都心部を循環する環状線にしていくのである。この環状線は、現在では三ノ輪橋で終わっている路線を南千住まで延ばすところから始まる。南千住から山谷、吉原を貫いて路線は浅草まで延び、そこから浅草通りを右折して上野に至る。浅草に集中している外国人観光客は、この路面電車に乗って東京最大の仏壇屋街の前を通り、田原町や稲荷町の街々を活性化させていくであろう。上野駅前では、首都高速が撤去されて新たに駅前広場がデザインされ、昭和通り沿いに緑あふれるブールヴァールが形成されているから、路面電車はその横を秋葉原まで進む。この路線は、現在では昭和通りと首都高速で分断されてしまっている上野アメ横や秋葉原の賑わいを、東上野や神田和泉町、神田佐久間町まで東に広げていく仕組みとなる。路面電車の停留所付近に、江戸の伝統と近未来の東京をつなぐ店々が出現していくのである。

秋葉原から先、この路線は東京のアニメやゲーム、マンガから書店、出版、エンターテインメントやスポーツ文化の中心を貫いていく。秋葉原から神田須田町、神田小川町と進めばもう神保町である。神保町を北進すれば、やがて水道橋に出る。いうまでもなく、ここにはアキハバラカルチャーだけでなく、神田古書店街、後楽園や東京ドームのエンターテインメントが連続している。そして水道橋まで出た後は、路線は神田川に沿って、飯田橋、江戸川橋と進んで早稲田に至る。このあたりは小石川後楽園から椿山荘、肥後細川庭園までの超一級の日本庭園が連なる。そして言うまでもなく、早稲田は現在の荒川線の始点だから、ここで荒川線は環状線となるのである。

東京を、路面電車を廃絶する都市からそれを復活させる都市に転換すること、つまり高速道路や車道だらけの都市から、その一部を減らし、身の周りに路面電車の軌道や自転車レーンが当たり前のようにある都市に転換していくこと——これこそが、ポスト・オリンピックシティとしての東京が取り組むべき最大の都市交通的課題である。そしてそれは、東京の未来そのものでもある。荒川線の環状化が目指すのは、単に東京都心北部に新しい空間的循環路を形成することではなく、東京の日常に、新しい時間的循環、すなわち時速一〇〇キロでも五〇キロでもなく、時速一五キロのスローモビリティの時間軸を差し込んで、この都市での日々をメリハリの利いたものに転換させていくことにあるのである。一九六四年の東京五輪とそれに連なる東アジアオリンピックの上演が、高度成長型の社会に相応しいドラマトゥルギーに基づいていたとするならば、その成長社会が限界を迎え、人々が緩やかに成熟していくポスト成長社会のドラマの上演を基礎づけるのは、このような遅くても周囲を細やかに味わい深いものにしていく新しいドラマトゥルギーである。

この方向は、二一世紀の人類が直面していくグローバルな高齢化社会にとっても決定的に重要である。だからそれは、単にローカルに人々を結びつけるだけでなく、同じような課題に直面する世界の地域を結びつけていくものとなる。一九世紀末、近代オリンピックが発明されたときに標榜されていた国境を越えるアマチュアリズムの想像力は、今日のオリンピックではもうすっかり形骸化している。むしろ今日、私たちが標榜し得る新しいオリンピック的想像力は、オリンピックの内側ではなく外側にこそ萌芽する可能性がある。そのような可能性が具体的な都市の姿になっていくとき、東京はようやく、一九六四年の東京五輪の呪縛から決定的に解放されることになる。

長い変容のなかで東京五輪を再定位する

本書の最後に確認しておきたいのは、こうした成長主義を内破する契機は、すでに一九六四年の東京五輪でも萌芽していたことである。たとえば舞台装置の面で同時代を超える射程を示していたのは、実は丹下健三ではなく高山英華だった。第Ⅱ章で論じたように、駒沢オリンピック公園のデザインで彼は、「オリンピックよりも、そのあとの総合運動公園」に照準していた。そこで高山は、異なる立場の専門家が話し合いながら計画を組み立てていくことに細心の注意を払い、道路や橋をデザインする土木系と競技場をデザインする建築系、緑地をデザインする造園系の専門家を一つのコンセプトに向けてまとめ上げた。とりわけ彼は、計画立案にまず建築家ではなく造園家を携わらせることで、ゴルフ場時代からこの地に残っていた樹木を切らない、過去からの自然を継承することを諸々の建築計画の前提としていく。その結果、駒沢公園では様々な意匠の建築が緑地や森に包み込まれる景観が演出されていった。つまり高山は、個々の建築のインパクトよりも、全体構成の変化に溢れる調和を目指し、ループによって公園全体の諸施設を緑のなかに統合していったのだ。しかもその調和は、内部における調和という以上に、周辺地域との間での開かれた調和の実現が目論まれていた。そうした配慮によって、彼は駒沢公園を、後々まで「散歩したり、ジョギングしたりする人のなんと多いことか」と評される公園にしていくことに成功したのである。

他方、第Ⅲ章で論じたように、市川崑が監督した記録映画『東京オリンピック』でカメラがまなざしたのは、勝負に賭ける選手たちの内面だった。彼がその映像に記録したのは、客観的な競技の結果でも、「日本の勝利」やそれに対する観客の感動でもなかった。市川は、選手一人ひとりにとってオリンピックとは何であるのかを、勝負に挑む選手たちがその一瞬の表情やふるまいに見せる極度の緊張感と闘志に超望遠のレンズで肉薄しながら記録したのだ。そしてこのまなざしは、彼に記録映画製作を依頼したオリンピック委員会や政府、文部省の無理解を越えて、子どもたちや海外では素直に受け入れられるものとなった。オリンピックでの人々の感動は、国威発揚やナショナリズムとはまるで関係のない次元でも生じ得る。その感動を生じさせる主体は一人ひとりの選手自体であり、それをそのまま観客に伝えることを現代のテクノロジーは可能にしている。

本書が、都市空間については丹下健三の代々木オリンピック競技場で終わらせずに高山英華の駒沢オリンピック公園を、メディアについては円谷幸吉や「東洋の魔女」のテレビ的消費で終わらせずに市川崑の記録映画を取り上げて比較的詳しく論じていったのは、一九六四年の東京五輪が決して一つのドラマトゥルギーに収斂するものではなかったことを示そうとしたからである。一九九〇年代以降、現代日本人が再び囚われていく東京五輪の神話では、丹下健三や円谷幸吉、「東洋の魔女」が主軸に据え直され、かつての支配的な物語がお決まりの映像で装飾されて再演され続けてきた。しかし、実際に一九六四年の時点において、東京五輪をめぐって生じていたのは、後に再演されていく物語の単調さに比べれば、はるかに多様な語りが輻輳し、衝突したり交渉したりしていくプロセスであった。文化的パフォーマンスとしてのオリンピックは、そもそも複数的な語りの場であり、一つの上演のなかにも異なるドラマトゥルギーがせめぎあっている。本書で論じてきたことからして、一九六四年の段階で何が支配的な力を持つ語りであったのかは明らかだが、そのような語りの支配的な位相は、数十年の歴史の時間のなかでは必ず位相転換を起こしていく。

一九九〇年代、つまりバブル経済が崩壊し、ポスト冷戦体制のなかで国内政治的にも自社を中心とする五五年体制が崩れ、阪神淡路大震災とオウム真理教事件によって日本人の国民的無意識に激しい亀裂が走り、さらに日本社会が実態としても格差拡大、それどころか階級社会化へと向かっていったおよそ一〇年間は、そうした位相転換が目に見えて生じつつあった時代でもあった。序章で示したように、そのような構造変動のなかで、東京で再びオリンピックを開催しようという石原慎太郎に先導されたアイデアは、言葉の真の意味で反動的な構想であった。その反動的な構想に日本社会は引きずられ、名だたる日本大企業の相次ぐ失墜や民主党政権の大失敗のなかでの自信喪失も重なり、人々も二〇二〇年の東京オリンピック開催に微かな救いを求めていった。

しかし、それでも時代の位相転換は止まらない。中国から広がった新型コロナウイルスによる感染症の大流行をなんとか抑え込んでオリンピックを無事開催したとしても、歴史の大きな転換はそのまま進み、オリンピック後の日本は経済的停滞状態に戻るとともに、超少子高齢化のなかで格差が広がるという社会的三重苦に頭を悩ませ続けるだろう。一九六四年の時と異なり、今回のオリンピック多幸症は、ごく一時的な熱狂だけで忘れ去られていくことになるだろう。しかし、そうしたなかでも、一九六四年には萌芽にとどまった様々な変化が、さらに根を広げていくことになるはずである。なぜならばこの変化は、一時のオリンピックよりもはるかに長期的なものだからだ。

この長期的変化を如実に示す分かりやすい例は、円谷幸吉的な自己鍛錬のマラソンから自己解放のマラソンへの転換だった。この転換を先導したのは、一方では女子マラソンの、他方では市民マラソンの擡頭である。女子マラソンがオリンピックの正式種目になったのは一九八四年のロサンゼルス五輪からで、かなり遅い。そしてこの八〇年代以降のマラソン文化の変容を、円谷幸吉との対比において最もよく示すのは、八〇年代から九〇年代にかけて、市民ランナーから出発して日本女子マラソンを代表する選手となっていった谷川真理である。東京都内の一般企業でごく普通のＯＬとして働いていた谷川は、八〇年代半ば、同僚と皇居に花見に行った際にジョギングをする人々を見て、つられて二四歳から自分もマラソンを始めた。谷川はマラソンを始めた頃を振り返り、それまでは「走るっていいイメージがなかったんです。忍耐とか苦しいとか。そんな時に楽しく、おしゃれなランナーになりたかった」と述べている（『朝日新聞』二〇〇八年一一月一二日）。高校時代に陸上部だった彼女は、その部の練習にはなじめずに陸上の世界から離れるが、ずっと後に楽しそうに都心をジョギングしている人々の姿を見て、自分もこれなら続けられると感じてマラソンの世界に入った。円谷にとって至上の価値であった努力や忍耐が、谷川にとってはマイナスの記号でしかなく、むしろ楽しいこと、おしゃれなことがスポーツの価値となっている。

しかも、谷川は国際大会での優勝経験や好成績があったにもかかわらず、一度もオリンピック選手には選ばれていない。円谷が、東京五輪の銅メダルというたった一回の活躍で国民的ヒーローとなったのに対し、谷川はオリンピックの晴れ舞台には一度も上らない。しかし、オリンピックの選考に漏れても全国の市民ランナーから励まされ、彼女はやがて市民マラソンのシンボル的な存在になっていったのだ。彼女は後に、「五輪にいけなかったから、ここまで引っ張ることができたのかなあと思います」と語り、また「五輪を目指していた時は、一秒でも速くゴールを目指していたので手を振る暇がなかったんですが、今は走ることの素晴らしさをアピールするのが喜びです」と語っていった（同前）。このような自己解放として走ることの快感を、円谷は東京五輪での栄誉に輝いて以降、ついに最後まで二度と発見することができなかった。

一九六四年の東京五輪における駒沢オリンピック公園から八〇年代以降の女子マラソンや市民マラソンの擡頭までの諸々の徴候を結んでいけば、オリンピックシティの外縁でどんな身体、メディア、そして社会が浮上していたのかがおぼろげに見えてくる。無論、オリンピック自体も、この変化に無関心だったのではない。二〇二〇年の東京五輪ではスケートボードやサーフィン、スポーツクライミングといった新しい競技が加わるし、パラリンピックへの熱の入れようは、市民的活動との結びつきを国際オリンピック委員会がいかに重視しているかの証左でもある。さらに、二〇二〇年の東京五輪では茶番にしかなりそうもないが、少なくとも二〇一二年のロンドン五輪では文化のオリンピックが大いなる盛り上がりを見せた。一九八〇年代以降、オリンピックはコマーシャリズムとグローバルメディアとの結びつきを強めたが、二〇一〇年代以降は、社会の多様性や市民的ボランタリズム、バリアフリーへの志向を強めている。そうした先には、記録とメダル獲得のためのオリンピックから愉しみと新しいつながりのためのオリンピックへの変容が見えないわけではない。

だが、この変化はそもそものオリンピックの自己否定となるのではないか。すでに万博がたどった歴史と同様、二一世紀を通じてオリンピックも徐々に世界的影響力を失っていく可能性は小さくない。ひどく一九世紀的な西洋中心主義から出発しているオリンピックが、ポストコロニアルでグローバルな二一世紀の地球社会で長く権威を保ち続けるのは容易ではないからだ。そのような長期的な展望のなかで、二〇二〇年の東京五輪が問い返される日も、いずれ来ることになるであろう。

引用・参考文献

秋尾沙戸子『ワシントンハイツ――ＧＨＱが東京に刻んだ戦後』新潮文庫、二〇一一年

東秀紀『東京の都市計画家　高山英華』鹿島出版会、二〇一〇年

天野恵一・鵜飼哲『で、オリンピックやめませんか？』亜紀書房、二〇一九年

新雅史『「東洋の魔女」論』イースト新書、二〇一三年

有賀郁敏他『スポーツ（近代ヨーロッパの探究８）』ミネルヴァ書房、二〇〇二年

池田信・松山巖『１９６０年代の東京――路面電車が走る水の都の記憶』毎日新聞社、二〇〇八年

石井實『東京――写真集・都市の変貌の物語１９４８～２０００』ＫＫベストセラーズ、二〇〇一年

石川栄耀『都市復興の原理と実際』光文社、一九四六年

石坂友司『現代オリンピックの発展と危機　１９４０-２０２０――二度目の東京が目指すもの』人文書院、二〇一八年

石坂友司・松林秀樹編著『〈オリンピックの遺産〉の社会学――長野オリンピックとその後の十年』青弓社、二〇一三年

石坂友司・松林秀樹編著『一九六四年東京オリンピックは何を生んだのか』青弓社、二〇一八年

石田頼房『未完の東京計画――実現しなかった計画の計画史』筑摩書房、一九九二年

石塚創也「オリンピック・ムーブメントにおける環境問題に関する歴史的研究――１９７２年第11回オリンピック冬季競技大会の招致・開催準備期に着目して」『２０１５年度笹川スポーツ研究助成研究成果報告書』公益財団法人笹川スポーツ財団、二〇一六年、八五-九二頁

磯崎新他「特集　東京祝祭都市構想――２０２０年東京五輪に向けて」『ａｔプラス』二五号、太田出版、二〇一五年

伊藤滋『東京育ちの東京論――東と西の文化が共生する都市』ＰＨＰ新書、二〇〇二年

伊藤滋『たたかう東京――東京計画２０３０＋』鹿島出版会、二〇一四年

井上章一『アート・キッチュ・ジャパネスク――大東亜のポストモダン』青土社、一九八七年

今村洋一「戦災復興計画における旧軍用地の転用方針と公園・緑地整備について」『都市計画論文集』四四巻三号、二〇〇九年、八一七-八二二頁

今村洋一・西村幸夫「旧軍用地の転用と戦後の都市施設整備との関係について――一九五六～一九六五年度の国有財産地方審議会における決定事項の考察を通して」『都市計画論文集』四二巻三号、二〇〇七年、四二七-四三二頁

入江克己『昭和スポーツ史論――明治神宮競技大会と国民精神総動員運動』不昧堂出版、一九九一年

入江克己「近代の天皇制と明治神宮競技大会」、吉見俊哉他『運動会と日本近代』青弓社、一九九九年
上山和雄編著『帝都と軍隊——地域と民衆の視点から』日本経済評論社、二〇〇二年
上山和雄編著『歴史のなかの渋谷——渋谷から江戸・東京へ』雄山閣、二〇一一年
エコノミスト編集部編『高度成長期への証言（上・下）』日本経済評論社、一九九九年
江藤淳『石原慎太郎論』作品社、二〇〇四年
老川慶喜編著『東京オリンピックの社会経済史』日本経済評論社、二〇〇九年
大泉博子『ワシントンハイツ横丁物語』ＮＨＫ出版、一九九三年
大野秀敏・アバンアソシエイツ『シュリンキング・ニッポン——縮小する都市の未来戦略』鹿島出版会、二〇〇八年
小笠原博毅・山本敦久編『反東京オリンピック宣言』航思社、二〇一六年
小笠原博毅・山本敦久『やっぱりいらない東京オリンピック』岩波ブックレット、二〇一九年
小川勝『東京オリンピック——「問題」の核心は何か』集英社、二〇一六年
影山健・岡崎勝・水田洋編著『反オリンピック宣言——その神話と犯罪性をつく』風媒社、一九八一年
加島卓『オリンピック・デザイン・マーケティング——エンブレム問題からオープンデザインへ』河出書房新社、二〇一七年
片木篤『オリンピック・シティ　東京　１９４０・１９６４』河出書房新社、二〇一〇年
金子桂三『東京——忘却の昭和三〇年代』河出書房新社、二〇〇七年
苅谷剛彦編『東京オリンピック——１９６０年代（ひとびとの精神史　第四巻）』岩波書店、二〇一五年
苅谷哲朗「丹下健三の都市軸構想と階層構造法に関する考察——丹下健三の都市デザイン　その１」『日本建築学会計画系論文集』七九巻六九六号、二〇一四年、五六一‐五七〇頁
カルロス矢吹『アフター１９６４東京オリンピック』サイゾー、二〇一九年
川成洋『幻のオリンピック』筑摩書房、一九九二年
岸田日出刀他「座談会　オリンピック施設計画を展望する」『新建築』三九巻七号、一九六四年七月号
君塚太編著『原宿セントラルアパートを歩く——１９６２‐８６　あの場所にいたクリエイターを訪ねて』河出書房新社、二〇〇四年
金銀恵「１９８０年代韓国のスポーツメガイベントと江南づくり」『日本都市社会学年報』三五号、二〇一七年、一〇三‐一二〇頁
金白永（阪野祐介訳）「江南開発とオリンピック効果——１９７０〜80年代蚕室オリンピックタウン造成事業を中心に」『空

間・社会・地理思想』第二一号、二〇一八年、六三－七九頁
隈研吾『負ける建築』岩波書店、二〇〇四年
隈研吾『なぜぼくが新国立競技場をつくるのか』日経BP社、二〇一六年
暮沢剛巳『オリンピックと万博――巨大イベントのデザイン史』ちくま新書、二〇一八年
暮沢剛巳・江藤光紀・鯖江秀樹・寺本敬子『幻の万博――紀元二千六百年をめぐる博覧会のポリティクス』青弓社、二〇一八年
高野光平『昭和ノスタルジー解体――「懐かしさ」はどう作られたのか』晶文社、二〇一八年
越澤明『東京の都市計画』岩波新書、一九九一年
越澤明『東京都市計画物語』日本経済評論社、一九九一年
越澤明『復興計画――幕末・明治の大火から阪神・淡路大震災まで』中公新書、二〇〇五年
越澤明『東京都市計画の遺産――防災・復興・オリンピック』ちくま新書、二〇一四年
小路田泰直監修『日本大博覧会と明治神宮――日本大博覧会関係史料明治神宮関係史料（史料集公と私の構造――日本における公共を考えるために［5］）』ゆまに書房、二〇〇三年
小路田泰直・井上洋一・石坂友司編著『〈ニッポン〉のオリンピック』青弓社、二〇一八年
後藤健生『国立競技場の100年――明治神宮外苑から見る日本の近代スポーツ』ミネルヴァ書房、二〇一三年
ゴードン、アンドルー編（中村政則監訳）『歴史としての戦後日本（上・下）』みすず書房、二〇〇二年
斎賀泉「オリンピック東京大会の施設計画について」『新都市』一四巻三号、一九六〇年
サイデンステッカー、エドワード（安西徹雄訳）『東京　下町　山の手』TBSブリタニカ、一九八六年
サイデンステッカー、エドワード（安西徹雄訳）『立ちあがる東京――廃墟、復興、そして喧騒の都市へ』早川書房、一九九二年
坂上康博『権力装置としてのスポーツ――帝国日本の国家戦略』講談社、一九九八年
坂上康博・高岡裕之編著『幻の東京オリンピックとその時代――戦時期のスポーツ・都市・身体』青弓社、二〇〇九年
佐藤洋一『図説 占領下の東京――Occupation Forces in Tokyo, 1945-52』河出書房新社、二〇〇六年
猿橋舞子「都市設計家としての丹下健三――《大東亜建設忠霊神域計画》・《広島ピースセンター》・《東京計画1960》にみる思想の形成過程」『芸術学報』二一号、二〇一四年、二五－四六頁
沢木耕太郎『オリンピア――ナチスの森で』集英社、一九九八年
ジェニングス、アンドリュー（野川春夫監訳）『オリンピックの汚れた貴族』サイエンティスト社、一九九八年

塩田潮『東京は燃えたか――黄金の'60年代』講談社文庫、一九八八年

清水諭編『オリンピック・スタディーズ――複数の経験・複数の政治』せりか書房、二〇〇四年

清水諭責任編集「特集 スポーツの東京」『現代スポーツ評論』一九号、二〇〇八年

ジンバリスト、アンドリュー（田端優訳）『オリンピック経済幻想論――2020年東京五輪で日本が失うもの』ブックマン社、二〇一六年

瀬田勝哉「下人の社寺参詣」『月刊百科』二六一号、一九八四年

大松博文『おれについてこい！』講談社、一九六三年

大松博文『なせば成る！――続・おれについてこい』講談社、一九六四年

大松博文他『〝東洋の魔女〟の五年間――日紡貝塚バレーチームの涙と誇りのものがたり』自由国民社、一九六三年

高山英華・磯崎新「特集 近代日本都市計画史」『都市住宅』一九七六年四月号、一‐一一一頁

竹内正浩『地図で読み解く東京五輪』ベスト新書、二〇一四年

竹内幸絵「二つの東京オリンピック――広告グラフィズムの変容とプロパガンダ」、坂上康博・高岡裕之編著『幻の東京オリンピックとその時代――戦時期のスポーツ・都市・身体』青弓社、二〇〇九年

武田尚子「近代東京における軍用地と都市空間――渋谷・代々木周辺の都市基盤の形成」『武蔵大学総合研究所紀要』二一号、二〇一二年、四七‐六六頁

武田尚子『近代東京の地政学――青山・渋谷・表参道の開発と軍用地』吉川弘文館、二〇一九年

谷口源太郎『日の丸とオリンピック』文藝春秋、一九九七年

谷口源太郎『オリンピックの終わりの始まり』コモンズ、二〇一九年

ダヤーン、ダニエル／カッツ、エリユ（浅見克彦訳）『メディア・イベント――歴史をつくるメディア・セレモニー』青弓社、一九九六年

丹下健三『日本列島の将来像――21世紀への建設』講談社現代新書、一九六六年

丹下健三・藤森照信『丹下健三』新建築社、二〇〇二年

津金澤聰廣編著『近代日本のメディア・イベント』同文舘、一九九六年

津金澤聰廣編著『戦後日本のメディア・イベント――1945‐1960年』世界思想社、二〇〇二年

坪井秀人・藤木秀朗編著『イメージとしての戦後』青弓社、二〇一〇年

デイヴィス、ダフ・ハート（岸本完司訳）『ヒトラーへの聖火――ベルリン・オリンピック』東京書籍、一九八八年

東京都『建設進むオリンピック関連道路』東京都道路建設本部建設部計画課、一九六三年

東京文化資源会議編『ＴＯＫＹＯ¼と考える　オリンピック文化プログラム――２０１６から未来へ』勉誠出版、二〇一六年
東京文化資源会議編『ＴＯＫＹＯ¼が提案する　東京文化資源区の歩き方――江戸文化からポップカルチャーまで』勉誠出版、二〇一六年
当間重剛『当間重剛回想録』当間重剛回想録刊行会、一九六九年
野老朝雄・吉見俊哉「対談　ナショナルイベントが問う、デザインとは何か」『ＡＸＩＳ』二〇三号、二〇二〇年、三〇-三五頁
土佐昌樹編著『東アジアのスポーツ・ナショナリズム――国家戦略と国際協調のはざまで』ミネルヴァ書房、二〇一五年
ドネリー、ピーター「権力、政治とオリンピック――２０１０年バンクーバー大会およびその他の事例から」『スポーツ社会学研究』二三巻二号、二〇一五年、三-二二頁
豊見山和美「オリンピック東京大会沖縄聖火リレー――１９６０年代前半の沖縄における復帰志向をめぐって」『沖縄県公文書館研究紀要』第九号、二〇〇七年、二七-三六頁
友添秀則責任編集「特集　東京オリンピックがやってくる」『現代スポーツ評論』三〇号、二〇一四年
豊川斎赫『群像としての丹下研究室――戦後日本建築・都市史のメインストリーム』オーム社、二〇一二年
豊川斎赫『丹下健三――戦後日本の構想者』岩波新書、二〇一六年
中島岳志『石原慎太郎――作家はなぜ政治家になったか』ＮＨＫ出版、二〇一九年
中島直人・西成典久・初田香成・佐野浩祥・津々見崇『都市計画家　石川栄耀――都市探究の軌跡』鹿島出版会、二〇〇九年
中條克俊『君たちに伝えたい　朝霞、そこは基地の街だった。』梨の木舎、二〇〇六年
永野聡・有賀隆「旧軍用地の都市公園への転用が公園緑地系統の計画に与えた影響について――仙台市を事例として」『日本建築学会計画系論文集』第七七巻、第六七五号、二〇一二年、一〇七七-一〇八六頁
日本スポーツ社会学会編『変容する現代社会とスポーツ』世界思想社、一九九八年
日本放送協会放送世論調査所『東京オリンピック』一九六七年
丹羽美之・吉見俊哉編『戦後復興から高度成長へ――民主教育・東京オリンピック・原子力発電（記録映画アーカイブ２）』東京大学出版会、二〇一四年
朴光賢「１９６０-８０年代のソウル都市基本計画における道路網について」『日本建築学会計画系論文集』第七八巻、第六九三号、二〇一三年、二四二五-二四三二頁

ハーグリーヴズ、ジョーン（佐伯聡夫・阿部生雄訳）『スポーツ・権力・文化――英国民衆スポーツの歴史社会学』不昧堂出版、一九九三年
橋本一夫『幻の東京オリンピック』ＮＨＫ出版、一九九四年
橋本克彦『オリンピックに奪われた命――円谷幸吉、三十年目の新証言』小学館文庫、一九九九年
初田香成『都市の戦後――雑踏のなかの都市計画と建築』東京大学出版会、二〇一一年
浜田幸絵『日本におけるメディア・オリンピックの誕生――ロサンゼルス・ベルリン・東京』ミネルヴァ書房、二〇一六年
浜田幸絵『〈東京オリンピック〉の誕生――一九四〇年から二〇二〇年へ』吉川弘文館、二〇一八年
浜本篤史他「五輪開催期の時代性と大都市の構造形成――１９６４年東京五輪と２００８年北京五輪の日中比較研究」『住宅総合研究財団研究論文集』三六号、二〇一〇年、九五－一〇六頁
原武史『可視化された帝国――近代日本の行幸啓』みすず書房、二〇〇一年
原武史『皇居前広場』光文社新書、二〇〇三年
ヒューブナー、シュテファン（高嶋航・冨田幸祐訳）『スポーツがつくったアジア――筋肉的キリスト教の世界的拡張と創造される近代アジア』一色出版、二〇一七年
フジタニ、Ｔ（米山リサ訳）『天皇のページェント――近代日本の歴史民族誌から』ＮＨＫ出版、一九九四年
藤谷俊雄『「おかげまいり」と「ええじゃないか」』岩波新書、一九六八年
夫馬信一『幻の東京五輪・万博１９４０』原書房、二〇一六年
古川隆久『皇紀・万博・オリンピック――皇室ブランドと経済発展』中公新書、一九九八年
ペイン、マイケル（保科京子・本間恵子訳）『オリンピックはなぜ、世界最大のイベントに成長したのか』グランドライン、二〇〇八年
ホワイティング、ロバート（玉木正之訳）『ふたつのオリンピック――東京１９６４／２０２０』ＫＡＤＯＫＡＷＡ、二〇一八年
マカルーン、ジョン・Ｊ編（光延明洋他訳）『世界を映す鏡――シャリヴァリ・カーニヴァル・オリンピック』平凡社、一九八八年
槇文彦「新国立競技場案を神宮外苑の歴史的文脈の中で考える」『ＪＩＡ ＭＡＧＡＺＩＮＥ』二九五号、二〇一三年八月号、一〇－一五頁
槇文彦・大野秀敏編著『新国立競技場、何が問題か――オリンピックの17日間と神宮の杜の１００年』平凡社、二〇一四年
増田幸子「北京オリンピック開会式テレビ中継の日中比較（上・下）」『立命館大学産業社会論集』第四五巻、第二－三号、

二〇〇九年、六一‐七三頁、五三‐六七頁
町村敬志『「世界都市」東京の構造転換――都市リストラクチュアリングの社会学』東京大学出版会、一九九四年
松岡完『ワールドカップの国際政治学』朝日新聞社、一九九四年
松隈洋「オリンピック施設の建築史」一〜六、『京都新聞』二〇一四年四月二五日〜六月六日
松村嘉久「北京オリンピックと都市空間の変容――インナーシティとスラムのクリアランス」『地理』五三巻六号、二〇〇八年、四〇‐五一頁
松村嘉久「北京に住まう人々の生活空間と暮らし」『人文地理』第六三巻第二号、二〇一一年、一七一‐一七五頁
松山秀明『テレビ越しの東京史――戦後首都の遠近法』青土社、二〇一九年
水内俊雄・大城直樹・多木浩二・吉見俊哉「『新しい地理学』をめぐって――地図の解体、空間のマッピング」『10＋1』一一号（「特集 新しい地理学」）ＩＮＡＸ出版、一九九七年、六四‐八四頁
見田宗介「まなざしの地獄」『定本見田宗介著作集Ⅵ』岩波書店、二〇一一年
森正人『豊かさ幻想――戦後日本が目指したもの』ＫＡＤＯＫＡＷＡ、二〇一九年
森まゆみ編『異議あり！ 新国立競技場――２０２０年オリンピックを市民の手に』岩波ブックレット、二〇一四年
森まゆみ『森のなかのスタジアム――新国立競技場暴走を考える』みすず書房、二〇一五年
森元孝『石原慎太郎の社会現象学――亀裂の弁証法』東信堂、二〇一五年
森本智之『新国立競技場問題の真実――無責任国家・日本の縮図』幻冬舎新書、二〇一五年
八束はじめ・吉松秀樹『メタボリズム――一九六〇年代 日本の建築アヴァンギャルド』ＩＮＡＸ出版、一九九七年
山田正雄「近世における農民の伊勢参宮について」『史学研究』八〇号、一九六一年
山村高淑・藤木庸介・張天新「北京における歴史的市街地保全の現状と課題――歴史文化名城保護計画とオリンピックに向けた伝統中軸線の保全・発展」『京都嵯峨芸術大学紀要』三〇号、二〇〇五年、一一‐一五頁
吉田律人「渋谷周辺の軍事的空間の形成」、上山和雄編著『歴史のなかの渋谷――渋谷から江戸・東京へ』雄山閣、二〇一一年
吉野次郎『２０２０ 狂騒の東京オリンピック――稼げなければ、メダルは獲れない』日経ＢＰ社、二〇一五年
吉見俊哉『都市のドラマトゥルギー――東京・盛り場の社会史』弘文堂、一九八七年　→河出文庫、二〇〇八年
吉見俊哉『博覧会の政治学――まなざしの近代』中公新書、一九九二年　→講談社学術文庫、二〇一〇年
吉見俊哉『メディア時代の文化社会学』新曜社、一九九四年
吉見俊哉「幻の東京オリンピックをめぐって」、津金澤聰廣・有山輝雄編著『戦時期日本のメディア・イベント』世界思想

社、一九九八年
吉見俊哉『カルチュラル・ターン、文化の政治学へ』人文書院、二〇〇三年
吉見俊哉『万博幻想——戦後政治の呪縛』ちくま新書、二〇〇五年　→『万博と戦後日本』講談社学術文庫、二〇一一年
吉見俊哉『親米と反米——戦後日本の政治的無意識』岩波新書、二〇〇七年
吉見俊哉『ポスト戦後社会』岩波新書、二〇〇九年
吉見俊哉『夢の原子力——Atoms for Dream』ちくま新書、二〇一二年
吉見俊哉「ポスト戦争としてのオリンピック——１９６４年東京大会を再考する」『マス・コミュニケーション研究』八六号、二〇一五年、一九-三七頁
吉見俊哉『視覚都市の地政学——まなざしとしての近代』岩波書店、二〇一六年
吉見俊哉『大予言——「歴史の尺度」が示す未来』集英社新書、二〇一七年
吉見俊哉『戦後と災後の間——溶融するメディアと社会』集英社新書、二〇一八年
吉見俊哉『平成時代』岩波新書、二〇一九年
吉見俊哉『アフター・カルチュラル・スタディーズ』青土社、二〇一九年
吉見俊哉・白幡洋三郎・平田宗史・木村吉次・入江克己・紙透雅子『運動会と日本近代』青弓社、一九九九年
吉本光宏・吉見俊哉「対談　２０２０年東京オリンピックとは何か」『アド・スタディーズ』五〇号、二〇一四年、二-九頁
米山リサ『広島　記憶のポリティクス』岩波書店、二〇〇五年
ライシャワー、エドウィン・O／ライシャワー、ハル『ライシャワー大使日録』講談社学術文庫、二〇〇三年
劉暢・赤崎弘平「北京緑化隔離帯の計画とその実現について——ロンドン、東京との比較による北京緑化隔離帯計画に関する研究」『日本都市計画学会都市計画論文集』第四〇巻、第三号、二〇〇五年、七九三-七九八頁
ルオフ、ケネス（木村剛久訳）『紀元二千六百年——消費と観光のナショナリズム』朝日新聞出版、二〇一〇年
レイダー、ベンジャミン・G（川口智久監訳）『スペクテータースポーツ——20世紀アメリカスポーツの軌跡』大修館書店、一九八七年
渡邊大志『東京臨海論——港からみた都市構造史』東京大学出版会、二〇一七年
渡邉陽子『オリンピックと自衛隊——１９６４-２０２０』並木書房、二〇一六年
「特集　２０２０年東京オリンピック・パラリンピック競技大会」『季刊　政策・経営研究』三四・三五号、二〇一五年
「特集　ソウル五輪、祭りの前夜」『スポーツ批評』六号、一九八八年
「特集　丹下健三と東京オリンピック」『東京人』三三一号、二〇一三年一一月

「特集 オリンピックと都市東京」『東京人』三四五号、二〇一四年一一月

Boykoff, Jules, *Activism and the Olympics: Dissent at the Games in Vancouver and London*, Rutgers University Press, 2014

Boykoff, Jules, *Celebration Capitalism and the Olympic Games*, Routledge, 2014

Billings, Andrew, *Olympic Media*, Routledge, 2008

Billings, Andrew C., *Olympic Television*, Routledge, 2017

Cohen, Phil, *On the Wrong Side of the Track? : East London and the Post Olympics*, Lawrence & Wishart, 2013

Collins, Sandra, *The 1940 Tokyo Games: The Missing Olympics: Japan, the Asian Olympics and the Olympic Movement*, Routledge, 2008

Collins, Sandra, "East Asian Olympic Desires: identity on the global stage in the 1964 Tokyo", *The International Journal of the History of Sport*, vol.28, issue 16, 2011, pp.2240-2260

Collins, Sandra, "Mediated Modernities and Mythologies in the Opening Ceremonies of 1964 Tokyo, 1988 Seoul and 2008 Beijing Olympic Games", *The International Journal of the History of Sport*, vol.29, no.16, pp.2244-2263

Garcia, Beatriz, *The Olympic Games and Cultural Policy*, Routledge, 2014

Goffman, Erving, *Frame Analysis: An Essay on the Organization of Experience*, Harvard University Press, 1974

Gold, John R. and Gold, Margaret M., *The Making of Olympic Cities*, Routledge, 2012

Hayes, Graeme and Lenskyj, Helen Jefferson, Karamichas, John eds., *Olympic Games, Mega-Events and Civil Societies: Globalization, Environment, Resistance*, Palgrave Macmillan, 2011

Hoberman, John, *The Olympic Crisis: Sports, Politics and the Moral Order*, Caratzas Publishing, 1986

Hubbert, Jennifer, "Spectacular Productions: Community and Commodity in the Beijing Olympics", *City & Society*, vol. 22, no.1, 2020, pp.119-142

Jones, Zachary, *Cultural Mega-Events: Opportunities and Risks for Heritage Cities*, Routledge, 2020

Kennelly, Jacqueline, *Olympic Exclusions: Youth, Poverty and Social Legacies*, Routledge, 2017

Larson, James F. and Park, Heung-Soo, *Global Television and the Politics of the Seoul Olympics*, Westview Press, 1993

Lenskyj, Helen Jefferson, *Olympic Industry Resistance: Challenging Olympic Power and Propaganda*, State University of New York Press, 2008

Lenskyj, Helen Jefferson, *Gender Politics and the Olympic Industry*, Palgrave Pivot, 2013

Li Zhang, Simon Xiobin Zhao, "City Branding and the Olympic Effect: A Case Study of Beijing," *Cities*, vol.26, 2009, pp.245-254

Lindsay, Iain, *Living with London's Olympics: An Ethnography*, Palgrave Macmillan, 2014

Macnaughtan, Helen, "An interview with Kasai Masae, captain of the Japanese women's volleyball team at the 1964 Tokyo Olympics," *Japan Forum*, vol.24, no.4, 2012, pp.491-500

Macnaughtan, Helen, "The Oriental Witches: Women, Volleyball and the 1964 Tokyo Olympics", *Sport in History*, vol.34, no.1, pp.134-156

Merklejn, Iwona, "The Taming of the Witch: Daimatsu Hirobumi and Coaching Discourses of Women's Volleyball in Japan", *Asia Pacific Journal of Sport and Social Science*, vol.3,issue 2, 2014, pp.115-129

Ni Chen, "Branding National Images: The 2008 Beijing Summer Olympics, 2010 Shanghai World Expo, and 2010 Guangzhou Asian Games", *Public Relation Review*, vol.38,2012, pp.731-745

Poynter, Gavin and MacRury, Iain, *Olympic Cities: 2012 and the Remaking of London*, Routledge, 2016

Poynter, Gavin, Viehoff, Valerie and Li, Yang eds., *The London Olympics and Urban Development*, Routledge, 2018

Roche, Maurice, *Mega-Events and Modernity*, Routledge, 2000

Roche, Maurice, *Mega-Events and Social Change: Spectacle, Legacy and Public Culture*, Manchester Univ Press, 2019

Schroder, Anna, Stogerer, Manuela and Faulenbach, Lisa, *Mega Events in the Complex City: A Case Study of the 2004 Olympic Games in Athens, Greece*, Grin Publishing, 2015

Te Bu, "Beijing Olympics: a New Brand of China", *Asian Social Science*, vol.5, no.3, 2009, pp.84-90

Tomlinson, Alan and Young, Christopher eds., *National Identity and Global Sports Events: Culture, Politics, and Spectacle in the Olympics and the Football World Cup*, SUNY Press, 2012

Tzanelli, Rodanthi, *Olympic Ceremonialism and The Performance of National Character: From London 2012 to Rio 2016*, Palgrave Pivot, 2013

Xi Cui, "Media Events Are Still Alive: The Opening Ceremony of the Beijing Olympics as a Media Ritual", *International Journal of Communication*, vol.7,2013, pp.1220-1235

Xuefei Ren, "Architecture and Nation Building in the Age of Globalization: Construction of the National Stadium of Beijing for the 2008 Olympics", *Journal of Urban Affairs*, vol.30, no.2, pp.175-190

Yoshimi, Shunya, "1964 Tokyo Olympics as Post-War", *International Journal of Japanese Sociology*, number 28, March 2019, pp.80-95

Yu Wen Liu, Guo Fu Zhao and Shou Qing Wang, "Many Hands, Much politics, Multiple Risks: The Case of the 2008 Beijing Olympic Stadium", *Australian Journal of Public Administration*, vol.69, no.S1, pp.585-598

それにしても、長い時間がかかってしまった。私が上演論的パースペクティヴを提起したのは一九八七年、処女作である『都市のドラマトゥルギー——東京・盛り場の社会史』においてのことだった。その後、オリンピックに先行するスペクタクルである博覧会の文化政治を分析した『博覧会の政治学——まなざしの近代』を一九九二年に出した。九〇年代後半には、愛知万博をめぐる一連の騒動にかかわるなかで戦後日本の万博政治の複雑さについて考えるところがあり、大阪万博以降に日本で開かれた万博と政治、市民運動の関係を考察した『万博幻想——戦後政治の呪縛』を二〇〇五年に出版した。この流れからすれば、一九六四年の東京五輪が避けて通れない大きなテーマであることは明白だったから、この頃までに東京五輪の上演論的な分析をまとめておくべきだったのかもしれない。

しかし、二〇一〇年代まで、私は東京五輪についての本をまとめようとはしてこなかった。そうした作業には、何かが足りないと感じていたのだ。その空隙を埋める視座は、私にとっては別の系統の諸著作、つまり戦後日本とアメリカニズムをめぐる作業から生じてきた。東京ディズニーランドを分析していくなかで、これは米軍基地の問題と不可分であるという認識に達し、二〇〇七年に出した『親米と反米——戦後日本の政治的無意識』では六本木や原宿を米軍基地の街として分析する作業を進めた。東日本大震災と福島第一原発事故の衝撃を受け、この問題を「戦後日本と核」という視点から捉え返したのが二〇一二年の『夢の原子力――Atoms for Dream』である。

ここまでの作業をすることで、見えなかったミッシングリンクがつながった。一九六四年の東京五輪とは何であったのか――。本書の第Ⅰ章で詳論したところだが、戦後日本とは、文字通り「ポスト戦争」の日本だったのであり、この「ポスト」を断絶よりも連続の位相で捉え返す必要がある。大きく言えば、近代社会が帝国主義と植民地主義が複雑に絡まりあう社会であるように、現代社会は軍事国家と「平和」国家という名のポスト軍事国家が絡まりあう社会なのだ。そうした視点から「平和」の祭典として演じられた東京五輪を捉え返せば、無数の軍事の影が浮かび上がってくる。オリンピックと軍都、ないしは富国強兵や殖産興業に邁進し、周辺諸地域を併合していった帝国日本の関係を、一九六四年の東京五輪そのものの上演のなかで捉え返す。この軸を通すことで、〈まなざし〉がキーワードだった博覧会の分析とは異なる一九六四年五輪の分析が可能である。

こうしてこの三〇年を振り返ると、私は自分の仕事が大きな螺旋を描いて出発点に近い地点に戻りつつあることに気づく。私はこれまで、演劇から出発し、都市に向かい、メディアを経て、カルチュラル・スタディーズに関与し、大学について考えてきた。これらのテーマ系は、今も私のなかに並存するが、重心は再び徐々に都市に戻りつつある。それは、なぜなのか。それだけ、老いたということか。それも、あるだろう。しかし、それ以上に今、日本の都市が一九八〇、九〇年代とは明らかに異なる変容を経験していることがあるように思う。九〇年代までの都市が、記号化、テーマパーク化、グローバル化、資本主義的拡張の場であったのなら、今の都市は、綻びと空隙、リノベーション、資本主義的収縮の場である。この変容のなかに、未来を占う何かがある。

本書の終章では、そうした方向に片足を踏み出している。もちろん、本書の焦点は一九六四年にあって、二〇二〇年代にあるわけではない。だから踏み出したのは片足にすぎない。重心の足は、あくまで一九六四年の東京に置き、それが呪縛してきた想像力の外に跳躍する方法を探っている。演劇は、私たちの日常的想像力の彼方に跳ぶための身体修辞学的技法である。それに対応するような歴史修辞学的な技法があってもいいと、私は思っている。本書をそうした試みの一つとして受け取ってもらえれば幸いである。何しろ東京オリンピック、無数の修辞の政治に満ちている。

さて、最後に、河出書房新社編集部の藤﨑寛之さんには、どれだけお礼を言ったらいいかわからない。藤﨑さんとはもうずいぶん長いつきあいになり、これまでも私の編著や文庫版は出していただいてきた。しかし、書下ろしの単著は本書が初めてとなる。依頼はかなり前に受け、「イエス」の返事もして、だんだんテーマが東京五輪に絞り込まれていたのだが、そこからが長かった。本当に待ちくたびれたのではないかと思う。それでもしぶとく待ってくださり、何度も適切なご助言をいただき、資料面でのサポートをしてくださったことに心から感謝している。積年の約束がようやく果たせ、安堵した。また、本書の装幀デザインをお引受けいただいた水戸部功さんにも深くお礼申し上げたい。昨年の拙著『アフター・カルチュラル・スタディーズ』の装幀を水戸部さんにしていただき、それが大変素晴らしかったので、今回、あるお願いと共に再び依頼し、見事、その願いを実現してくださった。それがどんなお願いであったかは、本書の企図と深くかかわる。ぜひ、この本を手に取られた読者のみなさんは、装幀をじっくり見ながら当ててみていただきたい。

二〇二〇年二月二四日

吉見俊哉

補記

本書は、東京オリンピック開幕予定日のちょうど五ヵ月前に脱稿された。本書を書き上げた時点で、すでに中国の新型コロナウイルス流行は深刻なことになっており、韓国や日本、それにイランで感染者が増えていたから、これが東京五輪にとって大きなリスクとなることは予想できた。しかしその後、三月に入ってイタリアで劇的な速さで感染が広がり、ヨーロッパ全土、さらには北米大陸でも感染拡大から緊急事態宣言が出され、ついにはＷＨＯがパンデミック宣言を出すという急展開になるとは予測できていなかった。何よりも東京五輪が、誰が見ても七月開催などできるはずがない状況となっていくことは想定外だった。まさかそこまでは、と思っていたのである。

一寸先の歴史は闇、何が起きるかわからないのだが、しかし今起きていることは、かのマックス・ウェーバーの死因ともなった一九一八年のスペイン風邪の反復でもある。その年はオリンピックイヤーではなく、第一次世界大戦中でそもそも五輪は中止されていたから、今回のような問題は発生していない。つまり、歴史は常に反復しているのだが、どう反復するかは予測できないのだ。

歴史は螺旋状に進み、過去にはしばしばすでに未来がある。私は決して、人々が願望してきたような二〇二〇年東京五輪における一九六四年の反復を語ろうとしているのではない。そうした願望される反復の下層で、歴史の地殻変動とその中での想定外の反復が生じてきた。その地殻変動によるグローバルなリスク社会では、すでに一九七〇年代から環境問題がオリンピック開催をめぐる最も重要な争点になってきたのだし、二〇二〇年のマラソンコース変更はこの問題系の延長線上にある。さらにその先で、感染症の地球規模の流行だって変動と無関係ではない。歴史の変動と反復を知ることは、過去の成功体験を非歴史的に再現しようとすることとは正反対の作業なのだ。

二〇二〇年三月下旬の現時点において、もはや誰も今年七月に二度目の東京五輪が開かれ得るとは思っていない。ＴＯＫＹＯ２０２０は来ない——この驚くべきどんでん返しを、わずか一ヵ月前に誰が予想していただろうか。しかし現在は、もはやそれが既定路線である。こうして二〇〇五年夏、当時の東京都知事の一声から始まった東京五輪構想は、新国立競技場問題やエンブレム問題などの困難に遭遇し続け、ついには予定されていた年での開催は不可能となったのである。

たしかに今後、多くの日本人が「延期」の二文字に望みをつなぎ続けるだろう。人々は、なおもオリンピックが東京に再来することを願望し、延期が実現されれば胸を撫でおろすに違いない。だが、歴史は願望の先にはない。念ずれば救われるわけではないのである。一年後、膨大な犠牲を払いながらようやく実施される東京五輪を、マスコミは「ＴＯＫＹＯ２０２０＋」などと言って必死で盛り上げようとするだろうが、「ＴＯＫＹＯ２０２０」が来なかったという事実は変わらないのだ。一九九〇年代半ばを境に、日本は高度成長期が反転していく歴史に入っていった。二〇二〇年代は、すべての日本人がそのことの意味を自覚させられることになる時代なのである。

（二〇二〇年三月二四日記す　著者）

1991（平3）	1-2	湾岸戦争
1992（平4）	7-8	バルセロナ五輪開催
1993（平5）	8-11 9	大田(テジョン)国際博開催 2000年五輪のシドニー開催が決定(北京落選)
1996（平8）	7-8	アトランタ五輪開催
1997（平9）	8 10	2008年五輪の開催地日本代表に大阪が選ばれる(横浜落選) 長野新幹線開業
1998（平10）	2	長野冬季五輪開催
2000（平12）	9-10	シドニー五輪開催
2001（平13）	3 7 9	ユニバーサル・スタジオ・ジャパン開園 2008年五輪の北京開催が決定(大阪落選) 米国同時多発テロ事件
2004（平16）	8	アテネ五輪開催
2005（平17）	3-9	愛・地球博(愛知万博)開催
2008（平20）	3 6 8	北京五輪の聖火リレーが始まるも各地で抗議活動が起こる 北京国家体育場(「鳥の巣」)竣工 北京五輪開催
2009（平21）	10	2016年五輪のリオデジャネイロ開催が決定(東京落選)
2010（平22）	5-10	上海万博開催
2011（平23）	3 6	東日本大震災 石原慎太郎都知事、2020年五輪招致を表明
2012（平24）	7-8	ロンドン五輪開催
2013（平25）	9	2020年五輪の東京開催が決定
2015（平27）	7 9	新国立競技場計画(ザハ・ハディド設計)が白紙撤回される 2022年冬季五輪の北京開催が決定 佐野研二郎デザインの2020年東京五輪エンブレムが使用中止となる
2016（平28）	8	リオデジャネイロ五輪開催
2018（平30）	2 11	平昌(ピョンチャン)冬季五輪開催 2025年「大阪・関西万博」開催が決定
2019 （平31/令1）	1 11	NHK大河ドラマ『いだてん』放送開始(～12月) 新国立競技場竣工
2020（令2）	3	新型コロナウイルスの世界的な感染拡大の影響により、 夏に予定されていた東京五輪開催が延期となる

1966（昭41）	2	テレビドラマ『奥さまは魔女』放送開始
	4	1972年冬季五輪の札幌開催が決定
	5	二作目の記録映画『世紀の感動』公開
1968（昭43）	1	円谷幸吉自殺
	4	韓国がソウルで予定されていた1970年アジア競技大会開催権を返上
	10	メキシコシティ五輪開催
1969（昭44）	10	テレビドラマ『サインはV』放送開始
	12	テレビアニメ『アタックNo.1』放送開始
1970（昭45）	3-9	大阪万博開催
	7	韓国・京釜高速道路が全線開通
1971（昭46）	12	沖縄復帰特措法可決
		札幌冬季五輪の聖火が沖縄到着
1972（昭47）	2	札幌冬季五輪開催
	8-9	ミュンヘン五輪開催
1973（昭48）	8	金大中が韓国中央情報部（KCIA）により東京のホテルから拉致される
1975（昭50）	7	沖縄海洋博開幕（～1976年1月）
1976（昭51）	7-8	モントリオール五輪開催
1978（昭53）	5	1984年冬季五輪のサラエボ開催が決定（札幌落選）
1979（昭54）	10	韓国・朴正熙大統領暗殺
1980（昭55）	5	韓国で大規模な民衆蜂起（光州事件）
	7-8	モスクワ五輪開催（米国ほか西側諸国がボイコット）
1981（昭56）	9	1988年五輪のソウル開催が決定（名古屋落選、「バーデンバーデンの奇跡」）
1984（昭59）	7-8	ロサンゼルス五輪開催（ソ連ほか東側諸国がボイコット）
1985（昭60）	2	韓国総選挙、結成されたばかりの新韓民主党が躍進
	3	長野県議会・市議会が1998年冬季五輪の招致を決議
	3-9	つくば科学万博開催
1986（昭61）	9-10	アジア競技大会がソウルで開催
1987（昭62）	10	1988年五輪の南北共同開催交渉が決裂
	11	大韓航空機爆破事件
1988（昭63）	6	1998年冬季五輪の開催地日本代表に長野が選ばれる
	9-10	ソウル五輪開催
1989（平1）	6	北京で民主化を求めるデモ隊に軍隊が武力行使（天安門事件）
1990（平2）	9-10	アジア競技大会が北京で開催

1955（昭30）	3	米軍立川基地の拡張が決定（砂川闘争始まる）
1958（昭33）	3	（旧）国立競技場竣工
	5-6	アジア競技大会が東京で開催（聖火が沖縄本島を1周）
1959（昭34）	3	チベット民衆蜂起
	4	皇太子成婚
	5	1964年五輪の東京開催が決定
1960（昭35）	6	安保闘争が激しくなる
		ハガチー事件（アイゼンハワー米大統領来日中止へ）
	12	池田勇人内閣、国民所得倍増計画を閣議決定
1961（昭36）	1	日本、キャンプドレイク返還案を米国側に正式に提案
	2	キャラウェイが第3代琉球列島高等弁務官に就任（1964.7解任）
	3	丹下健三研究室が「東京計画1960」を発表
	4	ライシャワー駐日大使着任
	5	米国、ワシントンハイツ返還案を逆提案
		韓国で朴正熙が軍事クーデターを起こし、国家再建最高会議議長に就任
	10	ワシントンハイツの返還が決定（五輪選手村建設へ）
1962（昭37）	3	ケネディ米大統領、沖縄が日本本土の一部であることを容認する
	4	自衛隊体育学校に「特別体育課程」が新設される
	6	東京五輪での女子バレーボール種目化が決定
	7	組織委員会、聖火リレールートに沖縄も含めることを決定
	10	女子バレーボール世界選手権で日本がソ連を破り初優勝
		日紡貝塚の練習風景を描いた映画『ハード・トレーニング』が制作される
	12	首都高速道路初の開通（京橋ー芝浦間）
1963（昭38）	6	大松博文『おれについてこい!』刊行、ベストセラーとなる
	10	東京国際スポーツ大会（プレ・オリンピック）開催
1964（昭39）	1	1968年冬季五輪のグルノーブル開催が決定（札幌落選）
	5	日紡貝塚を描いた『挑戦』（渋谷昶子監督）が
		カンヌ映画祭短編部門グランプリ獲得
	7	『琉球新報』に「日本は祖国か」という投書が載り、以降論争となる
	9	国立代々木競技場竣工（丹下健三設計）
		7日、聖火が1日遅れで沖縄に到着、以降、日本各地で熱狂的に迎えられる
	10	東海道新幹線開業
		東京五輪開催
1965（昭40）	3	記録映画『東京オリンピック』（市川崑総監督）を五輪担当大臣・河野一郎が酷評
		『東京オリンピック』公開、驚異的な観客動員数を記録
		（カンヌ映画祭国際批評家賞ほか受賞）
	8	佐藤栄作、現職の首相として戦後初の沖縄訪問

東京五輪関連略年表

年	月	出来事
1887（明20）		日比谷練兵場が青山に移転
1906（明39）		1912年開催で「日本大博覧会」が計画・可決される（やがて延期・中止）
1909（明42）		青山練兵場が代々木に移転
1912（明45）	5-7	ストックホルム五輪開催（日本初参加）
1923（大12）	9	関東大震災
1924（大13）	10	第1回明治神宮競技大会開催
1930（昭5）	5	永田秀次郎、東京市長に就任（2度目）
1932（昭7）	5	東京ゴルフ倶楽部が駒沢から朝霞に移転
1936（昭11）	7	1940年五輪の東京開催が決定
	8	ベルリン五輪開催（マラソンで孫基禎が金メダル獲得、「日章旗抹消事件」）
		[この頃、1940年東京五輪の会場候補地をめぐる議論が白熱する]
1938（昭13）	3	1940年冬季五輪の札幌開催が決定
	4	組織委員会が神宮外苑案を取り消し、駒沢を五輪会場候補地に正式決定
		ベルリン五輪の記録映画『オリンピア』（レニ・リーフェンシュタール監督）公開
	7	日本、1940年五輪（夏季、冬季とも）の開催権を返上
	11	戦勝祈願の「聖矛リレー」が行なわれる（伊勢神宮〜明治神宮）
1941（昭16）	9	陸軍予科士官学校が市ヶ谷から朝霞に移転
1942（昭17）	10	丹下健三、大東亜建設記念営造計画コンペ1等入選
1945（昭20）	8	敗戦
	12	代々木練兵場が米軍に接収される（ワシントンハイツ建設へ）
		「戦災地復興計画基本方針」が閣議決定
1946（昭21）	1	天皇「人間宣言」
	11	東京六大学野球で天皇杯が下賜される（以降、様々なスポーツで創設）
1949（昭24）	8	広島平和記念公園のコンペで丹下健三らの案が1等に選ばれる
1952（昭27）	3	明治神宮外苑諸施設が米軍から返還される
	4	サンフランシスコ講和条約発効
	5	皇居前広場でデモ隊と警官隊が衝突（血のメーデー事件）
	9	石川県内灘の砂丘を米軍試射場として接収決定（内灘闘争始まる）
1954（昭29）	3	第五福竜丸、ビキニの水爆実験で被曝
		女子バレーボール「日紡貝塚」チーム発足
	11	映画『ゴジラ』公開

【や行】

【ら行】

【わ行】

【は行】

【ま行】

【た行】

【な行】

索引

吉見俊哉
（よしみ・しゅんや）

1957年、東京都生まれ。東京大学大学院社会学研究科博士課程単位取得退学。

現在、東京大学大学院情報学環教授。専攻は社会学・文化研究・メディア研究。

著書に『都市のドラマトゥルギー』『「声」の資本主義』（以上、河出文庫）、

『博覧会の政治学』『万博と戦後日本』（以上、講談社学術文庫）、

『親米と反米』『ポスト戦後社会』『大学とは何か』『平成時代』（以上、岩波新書）、

『夢の原子力』（ちくま新書）、『アメリカの越え方』（弘文堂）、

『「文系学部廃止」の衝撃』『戦後と災後の間』（以上、集英社新書）、

『現代文化論』（有斐閣）、『アフター・カルチュラル・スタディーズ』（青土社）など多数。

五輪と戦後

上演としての東京オリンピック

2020年 4月20日　初版印刷
2020年 4月30日　初版発行

著者
吉見俊哉

装幀
水戸部功

発行者
小野寺優

発行所
株式会社河出書房新社
〒151-0051　東京都渋谷区千駄ヶ谷2-32-2
電話　営業 03-3404-1201
　　　編集 03-3404-8611
http://www.kawade.co.jp/

組版
KAWADE DTP WORKS

印刷
株式会社亨有堂印刷所

製本
加藤製本株式会社

Printed in Japan
ISBN978-4-309-25405-0